Zentrum für Militärgeschichte und
Sozialwissenschaften der Bundeswehr

Sicherheits- und verteidigungspolitisches Meinungsbild in der Bundesrepublik Deutschland

Ergebnisse und Analysen der Bevölkerungsbefragung 2021

Timo Graf
Markus Steinbrecher
Heiko Biehl
Joel Scherzer

Forschungsbericht 131

Impressum

Herausgeber: Zentrum für Militärgeschichte und Sozialwissenschaften der Bundeswehr
Verantwortlich für den Inhalt sind die Autoren
Redaktionsschluss ist der 29. November 2021
Anschrift: Zeppelinstraße 127/128, 14471 Potsdam
Tel.: 0331 9714 404
E-Mail: zmsbwmilitaersoziologie@bundeswehr.org
www.zmsbw.de

Projektnummer: 7110-10
ISBN: 978-3-941571-50-1
URN: https://nbn-resolving.org/urn:nbn:de:kobv:po79-opus4-5195
DOI: https://doi.org/10.48727/opus4-519

Inhaltsverzeichnis

1 Executive Summary

- Abschnitt 3: Die diesjährige ZMSBw-Bevölkerungsbefragung fand **vom 26.6.–1.8.2021** statt. Währenddessen zog die Bundeswehr ihre letzten Kräfte aus Afghanistan ab (29.6.2021) und in Nordrhein-Westfalen und Rheinland-Pfalz ereignete sich die Flutkatastrophe (14.7.2021). **Die Einnahme der afghanischen Hauptstadt Kabul durch die Taliban (15.8.2021) und die Evakuierungsflüge der Bundeswehr (ab 16.8.2021) fanden nach dem Ende der Befragung statt.** Befragt wurden 2.037 zufällig ausgewählte Bürgerinnen und Bürger. Die Stichprobe ist repräsentativ für die in Privathaushalten lebende deutschsprachige Bevölkerung ab 16 Jahren.
- Abschnitt 4: Das persönliche **Bedrohungsgefühl** in der Bevölkerung durch die Spannungen zwischen dem Westen und Russland ist im Vergleich zum Vorjahr gestiegen (+6 Prozentpunkte).
- Abschnitt 5: Nur noch die Hälfte der Befragten plädiert für eine **aktive Außenpolitik** Deutschlands. Das Prinzip des Multilateralismus in der Außenpolitik wird von 74 Prozent befürwortet.
- Abschnitt 6: In der öffentlichen Wahrnehmung der bilateralen Beziehungen zwischen Deutschland und den USA ist ein **deutlicher „Biden-Effekt“** feststellbar: Eine klare Mehrheit sieht die USA wieder als verlässlichen Bündnispartner. Ein wachsender Teil der Bevölkerung nimmt **Russland und China als sicherheitspolitische Bedrohungen** wahr.
- Abschnitt 7: Die Zustimmung zu Deutschlands Engagement und Mitgliedschaft in der NATO bleibt hoch. Die Beteiligung der Bundeswehr an konkreten **Maßnahmen zur Sicherung der NATO-Ostflanke** trifft in der Bevölkerung auf ein geteiltes Echo.
- Abschnitt 8: Eine absolute Mehrheit spricht sich für eine Vertiefung der **EU-Verteidigungszusammenarbeit** aus, die überwiegend als Stärkung der europäischen Säule der NATO verstanden wird.
- Abschnitt 9: Die seit Jahren **positive Grundeinstellung der Bürgerinnen und Bürger zur Bundeswehr** erreicht 2021 mit 83 Prozent einen der höchsten Werte. Im Vergleich zum Vorjahr haben alle staatlichen Institutionen an Vertrauen verloren, einzig das Vertrauen in die Bundeswehr ist unverändert hoch (85 Prozent).
- Abschnitt 10: Im Vergleich zum Vorjahr wird die Bundeswehr von den Befragten viel **häufiger in den Medien wahrgenommen**. Der persönliche Eindruck von der Bundeswehr ist dabei deutlich positiver als im Jahr zuvor. Dies gilt insbesondere für den wahrgenommenen Tenor der Berichterstattung in den klassischen Massenmedien.
- Abschnitt 11: 60 Prozent der Bürgerinnen und Bürger halten die Bundeswehr für einen attraktiven Arbeitgeber für junge Leute. Die **Arbeitgeberattraktivität** ist bei jungen Männern am höchsten. 33 Prozent der Befragten sind bereit, Deutschland im Fall eines militärischen Angriffs zu verteidigen. Die **Verteidigungsbereitschaft** liegt bei Männern deutlich höher als bei Frauen.
- Abschnitt 12: Für eine Erhöhung der **Verteidigungsausgaben** spricht sich eine relative Mehrheit von 41 Prozent der Bevölkerung aus. Zudem plädieren 39 Prozent für eine Erhöhung der Zahl der Soldatinnen und Soldaten der Bundeswehr.
- Abschnitt 13: In der Landes- und Bündnisverteidigung sieht die Bevölkerung die vorrangige Aufgabe der Bundeswehr. Eine absolute Mehrheit der Bevölkerung plädiert dafür, dass die Bundeswehr **Waffengewalt als äußerstes Mittel** einsetzen können sollte – und zwar im gesamten Aufgabenspektrum. Der öffentliche Zuspruch zum **Einsatz der Bundeswehr innerhalb Deutschlands zur Abwehr von Cyberangriffen** ist im Vergleich zum Vorjahr deutlich gestiegen.
- Abschnitt 14: Die **öffentliche Zustimmung zu fast allen Auslandseinsätzen der Bundeswehr ist gesunken**. Aktuell erhält kein Auslandseinsatz der Bundeswehr die Zustimmung von mindestens der Hälfte der Bevölkerung. **Nur 12 Prozent der Bürgerinnen und Bürger fühlen sich gut über die Auslandseinsätze der Bundeswehr informiert.** Die Auswirkungen des **Afghanistaneinsatzes** werden differenziert beurteilt.

2 Einleitung

Seit Beginn des Jahres 2020 bestimmt die Corona-Pandemie das internationale und nationale Geschehen. Ein Großteil der politischen Aufmerksamkeit und Aktivitäten richtet sich seitdem auf die Bekämpfung und Eindämmung der Krankheit. Im Jahr 2021 bestimmen noch immer Hygiene- und Sicherheitsregeln den Alltag der Bürgerinnen und Bürger. Das öffentliche, gesellschaftliche und wirtschaftliche Leben hat sich jedoch auf vielfache Weise an die andauernde Pandemielage angepasst. Inzwischen sind über 60 Prozent der Bevölkerung vollständig gegen das Coronavirus geimpft. Mit der steigenden Impfquote können die vielfältigen Einschränkungen im öffentlichen Leben zurückgefahren bzw. flexibler an das akute Infektionsgeschehen angepasst werden. Diese positive Entwicklung hat auch die Durchführung der jährlichen Bevölkerungsbefragung des Zentrums für Militärgeschichte und Sozialwissenschaften der Bundeswehr (ZMSBw) beeinflusst. Im Vergleich zum Vorjahr lag die Ausschöpfungsquote mit 50,3 Prozent weit über dem Vorjahreswert von 30,8 Prozent, weil deutlich weniger Personen die Teilnahme an den persönlichen Interviews abgelehnt haben. In der Ablauforganisation der Studie gab es keine Verzögerungen durch die Infektionslage und die damit verbundenen Einschränkungen. Bei der Durchführung der Interviews wurden weitreichende Schutzmaßnahmen ergriffen, um das Infektionsrisiko zu minimieren (vgl. Abschnitt 3).

Mit seiner Bevölkerungsbefragung wendet sich das ZMSBw – wie generell mit seiner Forschung – an drei Adressatenkreise. Als Ressortforschungseinrichtung leistet das ZMSBw einen Beitrag zur wissenschaftsbasierten Politikberatung. Studien und Analysen werden dem Bundesministerium der Verteidigung und der Bundeswehr vorgelegt und die militärischen und politischen Verantwortungsträger auf diese Weise mit geschichts- und sozialwissenschaftlich abgesicherten Einsichten, Befunden und Bewertungen konfrontiert. Der zweite Adressat ist die Wissenschaft: Die Forschung am ZMSBw basiert auf der im Grundgesetz garantierten Freiheit von Wissenschaft, Forschung und Lehre und verfolgt das Ziel, wissenschaftlich relevante, methodisch fundierte sowie theoretisch ambitionierte Untersuchungen vorzulegen und die Grundlagenforschung in der Geschichtswissenschaft wie in den Sozialwissenschaften zu bereichern. Der dritte Adressat der Forschung des ZMSBw ist die interessierte Öffentlichkeit. Hierzu zählen Medien, politische Akteure, gesellschaftliche Vereinigungen und Interessenvertretungen sowie nicht zuletzt die Bürgerinnen und Bürger, die Interesse an militärgeschichtlichen und sozialwissenschaftlichen Themen haben.

Die Relevanz – und zuweilen Brisanz – der Bevölkerungsbefragung für Politik und Bundeswehr ist offensichtlich. Denn die Sicherheits- und Verteidigungspolitik sowie die Streitkräfte sind in der Demokratie auf den Rückhalt der Bürgerinnen und Bürger angewiesen. Die Führungskonzeption der Bundeswehr, die Innere Führung, verlangt sogar explizit mit ihrer Integrationsfunktion die Rückbindung der Streitkräfte und des sicherheitspolitischen Agierens an den Zuspruch der Gesellschaft. Die Bevölkerungsbefragung liefert substanzielle Hinweise zur öffentlichen Unterstützung der Bundeswehr, zur Haltung zu politischen Entscheidungen, nicht zuletzt zu den Auslandseinsätzen, sowie zu gesellschaftlichen Präferenzen und Prioritäten. Dabei treten sowohl Übereinstimmungen als auch Diskrepanzen zwischen öffentlichem Meinungsbild, militärischem Agieren und politischen Entscheidungen zutage, was mitunter Anlass für Diskussionen und Kontroversen bietet – wie es sich für eine lebendige demokratische Öffentlichkeit gehört. Mit der Publikation seiner Studien leistet das ZMSBw damit einen Beitrag zur Transparenz und demokratischen Kontrolle der Streitkräfte.

Die Aufbereitung der Ergebnisse der Bevölkerungsbefragung für die akademische Forschung nimmt naturgemäß mehr Zeit in Anspruch. Wie diverse Zeitschriftenartikel (z.B. Graf 2020a, 2021h, Graf/Kümmel 2021; Steinbrecher/Biehl 2017, 2020a; Steinbrecher/Höfig 2017; Steinbrecher/Wanner 2018), vielfältige Aufsätze in Sammelbänden (z.B. Biehl et al. 2017; Graf 2019c, 2020d; Steinbrecher/Biehl 2020b; Steinbrecher et al. 2018a) und mehrere Qualifikationsarbeiten dokumentieren (z.B. Endres 2018; Mader 2017; Rothbart i.V.; Wanner 2019), ist die Bevölkerungsbefragung bestens geeignet, die sozialwissenschaftliche Grundlagenforschung zu bereichern. Das Interesse externer Kolleginnen und Kollegen am Austausch des Datenmaterials sowie gemeinsame Publikationen sind weitere Belege für den wissenschaftlichen Wert und die Qualität der jährlichen Bevölkerungsbefragung. Dazu gehört etwa die Weitergabe der Daten der Bevölkerungsbefragungen an das Datenarchiv von „Gesis – Leibniz-Institut für Sozialwissenschaften", die dort seit dem Frühjahr 2020 für die interessierte wissenschaftliche Öffentlichkeit zur Verfügung stehen. Ein weiteres Beispiel ist der Sammelband „Freiheit oder Sicherheit? Ein Spannungsverhältnis aus Sicht der Bürgerinnen und Bürger" (Steinbrecher et al. 2018a), der im Herbst 2018 erschienen ist. Anspruch der Forschung des ZMSBw ist dabei stets, entlang der internationalen wissenschaftlichen Standards einen Beitrag zur Fortentwicklung der sozialwissenschaftlichen Disziplinen zu leisten.

Mit diesem Forschungsbericht wendet sich das ZMSBw aber auch an den dritten Adressatenkreis, die interessierte Öffentlichkeit. Anspruch der vorliegenden Publikation ist es, einen möglichst breiten Kreis von Leserinnen und Lesern über die aktuellen Trends im sicherheits- und verteidigungspolitischen Meinungsbild zu informieren sowie die zugrunde liegenden Einflüsse zu identifizieren. Dass die Ergebnisse der Bevölkerungsbefragungen des ZMSBw auch in der sicherheits- und verteidigungspolitischen Öffentlichkeit umfassend rezipiert werden, belegen die im Oktober 2020 veröffentlichte Sonderausgabe des Munich Security Report zur deutschen Außen- und Sicherheitspolitik (Bunde et al. 2020) und die im Oktober 2021 publizierte Studie der Konrad-Adenauer-Stiftung zur öffentlichen Meinung über Sicherheits- und Verteidigungspolitik (Pokorny 2021): In beiden Publikationen wird an zahlreichen Stellen auf die Befunde der in den Vorjahren veröffentlichten Forschungsberichte verwiesen. Wie in den Vorjahren vereint der vorliegende Bericht deskriptive Darstellungen und weitergehende empirische Analysen, die auf die Bestimmungsgründe und Determinanten blicken, die die Haltungen der deutschen Bevölkerung zur Sicherheitspolitik und zu den Streitkräften beeinflussen.

Die jährliche Bevölkerungsbefragung des ZMSBw wird seit 1996 realisiert und stellt damit die längste Zeitreihe sicherheits- und verteidigungspolitischer Umfragen in Deutschland dar. Zentrale Themenstellungen der Befragung sind das Sicherheitsgefühl und die Bedrohungswahrnehmungen der Bundesbürgerinnen und -bürger sowie deren Einstellungen zum außen- und sicherheitspolitischen Engagement Deutschlands. Zudem wird die Haltung der Bevölkerung zur Bundeswehr sowie zu den Auslandseinsätzen analysiert. Die öffentliche Wahrnehmung der Streitkräfte sowie Fragen zur gesellschaftlichen Akzeptanz und Integration der Bundeswehr stellen weitere Themenbereiche dar. Darüber hinaus wird die Attraktivität der Bundeswehr als Arbeitgeber untersucht und das Verhältnis zwischen Streitkräften und Gesellschaft empirisch erfasst (vgl. Tabelle 3.1 für eine ausführliche Themenübersicht).

Das Studienkonzept, die Ausschreibungsunterlagen und der Fragebogen wurden – wie in den Vorjahren – am ZMSBw erarbeitet. Die Daten der vorliegenden Befragung wurden im Zeitraum vom 26. Juni bis 1. August 2021 im Rahmen von computergestützten persönlichen Interviews (CAPI) durch das Meinungsforschungsinstitut Ipsos erhoben. Befragt wurden 2.037 zufällig ausgewählte Bürgerinnen und Bürger ab 16 Jahren, die in Privathaushalten in Deutschland leben (vgl. Abschnitt 3 für weitere Angaben zum methodischen Design). Nach Aufbereitung der erhobenen Daten durch Ipsos erhielt das ZMSBw am 9. August 2021 den Datensatz, der Grundlage der nachstehenden Auswertungen ist. Der folgende Forschungsbericht umfasst nur die geschlossenen Fragen und wurde dem Bundesministerium der Verteidigung im November 2021 vorgelegt.

3 Methodisches Design der Studie

In der durch das ZMSBw jährlich durchgeführten Bevölkerungsbefragung werden seit 1996[1] ausgewählte Variablen zu sicherheits- und verteidigungspolitischen Einstellungen der Bürgerinnen und Bürger in gleicher oder ähnlicher Form erhoben. Dies ermöglicht es, Aussagen über Stabilität und Veränderung der gemessenen Einstellungen zu treffen.[2] In Tabelle 3.1 sind die Themenbereiche und Items der Befragung 2021 aufgelistet.

Im Anhang sind umfassende Informationen zur methodischen Vorgehensweise zusammengefasst, die sich an Leserinnen und Leser richten, die sich ausführlicher mit Umfragedesign und Analysemethoden beschäftigen möchten. Dieser Abschnitt enthält hingegen einige Informationen, die für das grundlegende Verständnis der nachfolgenden Analyseergebnisse hilfreich sind.

3.1 Auswahlverfahren

Für die Untersuchung wurde die Grundgesamtheit, d.h. alle Personen, die für die Analyse von Interesse sind und über die im Rahmen der Untersuchung Aussagen getroffen werden sollen, definiert als deutschsprachige Bevölkerung ab 16 Jahren in Privathaushalten in Deutschland. Da nicht alle Personen der Grundgesamtheit befragt werden können, wurde eine Stichprobe gezogen. Die Auswahl der Personen in der Stichprobe erfolgte zufällig, sodass jedes Element der Grundgesamtheit die gleiche Chance hatte, in die Stichprobe zu gelangen. Dieses Verfahren ermöglicht es, inferenzstatistische Berechnungen durchzuführen, d.h. die Messzahlen der Stichprobe auf die Grundgesamtheit zu beziehen und den dabei gemachten Fehler bestimmen zu können.[3] Je größer dieser Fehler ist, desto breiter ist das Vertrauensintervall, das den Wert in der Grundgesamtheit (Parameter) mit einer bestimmten Wahrscheinlichkeit abdeckt (vgl. Tabelle 3.2). Für weitere Ausführungen vgl. die entsprechenden Einträge in Abschnitt 1 des Methodenanhangs.

---

1 Bis 2012 führte das Sozialwissenschaftliche Institut der Bundeswehr (SOWI) die Befragungen durch. Bei älteren Umfragen wird im Folgenden nicht explizit darauf hingewiesen, dass die Daten vom SOWI stammen.

2 Bei der vorliegenden Untersuchung handelt es sich um eine Querschnittsuntersuchung, d.h. die für die Studie relevanten Merkmale der interessierenden Grundgesamtheit wurden einmalig und zeitgleich gemessen. Aussagen über Einstellungsänderungen beziehen sich daher auf die Aggregatebene der Gesamtheit aller Befragten (ähnlich eines Trenddesigns).

3 Gemeint ist hier der Stichprobenfehler, also die Streuung der Stichprobenkennwerte um den Wert in der Grundgesamtheit (Parameter). Der Fehler ist abhängig vom Stichprobenumfang und der Streuung der Werte in der Grundgesamtheit.

Tabelle 3.1: Themen der Bevölkerungsbefragung 2021

Subjektive Sicherheit
• Subjektives Sicherheitsgefühl (3 Items) • Sozioökonomische, ökologische, außen- und innenpolitische Bedrohungen (22 Items)
Einstellungen zum außen- und sicherheitspolitischen Engagement Deutschlands
• Internationale Verantwortung Deutschlands (2 Items) • Außen- und sicherheitspolitische Mittel (10 Items) • Außen- und sicherheitspolitische Grundorientierungen (11 Items)
Einstellungen zu Deutschlands Engagement in Bündnissen
• NATO und Bündnisverteidigung (6 Items) • Deutschlands Engagement in den Vereinten Nationen (3 Items) • EU-Verteidigungszusammenarbeit (7 Items)
Wahrnehmung der bilateralen Beziehungen zu den USA, Russland und China
• Bilaterale Beziehungen zu den USA (8 Items) • Bilaterale Beziehungen zu Russland (9 Items) • Bilaterale Beziehungen zu China (6 Items)
Haltungen der Bürgerinnen und Bürger zur Bundeswehr
• Persönliche Einstellung und Wichtigkeit (3 Items, davon 1 offen) • Ansehen der Bundeswehr und Anerkennung des Dienstes der Soldatinnen und Soldaten (4 Items) • Bekanntheit des Veteranenbegriffs und Einstellung zu Unterstützungsmaßnahmen für Veteranen (11 Items) • Leistungen, Ausrüstung, Einbindung in die Gesellschaft, öffentliches Auftreten und Ausbildung der Bundeswehr (6 Items) • Institutionenvertrauen (19 Items)
Wahrnehmung der Bundeswehr in der Öffentlichkeit
• Wahrnehmung und Bewertung der Bundeswehr (22 Items) • Kontakt der Bundeswehr zur Gesellschaft (1 Item) • Verhältnis von Bundeswehr und Gesellschaft (6 Items)
Attraktivität des Arbeitgebers Bundeswehr
• Attraktivität Arbeitgeber Bundeswehr (2 Items) • Eintrittsbereitschaft in die Bundeswehr (4 Items)
Einstellungen zu den Aufgabenbereichen der Bundeswehr
• Aufgabenbereiche der Bundeswehr (14 Items) • Aufgabenbereiche der Bundeswehr in Deutschland (9 Items) • Einsatz von Waffengewalt durch die Bundeswehr (8 Items)
Einstellungen zur Höhe der Verteidigungsausgaben und zum Personalumfang der Bundeswehr
• Höhe der Verteidigungsausgaben (1 Item) • Personalumfang der Bundeswehr (1 Item)
Einstellungen zu den Auslandseinsätzen der Bundeswehr
• Bekanntheit Auslandseinsätze (12 Items) • Unterstützung Auslandseinsätze (12 Items) • Persönliches Informationsniveau Auslandseinsätze (1 Item) • Evaluation des Bundeswehreinsatzes in Afghanistan (8 Items)
Eigenschaften und allgemeine politische Einstellungen der Befragten
• Soziodemografische Merkmale (14–18 Items) • Militärische Erfahrungen (11–29 Items) • Parteipolitische Orientierung (2 Items) • Militärische Sozialisation bzw. Bindung (5–6 Items) • Politisches und verteidigungspolitisches Interesse (2 Items) • Demokratiezufriedenheit (2 Items) • Bewertung der wirtschaftlichen Lage (1 Item) • Mediennutzung (5 Items) • Verbundenheit (5 Items)

Da es in Deutschland kein öffentliches Verzeichnis von Privathaushalten (Auswahlrahmen) gibt, wurde die Auswahl der Stichprobenelemente in einem mehrstufig geschichteten Verfahren getroffen. Dabei wurden im ersten Schritt Sample-Points abgegrenzt (d.h. das Gebiet Deutschlands in etwa 53.000 Flächen unterteilt), daraus anschließend Haushalte nach dem Random-Route-Prinzip[4] sowie im letzten Schritt die Zielperson im Haushalt nach dem Geburtstagsschlüssel[5] ausgewählt.

Tabelle 3.2: Vertrauensintervall für Stichproben

Anteilswert des Merkmals (p)	Stichprobenumfang (n)									
	100	250	500	750	1.000	1.250	1.500	1.750	2.000	2.500
5	(5,1)	3,2	2,3	1,8	1,6	1,4	1,3	1,2	1,1	1,0
10	7,0	4,4	3,1	2,5	2,2	2,0	1,8	1,7	1,6	1,4
15	8,3	5,2	3,7	3,0	2,6	2,3	2,1	2,0	1,9	1,7
20	9,3	5,9	4,1	3,4	2,9	2,6	2,4	2,2	2,1	1,9
25	10,0	6,4	4,5	3,7	3,2	2,8	2,6	2,4	2,2	2,0
30	10,6	6,7	4,8	3,9	3,4	3,0	2,7	2,5	2,4	2,1
35	11,1	7,0	4,9	4,0	3,5	3,1	2,9	2,6	2,5	2,2
40	11,4	7,2	5,1	4,1	3,6	3,2	2,9	2,7	2,5	2,3
45	11,5	7,3	5,2	4,2	3,6	3,3	3,0	2,8	2,6	2,3
50	11,6	7,3	5,2	4,2	3,7	3,3	3,0	2,8	2,6	2,3
55	11,5	7,3	5,2	4,2	3,6	3,3	3,0	2,8	2,6	2,3
60	11,4	7,2	5,1	4,1	3,6	3,2	2,9	2,7	2,5	2,3
65	11,1	7,0	4,9	4,0	3,5	3,1	2,9	2,6	2,5	2,2
70	10,6	6,7	4,8	3,9	3,4	3,0	2,7	2,5	2,4	2,1
75	10,0	6,4	4,5	3,7	3,2	2,8	2,6	2,4	2,2	2,0
80	9,3	5,9	4,1	3,4	2,9	2,6	2,4	2,2	2,1	1,9
85	8,3	5,2	3,7	3,0	2,6	2,3	2,1	2,0	1,9	1,7
90	7,0	4,4	3,1	2,5	2,2	2,0	1,8	1,7	1,6	1,4
95	(5,1)	3,2	2,3	1,8	1,6	1,4	1,3	1,2	1,1	1,0

Anmerkungen: Lesebeispiel: Bei einem Stichprobenumfang von 2.000 Fällen und einem Merkmalsanteil von 25 Prozent liegt der wahre Wert in der Grundgesamtheit (mit einer Wahrscheinlichkeit von 95 Prozent) im Bereich von 22,8 (25 - 2,2) bis 27,2 Prozent (25 + 2,2). Weitere Werte lassen sich mit folgender Formel berechnen:

$$P_i = 1{,}64 * \sqrt{2} * \sqrt{\frac{p*(1-p)}{n}}$$

---

4 Von einem zufällig ausgewählten Startpunkt innerhalb des Sample-Points wurde jeder dritte Haushalt ausgewählt (Begehungsregel).

5 Hierbei wurde diejenige im Haushalt lebende und zur Grundgesamtheit gehörende Person befragt, die zuletzt Geburtstag hatte (Verfahren zur Zufallsauswahl).

3.2. Datenerhebungstechnik und Feldphase

Ein erster Entwurf des standardisierten Fragebogens wurde am ZMSBw entwickelt. Die Überprüfung des Fragebogens (Pretest) und die Datenerhebung führte das externe Meinungsforschungsinstitut Ipsos GmbH durch. Die Autoren dieses Forschungsberichts standen vor und während der gesamten Feldphase in engem Kontakt zu Ipsos. Als erster Teil des Pretests fanden am 3. Juni 2021 in einem Befragungsstudio in Berlin vier Interviews statt (Studio-Pretest). Um eine möglichst große Heterogenität der Teilnehmerinnen und Teilnehmer zu erreichen, wurde nach Alter, Geschlecht, Bildungsabschluss und militärischer Erfahrung bei der Bundeswehr rekrutiert. Die Interviews wurden von den Autoren dieses Forschungsberichts aus einem Nebenraum verfolgt. Der zweite Teil des Pretests umfasste 52 Interviews, die im Zeitraum vom 14. bis 20. Juni 2021 unter realen Feldbedingungen stattfanden. Auf der Basis dieser beiden Teile des Pretests erfolgten Anpassungen des Fragebogens, etwa bei der genauen Formulierung einzelner Items oder den Hilfestellungen für die Interviewer im Fragebogen.

Tabelle 3.3: Grundgesamtheit und Stichprobe

	Grundgesamtheit	Stichprobe	
		Gewichtet	Ungewichtet
Geschlecht			
Männer	49	49	50
Frauen	51	51	50
Alter			
16 bis 19 Jahre	5	6	5
20 bis 29 Jahre	14	13	14
30 bis 39 Jahre	15	15	15
40 bis 49 Jahre	15	15	16
50 bis 59 Jahre	19	19	19
60 bis 69 Jahre	15	14	14
70 Jahre und älter	18	18	17
Bildungsniveau			
Hochschul- bzw. Fachhochschulreife	33	34	28
Realschulabschluss	33	33	27
Hauptschulabschluss	34	33	45
Region			
Norddeutschland (SH, HH, HB, NI)	16	16	16
Ostdeutschland (MV, BB, BE, ST, SN, TH)	20	20	20
Süddeutschland (BW, BY)	29	29	29
Westdeutschland (NW, RP, HE, SL)	35	35	36

Anmerkungen: Angaben in Prozent. Nicht alle Prozentangaben ergeben in der Summe 100 Prozent, da sie gerundet wurden.

Datenbasis: Grundgesamtheit: Sollvorgaben aus dem Tageszeitungsdatensatz der Ipsos-Mediaanalyse aus dem Jahr 2020; Stichprobe: Bevölkerungsbefragung des ZMSBw 2021.

Im Rahmen computergestützter persönlicher Interviews (CAPI) wurden in einem Zeitraum von etwa fünf Wochen (26. Juni bis 1. August 2021) 2.037 Nettointerviews durch 285 erfahrene und geschulte Interviewerinnen und Interviewer durchgeführt. Die Ausschöpfungsquote lag bei 50,3 Prozent. Die Interviews dauerten im Mittel 54 Minuten. Die erhobenen Daten wurden durch das Umfrageinstitut im Anschluss an die Erhebung nach den Merkmalen Alter, Geschlecht, Bildung und Ortsgröße gewichtet[6] (vgl. Tabelle 3.3), um die realisierte Stichprobe der demografischen Struktur der Grundgesamtheit anzupassen. Nach Aufbereitung der erhobenen Daten durch Ipsos erhielt das ZMSBw am 9. August 2021 den Datensatz, der Grundlage der nachfolgenden Auswertungen ist.

Während der Feldphase erfolgte durch Ipsos eine kontinuierliche Kontrolle der Interviews. Diese Kontrollen wurden postalisch durchgeführt und schlossen Fragen zu Thema, Zeitpunkt und Länge des Interviews ein. Zudem wurde gefragt, ob das Interview ordnungsgemäß am Tablet-Computer stattfand. So wurden 30 Prozent der Nettointerviews kontrolliert (Ipsos 2021: 11).

Im Rahmen der Grundlagenforschung des ZMSBw wurden die Einflüsse verschiedener Fragereihenfolgen und -formulierungen auf das Antwortverhalten der Befragten geprüft. Hierzu wurden die Teilnehmerinnen und Teilnehmer der Umfrage zufällig in drei Gruppen aufgeteilt. Diese drei Gruppen bekamen die Fragen jeweils in einer anderen Reihenfolge gestellt. Der Fragebogen wurde dafür in drei abgegrenzte Themenblöcke unterteilt. Themenblock I enthielt alle Fragen zu Sicherheitsbewertungen, Bedrohungswahrnehmungen sowie zu Einstellungen zu verschiedenen außen- und sicherheitspolitischen Fragen (Abschnitte 4 bis 8). Themenblock II umfasste alle Fragen mit Bezug zur Bundeswehr (Abschnitte 9 bis 14) und Themenblock III schloss die Fragen zu allgemeinen politischen Einstellungen und Verhaltensweisen ein, die in allen Abschnitten als Erklärungsvariablen genutzt werden. Drei (der sechs theoretisch möglichen) Reihenfolgen dieser drei Themenblöcke wurden in der Befragung umgesetzt (vgl. Abbildung 3.1). Zusätzlich gab es einige weitere Splits im Fragebogen für einzelne Fragen, um alternative Frageformulierungen zu testen. In der Regel werden in den nachstehenden Analysen die zusammengefassten Ergebnisse für alle Befragten präsentiert.

---

6 Die Gewichtungsfaktoren reichen dabei von 0,26 bis 3,78 (□ = 1,18; sd = 0,44). Vgl. den entsprechenden Eintrag zur Gewichtung im Methodenanhang.

Abbildung 3.1: Design der Bevölkerungsbefragung 2021

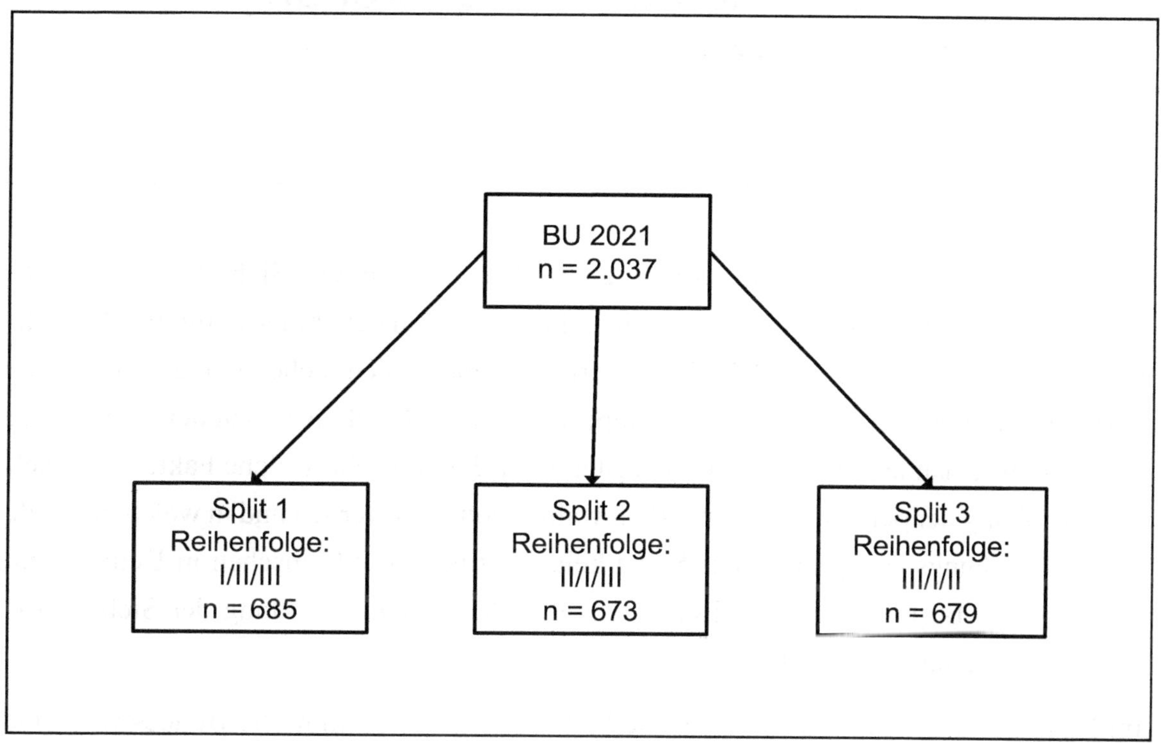

Anmerkungen: Split 1 = zuerst Themenblock I: Sicherheitsbewertungen, Bedrohungswahrnehmungen, Einstellungen zu verschiedenen außen- und sicherheitspolitischen Fragen (Abschnitte 4 bis 8); Split 2 = zuerst Themenblock II: Fragen mit Bezug zur Bundeswehr (Abschnitte 9 bis 14); Split 3 = zuerst Themenblock III: allgemeine politische Einstellungen und Verhaltensweisen.

Datenbasis: Bevölkerungsbefragung des ZMSBw 2021.

Zuletzt soll in diesem Abschnitt auf die Herausforderungen durch die Corona-Pandemie und die entsprechenden Maßnahmen bei der Durchführung der Befragung eingegangen werden. Die Infektionslage zum Zeitpunkt der Befragung hat die Durchführung der Studie nicht beeinträchtigt. So lag die Ausschöpfungsquote mit 50,3 Prozent auf dem Niveau von 2019 (50,0 Prozent) und deutlich über dem Wert des Vorjahres (30,8 Prozent). Bei der Durchführung der Interviews wurde auf die Einhaltung der geltenden Abstands- und Hygieneregeln geachtet (Ipsos 2021: 10). Für die Interviewer fand dazu vor der Studie eine separate Belehrung statt. Zu den durch die Interviewer ergriffenen Maßnahmen gehörte das Tragen einer Mund-Nasen-Bedeckung vor, während und nach den Interviews. Die Interviewer waren dazu angewiesen, eine Mund-Nasen-Bedeckung in neutraler Gestaltung zu verwenden, um etwaige Beeinflussungen des Teilnahme- und Antwortverhaltens zu vermeiden. Zudem wurde stets ein Mindestabstand von 1,5 Metern eingehalten und vor den Augen der Befragten Desinfektionsmittel für die Hände verwendet. Zusätzlich wurden Einmalhandschuhe verwendet, sofern der zur Befragung genutzte Tablet-Computer an die Befragungsperson übergeben wurde.

4 Subjektive Sicherheit und Bedrohungswahrnehmungen

Timo Graf

Dieser Abschnitt widmet sich der öffentlichen Wahrnehmung von Sicherheit und möglichen Bedrohungen für das persönliche Sicherheitsgefühl in der Bundesrepublik Deutschland. Um herauszufinden, welche Bevölkerungsgruppen sich sicherer und welche sich unsicherer fühlen, wird das Sicherheitsempfinden unterschiedlicher soziodemografischer Gruppen miteinander verglichen. Des Weiteren wird untersucht, welche Faktoren aktuell als Bedrohung der persönlichen Sicherheit wahrgenommen werden und in welchem Maße diese Bedrohungsperzeptionen das Sicherheitsempfinden der Menschen in Deutschland beeinflussen. Besondere Aufmerksamkeit gilt zudem der Entwicklung der Sicherheitswahrnehmung im Zeitverlauf.

Im Rahmen der gesamtstaatlichen Sicherheitsvorsorge übernimmt die Bundeswehr eine Vielzahl von Aufgaben zum Schutz der Bevölkerung. Nach außen gerichtet ist es die Hauptaufgabe der Bundeswehr, sicherheitspolitische Bedrohungen von Deutschland und seinen Bündnispartnern abzuwehren. Nach innen gerichtet leistet die Bundeswehr einen wesentlichen Beitrag zum Heimatschutz und zur nationalen Krisen- und Risikovorsorge, etwa durch die Überwachung und Sicherung des deutschen Luftraums oder Hilfeleistungen bei inneren Notständen wie der Corona-Pandemie oder Naturkatastrophen. Deshalb soll in diesem Abschnitt ebenfalls untersucht werden, ob und wie sich die Wahrnehmung von Bedrohungen, die in den Aufgabenbereich der Bundeswehr fallen, auf die wahrgenommene Wichtigkeit der Bundeswehr für Deutschland auswirkt. Die öffentliche Meinung zu den Aufgaben der Bundeswehr wird in Abschnitt 13 untersucht. Eine umfassende Analyse der grundsätzlichen Haltungen der Bürgerinnen und Bürger zur Bundeswehr bietet Abschnitt 9.

4.1 Definition(en) von Sicherheit

Sicherheit ist ein Grundbedürfnis des Menschen (Maslow 1943), ein universelles Menschenrecht (Vereinte Nationen 1948) und eine wesentliche Voraussetzung für die freie Entwicklung menschlicher Zivilisation (Dal Bó et al. 2016; Stewart 2004). Die Gewährleistung der Sicherheit der Bevölkerung ist ein konstitutiver Bestandteil des modernen, demokratischen Staatsauftrags (Endreß/Petersen 2012).

Obwohl oder gerade weil Sicherheit von so universeller Bedeutung ist, gibt es keine allgemeingültige Definition des Begriffs. Allen Definitionen von Sicherheit ist jedoch ein Aspekt gemein: Die Beschreibung eines Zustands ohne Gefahr oder Bedrohung (Brunner 1984; Endreß/Schattschneider 2010). Hier wird Sicherheit definiert als ein „Zustand, in dem sich Individuen, Gruppen und Staaten nicht von ernsten Gefahren bedroht fühlen bzw. sich wirksam vor ihnen geschützt sehen" (Meier et al. 2008: 410). Diese Definition verdeutlicht den inhärent subjektiven Charakter von Sicherheit und zeigt auf, warum es wichtig ist, zwischen objektiver Sicherheit (z.B. Kriminalitätsstatistik) und subjektiv empfundener Sicherheit (z.B. Angst vor Kriminalität) zu unterscheiden (Daase 2012; Haverkamp 2014; Noll 1994; Rapoport 1988). Zwischen objektiver Sicherheit und deren subjektiver Wahrnehmung identifizieren empirische Studien oftmals eine Diskrepanz (Hummelsheim-Doss 2017; Reuband 2009; Windzio et al. 2007), weshalb einige Sozialwissenschaftlerinnen und Sozialwissenschaftler argumentieren, dass Sicherheit zum Teil sozial konstruiert sei (Altheide 1997, 2002; Buzan et al. 1998; Dake 1992; Krasmann et al. 2014; Rosenthal 2000). In diesem Zusammenhang wird den Massenmedien eine besondere Bedeutung zugeschrieben, da diese maßgeblich über Risiken und Gefahren informieren, die für die Mehrheit der Bürgerinnen und Bürger nicht unmittelbar erlebbar sind (z.B. Terrorismus oder Kriminalität: Dowler et al. 2006; Eschholz 1997; Heath/Gilbert 1996; Weitzer/Kubrin 2006). Ungeachtet dessen beeinflusst das subjektive Sicherheitsempfinden konkretes Denken und Handeln und hat somit ganz „reale" Konsequenzen. So kann z.B. die Urlaubsplanung maßgeblich von der subjektiven Einschätzung der Sicherheitslage im Zielland beeinflusst werden (Sönmez/Graefe 1998).

Grundsätzlich muss zwischen der persönlich-autonomen und der soziotropen Ebene der Sicherheit und des Sicherheitsempfindens unterschieden werden (Huddy et al. 2002, 2005; Joslyn/Haider-Markel 2007; Stevens/Vaughn-Williams 2014). Soziotrope Sicherheitsempfindungen verbinden die (subjektive) Sicherheit des Individuums mit der Sicherheit von Gruppen, denen sich das Individuum zugehörig fühlt. Ein Beispiel hierfür ist die individuelle Bewertung der nationalen Sicherheitslage, sofern sich das Individuum mit der Nation verbunden fühlt. Die persönlich-autonome Sicherheitsempfindung bezieht sich dagegen einzig auf das Individuum ohne Berücksichtigung sozialer Gruppenzugehörigkeiten. Die ZMSBw-Bevölkerungsbefragung erfasst die subjektive Bewertung der persönlichen, der nationalen und der weltweiten Sicherheitslage.

4.2 Wahrnehmungen der Sicherheitslage

Wie in den Vorjahren wurden die Teilnehmerinnen und Teilnehmer der ZMSBw-Bevölkerungsbefragung gebeten, die persönliche, nationale und weltweite Sicherheitslage zu beurteilen (vgl. Graf 2021a). Die weltweite Sicherheitslage wird durch die Bürgerinnen und Bürger differenziert wahrgenommen (vgl. Abbildung 4.1).

Abbildung 4.1: Beurteilung der weltweiten Sicherheitslage

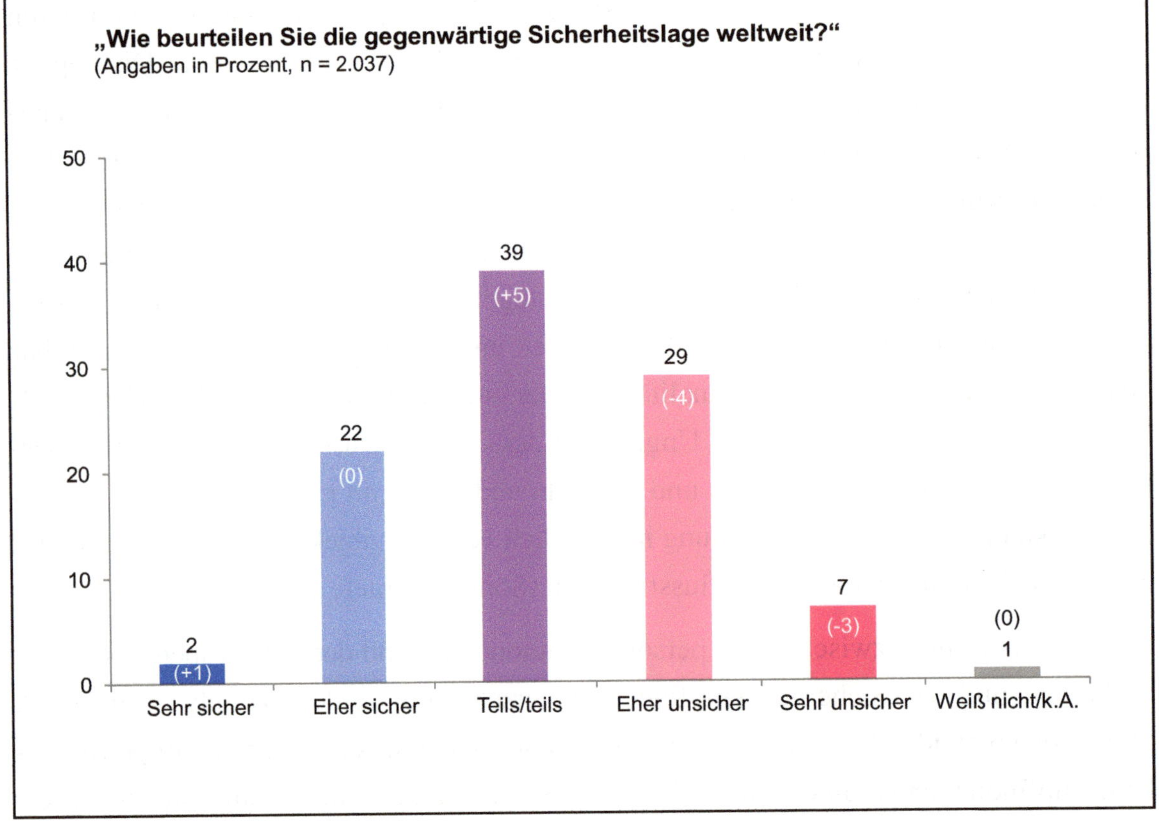

Anmerkungen: Nicht alle Prozentangaben ergeben in der Summe 100 Prozent, da die Einzelwerte gerundet wurden. Veränderungen gegenüber 2020 in Klammern.

Datenbasis: Bevölkerungsbefragungen des ZMSBw 2020 und 2021.

Nahezu ein Viertel der Befragten bewertet die globale Lage als insgesamt sehr sicher (2 Prozent; +1 Prozentpunkt im Vergleich zu 2020) oder eher sicher (22 Prozent; keine Veränderung). Im Gegensatz dazu meint nahezu jeder vierte Befragte, die Lage sei eher unsicher (29 Prozent; -4 Prozentpunkte) oder sehr unsicher (7 Prozent; -3 Prozentpunkte). Der größte Teil der Befragten ist geteilter Meinung (39 Prozent; +5 Prozentpunkte). Im Vergleich zum Vorjahr hat sich die öffentliche Bewertung der weltweiten Sicherheitslage geringfügig verbessert.

Abbildung 4.2: Beurteilung der weltweiten Sicherheitslage im Zeitvergleich – Unsicherheitsgefühl

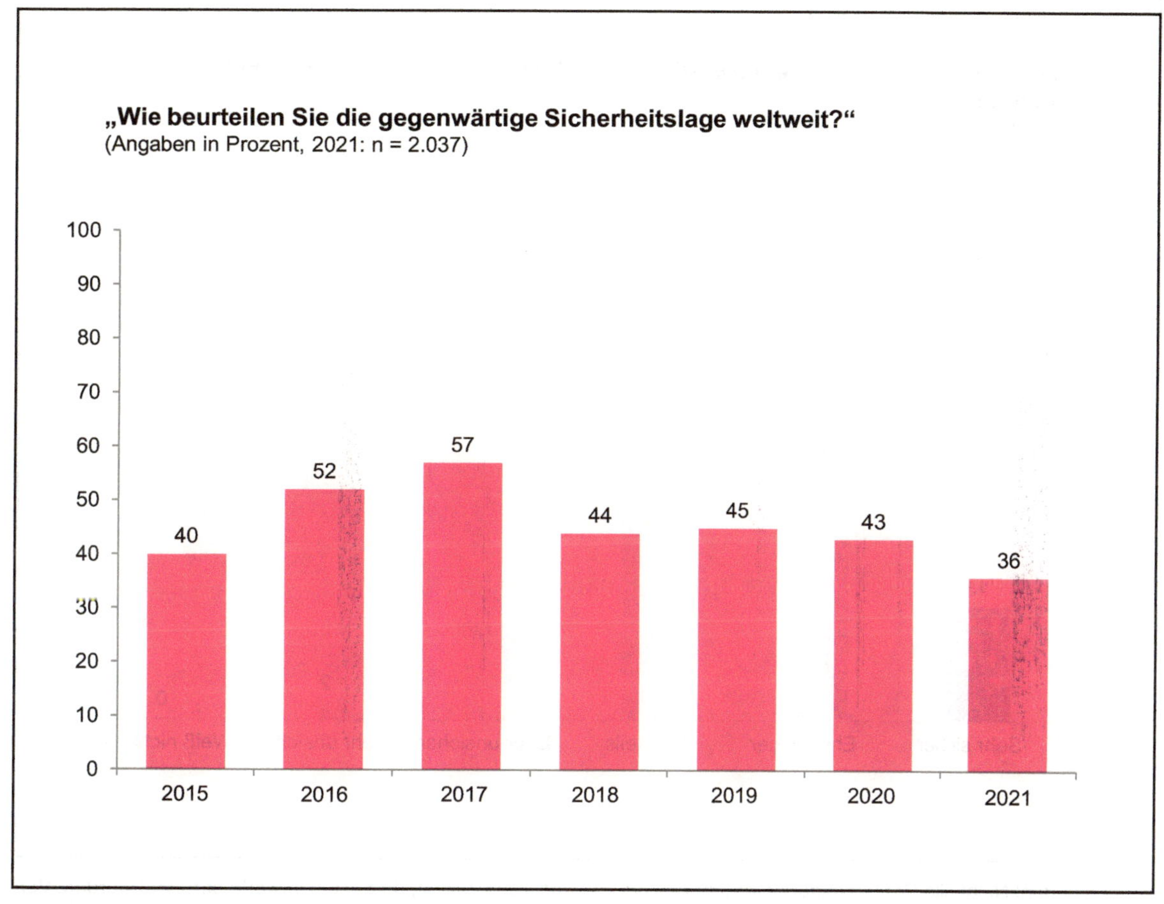

Anmerkung: Die Anteile „Sehr unsicher“ und „Eher unsicher“ wurden zusammengefasst.

Datenbasis: Bevölkerungsbefragungen des ZMSBw 2015–2021.

Die Beurteilung der weltweiten Sicherheitslage wird in der Bevölkerungsumfrage des ZMSBw seit 2015 erfasst. Von besonderem Interesse ist die Entwicklung des *Unsicherheitsgefühls* im Zeitverlauf, d.h. die Entwicklung der Anteile der Befragten, die die Sicherheitslage als sehr unsicher oder eher unsicher empfinden (vgl. Abbildung 4.2). Empfanden 2015 vier von zehn Befragten die weltweite Lage als unsicher, so stieg das Unsicherheitsgefühl im Jahr 2016 auf 52 Prozent und erreichte im Jahr 2017 mit 57 Prozent seinen Höchststand. Im Jahr darauf sank das Unsicherheitsgefühl um 13 Prozentpunkte auf 44 Prozent und ist seitdem stabil. Auch wenn der aktuelle Wert von 36 Prozent deutlich unter dem Höchststand von 2017 liegt, so bleibt das Unsicherheitsgefühl in Bezug auf die weltweite Lage dennoch relativ hoch, insbesondere im Vergleich zur wahrgenommenen nationalen Sicherheitslage (vgl. Abbildung 4.3). Ein „Corona-Effekt“ ist im Zeitverlauf jedoch nicht zu beobachten.

Abbildung 4.3: Beurteilung der nationalen Sicherheitslage

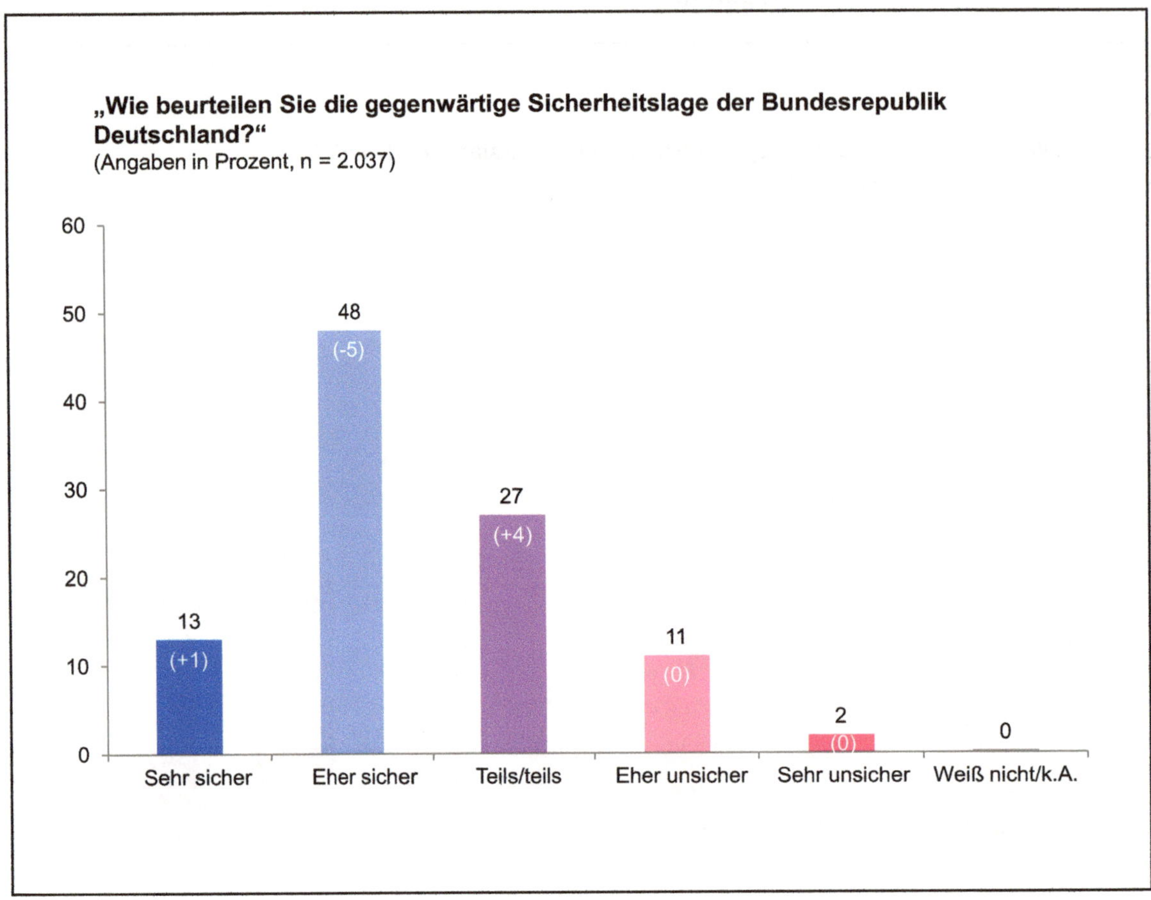

Anmerkungen: Nicht alle Prozentangaben ergeben in der Summe 100 Prozent, da die Einzelwerte gerundet wurden. Veränderungen gegenüber 2020 in Klammern.

Datenbasis: Bevölkerungsbefragungen des ZMSBw 2020 und 2021.

Im Vergleich zur weltweiten Sicherheitslage schätzen die Bürgerinnen und Bürger die Lage in der Bundesrepublik Deutschland deutlich positiver ein (vgl. Abbildung 4.3). Mehr als die Hälfte der Befragten beurteilt die Lage als eher sicher (48 Prozent; -5 Prozentpunkte im Vergleich zu 2020) oder sehr sicher (13 Prozent; +1 Prozentpunkt). Etwas mehr als ein Viertel der Befragten ist geteilter Meinung (27 Prozent; +4 Prozentpunkte), während etwa jeder Zehnte die Auffassung vertritt, die Lage in Deutschland sei eher unsicher (11 Prozent; keine Veränderung) oder sehr unsicher (2 Prozent; keine Veränderung). Insgesamt wird die Sicherheitslage in Deutschland im Vergleich zum Vorjahr etwas kritischer bewertet.

Abbildung 4.4: Beurteilung der nationalen Sicherheitslage im Zeitvergleich – Unsicherheitsgefühl

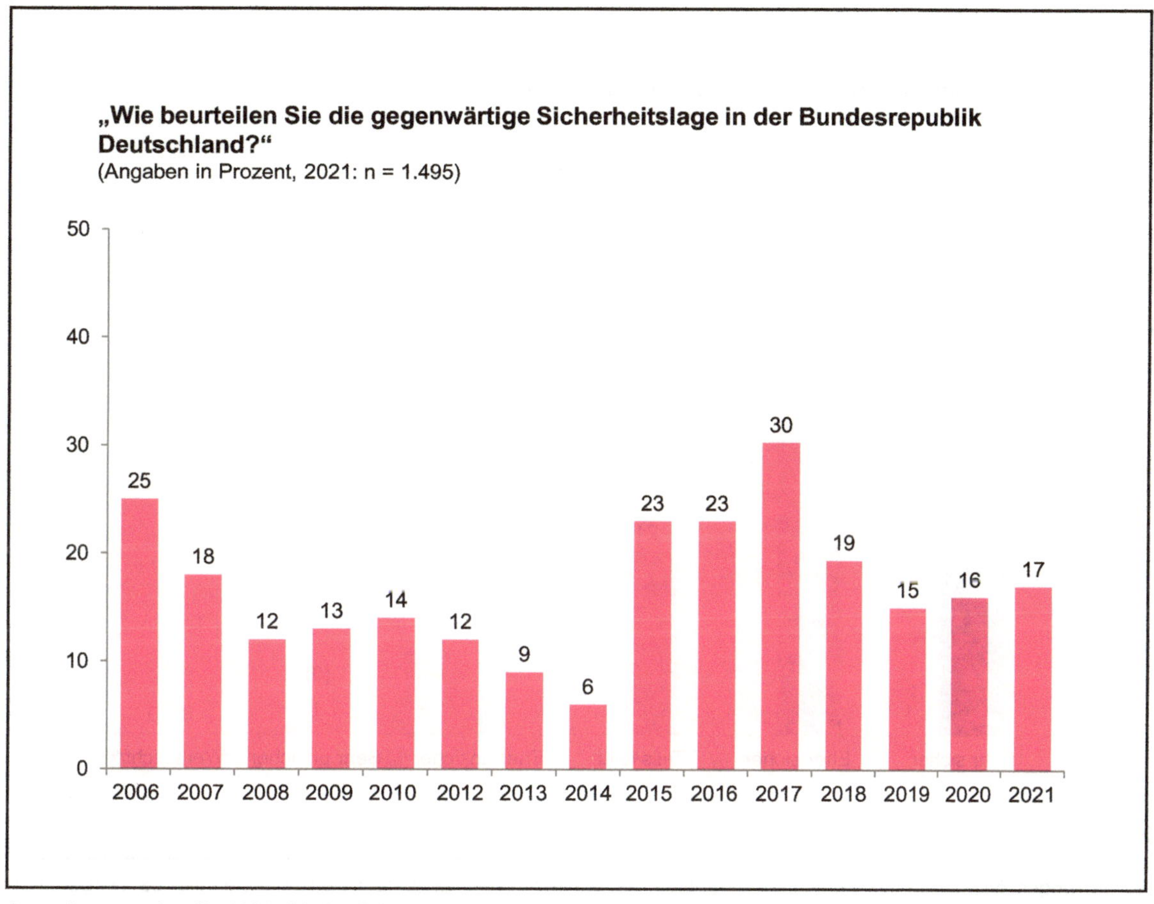

Anmerkungen: Anteile 2006–2013: „Sehr unsicher“, „Unsicher“ und „Eher unsicher“ zusammengefasst; ab 2014: „Sehr unsicher“ und „Eher unsicher“ zusammengefasst, „Teils/teils“ herausgerechnet. 2011 wurde die Frage nicht erhoben.

Datenbasis: Bevölkerungsbefragungen des ZMSBw 2006–2010, 2012–2021.

Die Beurteilung der nationalen Sicherheitslage wird seit 2006 erfasst. Auch das Unsicherheitsgefühl bezüglich der nationalen Lage zeigt im Zeitverlauf einen minimalen Anstieg im Vergleich zum Vorjahr, liegt aber noch immer unter dem durchschnittlichen Niveau der Jahre 2015–2017 (vgl. Abbildung 4.4).[7]

---

7 Aufgrund unterschiedlicher Antwortskalen in den Vorjahren (ab 2014: 5-stufig; zuvor 6-stufig) wurden zu Vergleichszwecken die Befragten der Mittelkategorie (d.h. der Anteil „Teils/teils“) für die Jahre 2014 bis 2021 herausgerechnet. Damit gehen in die Analysen noch 2.080 (2014), 1.924 (2015), 1.661 (2016), 1.662 (2017), 1.831 (2018), 1.806 (2019), 1.751 (2020) bzw. 1.495 (2021) Befragte ein. So erklären sich auch die Abweichungen in den relativen Häufigkeiten für 2021 zwischen den Abbildungen 4.3 und 4.4.

Abbildung 4.5: Beurteilung der persönlichen Sicherheitslage

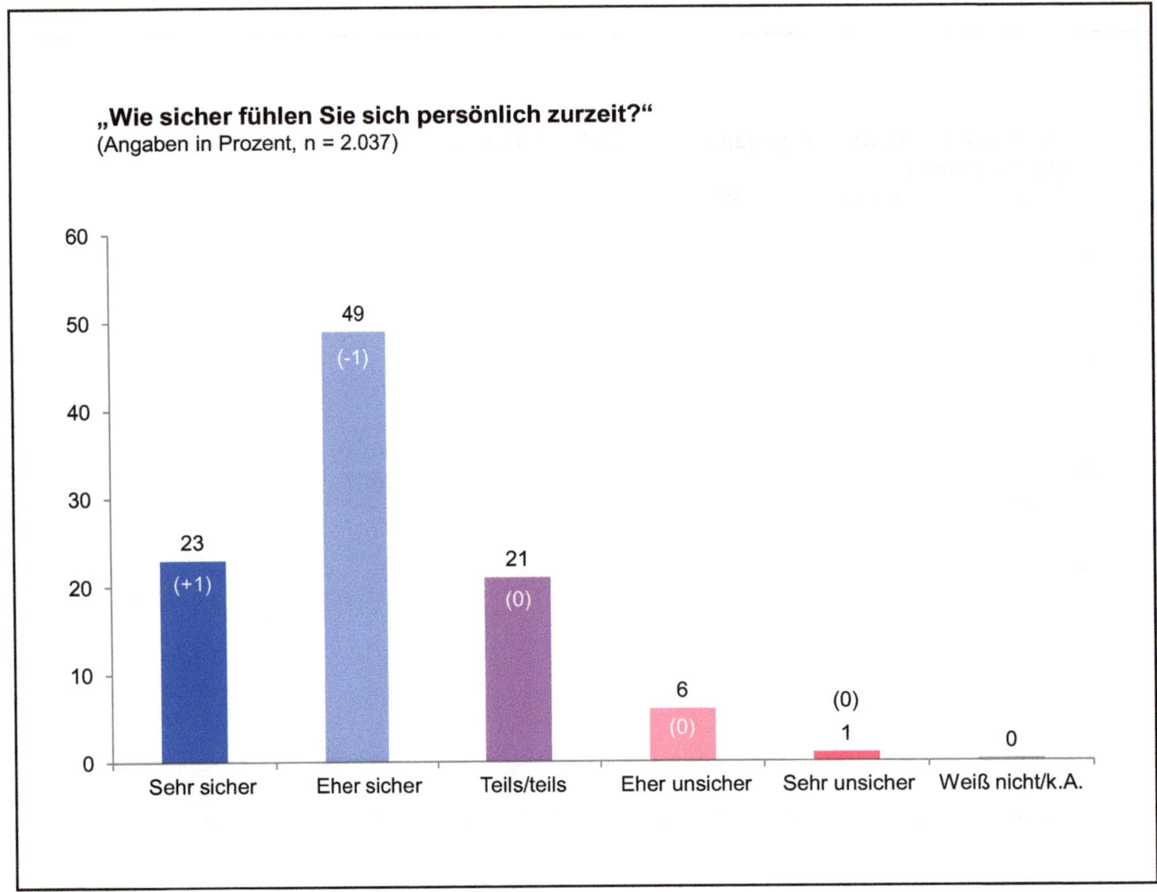

Anmerkungen: Nicht alle Prozentangaben ergeben in der Summe 100 Prozent, da die Einzelwerte gerundet wurden. Veränderungen gegenüber 2020 in Klammern.

Datenbasis: Bevölkerungsbefragungen des ZMSBw 2020 und 2021.

Die Bewertung der persönlichen Sicherheitslage fällt im Vergleich zur weltweiten und nationalen Sicherheitslage sehr viel positiver aus (vgl. Abbildung 4.5). Die Mehrheit der Befragten fühlt sich persönlich sehr sicher (23 Prozent; +1 Prozentpunkt im Vergleich zum Vorjahr) oder eher sicher (49 Prozent; -1 Prozentpunkt). Einer von fünf Befragten hat hingegen ein ambivalentes Sicherheitsgefühl (21 Prozent; keine Veränderung) und nur wenige fühlen sich persönlich eher unsicher (6 Prozent; keine Veränderung) oder sehr unsicher (1 Prozent; keine Veränderung).

Abbildung 4.6: Beurteilung der persönlichen Sicherheitslage im Zeitvergleich – Unsicherheitsgefühl

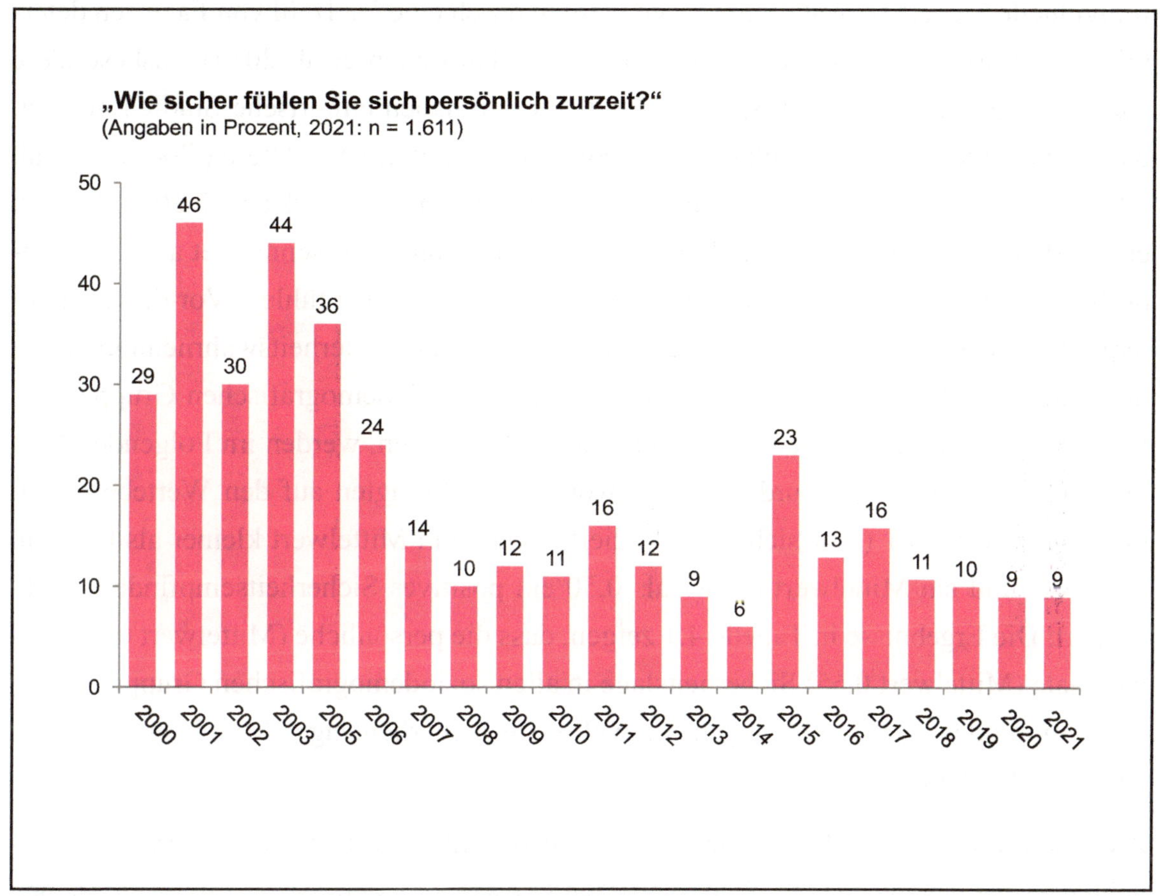

Anmerkungen: Anteile 2000–2013: „Sehr unsicher", „Unsicher" und „Eher unsicher" zusammengefasst; ab 2014: „Sehr unsicher" und „Eher unsicher" zusammengefasst, „Teils/teils" herausgerechnet. 2004 wurde die Frage nicht erhoben.

Datenbasis: Bevölkerungsbefragungen des ZMSBw 2000–2003, 2005–2021.

Im Vergleich zum Vorjahr hat sich das persönliche Unsicherheitsgefühl nicht verändert (vgl. Abbildung 4.6) und liegt damit etwas unterhalb des durchschnittlichen Niveaus der Jahre 2008 bis 2014.[8] In den Jahren 2015 bis 2017 war das persönliche Unsicherheitsgefühl im Durchschnitt deutlich stärker ausgeprägt. Wird zudem der gesamte Erhebungszeitraum seit dem Jahr 2000 betrachtet, ist festzustellen, dass das Unsicherheitsgefühl im Jahr 2021 vergleichsweise schwach ausgeprägt ist. Somit scheint auch das persönliche Sicherheitsgefühl der Bürgerinnen und Bürger nicht unter der anhaltenden Corona-Pandemie und den Maßnahmen zu deren Bekämpfung zu leiden.

---

[8] Aufgrund unterschiedlicher Antwortskalen in den Vorjahren (ab 2014: 5-stufig; zuvor 6-stufig) wurden zu Vergleichszwecken die Befragten der Mittelkategorie (d.h. der Anteil „Teils/teils") für die Jahre 2014 bis 2020 herausgerechnet. Damit gehen in die Analysen noch 2.160 (2014), 1.982 (2015), 1.831 (2016), 1.962 (2017), 1.984 (2018), 1.942 (2019), 1.811 (2020) bzw. 1.611 (2021) Befragte ein. So erklären sich auch die Abweichungen in den relativen Häufigkeiten für 2021 zwischen den Abbildungen 4.5 und 4.6.

4.3 Sicherheitsempfinden in soziodemografischen Gruppen

Individuelle Sicherheitswahrnehmungen werden durch eine Vielzahl von Faktoren determiniert (Daase 2010; Hummelsheim-Doss 2017; Krasmann et al. 2014). Insbesondere soziodemografische Faktoren spielen eine Rolle. So haben empirische Studien gezeigt, dass Frauen (Nellis 2009; Skitka et al. 2006; Wilcox et al. 2009), Ältere (Goodwin et al. 2005; Skitka et al. 2006), Personen mit geringem Einkommen (Skitka et al. 2006; Wilcox et al. 2009) sowie ethnische Minderheiten und Immigranten (Eisenman et al. 2009) Bedrohungen eher wahrnehmen und sich entsprechend unsicherer fühlen. Vor diesem Hintergrund erscheint es geboten, zu untersuchen, ob sich die Sicherheitswahrnehmungen in der deutschen Bevölkerung zwischen verschiedenen soziodemografischen Gruppen unterscheiden. Um die Gruppen besser vergleichen zu können, werden im Folgenden Mittelwerte berichtet. Dazu wurden die Antworten der Befragten auf den Wertebereich 0 (sehr unsicher) bis 1 (sehr sicher) umkodiert, sodass ein Mittelwert kleiner als 0,50 ein negatives und ein Mittelwert größer als 0,50 ein positives Sicherheitsempfinden repräsentiert. Die Ergebnisse in Tabelle 4.1 zeigen, dass die persönliche (Mittelwert 0,71) und nationale (Mittelwert 0,65) Sicherheitslage in allen soziodemografischen Gruppen als sicher empfunden wird, wohingegen die weltweite Sicherheitslage (Mittelwert 0,46) als eher unsicher bewertet wird.

Zwischen Männern und Frauen bestehen keine signifikanten Unterschiede in der Wahrnehmung der verschiedenen Sicherheitslagen. Zwischen den Altersgruppen bestehen keine signifikanten Unterschiede in der Bewertung der persönlichen und nationalen Sicherheitslage, jedoch bewerten jüngere Befragte (16 bis 29 Jahre) die weltweite Sicherheitslage etwas positiver als die älteren Vergleichsgruppen. Das Sicherheitsempfinden ist für alle drei Ebenen in der höchsten Bildungsgruppe signifikant positiver als in den beiden niedrigeren Bildungsgruppen. Auch mit höherem Haushaltseinkommen wird die persönliche und nationale Sicherheitslage positiver beurteilt. Die Bewertung der weltweiten Sicherheitslage unterscheidet sich nicht signifikant zwischen den Einkommensgruppen. Signifikante Wahrnehmungsunterschiede sind zudem zwischen den Wählergruppen feststellbar: Die Anhänger der CDU/CSU, der SPD und der Grünen bewerten alle Sicherheitslagen positiver als die anderen Wählergruppen. Befragte mit einer Wahlpräferenz für die AfD bewerten dagegen alle drei Sicherheitslagen am kritischsten. Einig sind sich alle Wählergruppen (im Mittel) in der kritischen Bewertung der weltweiten Sicherheitslage.

Tabelle 4.1: Sicherheitsempfinden in soziodemografischen Gruppen

„Wie sicher fühlen Sie sich persönlich zurzeit?" / „Wie beurteilen Sie die gegenwärtige Sicherheitslage der Bundesrepublik Deutschland?" / „Wie beurteilen Sie die gegenwärtige Sicherheitslage weltweit?"
(Mittelwerte)

	Persönlich	Deutschland	Weltweit
Insgesamt	0,71	0,65	0,46
Geschlecht	n.s.	n.s.	n.s
Männer	0,72	0,65	0,45
Frauen	0,71	0,65	0,46
Alter	n.s.	n.s.	***
16 bis 29 Jahre	0,72	0,67	0,50
30 bis 49 Jahre	0,72	0,65	0,45
50 bis 69 Jahre	0,70	0,65	0,44
70 Jahre und älter	0,71	0,63	0,46
Bildungsniveau	*	*	*
Hochschul- bzw. Fachhochschulreife	0,73	0,67	0,48
Realschulabschluss	0,70	0,64	0,44
Hauptschulabschluss	0,71	0,64	0,45
Haushaltsnettoeinkommen pro Monat	***	***	n.s.
4.001 Euro und mehr	0,74	0,68	0,48
2.001 bis 4.000 Euro	0,72	0,66	0,47
Bis 2.000 Euro	0,67	0,61	0,45
Wahlabsicht Bundestagswahl	***	***	***
CDU/CSU	0,75	0,69	0,49
SPD	0,75	0,69	0,48
AfD	0,60	0,51	0,40
FDP	0,70	0,65	0,45
Die Linke	0,71	0,65	0,44
Bündnis 90/Die Grünen	0,72	0,67	0,47
Keine Parteipräferenz, Nichtwähler, w.n./k.A.	0,69	0,62	0,43
Region	***	n.s.	***
Norddeutschland (SH, HH, HB, NI)	0,72	0,66	0,51
Ostdeutschland (MV, BB, BE, ST, SN, TH)	0,68	0,62	0,45
Süddeutschland (BW, BY)	0,74	0,65	0,43
Westdeutschland (NW, RP, HE, SL)	0,71	0,66	0,45
Migrationshintergrund	***	***	n.s.
Ja	0,77	0,71	0,45
Nein	0,71	0,64	0,46

Anmerkungen: Alle Variablen haben einen Wertebereich von [0 – sehr unsicher; 1 – sehr sicher]. Analyseverfahren: Varianzanalysen, Signifikanzniveau: *** $p < 0{,}001$; ** $p < 0{,}01$; * $p < 0{,}05$; n.s. = nicht signifikant ($p \geq 0{,}05$). Der Signifikanztest für die Varianzanalyse gibt an, ob sich der Mittelwert mindestens einer Gruppe von dem Mittelwert mindestens einer anderen Gruppe unterscheidet.

Datenbasis: Bevölkerungsbefragung des ZMSBw 2021.

Des Weiteren unterscheidet sich die Einschätzung der persönlichen und weltweiten Sicherheitslage statistisch signifikant nach Region: So fühlen sich die Bürgerinnen und Bürger in Süddeutschland persönlich sicherer als jene in Ostdeutschland. Die weltweite Sicherheitslage wird dagegen von den Befragten in Norddeutschland etwas positiver bewertet als in den anderen Regionen, während die nationale Sicherheitslage in allen Regionen annähernd gleich positiv wahrgenommen wird. Abschließend ist festzustellen, dass die Bürgerinnen und Bürger *ohne* Migrationshintergrund sich persönlich unsicherer fühlen und auch die nationale Sicherheitslage kritischer bewerten als Befragte *mit* Migrationshintergrund.

Festzuhalten ist, dass sich insbesondere Befragte mit einer Wahlabsicht für die AfD, niedrigem Einkommen (bis 2.000 Euro) und Wohnsitz in Ostdeutschland persönlich weniger sicher fühlen und auch die nationale Sicherheitslage kritischer bewerten als die jeweiligen Vergleichsgruppen. Insofern lassen sich diese Teilgruppen der deutschen Bevölkerung durch eine stärker ausgeprägte subjektive Vulnerabilität charakterisieren.

4.4 Persönliche Bedrohungswahrnehmungen

Zusätzlich zur Beurteilung der Sicherheitslage wurden die Teilnehmerinnen und Teilnehmer gebeten, anzugeben, inwieweit sie bestimmte Faktoren als Bedrohung für ihre persönliche Sicherheit empfinden. Wie Tabelle 4.2 veranschaulicht, herrscht in der Bevölkerung ein differenziertes Bewusstsein für die verschiedenen Faktoren, die die persönliche Sicherheitslage beeinflussen können. Die größten Risiken für die persönliche Sicherheit sind aus Sicht der Befragten steigende Preise (53 Prozent; +5 Prozentpunkte im Vergleich zum Vorjahr), der weltweite Klimawandel (48 Prozent; +2 Prozentpunkte), die weltweite Ausbreitung einer gefährlichen Krankheit oder Seuche (44 Prozent; keine Veränderung) und die Zuwanderung nach Deutschland (43 Prozent; -2 Prozentpunkte).[9] Eine mögliche Ansteckung mit dem Coronavirus (36 Prozent; -8 Prozentpunkte) wird ebenfalls von einem großen Teil der Befragten als Bedrohung der persönlichen Sicherheit wahrgenommen. Im Vergleich zum Vorjahr ist dieses Bedrohungsgefühl deutlich gesunken. Zu den ökologischen Faktoren gehören neben der weltweiten Ausbreitung einer gefährlichen

---

9 Laut den Ergebnissen einer Bevölkerungsbefragung im Auftrag des German Marshall Fund und der Bertelsmann-Stiftung sind aus Sicht der Bürgerinnen und Bürger Pandemien, der weltweite Klimawandel und Immigration die drei größten Herausforderungen *für Deutschland* (Transatlantic Trends 2021). Die Ergebnisse einer Bevölkerungsbefragung durch das Institut für Demoskopie Allensbach weisen die Sorge vor einer weiteren Pandemie, die Auswirkungen des Klimawandels und Pflegebedürftigkeit im Alter als die drei größten Bedrohungsfaktoren *für die persönliche Sicherheit* aus (Allensbach 2021).

Krankheit oder Seuche, der Ansteckung mit dem Coronavirus oder dem weltweiten Klimawandel auch große Naturkatastrophen, wie z.B. schwere Stürme oder Überschwemmungen. Im Vergleich zum Vorjahr ist das Bedrohungsgefühl durch große Naturkatastrophen deutlich gestiegen (39 Prozent; +6 Prozentpunkte), was dem Umstand geschuldet sein dürfte, dass sich die Flutkatastrophe in Nordrhein-Westfalen und Rheinland-Pfalz Mitte Juli genau im Zeitraum der Bevölkerungsbefragung ereignete. Auch eine unzureichende finanzielle Absicherung im Alter empfindet mehr als ein Drittel der Bürgerinnen und Bürger als eine Bedrohung für ihre persönliche Sicherheit (36 Prozent; -1 Prozentpunkt). Diese Bedrohungsfaktoren belegen bereits seit Jahren die Spitzenplätze in der ZMSBw-Bevölkerungsbefragung. Den Verlust des eigenen Arbeitsplatzes bzw. die Schwierigkeit, einen Arbeitsplatz zu finden, empfindet dagegen nur ein Fünftel (20 Prozent; -2 Prozentpunkte) der Befragten als eine Bedrohung der persönlichen Sicherheit.

Tabelle 4.2: Wahrgenommene Bedrohungen der persönlichen Sicherheitslage

„Inwieweit fühlen Sie sich persönlich zurzeit durch folgende Faktoren bedroht?“ (Angaben in Prozent, n = 1.331)					
	Bedroht[1]	Teils/teils	Nicht bedroht[2]	Trifft nicht zu/ W.n./k.A.	Vgl. 2020 Bedroht[1]
Steigende Preise	53	24	23	0	+5
Weltweiter Klimawandel durch die globale Erwärmung	48	26	27	0	+2
Weltweite Ausbreitung einer gefährlichen Krankheit oder Seuche	44	29	27	0	0
Zuwanderung nach Deutschland	43	27	30	0	-2
Große Naturkatastrophen wie z.B. schwere Stürme oder Überschwemmungen	39	28	32	0	+6
Ansteckung mit dem Coronavirus	36	29	34	0	-8
Unzureichende finanzielle Absicherung im Alter	36	23	39	1	-1
Religiöser Fundamentalismus in Deutschland	35	29	35	2	+1
Terroranschläge in Deutschland	31	32	37	0	0
Weltweites militärisches Wettrüsten	28	31	39	2	-3
Verbreitung von falschen Informationen über die Medien oder das Internet (Fake News)	26	29	45	1	+2
Fremdenfeindlichkeit in Deutschland	24	23	53	0	-3
Kriminalität im Internet	24	28	47	1	+1
Internetangriff auf die Infrastruktur in Deutschland	23	29	45	3	+4
Spannungen zwischen dem Westen und Russland	23	27	48	2	+6
Störfall in einem Atomkraftwerk	22	26	51	1	0
Verlust des eigenen Arbeitsplatzes bzw. Schwierigkeit, einen Arbeitsplatz zu finden	20	17	51	12	-2
Kriminalität in meinem Umfeld	19	29	52	0	-3
Spannungen zwischen dem Westen und China	17	25	56	2	Neu
Krieg in Europa	15	22	62	1	0
Spannungen zwischen Europa und den USA	14	22	63	2	-7
Zerfall der EU	14	21	63	2	-1

Anmerkungen: Nicht alle Prozentangaben ergeben in der Summe 100 Prozent, da die Einzelwerte gerundet wurden. 1) Anteile „Stark bedroht“ und „Eher bedroht“ wurden zusammengefasst; 2) Anteile „Überhaupt nicht bedroht“ und „Eher nicht bedroht“ wurden zusammengefasst. W.n./k.A.: Weiß nicht/keine Angabe.

Datenbasis: Bevölkerungsbefragungen des ZMSBw 2020–2021.

Ein Drittel der Bürgerinnen und Bürger nimmt religiösen Fundamentalismus in Deutschland (35 Prozent; +1 Prozentpunkt) und Terroranschläge in Deutschland (31 Prozent; keine Veränderung) als Bedrohungsfaktor wahr. Andere innenpolitische Gefahren wie die Kriminalität im persönlichen Umfeld (19 Prozent; -3 Prozentpunkte) und Fremdenfeindlichkeit (24 Prozent; -3 Prozentpunkte) empfinden deutlich weniger Befragte als Bedrohung ihrer persönlichen Sicherheit.

Mögliche Gefahren aus dem Cyber- und Informationsraum wie die Verbreitung von Falschinformationen über die Medien oder das Internet (26 Prozent; +2 Prozentpunkte), Kriminalität im Internet (24 Prozent; +1 Prozentpunkt) sowie Internetangriffe auf die Infrastruktur in Deutschland (23 Prozent; +4 Prozentpunkte) gehören ebenfalls zu den weniger prominenten Bedrohungsfaktoren für die persönliche Sicherheit, werden aber im Vergleich zum Vorjahr als größere Bedrohungen wahrgenommen.

Die insgesamt geringste Bedrohung stellen aus Sicht der Bürgerinnen und Bürger außenpolitische Risiken dar, wie Spannungen zwischen dem Westen und China (17 Prozent; neu), Krieg in Europa (15 Prozent; keine Veränderung), Spannungen zwischen Europa und den USA (14 Prozent; -7 Prozentpunkte) oder der Zerfall der Europäischen Union (14 Prozent; -1 Prozentpunkt). Ausnahmen sind die Faktoren weltweites militärisches Wettrüsten, das von etwas mehr als einem Viertel der Befragten als persönliche Bedrohung empfunden wird (28 Prozent; -3 Prozentpunkte), und Spannungen zwischen dem Westen und Russland (23 Prozent; +6 Prozentpunkte). Im Vergleich zum Vorjahr werden die weiterhin angespannten Beziehungen zu Russland demnach von deutlich mehr Befragten als eine Bedrohung für ihre persönliche Sicherheit wahrgenommen, während die Beziehungen zwischen Europa und den USA unter US-Präsident Joe Biden von wesentlich weniger Bürgerinnen und Bürgern als Risikofaktor empfunden werden.

4.5 Bedrohungswahrnehmungen in soziodemografischen Gruppen

Analog zum Sicherheitsempfinden wurde untersucht, ob sich die Wahrnehmung der Bedrohungsfaktoren zwischen den verschiedenen soziodemografischen Gruppen statistisch signifikant unterscheidet. Da eine separate Betrachtung aller 22 Faktoren weder zielführend noch praktisch darstellbar ist, werden diese in fünf thematische Blöcke zusammengefasst: 1) Außenpolitik; 2) Innenpolitik; 3) Ökonomie; 4) Ökologie; 5) Cyber- und Informationsraum (vgl. Tabelle 4.3).[10]

---

[10] Aus den einzelnen Bedrohungsitems wurden entsprechend der thematischen Kategorisierung (vgl. Tabelle 4.3) Mittelwertindizes berechnet. Alle Bedrohungsskalen weisen eine annehmbare bis gute Reliabilität auf (Cronbachs alpha): Außenpolitik (0,85); Innenpolitik (0,75); Ökonomie (0,64); Ökologie (0,75); Cyber- und Informationsraum (0,79).

Tabelle 4.3: Thematische Kategorisierung der wahrgenommenen Bedrohungsfaktoren

Außenpolitik	Innenpolitik	Ökonomie	Ökologie	Cyber- und Informationsraum
Weltweites militärisches Wettrüsten Spannungen zwischen Europa und den USA Spannungen zwischen dem Westen und China Spannungen zwischen dem Westen und Russland Zerfall der EU Krieg in Europa	Zuwanderung Religiöser Fundamentalismus Terroranschläge Fremdenfeindlichkeit Kriminalität in meinem Umfeld	Steigende Preise Altersarmut Arbeitslosigkeit	Ansteckung mit dem Coronavirus Pandemie Klimawandel Naturkatastrophen Störfall in einem Atomkraftwerk	Verbreitung von Falschinformationen Kriminalität im Internet Internetangriff auf die Infrastruktur in Deutschland

Um die verschiedenen soziodemografischen Gruppen besser miteinander vergleichen zu können, werden erneut Mittelwerte berichtet. Dazu wurden die Antworten der Befragten umkodiert, sodass ein hoher Mittelwert ein hohes Bedrohungsempfinden (Maximalwert 1) und ein niedriger Wert ein geringes Bedrohungsgefühl (Minimalwert 0) repräsentiert. Tabelle 4.4 zeigt, dass in allen soziodemografischen Gruppen (im Mittel) ökologische Risikofaktoren insgesamt als größte Bedrohung für die persönliche Sicherheit wahrgenommen werden (Mittelwert: 0,51), gefolgt von ökonomischen (0,48) und innenpolitischen (0,46) Faktoren sowie Gefahren aus dem Cyber- und Informationsraum (0,42). Am geringsten fühlen sich die Bürgerinnen und Bürger in ihrer persönlichen Sicherheit durch außenpolitische Faktoren bedroht (0,37).

Durch außenpolitische Risikofaktoren fühlen sich die Anhänger von Bündnis 90/Die Grünen, der FDP und der Partei Die Linke, die Bürgerinnen und Bürger in Norddeutschland sowie Befragte ohne Migrationshintergrund im Durchschnitt stärker in ihrer persönlichen Sicherheit bedroht als die jeweiligen Vergleichsgruppen. Befragte mit einem Hauptschulabschluss nehmen außenpolitische Gefahren etwas weniger als Bedrohung ihrer persönlichen Sicherheit wahr als Befragte mit höheren Bildungsabschlüssen. Zwischen Männern und Frauen sowie den Alters- und Einkommensgruppen bestehen keine signifikanten Unterschiede in der Wahrnehmung außenpolitischer Risiken.

Tabelle 4.4: Bedrohungswahrnehmungen in soziodemografischen Gruppen

Bedrohungen nach thematischen Kategorien (Mittelwerte)					
	Außen-politik	Innen-politik	Ökonomie	Ökologie	Cyber
Insgesamt	0,37	0,46	0,48	0,51	0,42
Geschlecht	n.s.	n.s.	n.s.	**	**
Männer	0,37	0,47	0,48	0,50	0,44
Frauen	0,37	0,45	0,49	0,52	0,41
Alter	n.s.	n.s.	***	**	***
16 bis 29 Jahre	0,36	0,45	0,50	0,49	0,47
30 bis 49 Jahre	0,38	0,46	0,50	0,50	0,45
50 bis 69 Jahre	0,37	0,47	0,48	0,53	0,42
70 Jahre und älter	0,36	0,45	0,42	0,51	0,32
Bildungsniveau	*	*	***	*	***
Hochschul- bzw. Fachhochschulreife	0,37	0,44	0,45	0,50	0,44
Realschulabschluss	0,38	0,47	0,51	0,53	0,44
Hauptschulabschluss	0,35	0,47	0,49	0,51	0,38
Haushaltsnettoeinkommen pro Monat	n.s.	n.s.	***	n.s.	n.s.
4.001 Euro und mehr	0,36	0,45	0,42	0,49	0,44
2.001 bis 4.000 Euro	0,37	0,46	0,49	0,51	0,43
Bis 2.000 Euro	0,39	0,47	0,54	0,52	0,40
Wahlabsicht Bundestagswahl	*	***	***	***	***
CDU/CSU	0,36	0,44	0,43	0,49	0,39
SPD	0,35	0,43	0,47	0,51	0,38
AfD	0,38	0,56	0,53	0,49	0,48
FDP	0,39	0,50	0,52	0,52	0,50
Die Linke	0,39	0,47	0,52	0,55	0,42
Bündnis 90/Die Grünen	0,40	0,44	0,51	0,57	0,46
Keine Parteipräferenz, Nichtwähler, w.n./k.A.	0,36	0,46	0,50	0,50	0,43
Region	***	**	n.s.	n.s.	n.s.
Norddeutschland (SH, HH, HB, NI)	0,42	0,46	0,49	0,51	0,43
Ostdeutschland (MV, BB, BE, ST, SN, TH)	0,39	0,49	0,49	0,51	0,43
Süddeutschland (BW, BY)	0,34	0,45	0,49	0,51	0,43
Westdeutschland (NW, RP, HE, SL)	0,36	0,45	0,47	0,51	0,41
Migrationshintergrund	***	**	n.s.	*	n.s.
Ja	0,31	0,41	0,48	0,48	0,40
Nein	0,37	0,46	0,48	0,51	0,42

Anmerkungen: Alle Variablen haben einen Wertebereich von [0 – überhaupt nicht bedroht; 1 – stark bedroht]. Analyseverfahren: Varianzanalysen, Signifikanzniveau: *** $p < 0,001$; ** $p < 0,01$; * $p < 0,05$; n.s. = nicht signifikant ($p \geq 0,05$). Der Signifikanztest für die Varianzanalyse gibt an, ob sich der Mittelwert mindestens einer Gruppe von dem Mittelwert mindestens einer anderen Gruppe unterscheidet.

Datenbasis: Bevölkerungsbefragung des ZMSBw 2021.

Das Bedrohungsgefühl durch innenpolitische Faktoren, wie Zuwanderung, Terrorismus oder Kriminalität im persönlichen Umfeld, ist bei Anhängern der AfD oder FDP, den Bürgerinnen und Bürgern in Ost- und Norddeutschland sowie den Befragten ohne Migrationshintergrund im Durchschnitt stärker ausgeprägt als in den jeweiligen Vergleichsgruppen. Befragte mit höheren Bildungsabschlüssen empfinden innenpolitische Risiken dagegen im Durchschnitt etwas weniger stark als Bedrohung der eigenen Sicherheit als Befragte mit einem Real- oder Hauptschulabschluss. Zwischen Männern und Frauen sowie den verschiedenen Alters- und Einkommensgruppen lassen sich dagegen keine signifikanten Unterschiede im Bedrohungsgefühl durch innenpolitische Risikofaktoren feststellen.

Das Bedrohungsgefühl durch mögliche ökonomische Risikofaktoren, wie Inflation, Arbeitslosigkeit oder Altersarmut, nimmt mit steigendem Alter sowie einem höheren Bildungs- und Einkommensniveau signifikant ab. Die Bürgerinnen und Bürger mit einer Wahlpräferenz für die CDU/CSU oder die SPD fühlen sich im Durchschnitt weniger stark von ökonomischen Risiken bedroht als die Anhänger anderer Parteien und die Gruppe der Nichtwähler. Zwischen Männern und Frauen, den Regionen sowie Befragten mit und ohne Migrationshintergrund bestehen keine signifikanten Unterschiede in der wahrgenommenen Bedrohung durch ökonomische Risikofaktoren.

Ökologische Bedrohungsfaktoren wie der globale Klimawandel oder die Ansteckung mit dem Coronavirus stellen für die Mehrheit der untersuchten soziodemografischen Gruppen (im Mittel) die größte Sorge dar. Zwischen den soziodemografischen Teilgruppen bestehen nur schwach ausgeprägte Unterschiede in dieser Bedrohungswahrnehmung. Einzig zwischen den Wählerinnen und Wählern sind größere Wahrnehmungsunterschiede zu beobachten. Die Anhänger der Parteien Bündnis 90/Die Grünen und Die Linke sehen ihre persönliche Sicherheit durch Umweltrisiken deutlich stärker bedroht als die Anhänger der anderen Parteien und die Gruppe der Nichtwähler.

Die Sorge vor möglichen Gefahren aus dem Cyber- und Informationsraum, wie z.B. ein Internetangriff auf die Infrastruktur in Deutschland oder die Verbreitung von Fake News, nimmt mit steigendem Alter und geringerer Bildung ab. Männer nehmen virtuelle Risiken eher als Bedrohung ihrer persönlichen Sicherheit wahr als Frauen. Deutlichere Unterschiede sind zwischen den Wählergruppen zu beobachten: Die Anhänger der FDP und der AfD fühlen sich sehr viel stärker in ihrer persönlichen Sicherheit durch Cybergefahren bedroht als Befragte mit einer anderen Wahlpräferenz, insbesondere für die SPD und die CDU/CSU. Zwischen den Regionen, den Einkommensgruppen sowie Befragten mit und ohne Migrationshintergrund bestehen keine signifikanten Unterschiede im Bedrohungsempfinden durch Gefahren aus dem Cyberraum.

4.6 Die Beziehung zwischen Bedrohungswahrnehmungen und Sicherheitsempfinden

Sicherheit wurde eingangs definiert als ein Zustand, der durch die Abwesenheit von Bedrohungen oder Gefahren gekennzeichnet ist. Deshalb soll nachfolgend untersucht werden, welche Beziehung die fünf Bedrohungswahrnehmungen (vgl. Tabelle 4.3) zur Beurteilung der persönlichen, der nationalen und der weltweiten Sicherheitslage aufweisen. Grundsätzlich zeigen die Ergebnisse in Tabelle 4.5, dass eine stärkere Wahrnehmung von Gefahren mit einer negativeren Bewertung der Sicherheit einhergeht.

Tabelle 4.5: Bivariate Korrelationen zwischen Bedrohungswahrnehmungen und Sicherheitsempfinden

	Persönliche Sicherheitslage	Nationale Sicherheitslage	Weltweite Sicherheitslage
Bedrohungswahrnehmungen			
Außenpolitik	-0,39***	-0,36***	-0,08***
Innenpolitik	-0,45***	-0,41***	-0,14***
Ökonomie	-0,23***	-0,23***	-0,16***
Ökologie	-0,22***	-0,23***	-0,20***
Cyber- & Informationsraum	-0,22***	-0,18***	-0,07***

Anmerkungen: Analyseverfahren: Bivariate Korrelation. Angegebene Werte: Pearson Korrelationskoeffizienten. Signifikanzniveau: *** $p < 0,001$; ** $p < 0,01$; * $p < 0,05$; n.s. = nicht signifikant ($p \geq 0,05$).

Datenbasis: Bevölkerungsbefragung des ZMSBw 2021.

Das persönliche Sicherheitsempfinden der Befragten weist die stärkste Beziehung zu den wahrgenommenen innenpolitischen Faktoren wie Zuwanderung nach Deutschland oder Terroranschläge in Deutschland auf. Überraschend stark fällt die Beziehung zwischen der Wahrnehmung möglicher außenpolitischer Bedrohungen und der Bewertung der persönlichen Sicherheitslage aus. Dieser Befund scheint zunächst im Widerspruch zum Ergebnis der bivariaten Analyse der Bedrohungsperzeptionen zu stehen (vgl. Tabelle 4.4), dass außenpolitische Faktoren von der Bevölkerung im Mittel weniger stark als Bedrohung für die persönliche Sicherheit gesehen werden als die anderen Bedrohungsfaktoren. Es ist jedoch wichtig, zwischen dem Niveau bzw. der Ausprägung und dem Zusammenhang von Variablen zu unterscheiden. Während außenpolitische Faktoren also insgesamt weniger stark als Bedrohung empfunden werden (Ausprägung), so haben sie – als thematischer Block – dennoch einen vergleichsweise starken Bezug (Zusammenhang) zur Beurteilung der persönlichen Sicherheitslage. Ökonomische und ökologische Bedrohungen sowie Gefahren aus dem Cyberraum weisen einen schwächeren Zusammenhang zum persönlichen Sicherheitsgefühl der Bürgerinnen und Bürger auf.

Die Beurteilung der nationalen Sicherheitslage steht ebenfalls am stärksten in Beziehung zur Wahrnehmung innen- und außenpolitischer Faktoren, gefolgt von ökonomischen und ökologischen Bedrohungen. Risiken aus dem Cyber- und Informationsraum haben den vergleichsweise schwächsten Zusammenhang zur Einschätzung der nationalen Sicherheitslage. Die Bewertung der weltweiten Sicherheitslage weist nur relativ schwache Beziehungen zu den fünf Bedrohungsdimensionen auf, wobei der vergleichsweise stärkste Zusammenhang mit den ökologischen Faktoren besteht. Dieser Befund ist plausibel, sind doch der Klimawandel und die Corona-Pandemie globale Risikofaktoren.

4.7 Der Einfluss von Bedrohungsperzeptionen auf die wahrgenommene Wichtigkeit der Bundeswehr

Wie eingangs erwähnt, erfüllt die Bundeswehr im Rahmen der gesamtstaatlichen Sicherheitsvorsorge eine Vielzahl von Aufgaben im In- und Ausland, die zum Schutz der Bürgerinnen und Bürger vor unterschiedlichen Bedrohungen beitragen. Kurzum: Die Bundeswehr schützt vor einer Vielzahl Bedrohungen. Vor diesem Hintergrund soll folgende Hypothese überprüft werden: Je stärker die Wahrnehmung von Bedrohungen, deren Bekämpfung bzw. Abwehr grundsätzlich zum Aufgabenbereich der Bundeswehr zählt, desto stärker ist die Überzeugung, dass die Bundeswehr für Deutschland wichtig ist.

In der ZMSBw-Bevölkerungsbefragung wurden insgesamt 22 Risikofaktoren für die persönliche Sicherheit erfasst (vgl. Tabelle 4.2). Nicht alle Bedrohungsfaktoren fallen in den Zuständigkeitsbereich der Bundeswehr, wie z.B. steigende Preise oder Kriminalität im Internet. Bedrohungsfaktoren mit fehlendem Bezug zu den Aufgabenbereichen der Bundeswehr werden in der nachfolgenden Analyse nicht berücksichtigt. Grundsätzlich lassen sich zwei Gruppen relevanter Bedrohungsfaktoren voneinander unterscheiden: Faktoren, die einen direkten Inlandsbezug aufweisen und die ohne direkten Inlandsbezug (vgl. Tabelle 4.6). Die zwei Gruppen von Bedrohungsperzeptionen werden in zwei Indexvariablen zusammengefasst, die einen Wertebereich von 0 (schwaches Bedrohungsgefühl) bis 1 (starkes Bedrohungsgefühl) haben.[11]

---

[11] Die Indexvariablen „Sicherheitsbedrohungen mit direktem Inlandsbezug" (Cronbachs alpha = 0,71) und „Sicherheitsbedrohungen ohne direkten Inlandsbezug" (Cronbachs alpha = 0,79) weisen eine gute Skalenreliabilität auf.

Tabelle 4.6: Wahrgenommene Sicherheitsbedrohungen im Aufgabenbereich der Bundeswehr

Sicherheitsbedrohungen *ohne* direkten Inlandsbezug	Sicherheitsbedrohungen *mit* direktem Inlandsbezug
Weltweites militärisches Wettrüsten	Ansteckung mit dem Coronavirus[12]
Spannungen zwischen dem Westen und Russland	Pandemie
Spannungen zwischen dem Westen und China	Naturkatastrophen
Krieg in Europa	Terroranschläge in Deutschland
	Internetangriff auf die Infrastruktur in Deutschland[13]

Datenbasis: Bevölkerungsbefragung des ZMSBw 2021.

Ziel der nachfolgenden Analyse ist es, den Einfluss der Bedrohungsperzeptionen auf die Einschätzung, wie wichtig die Bundeswehr für Deutschland ist, zu bestimmen. Hierzu wurde eine Reihe von linearen multiplen Regressionsanalysen berechnet, die es ermöglichen, Zusammenhänge zwischen mehreren unabhängigen (erklärenden) Variablen und einer abhängigen (zu erklärenden) Variable zu bestimmen. Als abhängige Variable dienen die Antworten auf die Frage „Wie wichtig ist die Bundeswehr Ihrer Meinung nach für Deutschland?". Die Antworten wurden auf den Wertebereich 0 (sehr unwichtig) bis 1 (sehr wichtig) umkodiert. Zentraler Teil von Regressionsanalysen sind die Regressionskoeffizienten für jede einzelne im Modell berücksichtigte unabhängige Variable. Diese Koeffizienten geben an, ob und wenn ja, wie stark und in welcher Weise (positiv oder negativ) sich ein Erklärungsfaktor auf die abhängige Variable auswirkt (vgl. Methodenanhang, Abschnitt 3.4). Neben dem Einfluss der Bedrohungsperzeptionen ist der Einfluss weiterer Variablen zu berücksichtigen. Es ist anzunehmen, dass die empfundene Wichtigkeit der Bundeswehr durch die folgenden Faktoren beeinflusst wird: Diensterfahrung in der Bundeswehr; Angehörige oder Freunde in der Bundeswehr; das Interesse für Verteidigungspolitik; die Verbundenheit mit Deutschland; die grundlegende Einstellung zur Bundeswehr; die Beurteilung der Leistung der Bundeswehr bei ihren Einsätzen im In- und Ausland (vgl. Graf 2021a: 42–45).

Insgesamt wurden drei Modelle berechnet (vgl. Tabelle 4.7): Die Modelle I und II berücksichtigen stets den Einfluss der soziodemografischen Kontrollvariablen sowie einer Gruppe von Erklärungsvariablen auf die empfundene Wichtigkeit der Bundeswehr. Der Einfluss der soziodemografischen Kontrollvariablen wird nicht gesondert ausgewiesen,

12 Der Bedrohungsfaktor „Ansteckung mit dem Coronavirus" wird im Aufgabenbereich der Bundeswehr verortet, weil sie im Rahmen der Amtshilfe z.B. an der Nachverfolgung von Infektionsketten oder beim Betrieb der Impfzentren beteiligt war.

13 Der Bedrohungsfaktor „Internetangriff auf die Infrastruktur in Deutschland" wird im Aufgabenbereich der Bundeswehr verortet, weil sie im Rahmen der Amtshilfe z.B. an der Wiederherstellung der IT-Infrastruktur im Landkreis Anhalt-Bitterfeld, die Anfang August 2021 durch einen Hackerangriff zerstört wurde, beteiligt war.

weil diese nur 1 Prozent der Varianz der abhängigen Variable erklären und keine starken Effekte aufweisen. Dieses Vorgehen ermöglicht es, den Effekt der jeweiligen Indikatoren auf die abhängige Variable separat zu schätzen und dann miteinander zu vergleichen. Abschließend wird in Modell III in einer Art Gesamtschau umfassend getestet, inwieweit sich die Einflüsse der unterschiedlichen Erklärungsfaktoren auf die empfundene Wichtigkeit der Bundeswehr wechselseitig überlagern oder aufheben.

Tabelle 4.7: Einfluss der Sicherheitsbedrohungen auf die empfundene Wichtigkeit der Bundeswehr

	Modell I	Modell II	Modell III
Sicherheitsbedrohungen			
Mit direktem Inlandsbezug	0,17***		$0{,}04^{n.s.}$
Ohne direkten Inlandsbezug	-0,23***		$-0{,}04^{n.s.}$
Andere Einflussfaktoren			
Ist/war bei der Bundeswehr		$0{,}00^{n.s.}$	$0{,}00^{n.s.}$
Angehörige oder Freunde bei der Bundeswehr		$0{,}03^{n.s.}$	$0{,}03^{n.s.}$
Verbundenheit mit Deutschland		0,12**	0,12***
Interesse an Verteidigungspolitik		$0{,}00^{n.s.}$	$0{,}00^{n.s.}$
Einstellung zur Bundeswehr		0,41***	0,41***
Beurteilung der Leistung der Bundeswehr bei Einsätzen im Inland		0,21***	0,21***
Beurteilung der Leistung der Bundeswehr bei Einsätzen im Ausland		0,19***	0,19***
Korrigiertes R^2	0,05	0,51	0,51
n	1648	1648	1648

Anmerkungen: Wertebereich der abhängigen Variable [0 – sehr unwichtig; 1 – sehr wichtig]. Alle erklärenden Variablen haben einen Wertebereich von [0 – negative bzw. niedrige Ausprägung; 1 – positive bzw. hohe Ausprägung]. Analyseverfahren: Multiple lineare Regressionen. Ausgewiesene Effekte: standardisierte Regressionskoeffizienten (beta). Signifikanzniveau: *** $p < 0{,}001$; ** $p < 0{,}01$; * $p < 0{,}05$; n.s. = nicht signifikant ($p \geq 0{,}05$). Die Modelle I–III wurden nur für die Befragten berechnet, die gültige Werte für alle in der Analyse berücksichtigten Variablen aufweisen. Die soziodemografischen Variablen Alter, Geschlecht, Bildung, Haushaltseinkommen, Migrationshintergrund und Region (Ostdeutschland) gehen als Kontrollvariablen in die Modelle I–III ein. Die soziodemografischen Kontrollvariablen erklären 1 Prozent der Varianz in der abhängigen Variable.

Datenbasis: Bevölkerungsbefragung des ZMSBw 2021.

Wie die Ergebnisse in Tabelle 4.7 zeigen, haben die beiden Bedrohungsperzeptionen einen signifikanten Einfluss auf die empfundene Wichtigkeit der Bundeswehr (vgl. Modell I). Der Effekt der Sicherheitsbedrohungen *mit* direktem Inlandsbezug ist, wie erwartet, positiv: Je mehr man sich persönlich durch Sicherheitsrisiken bedroht fühlt, die in den Aufgabenbereich der Bundeswehr fallen und einen direkten Inlandsbezug aufweisen, desto wichtiger findet man die Bundeswehr. Die Bundeswehr hilft unter anderem im Rahmen der Amtshilfe bei inneren Notlagen (z.B. Corona-Pandemie oder Naturkatastrophen). Je mehr man sich durch diese Risiken in seiner eigenen Sicherheit bedroht fühlt, desto mehr schätzt man die Bundeswehr. Entgegen der eingangs formulierten Hypothese ist der Effekt der Sicherheitsbedrohungen *ohne* direkten Inlandsbezug jedoch negativ: Je stärker man sich durch Sicherheitsrisiken bedroht fühlt, die in den Aufgabenbereich der

Bundeswehr fallen, aber keinen direkten Inlandsbezug aufweisen, desto weniger ist man der Überzeugung, die Bundeswehr sei wichtig für Deutschland. Wie ist dieses unerwartete Ergebnis zu interpretieren? Bei den „Sicherheitsrisiken ohne direkten Inlandsbezug" handelt es sich um komplexe sicherheitspolitische Problemlagen und Herausforderungen, die aus Sicht der Bevölkerung vielleicht nicht primär mit militärischen Mitteln bearbeitet werden können oder sollten und viel eher einer politischen Lösung bedürfen (z.B. Spannungen zwischen dem Westen und China). Zum Teil könnte die Bundeswehr als militärisches Mittel der deutschen Außen- und Sicherheitspolitik sogar eher als Problem denn als Lösung gesehen werden. Wer sich beispielsweise durch das weltweite Wettrüsten bedroht fühlt, hält die Bundeswehr vermutlich für weniger wichtig, weil die eigenen Streitkräfte als Teil des weltweiten Wettrüstens betrachtet werden. Eine ähnliche Logik ließe sich auf die anderen „Sicherheitsbedrohungen ohne direkten Inlandsbezug" anwenden. Die beiden Bedrohungsperzeptionen erklären jedoch nur 4 Prozent der Varianz in der empfundenen Wichtigkeit der Bundeswehr und verfügen demnach über eine sehr begrenzte Erklärungskraft.

Den mit Abstand stärksten Einfluss übt die grundsätzliche Einstellung der Befragten zur Bundeswehr aus: Je positiver die Einstellung zur Bundeswehr, desto eher ist man der Überzeugung, sie sei wichtig für Deutschland (vgl. Modell II). Des Weiteren zeigt sich, dass die Beurteilung der Leistung der Bundeswehr bei ihren Einsätzen im In- und Ausland einen starken positiven Einfluss auf die wahrgenommene Wichtigkeit der Bundeswehr hat: Die Akzeptanz der Truppe ist demnach eine Funktion ihrer (wahrgenommenen) Performanz. Darüber hinaus übt die Verbundenheit mit Deutschland einen positiven Einfluss darauf aus, ob die Bundeswehr als wichtig empfunden wird: Je stärker man sich mit Deutschland verbunden fühlt, desto eher ist man der Auffassung, dass die nationalen Streitkräfte wichtig für das eigene Land sind. Zusammen erklären diese vier Faktoren etwas mehr als die Hälfte (51 Prozent) der Varianz der abhängigen Variable. Ob man sich für Verteidigungspolitik interessiert oder nicht, hat dagegen keinen Einfluss auf die Wichtigkeit der Bundeswehr, ebenso wie die eigene Diensterfahrung in der Bundeswehr oder Angehörige oder Freunde bei der Bundeswehr.

Abschließend soll geprüft werden, ob der Einfluss der beiden Bedrohungsperzeptionen statistisch signifikant bleibt, wenn der Einfluss der anderen Erklärungsfaktoren berücksichtigt wird. Dies ist nicht der Fall: Die Bedrohungswahrnehmungen haben keinen eigenständigen Einfluss darauf, ob die Bundeswehr als wichtig eingestuft wird. Das Gesamtmodell erklärt die Hälfte der Varianz in der empfundenen Wichtigkeit der Bundeswehr, wobei der Großteil davon auf die grundlegende Einstellung der Befragten zur Bundeswehr zurückzuführen ist.

4.8 Fazit

Eine klare Mehrheit der deutschen Bevölkerung fühlt sich persönlich sicher und auch die Sicherheitslage in Deutschland wird mehrheitlich positiv bewertet. Im Kontrast dazu steht die Wahrnehmung der weltweiten Sicherheitslage, die nur von wenigen Bürgerinnen und Bürgern als sicher und von einer relativen Mehrheit sogar als unsicher eingeschätzt wird. Der anhaltenden Corona-Pandemie zum Trotz haben sich die Bewertungen der persönlichen, nationalen und weltweiten Sicherheitslage im Vergleich zum Vorjahr nicht wesentlich verändert. Auch die Entwicklung des Sicherheitsgefühls seit 2019 zeigt, dass sich die Corona-Pandemie nicht in einer schlechteren Bewertung der unterschiedlichen Sicherheitslagen niedergeschlagen hat.

Insgesamt fühlen sich die Bürgerinnen und Bürger primär durch eine Mischung aus ökonomischen (steigende Preise und Altersarmut), ökologischen (Coronavirus, Klimawandel und Naturkatastrophen) und innenpolitischen Faktoren (Zuwanderung nach Deutschland und religiöser Fundamentalismus) in ihrer persönlichen Sicherheit bedroht. Im Vergleich zum Vorjahr ist die Sorge vor der Inflation nochmals deutlich gestiegen. Das Gleiche gilt für das Bedrohungsgefühl durch Umweltrisiken, insbesondere große Naturkatastrophen, was auf die Flutkatastrophe in Rheinland-Pfalz und Nordrhein-Westfalen mit mehr als 170 Todesopfern zurückzuführen sein dürfte, die sich während der Befragung ereignete. Das Bedrohungsgefühl durch innenpolitische Risiken sowie Gefahren aus dem Cyber- und Informationsraum ist insgesamt schwächer ausgeprägt. Allerdings werden Risiken im Cyberraum im Vergleich zum Vorjahr stärker als Bedrohung der persönlichen Sicherheit wahrgenommen. Insbesondere außenpolitische Risikofaktoren spielen insgesamt eine nachgeordnete Rolle für das persönliche Sicherheitsgefühl. Jedoch ist das Bedrohungsgefühl der Bürgerinnen und Bürger durch die Spannungen zwischen dem Westen und Russland im Vergleich zum Vorjahr deutlich gestiegen. Zudem bereitet das weltweite militärische Wettrüsten mehr als einem Viertel der Befragten Sorgen und gehört damit ebenfalls ins „Mittelfeld" der Bedrohungsfaktoren.

Obwohl sich ein Großteil der deutschen Bevölkerung durch ökologische Risiken – zu der auch die Corona-Pandemie gerechnet wurde – bedroht fühlt, weist diese Gruppe von Faktoren nur einen vergleichsweise schwachen Zusammenhang zur Bewertung der persönlichen und nationalen Sicherheitslage auf. Diese Bewertung ist primär mit der Wahrnehmung außen- und innenpolitischer Bedrohungsfaktoren (negativ) assoziiert, jedoch werden eben diese Bedrohungen im Durchschnitt weniger stark wahrgenommen. Das Bedrohungsgefühl durch ökologische Risikofaktoren ist dagegen am stärksten mit der Bewertung der weltweiten Sicherheitslage assoziiert: Je mehr man sich durch die mögliche

Ansteckung mit dem Coronavirus oder durch den weltweiten Klimawandel bedroht fühlt, desto negativer bewertet man auch die weltweite Sicherheitslage.

Die Bedrohungsperzeptionen stehen aber nicht nur im Zusammenhang mit dem Sicherheitsempfinden der Bevölkerung, sondern beeinflussen auch die Einschätzung der Befragten, wie wichtig die Bundeswehr für Deutschland ist: Je stärker man sich durch Sicherheitsrisiken bedroht fühlt, die in den Aufgabenbereich der Bundeswehr fallen und einen direkten Inlandsbezug aufweisen, desto wichtiger findet man die Bundeswehr. Wer sich jedoch in seiner persönlichen Sicherheit durch komplexe sicherheitspolitische Risiken im internationalen Raum bedroht fühlt, wie z.B. durch weltweites Wettrüsten oder Spannungen zwischen dem Westen und Russland, der bewertet die Bundeswehr als weniger wichtig. Es steht zu vermuten, dass die Mehrheit in Deutschland die Bundeswehr nicht als vorrangiges Mittel zur Bearbeitung von Herausforderungen der internationalen Sicherheit betrachtet (vgl. Abschnitt 5). Vielmehr erachtet die Bevölkerung die Bundeswehr dann als wichtig, wenn sie sich durch Sicherheitsrisiken bedroht sieht, die einen konkreten Inlandsbezug aufweisen und dadurch – gefühlt – näher an den Bürgerinnen und Bürgern sind, wie z.B. das Coronavirus oder Naturkatastrophen (vgl. Abschnitt 13). Die Bevölkerung schätzt die Bundeswehr also vor allem dann, wenn sie sich durch „greifbare" Risiken an der „Heimatfront" bedroht fühlt und weniger durch komplexe und abstrakte außen- und sicherheitspolitische Herausforderungen, die einer Erklärung bedürfen.

5 Einstellungen zum außen- und sicherheitspolitischen Engagement Deutschlands

Timo Graf

Seit mehreren Jahren fordern hochrangige deutsche Politiker und Regierungsvertreter ein größeres Engagement Deutschlands in der Weltpolitik: Deutschland müsse mehr Verantwortung für die Sicherheit und Stabilität in der Welt und in Europa übernehmen. Derartige Forderungen werden seit Langem von Bündnispartnern an Deutschland gestellt, beispielsweise von den USA oder Frankreich. Der Ruf nach mehr internationaler Verantwortung im Allgemeinen und einem größeren militärischen Engagement im Besonderen kommt zu einer Zeit, in der sich die regelbasierte internationale Ordnung im Umbruch befindet. Einflussreiche Länder, allem voran China und Russland, verfolgen mit ihrer Außen-, Sicherheits- und Wirtschaftspolitik alternative Ordnungsentwürfe.

Ganz konkret sehen sich Deutschland und die Europäische Union einer Vielzahl von sicherheitspolitischen Herausforderungen gegenüber, wie der Zunahme von Cyberangriffen, der Ausbreitung fragiler Staatlichkeit und des transnationalen Terrorismus, irregulärer Migration nach Europa und zwischenstaatlichen Konflikten. Viele dieser Faktoren beeinflussen oder verstärken sich wechselseitig.

Zum Schutz seiner nationalen Interessen, zur Erfüllung seiner Bündnisverpflichtungen und zur Stärkung der regelbasierten internationalen Ordnung engagiert sich Deutschland in der internationalen Politik mit einer aktiven Außen- und Sicherheitspolitik. Diese Politik basiert auf der Werteordnung des Grundgesetzes sowie den Bestimmungen des europäischen Rechts und des Völkerrechts (BMVg 2016a: 24). Im Rahmen des gesamtstaatlichen Ansatzes zur Sicherheitsvorsorge hat die Bundeswehr unter anderem den Auftrag, die außen- und sicherheitspolitische Handlungsfähigkeit Deutschlands zu gewährleisten, sicherheitspolitische Gefahren für Deutschland und seine Verbündeten abzuwehren sowie Sicherheit und Stabilität im internationalen Rahmen zu fördern (BMVg 2016a: 90).

Dieser Abschnitt widmet sich den Einstellungen in der Bevölkerung zu Deutschlands außen- und sicherheitspolitischem Engagement. Was denken die Bürgerinnen und Bürger über Deutschlands Rolle in der Welt? Welche Mittel sollte Deutschland in der Außen- und Sicherheitspolitik einsetzen? Welche Rolle kommt dabei der Bundeswehr zu? An welchen Leitprinzipien sollte sich die deutsche Außen- und Sicherheitspolitik orientieren? Wie steht die Bevölkerung zur parlamentarischen Kontrolle der Streitkräfte? Und in welchem Umfang sollte sich Deutschland in den Vereinten Nationen engagieren? Neben diesen und weiteren Fragen zu Deutschlands Außen- und Sicherheitspolitik soll geklärt werden, in welchem Maße sich die außen- und sicherheitspolitischen Einstellungen zwischen verschiedenen soziodemografischen Gruppen unterscheiden.

5.1 Wahrgenommene Verantwortung Deutschlands auf internationaler Ebene

Wie eingangs erwähnt, wird seit einigen Jahren verstärkt über die gestiegene internationale Verantwortung Deutschlands diskutiert. Auch die Bürgerinnen und Bürger in Deutschland nehmen einen Zuwachs an internationaler Verantwortung wahr (vgl. Abbildung 5.1).

Abbildung 5.1: Verantwortung Deutschlands auf internationaler Ebene im Zeitvergleich

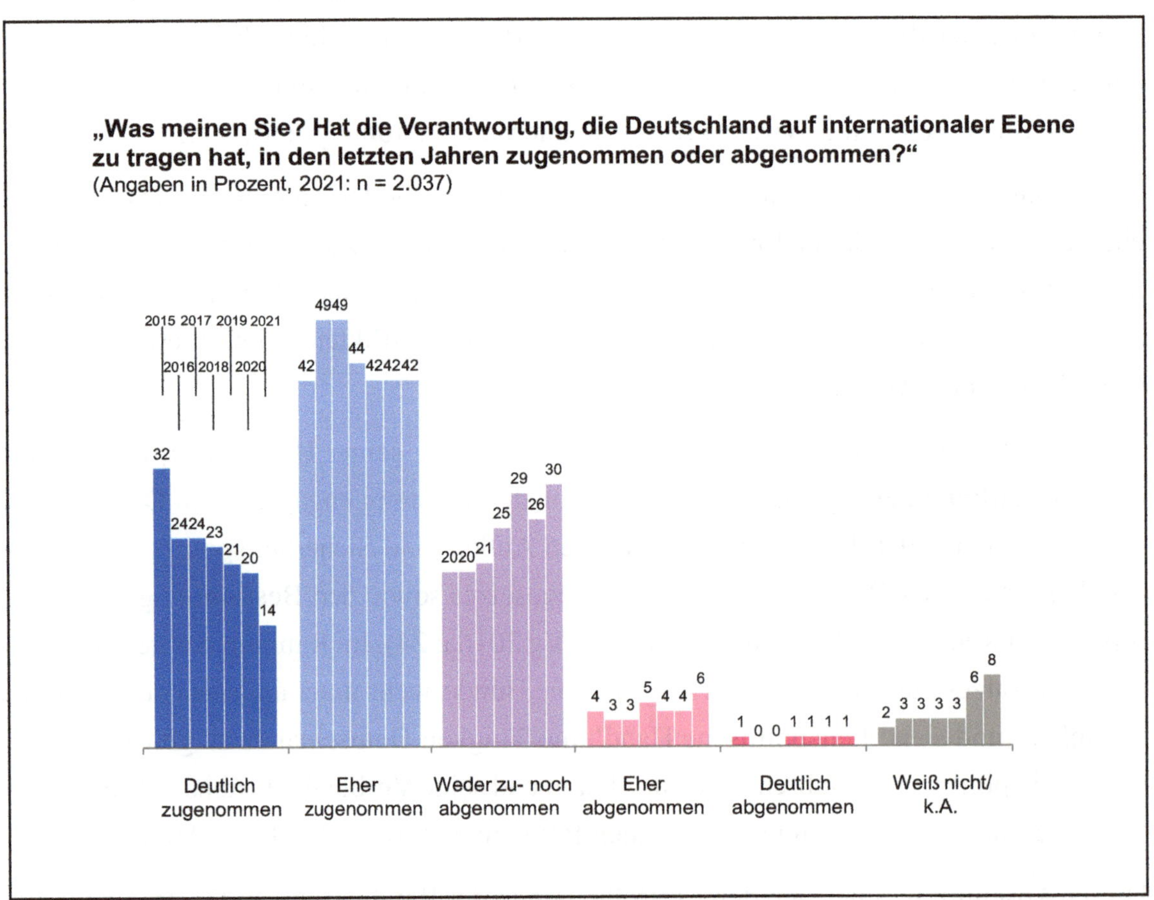

Anmerkung: Nicht alle Prozentangaben ergeben in der Summe 100 Prozent, da die Einzelwerte gerundet wurden.

Datenbasis: Bevölkerungsbefragungen des ZMSBw 2015–2021.

Eine Mehrheit von insgesamt 56 Prozent ist 2021 der Überzeugung, dass die Verantwortung Deutschlands auf internationaler Ebene in den letzten Jahren deutlich oder eher zugenommen hat. Im Vergleich zum Vorjahr ist das jedoch ein Rückgang um 6 Prozentpunkte und seit 2017 bereits der vierte Rückgang in Folge. Seit 2015 hat sich der Anteil derjenigen, die eine deutliche Zunahme von Deutschlands internationaler Verantwortung wahrnehmen, mehr als halbiert. Etwas weniger als ein Drittel der Befragten (30 Prozent) nimmt aktuell keine Veränderung hinsichtlich Deutschlands Verantwortung in der Welt wahr. Dieser Anteil ist im Vergleich zum Vorjahr um 4 Prozentpunkte gestiegen. Der Anteil derjenigen, die der Auffassung sind, Deutschlands internationale Verantwortung habe eher abgenommen (6 Prozent; +2 Prozentpunkte) oder deutlich abgenommen (1 Prozent; keine Veränderung), hat sich im Vergleich zu 2020 kaum verändert. Leicht gestiegen ist dagegen die Unsicherheit hinsichtlich Deutschlands internationaler Verantwortung, denn der Anteil der Bürgerinnen und Bürger, die keine Angabe machen wollten oder konnten, ist zum zweiten Mal in Folge gestiegen (8 Prozent; +2 Prozentpunkte).

5.2 Einstellung zum außenpolitischen Engagement Deutschlands

Eine absolute Mehrheit von 53 Prozent der Befragten plädiert dafür, dass Deutschland eher eine aktive Außenpolitik verfolgen und bei der Bewältigung von Problemen, Krisen und Konflikten mithelfen sollte (vgl. Abbildung 5.2). Damit hat der öffentliche Zuspruch zu einer aktiven deutschen Außenpolitik im Vergleich zum Vorjahr etwas abgenommen (-5 Prozentpunkte). Betrachtet man den gesamten Zeitraum seit dem Jahr 2000, wird deutlich, dass sich die Zustimmung zu einer aktiven deutschen Außenpolitik im Jahr 2021 noch immer auf einem hohen Niveau befindet. Wie bei der internationalen Verantwortung Deutschlands (vgl. Abbildung 5.1) zeigt sich auch für die Frage nach der grundsätzlichen Ausrichtung der deutschen Außenpolitik, dass in diesem Jahr etwas mehr Befragte keine Antwort geben konnten oder wollten (9 Prozentpunkte; +3 Prozentpunkte). Mit 38 Prozent (+2 Prozentpunkte) sind etwas mehr Bürgerinnen und Bürger als im Vorjahr der Meinung, dass Deutschland sich eher aus Problemen, Krisen und Konflikten heraushalten sollte. Die Mehrheit der Deutschen befürwortet also eine aktive deutsche Außenpolitik.

In der Einstellung zur Ausrichtung der deutschen Außenpolitik existieren zwischen den soziodemografischen Gruppen sowie den Wählergruppen statistisch signifikante Unterschiede. Die Ergebnisse in Tabelle 5.1 zeigen, dass nur zwischen den Altersgruppen sowie zwischen Befragten mit und ohne Migrationshintergrund keine statistisch signifikanten Einstellungsunterschiede bestehen.

Abbildung 5.2: Einstellung zum außenpolitischen Engagement Deutschlands im Zeitvergleich

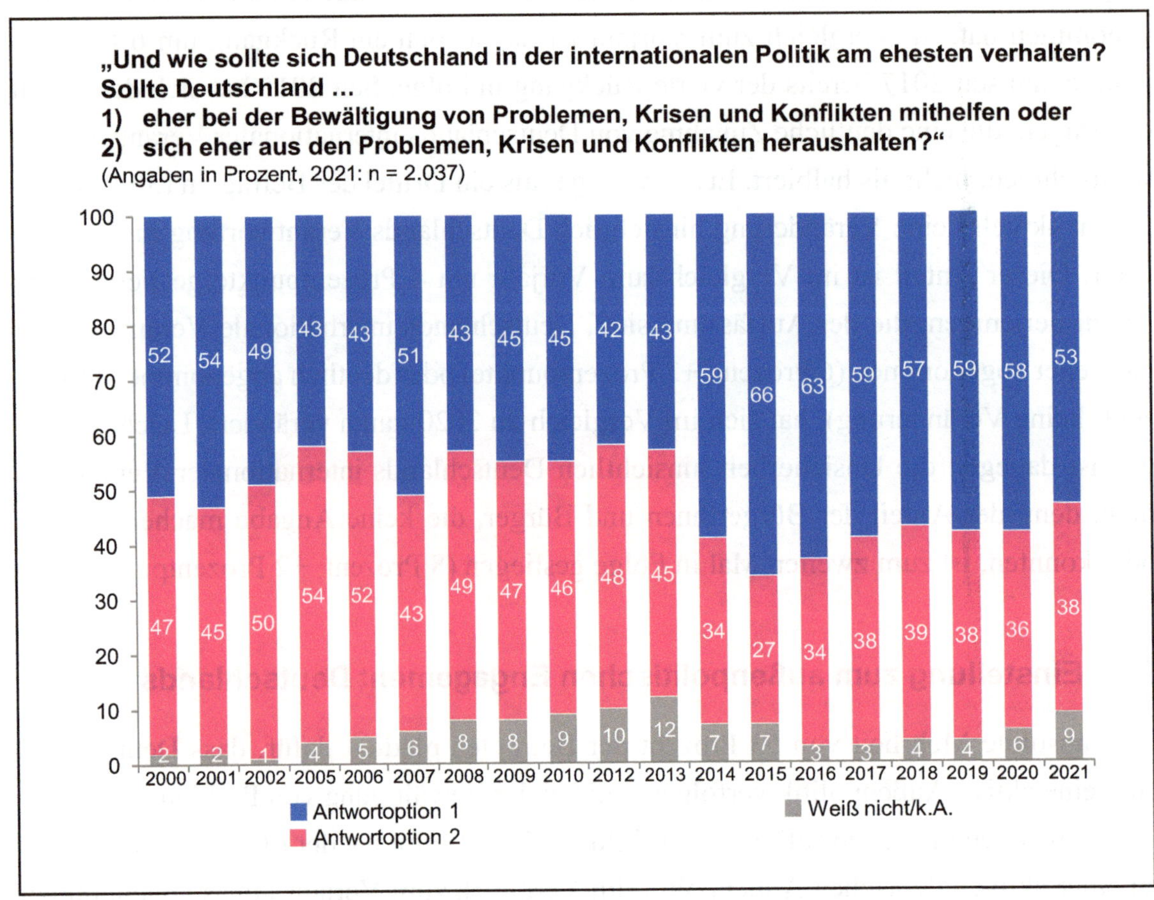

Anmerkungen: Nicht alle Prozentangaben ergeben 100 Prozent in der Summe, da die Einzelwerte gerundet wurden. Bis 2013 lautete die Formulierung der Antwortoptionen wie folgt: „1) eher eine aktive Politik verfolgen und bei der Bewältigung von Problemen, Krisen und Konflikten mithelfen oder; 2) sich eher auf die Bewältigung der eigenen Probleme konzentrieren und sich aus Problemen, Krisen und Konflikten anderer möglichst heraushalten?“. 2014 wurde die Formulierung der Antwortoptionen geändert: „1) eher eine aktive Politik verfolgen und bei der Bewältigung von Problemen, Krisen und Konflikten mithelfen oder; 2) eher eine passive Politik verfolgen und sich aus Problemen, Krisen und Konflikten anderer möglichst heraushalten?“. 2015 wurden beide Frageformulierungen abgefragt. Ein Vergleich dieser Daten zeigt, dass sich die Antwortverteilung zwischen alter und neuer Formulierung nicht signifikant unterscheidet. 2019 wurden erneut zwei Formulierungen verwendet: Die Frageformulierung der Antwortoption 2) wurde der Hälfte der Befragten mit dem Zusatz „… Konflikten anderer“ gestellt und der anderen Hälfte der Befragten ohne den Zusatz „anderer“ (Split-Half). Die Antwortverteilung unterschied sich zwischen den Formulierungen nicht statistisch signifikant. Die Frage wurde 2003, 2004 und 2011 nicht erhoben.

Datenbasis: Bevölkerungsbefragungen des ZMSBw 2000–2002, 2005–2010, 2012–2021.

Ungeachtet der statistisch signifikanten Differenzen wird eine aktive deutsche Außenpolitik aber von fast allen soziodemografischen Teilgruppen mehrheitlich unterstützt. Einzig die Anhänger der AfD sprechen sich mehrheitlich für eine passive Außenpolitik aus. Die Haltung der Bürgerinnen und Bürger in Ostdeutschland sowie der Nichtwähler lässt sich dagegen als ambivalent charakterisieren, da in diesen Gruppen nahezu gleich große Teile sowohl eine passive als auch eine aktive Außenpolitik befürworten.

Tabelle 5.1: Einstellung zum außenpolitischen Engagement Deutschlands in soziodemografischen Gruppen

„Und wie sollte sich Deutschland in der internationalen Politik am ehesten verhalten? Sollte Deutschland ...
1) eher bei der Bewältigung von Problemen, Krisen und Konflikten mithelfen oder
2) sich eher aus Problemen, Krisen und Konflikten heraushalten?“
(Angaben in Prozent)

	Aktiv	Passiv	Weiß nicht/k.A.
Insgesamt	53	38	9
Geschlecht *			
Männer	57	37	6
Frauen	50	40	10
Alter n.s.			
16 bis 29 Jahre	53	33	14
30 bis 49 Jahre	56	40	3
50 bis 69 Jahre	52	40	8
70 Jahre und älter	54	38	9
Bildungsniveau ***			
Hochschul- bzw. Fachhochschulreife	60	32	8
Realschulabschluss	53	41	6
Hauptschulabschluss	48	42	10
Haushaltsnettoeinkommen pro Monat *			
4.001 Euro und mehr	57	34	10
2.001 bis 4.000 Euro	56	39	6
Bis 2.000 Euro	51	43	7
Wahlabsicht Bundestagswahl ***			
CDU/CSU	63	33	5
SPD	63	33	4
AfD	36	59	6
FDP	55	40	6
Die Linke	51	42	8
Bündnis 90/Die Grünen	59	36	5
Keine Parteipräferenz, Nichtwähler, w.n./k.A.	43	41	16
Region ***			
Norddeutschland (SH, HH, HB, NI)	58	36	6
Ostdeutschland (MV, BB, BE, ST, SN, TH)	48	47	5
Süddeutschland (BW, BY)	49	40	12
Westdeutschland (NW, RP, HE, SL)	58	34	9
Migrationshintergrund n.s.			
Ja	51	38	11
Nein	54	38	8

Anmerkungen: Nicht alle Prozentangaben ergeben in der Summe 100 Prozent, da die Einzelwerte gerundet wurden. Analyseverfahren: Chi²-Unabhängigkeits-Test, Signifikanzniveau: *** p < 0,001; ** p < 0,01; * p < 0,05; n.s. = nicht signifikant (p ≥ 0,05); Werte in Klammern: n ≤ 50.

Datenbasis: Bevölkerungsbefragung des ZMSBw 2021.

Mehr Männer (57 Prozent) als Frauen (50 Prozent) sprechen sich für Deutschlands aktive Mithilfe bei der Lösung von internationalen Krisen und Konflikten aus. Ungeachtet dessen unterstützt aber eine absolute Mehrheit der Frauen eine aktive Außenpolitik. Die Unterstützung für eine aktive deutsche Außenpolitik steigt mit dem Bildungsniveau und dem Haushaltseinkommen der Befragten. Wie bereits erwähnt, sind auch zwischen den Wählergruppen signifikante Einstellungsunterschiede festzustellen: Die Mithilfe Deutschlands bei der Lösung von internationalen Problemen, Konflikten und Krisen wird am stärksten von Anhängern der CDU/CSU und der SPD befürwortet (beide 63 Prozent), gefolgt von Anhängern der Grünen (59 Prozent). Einzig die Anhänger der AfD sind mehrheitlich (59 Prozent) der Auffassung, dass sich Deutschland eher aus internationalen Problemen, Krisen und Konflikten heraushalten sollte. Im Vergleich der Regionen fällt auf, dass die Bürgerinnen und Bürger in Ostdeutschland eine aktive Außenpolitik weniger stark befürworten (48 Prozent) als jene in den anderen Regionen und für sich betrachtet eine ambivalente Haltung in der Frage aufweisen.

5.3 Einstellungen zu Mitteln der deutschen Außen- und Sicherheitspolitik

Gefragt nach den Mitteln, die Deutschland in der Außen- und Sicherheitspolitik einsetzen sollte, erhalten diplomatische Verhandlungen (84 Prozent; +3 Prozentpunkte im Vergleich zu 2020) die größte Zustimmung der Befragten (vgl. Abbildung 5.3). Die Mehrheit der Bevölkerung befürwortet zudem Rüstungskontrolle (72 Prozent; -1 Prozentpunkt), Entwicklungszusammenarbeit (70 Prozent; -1 Prozentpunkt), Wirtschaftssanktionen (61 Prozent; +4 Prozentpunkte) sowie Ausbildungseinsätze (60 Prozent; -4 Prozentpunkte) und Stabilisierungseinsätze der Bundeswehr (57 Prozent; -4 Prozentpunkte). Keine mehrheitliche Unterstützung erfahren Polizeieinsätze im Ausland (35 Prozent; +1 Prozentpunkt), Kampfeinsätze der Bundeswehr (34 Prozent; +1 Prozentpunkt), Waffenlieferungen an befreundete Staaten (33 Prozent; +3 Prozentpunkte) sowie die Aufnahme von Flüchtlingen (31 Prozent; -5 Prozentpunkte).

Die Mehrheit der Bürgerinnen und Bürger hat also eine klare Präferenz für den Einsatz „weicherer" Mittel, während explizit gewaltsame Mittel eher auf Ablehnung stoßen. Vor diesem Hintergrund erfolgt auch eine klare Differenzierung mit Blick auf die Einsätze der Bundeswehr: Ausbildungs- und Stabilisierungseinsätze der Bundeswehr werden von einer absoluten Mehrheit befürwortet, nicht jedoch Kampfeinsätze. Die Streitkräfte werden also nicht prinzipiell als Mittel der deutschen Außenpolitik abgelehnt, sondern lediglich der Einsatz von Gewalt durch die Bundeswehr wird kritischer betrachtet. Diese Haltung ist seit Jahren stabil (Graf 2019c, 2021i: 8). Wie die Ergebnisse in Abschnitt 13 zeigen, hängt die öffentliche Meinung zum Einsatz von Waffengewalt durch die Bundeswehr maßgeblich vom konkreten Einsatzzweck ab. Grundsätzlich akzeptiert aber eine absolute Mehrheit der Befragten den Einsatz von Waffengewalt durch die Bundeswehr als äußerstes Mittel zur Erfüllung des Einsatzzwecks – und zwar im gesamten Aufgabenspektrum (vgl. Abschnitt 13). Ohne die Nennung eines konkreten Einsatzzwecks, wie in Abbildung 5.3, bleibt der Zuspruch zum Einsatz von Waffengewalt hingegen ambivalent.

Abbildung 5.3: Mittel der deutschen Außen- und Sicherheitspolitik

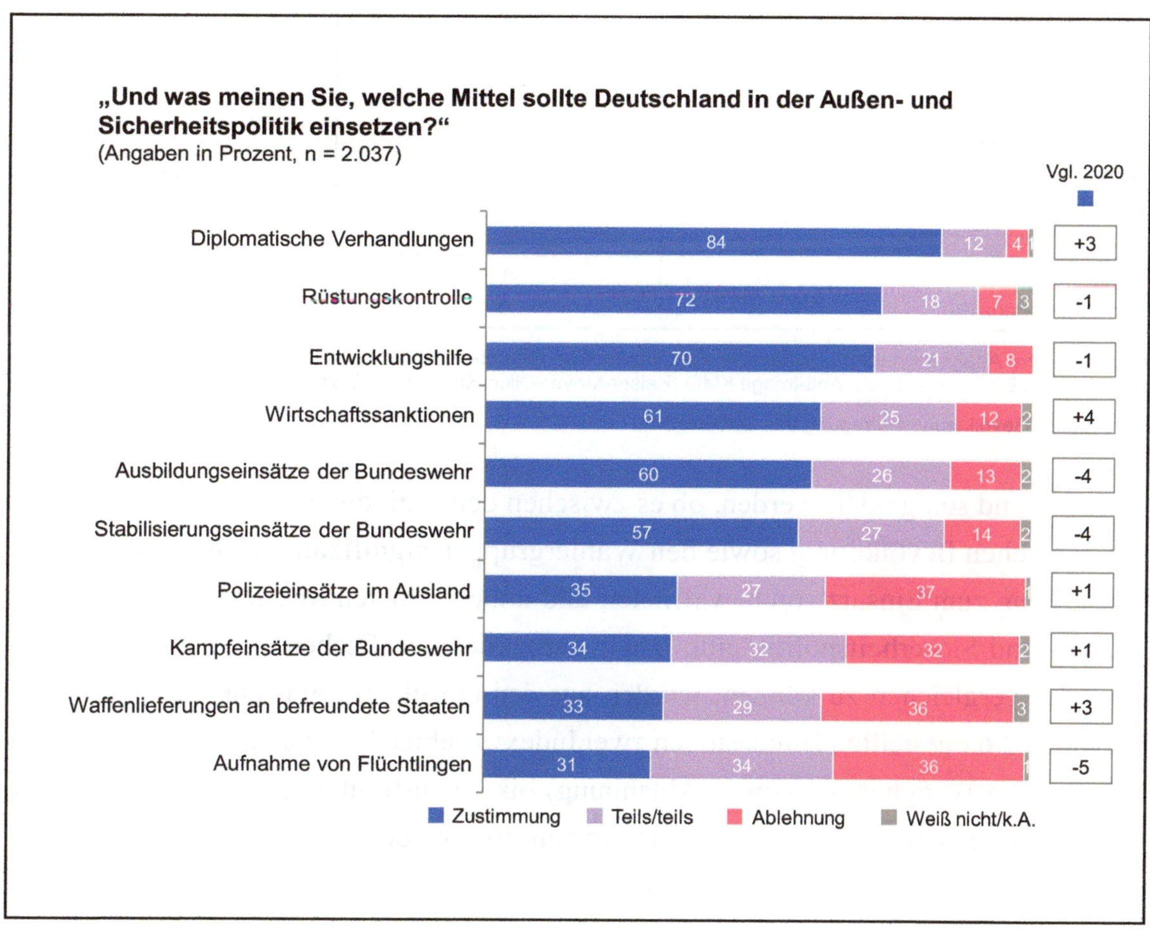

Anmerkungen: Nicht alle Prozentangaben ergeben in der Summe 100 Prozent, da die Einzelwerte gerundet wurden. Zustimmung: Anteile „Stimme völlig zu“ und „Stimme eher zu“ zusammengefasst; Ablehnung: Anteile „Lehne völlig ab“ und „Lehne eher ab“ zusammengefasst. Vgl. 2020: Differenz Zustimmung 2021 zu 2020.

Datenbasis: Bevölkerungsbefragungen des ZMSBw 2020 und 2021.

Die vorangegangene Analyse legt nahe, dass die Bürgerinnen und Bürger grundsätzlich zwischen „weichen“ und „harten“ Mitteln der Außen- und Sicherheitspolitik unterscheiden. Eine explorative Faktorenanalyse (Hauptkomponentenanalyse) zeigt, dass aus empirischer Sicht zwischen „bewaffneten“ und „unbewaffneten“ Mitteln zu unterscheiden ist (vgl. Tabelle 5.2). Der erste Faktor, den die Hauptkomponentenanalyse extrahiert, umfasst alle bewaffneten Mittel: die verschiedenen Einsätze der Bundeswehr, Polizeieinsätze im Ausland und Waffenlieferungen an befreundete Staaten. Der zweite Faktor umfasst alle Mittel, die ohne den (möglichen) Einsatz von Waffengewalt auskommen.

Tabelle 5.2: Mittel der deutschen Außen- und Sicherheitspolitik – Dimensionen

	Faktor I: „Bewaffnete" Mittel	Faktor II: „Unbewaffnete" Mittel
Kampfeinsätze der Bundeswehr	0,82	
Polizeieinsätze im Ausland	0,74	
Stabilisierungseinsätze der Bundeswehr	0,68	
Waffenlieferungen an befreundete Staaten	0,62	
Ausbildungseinsätze der Bundeswehr	0,61	
Diplomatische Verhandlungen		0,72
Rüstungskontrolle		0,71
Entwicklungshilfe		0,69
Wirtschaftssanktionen		0,48
Aufnahme von Flüchtlingen		0,23
Eigenwert	3,3	1,7
Erklärte Varianz (%)	30	15

Anmerkungen: Analyseverfahren: Explorative Faktorenanalyse (Hauptkomponentenanalyse mit Varimax-Rotation). Signifikanz nach Bartlett p = 0,000; Anti-Image KMO (Kaiser-Meyer-Olkin-Kriterium) = 0,81.

Datenbasis: Bevölkerungsbefragung des ZMSBw 2021.

Nachfolgend soll geklärt werden, ob es zwischen den soziodemografischen Gruppen in der deutschen Bevölkerung sowie den Wählergruppen signifikante Unterschiede in der Einstellung zum Einsatz von bewaffneten und unbewaffneten Mitteln in der deutschen Außen- und Sicherheitspolitik gibt. Um die soziodemografischen Gruppen besser miteinander vergleichen zu können, wurden aus den einzelnen Items entsprechend der in Tabelle 5.2 dargestellten Dimensionen zwei Indexvariablen berechnet.[14] Beide Variablen haben einen Wertebereich von 0 (Ablehnung) bis 1 (Zustimmung). Ein Mittelwert von 0,5 repräsentiert eine ambivalente Meinung zum Einsatz der jeweiligen Mittel.

[14] Die beiden Indexvariablen „bewaffnete" Mittel (Cronbachs alpha = 0,78) und „unbewaffnete" Mittel (Cronbachs alpha = 0,59) weisen eine annehmbare bis gute Skalenreliabilität auf, was deren Bildung empirisch rechtfertigt.

Tabelle 5.3: Mittel der deutschen Außen- und Sicherheitspolitik in soziodemografischen Gruppen

„Und was meinen Sie, welche Mittel sollte Deutschland in der Außen- und Sicherheitspolitik einsetzen?" (Mittelwerte)		
	„Unbewaffnete" Mittel	„Bewaffnete" Mittel
Insgesamt	0,70	0,55
Geschlecht	n.s.	*
Männer	0,69	0,57
Frauen	0,70	0,54
Alter	n.s.	**
16 bis 29 Jahre	0,70	0,58
30 bis 49 Jahre	0,69	0,57
50 bis 69 Jahre	0,69	0,54
70 Jahre und älter	0,70	0,54
Bildungsniveau	**	*
Hochschul- bzw. Fachhochschulreife	0,71	0,57
Realschulabschluss	0,70	0,54
Hauptschulabschluss	0,68	0,54
Haushaltsnettoeinkommen pro Monat	*	**
4.001 Euro und mehr	0,70	0,56
2.001 bis 4.000 Euro	0,70	0,57
Bis 2.000 Euro	0,68	0,53
Wahlabsicht Bundestagswahl	***	***
CDU/CSU	0,71	0,60
SPD	0,71	0,57
AfD	0,60	0,55
FDP	0,71	0,59
Die Linke	0,70	0,50
Bündnis 90/Die Grünen	0,73	0,52
Keine Parteipräferenz, Nichtwähler, w.n./k.A.	0,68	0,53
Region	**	***
Norddeutschland (SH, HH, HB, NI)	0,70	0,56
Ostdeutschland (MV, BB, BE, ST, SN, TH)	0,67	0,51
Süddeutschland (BW, BY)	0,70	0,58
Westdeutschland (NW, RP, HE, SL)	0,70	0,55
Migrationshintergrund	*	n.s.
Ja	0,72	0,55
Nein	0,69	0,56

Anmerkungen: Die Indexvariablen „Unbewaffnete" Mittel und „Bewaffnete" Mittel haben einen Wertebereich von 0 (Ablehnung) bis 1 (Zustimmung). Analyseverfahren: Varianzanalysen, Signifikanzniveau: *** $p < 0,001$; ** $p < 0,01$; * $p < 0,05$; n.s. = nicht signifikant ($p \geq 0,05$). Der Signifikanztest für die Varianzanalyse gibt an, ob sich der Mittelwert mindestens einer Gruppe von dem Mittelwert mindestens einer anderen Gruppe unterscheidet.

Datenbasis: Bevölkerungsbefragung des ZMSBw 2021.

Die Ergebnisse in Tabelle 5.3 bestätigen zunächst die ausgeprägte Präferenz der deutschen Bevölkerung (d.h. im Mittel und über alle Gruppen hinweg) für den *Einsatz unbewaffneter Mittel* in der Außen- und Sicherheitspolitik (Mittelwert 0,70). Auch wenn insgesamt eine parteiübergreifende Präferenz für den Einsatz unbewaffneter Mittel feststellbar ist, fällt auf, dass die Einstellung der AfD-Anhänger zum Einsatz unbewaffneter Mittel deutlich kritischer ist (der Mittelwert liegt aber immer noch bei 0,60) als die der anderen Parteianhänger. Die Zustimmung zum Einsatz unbewaffneter Mittel steigt mit dem Bildungsniveau und ist in den beiden höheren Einkommensgruppen etwas stärker ausgeprägt als in der untersten Einkommensgruppe (bis 2.000 Euro). Im Vergleich der Regionen unterstützen die Bürgerinnen und Bürger in Ostdeutschland den Einsatz unbewaffneter Mittel in der deutschen Außenpolitik geringfügig weniger als in den übrigen Regionen. Befragte mit Migrationshintergrund sprechen sich etwas stärker für den Einsatz unbewaffneter Mittel aus als jene ohne Migrationshintergrund. Die beobachteten Einstellungsunterschiede zwischen Männern und Frauen sowie den Altersgruppen sind nicht statistisch signifikant.

Der *Einsatz bewaffneter Mittel* in der deutschen Außen- und Sicherheitspolitik wird im Vergleich mit den diplomatischen und humanitären Mitteln im Durchschnitt zwar weniger stark befürwortet (Mittelwert 0,55), aber insgesamt dennoch leicht positiv bewertet. Während die Anhänger der Linken (Mittelwert 0,50) in dieser Frage eine ambivalente Einstellung aufweisen, stehen alle anderen Parteianhänger dem Einsatz bewaffneter Mittel etwas positiver gegenüber. Die Bereitschaft zum Einsatz militärischer Mittel in der Außenpolitik ist bei Männern und Befragten mit höheren Bildungsabschlüssen (mindestens Fachabitur) im Durchschnitt etwas stärker ausgeprägt als bei Frauen oder Befragten mit einem niedrigeren Bildungsniveau. Mit steigendem Alter nimmt die Unterstützung für den Einsatz bewaffneter Mittel dagegen ab. Abschließend ist festzustellen, dass Befragte in der niedrigsten Einkommensgruppe (bis 2.000 Euro) sowie die Bürgerinnen und Bürger in Ostdeutschland den Einsatz bewaffneter Mittel in der deutschen Außen- und Sicherheitspolitik weniger stark befürworten als die entsprechenden Vergleichsgruppen. Die Einstellungsunterschiede zwischen Befragten mit und ohne Migrationshintergrund sind nicht statistisch signifikant.

5.4 Außen- und sicherheitspolitische Grundorientierungen

Ausgehend von der Hypothese einer hierarchischen Strukturierung außen- und sicherheitspolitischer Einstellungen, hat die Einstellungsforschung eine Reihe *abstrakter* außen- und sicherheitspolitischer Grundhaltungen identifiziert (z.B. Asmus et al. 2005; Bardes/Oldendick 1990; Chittick et al. 1995),[15] die die Einstellungen zu *spezifischen* außen- und sicherheitspolitischen Themen beeinflussen (Hurwitz/Peffley 1987; Hurwitz et al. 1993; Peffley/Hurwitz 1993)[16] und dadurch einen Meinungsbildungsprozess ermöglichen, der weitestgehend *unabhängig* vom konkreten Wissensstand zu den spezifischen Themen ist (Feldman 1988; Hurwitz/Peffley 1987). Die vier prominentesten Grundhaltungen sind Internationalismus, Multilateralismus, Militarismus und Atlantizismus. Diese vier Dimensionen reflektieren die persönliche Überzeugung, dass die vitalen Interessen des eigenen Landes am besten durch ein aktives Engagement in der Weltpolitik (Internationalismus), durch internationale Zusammenarbeit mit Verbündeten (Multilateralismus), den Einsatz militärischer Gewalt in der Außenpolitik (Militarismus) und, im Fall europäischer Länder, durch die Orientierung der eigenen Außenpolitik an den USA (Atlantizismus) gewahrt werden können.

Die vier außen- und sicherheitspolitischen Grundhaltungen wurden in der Bevölkerungsumfrage mit jeweils mindestens zwei Items erfasst (vgl. Abbildung 5.4). Auf Basis der Ergebnisse in Abbildung 5.4 lässt sich die außenpolitische Grundorientierung der deutschen Bevölkerung im Durchschnitt als anti-militaristisch und multilateralistisch bezeichnen. Im Vergleich zum Vorjahr gibt es einen stärkeren Wunsch nach einer außenpolitischen Orientierung an den USA (Atlantizismus), was auf die deutlich positivere Bewertung der bilateralen Beziehungen zwischen Deutschland und den USA unter Präsident Joe Biden zurückzuführen ist (vgl. Abschnitt 6). Die Überzeugung, dass Deutschland eine aktivere Rolle in der Weltpolitik spielen sollte (Internationalismus), ist im Vergleich zum Vorjahr schwächer ausgeprägt. Dieser Befund deckt sich mit der rückläufigen Wahrnehmung der Bürgerinnen und Bürger hinsichtlich Deutschlands internationaler Verantwortung (vgl. Abbildung 5.1) und der nachlassenden öffentlichen Zustimmung zu einer aktiven deutschen Außen- und Sicherheitspolitik (vgl. Abbildung 5.2).

---

[15] In der englischsprachigen Literatur hat sich der Begriff „strategic postures" etabliert.

[16] Für ausführlichere Erläuterungen zur Rolle und Wirkungsweise der außen- und sicherheitspolitischen Grundhaltungen sei auf den Sammelband von Biehl und Schoen (2015) sowie die Studien von Endres (2018), Irondelle et al. (2015), Mader (2015, 2017) und Rattinger et al. (2016) verwiesen.

Abbildung 5.4: Außen- und sicherheitspolitische Grundorientierungen

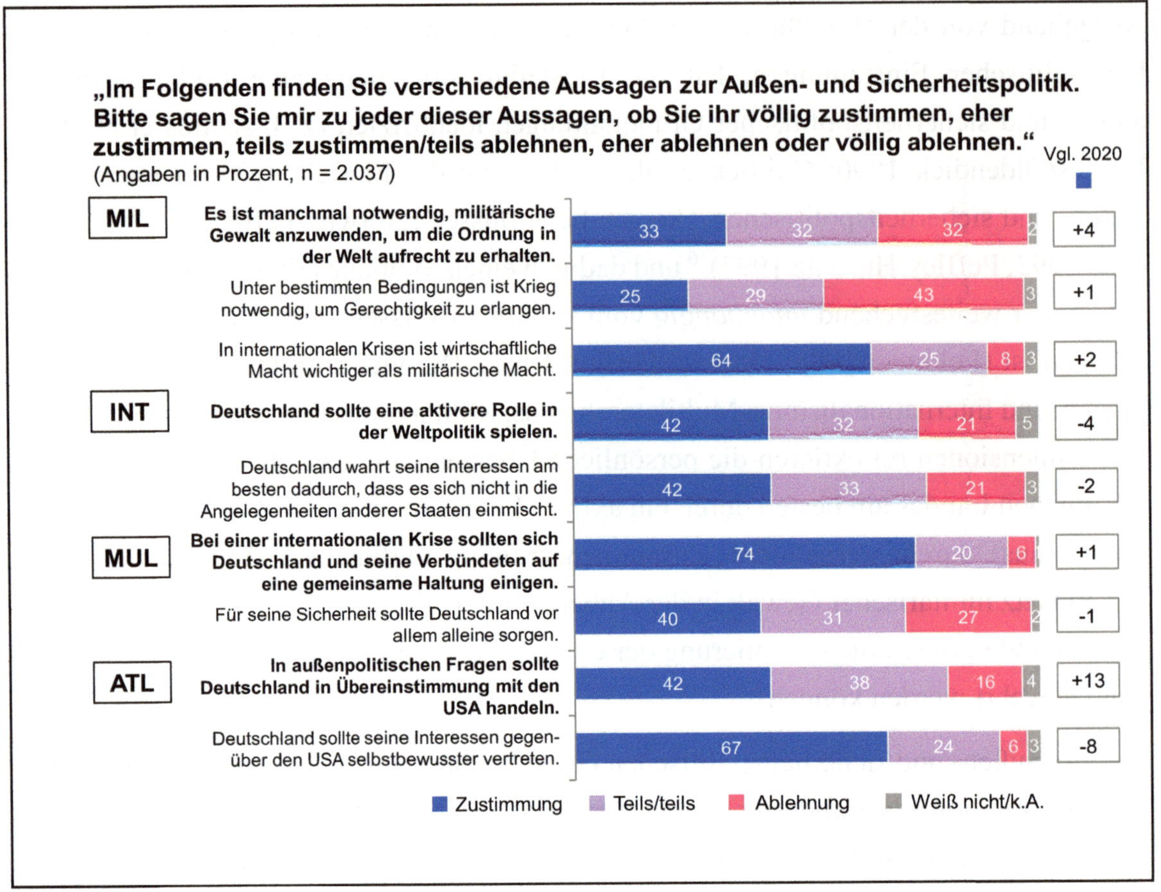

Anmerkungen: Nicht alle Prozentangaben ergeben in der Summe 100 Prozent, da die Einzelwerte gerundet wurden. Zustimmung: Anteile „Stimme völlig zu" und „Stimme eher zu" zusammengefasst; Ablehnung: Anteile „Lehne völlig ab" und „Lehne eher ab" zusammengefasst. Vgl. 2020: Differenz Zustimmung 2021 zu 2020. Die hervorgehobenen Aussagen werden in den weiterführenden Analysen zur Operationalisierung der entsprechenden Grundhaltungen verwendet: Militarismus (MIL), Internationalismus (INT), Multilateralismus (MUL), Atlantizismus (ATL).

Datenbasis: Bevölkerungsbefragungen des ZMSBw 2020 und 2021.

Die Mehrheit der Bürgerinnen und Bürger weist eine insgesamt anti-militaristische Grundhaltung auf. So ist nur ein Drittel (33 Prozent; +4 Prozentpunkte im Vergleich zu 2020) der Befragten der Meinung, dass es manchmal notwendig sei, militärische Gewalt anzuwenden, um die Ordnung in der Welt aufrecht zu erhalten, während jeweils 32 Prozent diese Aussage ablehnen oder geteilter Meinung sind. Ein Viertel (25 Prozent; +1 Prozentpunkt) der Bürgerinnen und Bürger ist der Auffassung, dass Krieg unter bestimmten Bedingungen notwendig sei, um Gerechtigkeit zu erlangen. Eine relative Mehrheit von 43 Prozent lehnt diese Aussage ab und etwas mehr als ein Viertel (29 Prozent) hat eine ambivalente Einstellung. Eine klare Mehrheit (64 Prozent; +2 Prozentpunkte) ist zudem der Auffassung, dass in internationalen Krisen wirtschaftliche Macht wichtiger sei als militärische Macht. Nur 8 Prozent vertreten hier die gegenteilige Position und 25 Prozent sind unentschieden. Diese Ergebnisse suggerieren einen in der deutschen Bevölkerung stark ausgeprägten Anti-Militarismus. Jedoch bedarf dieser Befund einer kritischen Einordnung.

Wie die Ergebnisse in Tabelle 5.3 demonstrieren, hat die deutsche Bevölkerung im Durchschnitt zwar eine klare Präferenz für den Einsatz unbewaffneter Mittel in der Außenpolitik und eine eher ambivalente Haltung zum Einsatz bewaffneter und gewaltsamer Mittel. Der Einsatz militärischer Mittel in der Außen- und Sicherheitspolitik wird aber nicht kategorisch abgelehnt, denn die öffentliche Zustimmung zu Ausbildungs- und Stabilisierungseinsätzen der Bundeswehr ist hoch (vgl. Abbildung 5.3). Selbst der explizite Einsatz militärischer *Gewalt* durch die Bundeswehr in Form von Kampfeinsätzen wird von gleichen Teilen in der Bevölkerung unterstützt und abgelehnt (vgl. Abbildung 5.3). Die Ergebnisse in Abschnitt 13 zeigen darüber hinaus, dass eine absolute Mehrheit der Bevölkerung den zweckgebundenen Einsatz von Waffengewalt durch die Bundeswehr akzeptiert – und zwar im gesamten Aufgabenspektrum. In der Summe lässt sich also sagen, dass die Bevölkerung im Durchschnitt zwar eine anti-militaristische außen- und sicherheitspolitische Grundhaltung aufweist, den *gewaltlosen* oder *gewaltarmen* Einsatz der Bundeswehr als Mittel der Außen- und Sicherheitspolitik aber mehrheitlich unterstützt und die explizite Anwendung von Waffengewalt durch die Bundeswehr auch mehrheitlich akzeptiert, sofern diese als äußerstes Mittel einem legitimen Zweck dient.

Hinsichtlich des internationalen Engagements Deutschlands (Internationalismus) zeigen sich wie schon in den Vorjahren vermeintlich widersprüchliche Ergebnisse (vgl. Graf 2019a, 2021b): Während 42 Prozent (-4 Prozentpunkte im Vergleich zu 2020) für eine aktivere Rolle Deutschlands in der Weltpolitik plädieren, sind ebenso viele Befragte (42 Prozent; -2 Prozentpunkte) der Auffassung, dass Deutschland seine Interessen am besten durch die Nichteinmischung in die Angelegenheiten anderer Staaten wahrt. Jeweils ein Fünftel der Befragten lehnt beide Aussagen ab und jeweils ein Drittel ist unentschieden. Offensichtlich unterscheiden die Bürgerinnen und Bürger zwischen Deutschlands internationalem Engagement einerseits und einer interventionistischen Außenpolitik andererseits, wobei ersteres eher Zustimmung erfährt und letztere mehrheitlich auf Ablehnung stößt. Eine aktive deutsche Außenpolitik muss nicht zwangsläufig eine Einmischung in die Angelegenheiten anderer Staaten bedeuten – zumindest nicht aus Sicht der deutschen Bevölkerung.

Die Befragten haben eine unverändert klare Präferenz für ein gemeinsames Vorgehen mit den Verbündeten im Falle einer internationalen Krise (Multilateralismus). Dies wird von nahezu drei Vierteln der Bürgerinnen und Bürger unterstützt (74 Prozent; +1 Prozentpunkt im Vergleich zu 2020) und nur von 6 Prozent abgelehnt. Wenn es darum geht, für die Sicherheit des Landes zu sorgen, sagen jedoch 40 Prozent, dass Deutschland dies vor allem allein tun sollte. Etwas mehr als ein Viertel (27 Prozent) der Befragten lehnt diese Aussage ab und etwas weniger als ein Drittel (31 Prozent) ist unentschieden.[17]

Die Bereitschaft zur Orientierung an den USA in außenpolitischen Fragen (Atlantizismus) ist im Vergleich zum Vorjahr zwar deutlich gestiegen (+13 Prozentpunkte), dennoch ist nur jede/r Vierte (42 Prozent) der Auffassung, dass Deutschland außenpolitisch in Übereinstimmung mit den USA handeln sollte, während ein ähnlich großer Teil (38 Prozent) in dieser Frage geteilter Meinung ist und 16 Prozent diese Haltung ablehnen. Auch wenn der Anteil der Bürgerinnen und Bürger, die sich für eine selbstbewusstere deutsche Interessenvertretung gegenüber den USA aussprechen, im Vergleich zum Vorjahr deutlich abgenommen hat (-8 Prozentpunkte), so wird diese Auffassung aktuell noch immer von 67 Prozent geteilt. Der Wunsch der Bevölkerung nach einer von den USA unabhängigeren deutschen Außen- und Sicherheitspolitik bleibt also ungeachtet der stark verbesserten Bewertung der bilateralen Beziehungen zu den USA bestehen (vgl. Abschnitt 6, Abbildung 6.3).

Nachfolgend wird beschrieben, welche Unterschiede zwischen den soziodemografischen Teilgruppen in der Bevölkerung hinsichtlich der vier außen- und sicherheitspolitischen Grundhaltungen bestehen. Der Vergleich der vier Grundhaltungen beschränkt sich dabei auf die in Abbildung 5.4 hervorgehobenen Aussagen.[18] Zur besseren Vergleichbarkeit und Interpretation der Variablen wurden diese auf einen Wertebereich von 0 bis 1 rekodiert. Hohe Werte zeigen eine eher militaristische, internationalistische, multilateralistische oder atlantizistische Grundorientierung an. Niedrige Werte repräsentieren dagegen eine eher anti-militaristische, isolationistische, unilateralistische oder anti-atlantizistische Grundhaltung.

---

[17] Die Formulierung dieses aus der englischsprachigen Literatur übernommenen Items ist insofern problematisch, als dass die Wahrung der nationalen Sicherheit zu den grundlegendsten Aufgaben eines jeden modernen Staates gehört und zugleich Ausdruck staatlicher Souveränität ist. Die Aussage abzulehnen, könnte also auch bedeuten, die Souveränität Deutschlands infrage zu stellen. Die Aussage bzw. das Item zur Kooperation mit Verbündeten im Krisenfall erfasst die Grundhaltung „Multilateralismus“ sehr viel besser, genau genommen aber nur den „diminished multilateralism“, also die Bildung von Ad-hoc-Koalitionen (vgl. Rüland 2018).

[18] In den vergangenen Jahren wurden die vier außenpolitischen Grundhaltungen als Indexvariablen operationalisiert, bestehend aus den jeweiligen Items, wie sie in Abbildung 5.4 aufgeführt sind. Die entsprechenden Items wiesen jedoch bereits in den Vorjahren eine schwache Skalenreliabilität auf (vgl. Graf 2019a: 52), was darauf hindeutet, dass sie als zusammengeführte Indexvariablen unter einer mangelnden internen Konsistenz leiden und in der Folge die entsprechenden außenpolitischen Grundhaltungen nicht inhaltsvalide abbilden. Deshalb wird seit der ZMSBw-Bevölkerungsbefragung 2020 (Graf 2021b) auf die Bildung von Indexvariablen auf Basis der jeweiligen Items bewusst verzichtet. Die Operationalisierung der außenpolitischen Grundhaltungen mit einzelnen Items erfolgte bereits in anderen wissenschaftlichen Publikationen (Graf 2020a; Mader/Pötzschke 2014).

Die Ergebnisse in Tabelle 5.4 zeigen, dass nahezu alle untersuchten soziodemografischen Gruppen ein vergleichbares außenpolitisches Einstellungsprofil aufweisen, das durch ein starkes Bekenntnis zum Multilateralismus, Zuspruch zum Internationalismus und Atlantizismus sowie durch eine ambivalente Haltung zum Militarismus geprägt ist. Dennoch bestehen zwischen den soziodemografischen Teilgruppen und den Wählergruppen signifikante Unterschiede in der relativen Ausprägung der vier außenpolitischen Grundhaltungen.

Die Ansicht, dass Deutschland in außenpolitischen Fragen in Übereinstimmung mit den USA handeln sollte (Atlantizismus), ist bei Befragten mit einer Wahlpräferenz für die Partei Die Linke und den Bürgerinnen und Bürgern ohne klare Parteipräferenz schwächer ausgeprägt als bei den anderen Wählergruppen, insbesondere den Anhängern der SPD. Die Grundhaltung, dass Deutschland eine aktivere Rolle in der Weltpolitik spielen sollte (Internationalismus), tritt mit steigendem Alter seltener auf und ist in Ostdeutschland deutlich schwächer ausgeprägt als in den anderen Regionen. Dagegen ist der Zuspruch zu einer aktiven Rolle Deutschlands in der internationalen Politik umso stärker ausgeprägt, je höher das Bildungs- und Einkommensniveau der Befragten ist. Darüber hinaus ist der Internationalismus bei Befragten mit Migrationshintergrund stärker ausgeprägt als bei den Bürgerinnen und Bürgern ohne Migrationshintergrund. Die Aussage, dass der Einsatz militärischer Gewalt zur Aufrechterhaltung der Ordnung in der Welt manchmal notwendig ist (Militarismus), polarisiert die deutsche Bevölkerung: Etwa die Hälfte der untersuchten Teilgruppen weist hierzu eine (im Durchschnitt) eher positive Einstellung auf, während die andere Hälfte eine eher ablehnende Haltung hat. Am ehesten sprechen sich die Anhänger der AfD (Mittelwert 0,58) und der FDP (Mittelwert 0,56) für den Einsatz militärischer Gewalt zur Aufrechterhaltung der internationalen Ordnung aus. Der Militarismus ist außerdem in Süddeutschland stärker ausgeprägt als in den anderen Regionen und nimmt mit steigendem Bildungsniveau und Haushaltseinkommen der Befragten leicht zu. Auch begrüßen Männer die Anwendung militärischer Gewalt zur Aufrechterhaltung der internationalen Ordnung im Durchschnitt stärker als Frauen. Die Überzeugung, dass Deutschland sich bei einer internationalen Krise mit seinen Verbündeten auf eine gemeinsame Haltung einigen sollte (Multilateralismus), wird in allen Gruppen von einer großen Mehrheit geteilt. Allerdings sind die Anhänger der FDP sowie die Bürgerinnen und Bürger in Süddeutschland noch stärker multilateralistisch eingestellt als die jeweiligen Vergleichsgruppen.

Tabelle 5.4: Außenpolitische Grundorientierungen in soziodemografischen Gruppen

„Im Folgenden finden Sie verschiedene Aussagen zur Außen- und Sicherheitspolitik. Bitte sagen Sie mir zu jeder dieser Aussagen, ob Sie ihr völlig zustimmen, eher zustimmen, teils zustimmen/teils ablehnen, eher ablehnen oder völlig ablehnen.

In außenpolitischen Fragen sollte Deutschland in Übereinstimmung mit den USA handeln. [Atlantizismus]

Deutschland sollte eine aktivere Rolle in der Weltpolitik spielen. [Internationalismus]

Es ist manchmal notwendig, militärische Gewalt anzuwenden, um die Ordnung in der Welt aufrecht zu erhalten. [Militarismus]

Bei einer internationalen Krise sollten sich Deutschland und seine Verbündeten auf eine gemeinsame Haltung einigen. [Multilateralismus]“

(Mittelwerte)

	Atlantizismus	Internationalismus	Militarismus	Multilateralismus
Insgesamt	0,59	0,58	0,50	0,75
Geschlecht	n.s.	n.s.	***	n.s.
Männer	0,59	0,58	0,53	0,76
Frauen	0,59	0,57	0,46	0,75
Alter	n.s.	**	n.s.	n.s.
16 bis 29 Jahre	0,58	0,61	0,51	0,75
30 bis 49 Jahre	0,59	0,59	0,52	0,74
50 bis 69 Jahre	0,58	0,57	0,48	0,76
70 Jahre und älter	0,61	0,54	0,48	0,76
Bildungsniveau	n.s.	**	*	n.s.
Hochschul- bzw. Fachhochschulreife	0,58	0,60	0,52	0,75
Realschulabschluss	0,59	0,58	0,49	0,76
Hauptschulabschluss	0,60	0,55	0,48	0,77
Haushaltsnettoeinkommen pro Monat	n.s.	*	*	n.s.
4.001 Euro und mehr	0,60	0,61	0,51	0,75
2.001 bis 4.000 Euro	0,59	0,58	0,50	0,76
Bis 2.000 Euro	0,58	0,56	0,47	0,73
Wahlabsicht Bundestagswahl	***	***	***	*
CDU/CSU	0,62	0,61	0,54	0,76
SPD	0,63	0,60	0,47	0,78
AfD	0,61	0,56	0,58	0,76
FDP	0,59	0,63	0,56	0,80
Die Linke	0,56	0,54	0,45	0,75
Bündnis 90/Die Grünen	0,58	0,59	0,45	0,76
Keine Parteipräferenz, Nichtwähler, w.n./k.A.	0,55	0,53	0,46	0,73
Region	n.s.	***	**	**
Norddeutschland (SH, HH, HB, NI)	0,59	0,58	0,48	0,72
Ostdeutschland (MV, BB, BE, ST, SN, TH)	0,59	0,52	0,50	0,75
Süddeutschland (BW, BY)	0,60	0,57	0,53	0,78
Westdeutschland (NW, RP, HE, SL)	0,57	0,61	0,48	0,75
Migrationshintergrund	n.s.	*	n.s.	n.s.
Ja	0,57	0,62	0,49	0,78
Nein	0,59	0,57	0,50	0,75

Anmerkungen: Alle Variablen haben einen Wertebereich von [0; 1]. Analyseverfahren: Varianzanalysen, Signifikanzniveau: *** $p < 0,001$; ** $p < 0,01$; * $p < 0,05$; n.s. = nicht signifikant ($p \geq 0,05$). Der Signifikanztest für die Varianzanalyse gibt an, ob sich der Mittelwert mindestens einer Gruppe von dem Mittelwert mindestens einer anderen Gruppe unterscheidet.

Datenbasis: Bevölkerungsbefragung des ZMSBw 2021.

5.5 Einstellungen zur Rolle des Bundestags beim Einsatz der Bundeswehr

Neben den außen- und sicherheitspolitischen Grundhaltungen kommt der Einstellung zum Parlamentsvorbehalt bei Auslandseinsätzen der Bundeswehr eine besondere Bedeutung zu: Auslandseinsätze der Bundeswehr bedürfen der konstitutiven Zustimmung des Deutschen Bundestags, was den besonderen Charakter der Bundeswehr als Parlamentsarmee betont. Die Einstellung der Befragten zu dieser Rolle des Bundestags gibt also Aufschluss über ihre Haltung zur Konzeption der Bundeswehr als Parlamentsarmee.

Abbildung 5.5: Aussagen zur Rolle des Bundestags bei Einsätzen der Bundeswehr

„Im Folgenden finden Sie einige weitere Aussagen zur Außen- und Sicherheitspolitik. Bitte sagen Sie mir zu jeder dieser Aussagen, ob Sie ihr völlig zustimmen, eher zustimmen, teils zustimmen/teils ablehnen, eher ablehnen oder völlig ablehnen."
(Angaben in Prozent, n = 2.037)

	Zustimmung	Teils/teils	Ablehnung	Weiß nicht/k.A.	Vgl. 2020
Die Bundesregierung sollte in militärischen Angelegenheiten alleine und ohne Mitwirkung des Bundestags handeln können.	26	20	49	5	-2
Soldatinnen und Soldaten der Bundeswehr sollten nur mit Zustimmung des Bundestags in Einsätze entsendet werden.	67	18	11	4	+3

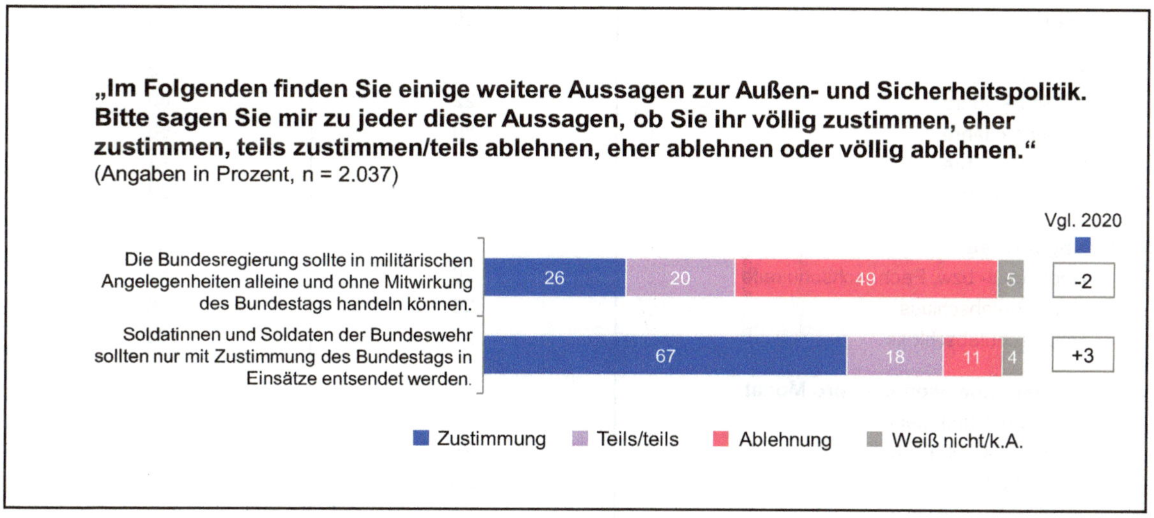

Anmerkungen: Nicht alle Prozentangaben ergeben in der Summe 100 Prozent, da die Einzelwerte gerundet wurden. Zustimmung: Anteile „Stimme völlig zu" und „Stimme eher zu" zusammengefasst; Ablehnung: Anteile „Lehne völlig ab" und „Lehne eher ab" zusammengefasst. Vgl. 2020: Differenz Zustimmung 2021 zu 2020.

Datenbasis: Bevölkerungsbefragungen des ZMSBw 2020 und 2021.

Zum Verhältnis zwischen Bundesregierung und Bundestag bei Entscheidungen über militärische Einsätze und Angelegenheiten ist das Meinungsbild eindeutig: 67 Prozent (+3 Prozentpunkte) der Bürgerinnen und Bürger sind dafür und 11 Prozent (-2 Prozentpunkte) dagegen, dass die Bundeswehr nur mit Zustimmung des Bundestags in Einsätze entsendet werden sollte. Zudem lehnen 49 Prozent (+3 Prozentpunkte) der Befragten ab, dass die Bundesregierung in militärischen Angelegenheiten allein und ohne Mitwirkung des Bundestags handeln können sollte, während 26 Prozent (-2 Prozentpunkte) ein solches Vorgehen befürworten.

Tabelle 5.5: Aussagen zur Rolle des Bundestags bei Einsätzen der Bundeswehr in soziodemografischen Gruppen

„Im Folgenden finden Sie einige weitere Aussagen zur Außen- und Sicherheitspolitik. Bitte sagen Sie mir zu jeder dieser Aussagen, ob Sie ihr völlig zustimmen, eher zustimmen, teils zustimmen/teils ablehnen, eher ablehnen oder völlig ablehnen.

Die Bundesregierung sollte in militärischen Angelegenheiten alleine und ohne Mitwirkung des Bundestags handeln können. [Militärische Angelegenheiten]

Soldatinnen und Soldaten der Bundeswehr sollten nur mit Zustimmung des Bundestags in Einsätze entsendet werden. [Einsätze]“

(Angaben in Prozent)

	Zustimmung: Militärische Angelegenheiten	Zustimmung: Einsätze
Insgesamt	26	67
Geschlecht	n.s.	n.s.
Männer	28	67
Frauen	25	66
Alter	**	n.s.
16 bis 29 Jahre	22	60
30 bis 49 Jahre	30	66
50 bis 69 Jahre	24	71
70 Jahre und älter	26	68
Bildungsniveau	n.s.	n.s.
Hochschul- bzw. Fachhochschulreife	26	69
Realschulabschluss	26	68
Hauptschulabschluss	27	64
Haushaltsnettoeinkommen pro Monat	**	***
4.001 Euro und mehr	23	72
2.001 bis 4.000 Euro	29	69
Bis 2.000 Euro	28	61
Wahlabsicht Bundestagswahl	***	**
CDU/CSU	27	69
SPD	27	73
AfD	33	61
FDP	35	74
Die Linke	27	68
Bündnis 90/Die Grünen	22	75
Keine Parteipräferenz, Nichtwähler, w.n./k.A.	24	59
Region	***	***
Norddeutschland (SH, HH, HB, NI)	35	69
Ostdeutschland (MV, BB, BE, ST, SN, TH)	26	73
Süddeutschland (BW, BY)	28	71
Westdeutschland (NW, RP, HE, SL)	21	58
Migrationshintergrund	n.s.	n.s.
Ja	19	67
Nein	27	67

Anmerkungen: Die Anteile „Stimme völlig zu“ und „Stimme eher zu“ wurden jeweils zusammengefasst. Analyseverfahren: Chi²-Unabhängigkeits-Test, Signifikanzniveau: *** $p < 0,001$; ** $p < 0,01$; * $p < 0,05$; n.s. = nicht signifikant ($p \geq 0,05$).

Datenbasis: Bevölkerungsbefragung des ZMSBw 2021.

Eine klare Mehrheit der deutschen Bevölkerung unterstützt somit die Mitsprache des Deutschen Bundestags in militärischen Angelegenheiten im Allgemeinen und bei der Entsendung der Bundeswehr in Auslandseinsätze im Besonderen. Aus diesem Befund lässt sich ableiten, dass die Mehrheit der Bevölkerung die Konzeption der Bundeswehr als Parlamentsarmee befürwortet und einer der Legislative weitgehend entzogenen „Exekutivarmee“ kritisch gegenübersteht. Im Vergleich zum Vorjahr ist der öffentliche Zuspruch zur parlamentarischen Kontrolle der Streitkräfte insgesamt leicht gestiegen.

Zwischen den soziodemografischen Teilgruppen sowie den Wählergruppen in der Bevölkerung bestehen folgende statistisch signifikante Unterschiede in der Einstellung zur parlamentarischen Kontrolle der Bundeswehr (vgl. Tabelle 5.5): Die Aussage, dass die Bundesregierung in *militärischen Angelegenheiten* allein und ohne Mitwirkung des Bundestags handeln können sollte, erfährt von den Anhängern der FDP und der AfD, Befragten mit mittlerem Haushaltseinkommen, den Bürgerinnen und Bürgern in Norddeutschland sowie von Befragten mittleren Alters (30 bis 49 Jahre) mehr Zustimmung als von den entsprechenden Vergleichsgruppen. Die Mitsprache des Bundestags bei *Bundeswehreinsätzen* wird von Befragten mit niedrigem Einkommen (bis 2.000 Euro), Befragten ohne Parteipräferenz und Anhängern der AfD sowie Bürgerinnen und Bürgern in Westdeutschland weniger stark befürwortet als von den jeweiligen Vergleichsgruppen. In der Gesamtschau ist aber festzustellen, dass eine absolute Mehrheit in allen untersuchten Teilgruppen die parlamentarische Kontrolle der Streitkräfte unterstützt und damit hinter der Konzeption der Bundeswehr als Parlamentsarmee steht.

5.6 Einstellungen zu Deutschlands Engagement im Rahmen der Vereinten Nationen

Die Vereinten Nationen (VN) sind das einzige globale Forum für Fragen der Konfliktprävention und Friedenssicherung. Die Charta der VN bildet die völkerrechtliche Grundlage für die regelbasierte internationale Ordnung. Seit 1973 ist die Bundesrepublik Deutschland Mitglied in den VN und engagiert sich im Rahmen dieser Mitgliedschaft für die Stärkung der regelbasierten internationalen Ordnung und die Prävention und Bewältigung gewaltsamer Konflikte – auch mit militärischen Mitteln. Aktuell ist die Bundeswehr an fünf Einsätzen der VN beteiligt. Der MINUSMA-Einsatz in Mali zur Unterstützung bei der Umsetzung des innermalischen Friedensabkommens, der Wiederherstellung von Staatlichkeit und dem Schutz von Zivilisten ist mit einer Obergrenze von 1.100 Soldatinnen und Soldaten der aktuell größte Auslandseinsatz der Bundeswehr. Der Sicherheitsrat der VN trägt die größte Verantwortung für die internationale Sicherheit und ist hierzu mit weitreichenden Kompetenzen ausgestattet. Auch für die Mandatierung der

Auslandseinsätze der Bundeswehr sind die Entscheidungen des VN-Sicherheitsrates von Bedeutung. In den letzten Jahren litt die Handlungsfähigkeit des VN-Sicherheitsrates unter den oftmals widersprüchlichen Interessen seiner fünf ständigen Mitglieder Russland, China, USA, Frankreich und Großbritannien. Nicht zuletzt auch deshalb engagiert sich Deutschland seit Jahren für eine Reform des Sicherheitsrates und hat sich wiederholt um einen der zehn nicht ständigen Sitze beworben. Zuletzt war Deutschland in den Jahren 2019 und 2020 nicht ständiges Mitglied im Sicherheitsrat der VN.

Abbildung 5.6: Aussagen zu Deutschlands Engagement im Rahmen der Vereinten Nationen

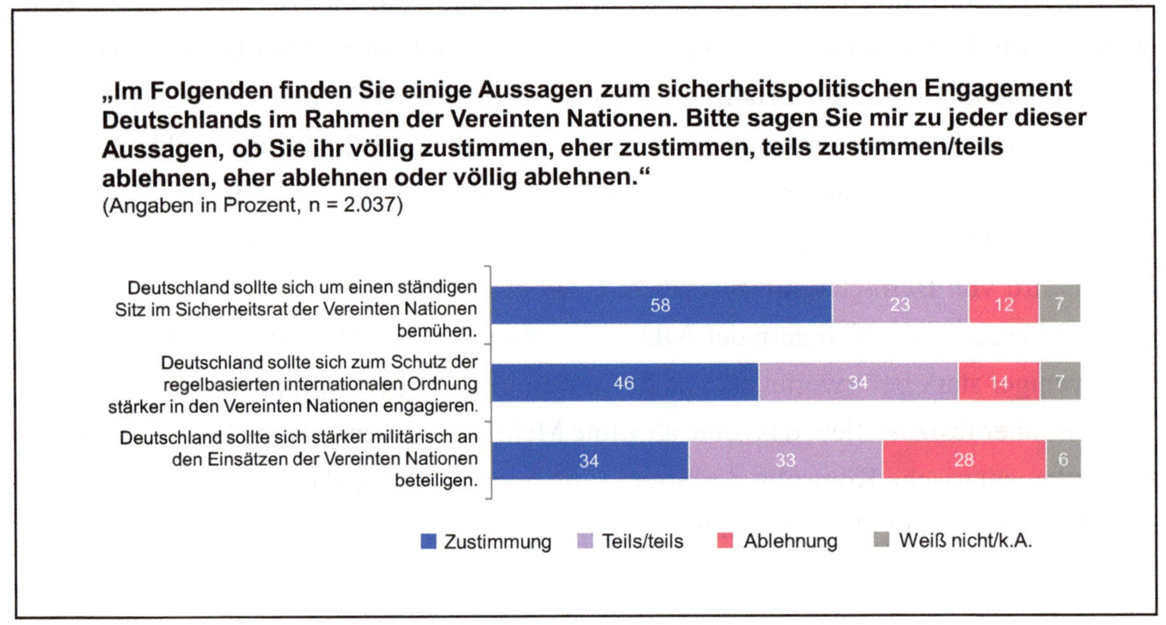

Anmerkungen: Nicht alle Prozentangaben ergeben in der Summe 100 Prozent, da die Einzelwerte gerundet wurden. Zustimmung: Anteile „Stimme völlig zu" und „Stimme eher zu" zusammengefasst; Ablehnung: Anteile „Lehne völlig ab" und „Lehne eher ab" zusammengefasst.

Datenbasis: Bevölkerungsbefragungen des ZMSBw 2021.

Eine klare Mehrheit (58 Prozent) der Befragten unterstützt Deutschlands Bemühen um einen ständigen Sitz im Sicherheitsrat der VN, eine Minderheit von 12 Prozent lehnt dies ab und etwas weniger als ein Viertel (23 Prozent) ist geteilter Meinung. Eine relative Mehrheit (46 Prozent) plädiert dafür, dass sich Deutschland zum Schutz der regelbasierten internationalen Ordnung stärker in den VN engagieren sollte, 14 Prozent lehnen dies ab und ein Drittel (34 Prozent) hat hierzu eine ambivalente Haltung. Die Aussage, Deutschland sollte sich an den Einsätzen der VN stärker militärisch beteiligen, stößt in der Bevölkerung auf ein geteiltes Echo: Ein Drittel (34 Prozent) stimmt der Aussage zu, ein Drittel ist geteilter Meinung (33 Prozent) und etwas mehr als ein Viertel (28 Prozent) lehnt ein stärkeres militärisches Engagement ab.

Tabelle 5.6: Einstellung zu Deutschlands Engagement in den Vereinten Nationen in soziodemografischen Gruppen

„Im Folgenden finden Sie einige Aussagen zum sicherheitspolitischen Engagement Deutschlands im Rahmen der Vereinten Nationen. Bitte sagen Sie mir zu jeder dieser Aussagen, ob Sie ihr völlig zustimmen, eher zustimmen, teils zustimmen/teils ablehnen, eher ablehnen oder völlig ablehnen."
(Mittelwerte)

	Einstellung zu Deutschlands Engagement in den Vereinten Nationen
Insgesamt	0,61
Geschlecht n.s.	
Männer	0,61
Frauen	0,60
Alter n.s.	
16 bis 29 Jahre	0,61
30 bis 49 Jahre	0,62
50 bis 69 Jahre	0,60
70 Jahre und älter	0,59
Bildungsniveau n.s.	
Hochschul- bzw. Fachhochschulreife	0,62
Realschulabschluss	0,61
Hauptschulabschluss	0,60
Haushaltsnettoeinkommen pro Monat **	
4.001 Euro und mehr	0,64
2.001 bis 4.000 Euro	0,61
Bis 2.000 Euro	0,59
Wahlabsicht Bundestagswahl ***	
CDU/CSU	0,64
SPD	0,64
AfD	0,57
FDP	0,64
Die Linke	0,58
Bündnis 90/Die Grünen	0,60
Keine Parteipräferenz, Nichtwähler, w.n./k.A.	0,58
Region *	
Norddeutschland (SH, HH, HB, NI)	0,59
Ostdeutschland (MV, BB, BE, ST, SN, TH)	0,59
Süddeutschland (BW, BY)	0,62
Westdeutschland (NW, RP, HE, SL)	0,62
Migrationshintergrund n.s.	
Ja	0,61
Nein	0,61

Anmerkungen: Die Variable „Einstellung zu Deutschlands Engagement in den Vereinten Nationen" hat einen Wertebereich von [0; 1]. Analyseverfahren: Varianzanalysen, Signifikanzniveau: *** $p < 0{,}001$; ** $p < 0{,}01$; * $p < 0{,}05$; n.s. = nicht signifikant ($p \geq 0{,}05$). Der Signifikanztest für die Varianzanalyse gibt an, ob sich der Mittelwert mindestens einer Gruppe von dem Mittelwert mindestens einer anderen Gruppe unterscheidet.

Datenbasis: Bevölkerungsbefragung des ZMSBw 2021.

Zur Untersuchung möglicher Einstellungsunterschiede zwischen den soziodemografischen Teilgruppen in der deutschen Bevölkerung wurden die drei Aussagen zu Deutschlands Engagement im Rahmen der VN zu einer Indexvariable mit einem Wertebereich von 0 (Ablehnung) bis 1 (Zustimmung) zusammengefasst.[19] Aus den Ergebnissen in Tabelle 5.6 wird ersichtlich, dass es insgesamt nur wenige signifikante Unterschiede zwischen den untersuchten Gruppen gibt und alle Gruppen eine im Durchschnitt positive Einstellung zu Deutschlands sicherheitspolitischem VN-Engagement haben. Diese Zustimmung steigt mit dem Haushaltseinkommen der Befragten an und ist in Süd- und Westdeutschland etwas stärker ausgeprägt als in Nord- und Ostdeutschland. Auch zwischen den Wählergruppen bestehen signifikante Meinungsunterschiede. Die Anhänger der CDU/CSU, SPD oder FDP haben im Durchschnitt eine positivere Haltung zu Deutschlands Engagement in den VN als die Anhänger der anderen Parteien.

5.7. Fazit

Die grundlegende Haltung der Bevölkerung zur deutschen Außenpolitik hat sich im Vergleich zu den Vorjahren nicht wesentlich verändert. In den meisten Fragen zur Außenpolitik besteht ein gesamtgesellschaftlicher Konsens, d.h. die vereinzelten statistisch signifikanten Einstellungsunterschiede zwischen den untersuchten soziodemografischen Gruppen und Wählergruppen sind in den meisten Fällen nicht so stark ausgeprägt, dass man von unterschiedlichen Einstellungen sprechen kann.

Eine absolute Mehrheit von 56 Prozent der Bürgerinnen und Bürger ist sich der Zunahme von Deutschlands internationaler Verantwortung bewusst, allerdings ist diese Wahrnehmung seit vier Jahren rückläufig. Ein ähnliches Meinungsbild ergibt sich für die Ausrichtung der deutschen Außenpolitik: 53 Prozent unterstützen ein aktives Engagement Deutschlands in internationalen Krisen und Konflikten. Aber auch diese Unterstützung hat im Vergleich zum Vorjahr abgenommen.

Hinsichtlich der Mittel in der Außen- und Sicherheitspolitik ist sich die deutsche Bevölkerung ebenfalls einig, denn in allen soziodemografischen Teilgruppen und Wählergruppen besteht eine Präferenz für den Einsatz „weicherer“ Mittel, z. B. diplomatische Verhandlungen oder Entwicklungszusammenarbeit. „Härtere“ Mittel wie Waffenlieferungen an befreundete Staaten stoßen in der Öffentlichkeit dagegen auf ein geteiltes Echo. Diese Differenzierung zwischen „harten“ und „weichen“ Mitteln überträgt sich auch auf die Zustimmung zu möglichen Bundeswehreinsätzen als Mittel der deutschen Außen- und

---

19 Die drei Aussagen zu den VN weisen eine akzeptable Skalenreliabilität auf (Cronbachs alpha = 0,68), was deren Zusammenfassung in eine Indexvariable aus empirischer Sicht rechtfertigt.

Sicherheitspolitik: Während Stabilisierungs- und Ausbildungseinsätze der Bundeswehr die Zustimmung einer absoluten Mehrheit der Befragten erfahren, ist die Bevölkerung bei Kampfeinsätzen unentschieden. Allerdings zeigen die Ergebnisse in Abschnitt 13 auch: Eine absolute Mehrheit der Bürgerinnen und Bürger ist der Auffassung, dass die Bundeswehr Waffengewalt als äußerstes Mittel zur Erreichung ihrer Missionsziele einsetzen können sollte – und zwar im gesamten Aufgabenspektrum. Auch wenn der Einsatz der Bundeswehr in Ausbildungs- oder Stabilisierungsmissionen im Prinzip von einer klaren Mehrheit der Befragten unterstützt wird, so offenbaren die Ergebnisse in Abschnitt 14, dass die öffentliche Meinung zu konkreten Einsätzen deutlich kritischer ausfällt.

Die außenpolitischen Grundhaltungen der Befragten haben sich im Vergleich zum Vorjahr kaum verändert. Einzige Ausnahme ist die weniger kritische Haltung zum Atlantizismus: Der Machtwechsel im Weißen Haus hat in der deutschen Bevölkerung zu einer größeren Bereitschaft geführt, die deutsche Außenpolitik wieder stärker an der der USA zu orientieren. Wie die Ergebnisse in Abschnitt 6 zeigen, wird das deutsch-amerikanische Verhältnis unter Präsident Joe Biden sehr viel positiver bewertet als unter Donald Trump. Ungeachtet dessen spricht sich aber noch immer eine absolute Mehrheit der Befragten dafür aus, dass Deutschland seine Interessen gegenüber den USA selbstbewusster vertreten sollte. Darüber hinaus begrüßen die Bürgerinnen und Bürger mehrheitlich die Abstimmung mit Verbündeten im Falle internationaler Krisen (Multilateralismus), sprechen sich überwiegend für eine aktivere Rolle Deutschlands in der Weltpolitik aus (Internationalismus) und stehen dem Einsatz militärischer Gewalt zur Aufrechterhaltung der internationalen Ordnung eher skeptisch gegenüber (Anti-Militarismus).

Einigkeit herrscht auch in der Frage der parlamentarischen Kontrolle der Streitkräfte: In allen soziodemografischen Teilgruppen und Wählergruppen fordert eine absolute Mehrheit die Beteiligung des Deutschen Bundestags bei der Entsendung der Bundeswehr in Auslandseinsätze. Nur eine Minderheit spricht sich dafür aus, dass die Regierung in militärischen Angelegenheiten allein und ohne Beteiligung des Bundestags entscheiden können sollte. Eine klare Mehrheit der deutschen Bevölkerung unterstützt folglich die Konzeption der Bundeswehr als Parlamentsarmee.

Die starke Ausprägung des Multilateralismus in der Bevölkerung und deren Zustimmung zu einer aktiven deutschen Außenpolitik bei einer gleichzeitigen Skepsis gegenüber dem Einsatz militärischer Mittel in der Außen- und Sicherheitspolitik spiegelt sich auch in der öffentlichen Meinung zu Deutschlands sicherheitspolitischem Engagement in den Vereinten Nationen wider: Während sich eine klare Mehrheit dafür ausspricht, dass Deutschland sich um einen ständigen Sitz im Sicherheitsrat der VN bemühen sollte und eine relative Mehrheit für ein stärkeres deutsches Engagement in den VN zum Schutz der regelbasierten internationalen Ordnung plädiert, stößt ein stärkeres militärisches Engagement in den Einsätzen der VN auf ein geteiltes Echo.

Zusammenfassend lässt sich sagen, dass die Mehrheit der Befragten eine aktive und von den USA unabhängige(re) Außenpolitik wünscht, die sich vorrangig auf den Einsatz nicht gewaltsamer Mittel stützt und mit den Verbündeten abgestimmt ist. Zwar ist die Mehrheit in Deutschland prinzipiell auch bereit, die Bundeswehr als Mittel in der Außenpolitik einzusetzen, aber der Anwendung militärischer Gewalt steht die Bevölkerung ambivalent gegenüber. Dieses außenpolitische Einstellungsprofil variiert in den soziodemografischen Teilgruppen und in den Wählergruppen insgesamt nur geringfügig und ist seit Jahren weitgehend stabil.

6 Wahrnehmungen der bilateralen Beziehungen zu China, Russland und den USA

Timo Graf

Die internationalen Beziehungen werden heute geprägt durch unterschiedliche Machtpole und deren Interaktion, allen voran China, Russland, die USA und die Europäische Union, zunehmend auch Indien. Jeder dieser Akteure verfolgt eine Außen-, Sicherheits- und Wirtschaftspolitik, die interessengeleitet und mit der ein definierter Machtanspruch verbunden ist. Dieser Machtanspruch spiegelt sich unter anderem in den seit Jahren weltweit steigenden Verteidigungsausgaben wider. Die USA, China, Indien und Russland wenden von allen Ländern weltweit am meisten für ihre Streitkräfte auf (SIPRI 2021). Als Reaktion auf die sich verändernde sicherheitspolitische Lage ist auch der deutsche Verteidigungshaushalt in den letzten Jahren gestiegen – eine Entwicklung, die aktuell eine relative Mehrheit (41 Prozent) der deutschen Bevölkerung begrüßt (vgl. Abschnitt 12).

Durch den Wandel zur Multipolarität gerät die regelbasierte internationale Ordnung, die von den USA und ihren Verbündeten nach dem Ende des Zweiten Weltkriegs etabliert und nach dem Kalten Krieg aufrechterhalten wurde, zunehmend unter Druck. Unterschiedliche Ordnungsentwürfe für die Ausgestaltung des internationalen Systems konkurrieren heute miteinander. Deutschland profitiert als exportorientierte Handelsnation von der Stabilität der bestehenden Ordnung und dem damit einhergehenden freien Handel und Zugang zu Ressourcen. Wesentliches Fundament dieser regelbasierten internationalen Ordnung sind das Völkerrecht und eine institutionelle Landschaft, die dabei hilft, internationale Konflikte friedlich und geordnet zu lösen. Die Schwächung dieser Ordnung birgt für Deutschland und seine Bündnispartner erhebliche Risiken. Darüber hinaus wird insbesondere die europäische Friedensordnung von Russland offen infrage gestellt, wie die völkerrechtswidrige und gewaltsame Annexion der Krim im Jahr 2014 und der andauernde Konflikt in der Ostukraine verdeutlichen. Auch die Beziehungen Deutschlands zu China und den USA sind in den vergangenen Jahren von einer Zunahme an Komplexität geprägt. China formuliert seinen gewachsenen Machtanspruch in weiten Teilen der Welt immer offener und aggressiver, während die USA unter Präsident Donald Trump eine nationalistische und unilaterale Außen-, Sicherheits- und Wirtschaftspolitik verfolgten, die zu erheblichen Spannungen in der transatlantischen Partnerschaft geführt hat. Mit dem neuen US-Präsidenten Joe Biden entspannen sich die transatlantischen Beziehungen allmählich wieder, obgleich die zentrale Forderung der USA nach einem größeren militärischen Engagement der europäischen Bündnispartner unverändert bestehen bleibt.

Deutschlands Außen- und Sicherheitspolitik ist interessengeleitet und wertegebunden. Die Richtschnur für die Formulierung der deutschen Interessen bilden die Werteordnung des Grundgesetzes, die Bestimmungen des europäischen Rechts, das Völkerrecht und die Bündnisverpflichtungen. Die Aufrechterhaltung der regelbasierten internationalen Ordnung auf der Grundlage des Völkerrechts, die Vertiefung der europäischen Integration und die Festigung der transatlantischen Partnerschaft sind erklärte Ziele deutschen Regierungshandelns. Hieraus folgt, dass Deutschland als einflussreicher Akteur in den internationalen Beziehungen nicht neutral ist. Diese Position wurde von der Bundesministerin der Verteidigung Annegret Kramp-Karrenbauer in ihrer Rede bei der Münchener Sicherheitskonferenz im Februar 2020 mit Nachdruck formuliert: „Wir sind nicht neutral. [...] Wir sind und bleiben im Westen. Denn wir stehen fest auf der Seite der Freiheit und des Rechtsstaats, der Demokratie und Gewaltenteilung. Wir stehen zu Multilateralismus, fairem freien Handel und gesellschaftlicher Offenheit.“[20] Diese Position deckt sich mit der öffentlichen Meinung: Laut einer Umfrage im Auftrag der Körber-Stiftung aus dem Jahr 2019 spricht sich eine absolute Mehrheit (55 Prozent) der Deutschen dafür aus, dass die deutsche Außenpolitik auch in Zukunft „im Westen verankert“ bleiben sollte (Körber-Stiftung 2019: 9). Insbesondere mit den USA und den europäischen Partnern teilt Deutschland ein gemeinsames Wertefundament, das sich außen-, sicherheits- und verteidigungspolitisch in der Breite gemeinsamer Interessen bewährt.

Wie denken die Bürgerinnen und Bürger über Deutschlands bilaterale Beziehungen zu den drei Großmächten Russland, China und den USA? Neben der Beschreibung der öffentlichen Meinung wird auch untersucht, ob sich die wahrgenommene Bedrohung durch China, Russland und die USA zwischen den soziodemografischen Gruppen in der deutschen Bevölkerung signifikant unterscheidet. Eine derartige Untersuchung ist geboten, weil sozialwissenschaftliche Studien der öffentlichen Meinung einen signifikanten Einfluss auf die Außen-, Sicherheits- und Verteidigungspolitik attestieren, zumindest in westlichen Demokratien (Holsti 1992; Isernia et al. 2002; Jacobs/Page 2005; Page/ Shapiro 1983; Risse-Kappen 1991; Sobel 2001; Wittkopf 1990).[21]

---

20 Rede der Bundesministerin der Verteidigung Annegret Kramp-Karrenbauer am 15.2.2020 auf der Münchener Sicherheitskonferenz: <https://www.bmvg.de/resource/blob/182726/82e686b41c624f562e34d59b156884c1/20200215-download-rede-akk-data.pdf> [16.9.2020].

21 Empirische Studien zeigen jedoch auch, dass insbesondere im Bereich der Außen-, Sicherheits- und Verteidigungspolitik die Stärke des Einflusses der öffentlichen Meinung auf die Politik von der Salienz der jeweiligen Themen abhängt (Burstein 2006; Page/Shapiro 1983; Soroka 2003).

6.1 Haltungen zum Verhältnis zu Russland

Die völkerrechtswidrige Annexion der ukrainischen Halbinsel Krim durch Russland im Jahr 2014 hat zu einem grundlegenden verteidigungspolitischen Umdenken in Deutschland und Europa geführt. So stellt das Bundesministerium der Verteidigung (BMVg) im Weißbuch 2016 fest, dass Russland „[d]urch seine auf der Krim und im Osten der Ukraine zutage getretene Bereitschaft, die eigenen Interessen auch gewaltsam durchzusetzen und völkerrechtlich garantierte Grenzen einseitig zu verschieben", die europäische Sicherheitsordnung offen infrage stelle und somit eine Herausforderung für die europäische und deutsche Sicherheit darstelle (BMVg 2016a: 31–32).

Zugleich wird aber auch auf die Notwendigkeit der Kooperation mit Russland hingewiesen, weshalb im „Umgang mit Russland die richtige Mischung aus kollektiver Verteidigung und dem Aufbau von Resilienz einerseits und Ansätzen kooperativer Sicherheit und sektoraler Zusammenarbeit andererseits" wichtig sei (BMVg 2016a: 32). In einem Interview für „Zeit Online" im Juli 2020 fasste die Bundesministerin der Verteidigung Annegret Kramp-Karrenbauer die deutsche Position zu Russland wie folgt zusammen: „Wir brauchen eine vernünftige Nachbarschaft mit Russland, wir gehen auf die russischen Menschen zu. Dem Anspruch der jetzigen russischen Führung müssen wir gleichzeitig eine klare Haltung gegenüberstellen: Wir sind wehrhaft und im Zweifel auch dazu bereit, uns zu wehren."[22] So verteidigt die Bundesregierung einerseits den Bau der Gaspipeline Nord Stream 2 zwischen Russland und Deutschland gegen den Widerstand der USA und einiger europäischer Partnerländer wie z.B. Polen. Andererseits beteiligt sich die Bundesrepublik im Rahmen der NATO an den intensivierten Maßnahmen zur Rückversicherung der östlichen Mitgliedsländer (vgl. Abschnitt 7 zur Bündnisverteidigung und Abschnitt 14 zu den Auslandseinsätzen der Bundeswehr). Darüber hinaus engagiert sich Deutschland auch weiterhin für eine politische Lösung des Konflikts zwischen Russland und der Ukraine und hält in diesem Zusammenhang das Sanktionsregime gegen Russland in Kraft.

Die deutsch-russischen Beziehungen wurden in den vergangenen Jahren durch mehrere Ereignisse schwer belastet. Im August 2019 wurde in Berlin ein georgischer Staatsbürger ermordet. Im Juni 2020 gab die Bundesanwaltschaft bekannt, dass sie von einem Auftragsmord durch die russische Zentralregierung ausgehe. Gegen den in Untersuchungshaft befindlichen russischen Staatsbürger wurde inzwischen Anklage erhoben. Bereits zu

---

22 Interview mit der Bundesministerin der Verteidigung Annegret Kramp-Karrenbauer, Zeit Online, 16.7.2020: <https://www.zeit.de/politik/deutschland/2020-07/annegret-kramp-karrenbauer-verteidigungsministerium-bundeswehr> [3.9.2020].

Beginn der Ermittlungsaufnahme wurden zwei russische Diplomaten aus Deutschland ausgewiesen. Der zweite Vorfall liegt bereits einige Jahre zurück: Bei einem Cyberangriff auf den Deutschen Bundestag im Jahr 2015 wurden die Computer in zahlreichen Abgeordnetenbüros mit Spionagesoftware infiziert, darunter auch ein Computer im Bundestagsbüro der Kanzlerin. Jedoch wurde erst im Mai 2020 von der Bundesregierung öffentlich bekannt gegeben, dass der mutmaßliche Haupttäter, ein russischer Staatsbürger, zum Zeitpunkt des Angriffs dem russischen Auslandsgeheimdienst GRU angehört haben soll. Der Generalbundesanwalt stellte am 5. Mai 2020 einen Haftbefehl gegen den Haupttäter aus. In einer Rede vor dem Deutschen Bundestag am 13. Mai 2020 sprach die Bundeskanzlerin in diesem Zusammenhang von „harten Evidenzen" für die Beteiligung russischer Kräfte und verurteilte den Vorgang als „ungeheuerlich" (Deutscher Bundestag 2020: 19700). Sowohl über den Auftragsmord in Berlin als auch über den von russischen Kräften durchgeführten Cyberangriff auf den Bundestag berichteten die deutschen Medien ausführlich.

Seit 2018 hat Russland zudem offiziell die Stationierung von Iskander-M-Raketen in der russischen Exklave Kaliningrad bestätigt (Der Spiegel 2018). Mit einer geschätzten Reichweite von 500 Kilometern liegt auch Berlin im Wirkungsbereich dieser atomar bestückbaren Raketen. Dazu stellte die Bundesministerin der Verteidigung während der Königsbronner Gespräche im April 2021 fest: „Nur wenige Hundert Kilometer von uns entfernt hat Russland moderne Raketen und Marschflugkörper stationiert, die uns ohne große Vorwarnzeit erreichen können. Das geschah gegen geltende Rüstungskontrollverträge".[23]

Ein im März 2021 veröffentlichter Untersuchungsbericht des Europäischen Auswärtigen Dienstes (EAD) liefert zudem Beweise dafür, dass Deutschland das Hauptziel russischer Desinformationskampagnen in Europa ist (EAD 2021). Laut dem Bericht des EAD habe es seit Ende 2015 mehr als 700 Informationsbeiträge russischer Agenturen und Akteure gegeben, die als Falsch- bzw. Desinformation eingestuft werden. Grund für die Konzentration russischer Desinformationsbemühungen auf Deutschland ist aus Sicht des EAD nicht nur Deutschlands wirtschaftliche und politische Bedeutung innerhalb der EU, sondern auch die russische Vermutung, dass weite Teile der deutschen Bevölkerung russlandfreundlich seien.

---

23 „Kramp-Karrenbauer bei Königsbronner Gesprächen: ‚Der Wind weht uns wieder stark ins Gesicht'", 19. April 2021: <https://www.dbwv.de/aktuelle-themen/blickpunkt/beitrag/kramp-karrenbauer-bei-koenigsbronner-gespraechen-der-wind-weht-uns-wieder-stark-ins-gesicht> [16.5.2021].

Abbildung 6.1: Aussagen über das Verhältnis zu Russland

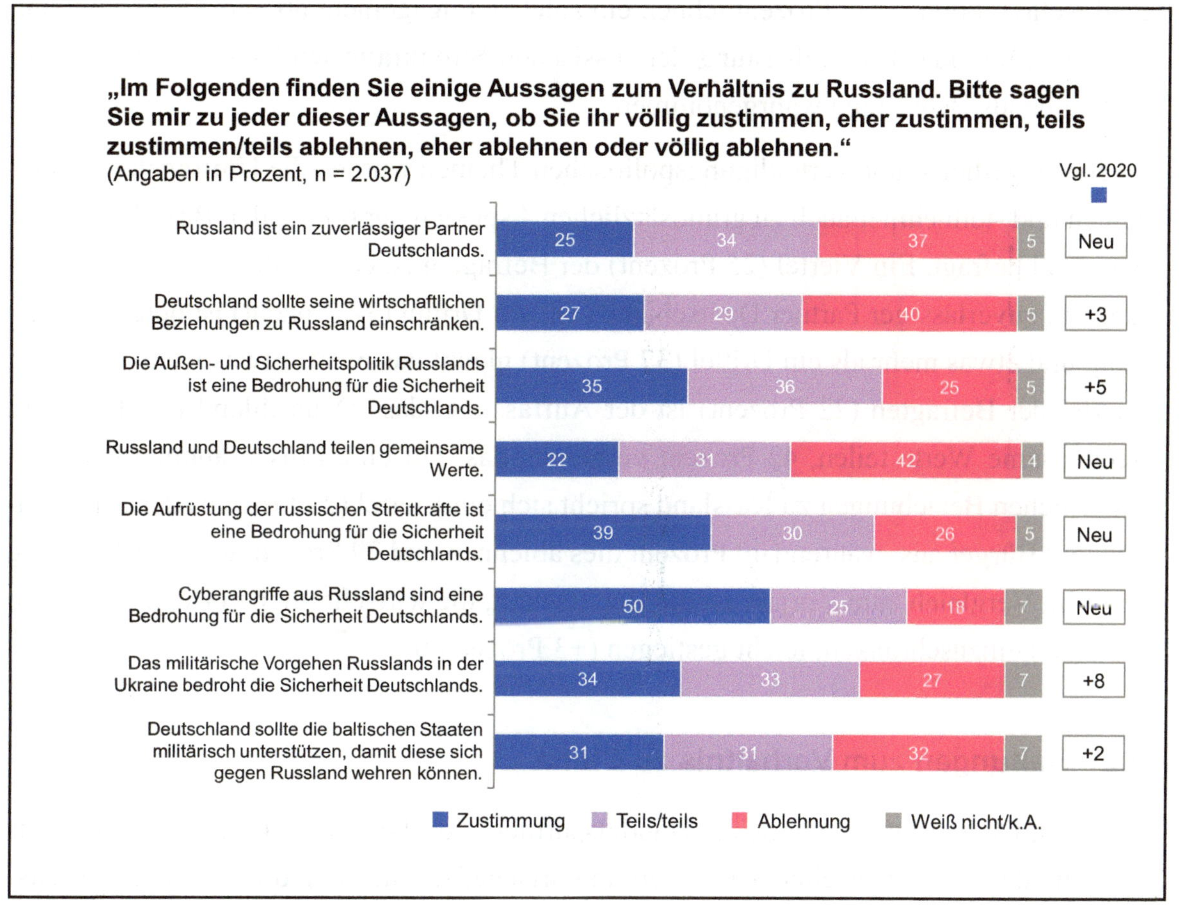

Anmerkungen: Nicht alle Prozentangaben ergeben in der Summe 100 Prozent, da die Einzelwerte gerundet wurden. Zustimmung: Anteile „Stimme völlig zu" und „Stimme eher zu" zusammengefasst; Ablehnung: Anteile „Lehne völlig ab" und „Lehne eher ab" zusammengefasst. Vgl. 2020: Differenz Zustimmung 2021 zu 2020.

Datenbasis: Bevölkerungsbefragungen des ZMSBw 2020 und 2021.

Die Ergebnisse der ZMSBw-Bevölkerungsbefragung 2021 offenbaren, dass die öffentliche Meinung über das Verhältnis zwischen Deutschland und Russland wie in den Vorjahren ambivalent ist (vgl. Abbildung 6.1; Graf 2021c). Einzig Cyberangriffe aus Russland werden von einer absoluten Mehrheit der Befragten (50 Prozent) als Bedrohung für die Sicherheit Deutschlands empfunden. Im Vergleich zum Vorjahr ist die wahrgenommene Bedrohung durch Russland insgesamt gestiegen: 35 Prozent (+5 Prozentpunkte) der Bürgerinnen und Bürger betrachten die russische Außen- und Sicherheitspolitik als eine Bedrohung für die Sicherheit Deutschlands. Auch Russlands militärisches Vorgehen in der Ukraine wird deutlich kritischer beurteilt: 34 Prozent (+8 Prozentpunkte) sehen darin eine Bedrohung für Deutschlands Sicherheit, 27 Prozent sehen das nicht und 33 Prozent sind unentschieden. Die Bereitschaft zur militärischen Unterstützung der baltischen Staaten ist ähnlich ambivalent: 31 Prozent (+2 Prozentpunkte) sind der Auffassung, Deutschland sollte die baltischen Staaten militärisch unterstützen, damit sich diese gegen Russland wehren können, 32 Prozent lehnen ein solches Engagement ab und 31 Prozent sind geteilter Meinung. Die Aufrüstung der russischen Streitkräfte wird von 39 Prozent der Befragten als Bedrohung wahrgenommen.

Neben sicherheits- und verteidigungspolitischen Themen wurden die Umfrageteilnehmerinnen und -teilnehmer auch zu grundsätzlichen Aspekten der bilateralen Beziehungen zu Russland befragt. Ein Viertel (25 Prozent) der Befragten ist davon überzeugt, dass Russland ein zuverlässiger Partner Deutschlands ist, ein Drittel (34 Prozent) ist geteilter Meinung und etwas mehr als ein Drittel (37 Prozent) glaubt das nicht. Etwas weniger als ein Viertel der Befragten (22 Prozent) ist der Auffassung, dass Deutschland und Russland gemeinsame Werte teilen, 42 Prozent verneinen das. Für eine Einschränkung der wirtschaftlichen Beziehungen zu Russland spricht sich ein Viertel (27 Prozent) der Bürgerinnen und Bürger aus, während 40 Prozent dies ablehnen und 29 Prozent geteilter Meinung sind. Im Vergleich zum Vorjahr ist die Bereitschaft, die wirtschaftlichen Beziehungen zu Russland einzuschränken, leicht gestiegen (+3 Prozentpunkte).

6.2 Haltungen zum Verhältnis zu China

China ist Deutschlands wichtigster Handelspartner. Vor diesem Hintergrund verwundert es nicht, dass sich Deutschland allem voran wirtschaftspolitisch und weniger sicherheitspolitisch mit China befasst, denn „Politiker und Wirtschaftsvertreter sehen in China einen enormen Markt, der große ökonomische Gewinne verspricht, und verschließen deshalb oftmals die Augen vor den sicherheitspolitischen und politischen Ambitionen Chinas" (Masala 2018: 18). Dabei sind die sicherheitspolitischen Herausforderungen bereits seit Jahren sichtbar, die sich für die westlichen Staaten aus Chinas rapidem Machtzuwachs und zusehends globaler und aggressiver Machtprojektion ergeben. Hierzu gehören z.B. die enorme Aufrüstung der chinesischen Streitkräfte, die vertiefte militärische Zusammenarbeit zwischen China und Russland sowie Chinas militärische Nutzung befestigter Atolle im Südchinesischen Meer unter bewusster Missachtung internationaler Rechtsprechung. Auch die andauernde Diskussion um den möglichen Ausschluss der chinesischen Telekommunikationsfirma Huawei vom Wettbewerb um den Aufbau der deutschen Infrastruktur für den neuen Telekommunikationsstandard 5G sorgt für Irritationen im deutsch-chinesischen Verhältnis, ebenso wie Chinas rigorose Einschränkung der Freiheitsrechte in Hongkong und die gravierenden Menschenrechtsverletzungen im Zusammenhang mit Chinas systematischer Umerziehung, Überwachung und Unterdrückung der Volksgruppe der Uiguren.

Vor diesem Hintergrund werden allmählich jene Stimmen lauter, die zu einem kritischeren Umgang mit China aufrufen (Stanzel 2021; Walkenhorst 2021). Die Bundesregierung beschreibt China in ihren 2020 veröffentlichten „Leitlinien zum Indo-Pazifik" als eine aufstrebende Weltmacht, die „die Regeln der internationalen Ordnung stellenweise in Frage stellt" (Auswärtiges Amt 2020: 8). Auch die Bundesministerin der Verteidigung benennt die Herausforderung durch China mit immer offeneren Worten: „China [hat] einen sehr ehrgeizigen Plan, nämlich die eigene Armee zur größten und modernsten der Welt zu machen. Und China hat erkennbar den Anspruch, die Weltordnung in seinem Sinne zu prägen und dafür Schwächere zu bestimmtem Verhalten zu zwingen. Wir, das heißt Europa und der Westen, dürfen nicht die Schwächeren sein."[24] Der Vorsitzende des Auswärtigen Ausschusses des Deutschen Bundestags, Norbert Röttgen, wurde anlässlich des Besuchs des chinesischen Außenministers in Berlin am 2. September 2020 in den „Tagesthemen" noch deutlicher: „China ist ein systemischer Rivale, der eine immer lückenlosere digitalisierte Unterdrückung im eigenen Land praktiziert und nach Außen immer expansiver und auch aggressiver wird. Diese Realität müssen wir sehen und unsere Interessen und unsere Werte auch klar vertreten." Als sichtbares Zeichen für ein stärkeres sicherheitspolitisches Engagement Deutschlands zur Wahrung der internationalen regelbasierten Ordnung im Indo-Pazifik wurde Anfang August 2021 die Fregatte „Bayern" für sechs Monate in Richtung Südchinesisches Meer entsandt.

Die deutsche Bevölkerung hat ein vergleichsweise ambivalentes Bild von den bilateralen Beziehungen zu China, wie die Befragungsergebnisse in Abbildung 6.2 zeigen. Gegenüber dem Vorjahr ist die öffentliche Meinung in einigen Punkten deutlich kritischer geworden. So glaubt nur noch ein Viertel der Befragten (25 Prozent; -4 Prozentpunkte gegenüber dem Vorjahr), dass China ein zuverlässiger Partner Deutschlands ist, 36 Prozent sind geteilter Meinung und ein Drittel (33 Prozent) vertritt die gegenteilige Ansicht.[25] Seit 2019 ist der Anteil derjenigen, die in China einen zuverlässigen Partner Deutschlands sehen, um insgesamt 13 Prozentpunkte zurückgegangen. Außerdem nimmt ein immer größerer Teil der Bevölkerung die Außen- und Sicherheitspolitik Chinas als eine Bedrohung für Deutschlands Sicherheit wahr: Der Anteil der Befragten, die diese Auffassung vertreten, ist inzwischen auf 33 Prozent angewachsen (+8 Prozent im Vergleich zu

---

24 „Verteidigungsministerin: ‚Multilateralismus nach vorne bringen'", 7. April 2021: <www.bmvg.de/de/aktuelles/verteidigungsministerin-akk-interview-multilateralismus-049504> [16.5.2021].

25 Laut der Bevölkerungsbefragung „Transatlantic Trends" im Auftrag des German Marshall Fund und der Bertelsmann-Stiftung aus dem Jahr 2021 sehen 6 Prozent der deutschen Bevölkerung in China „hauptsächlich einen Partner", 22 Prozent „eher einen Partner als einen Rivalen", 42 Prozent „eher einen Rivalen als einen Partner" und 13 Prozent „hauptsächlich einen Rivalen" (Transatlantic Trends 2021).

2020).[26] Allerdings ist der Anteil derjenigen, die in Chinas Politik keine Bedrohung für Deutschlands Sicherheit sehen, nahezu gleich groß (30 Prozent). Die öffentliche Meinung zur Aufrüstung der chinesischen Streitkräfte ist ähnlich ambivalent ausgeprägt: Ein Drittel (34 Prozent) erkennt darin eine Bedrohung, ein Drittel (33 Prozent) nicht und ein Viertel (26 Prozent) ist geteilter Meinung. Ein klareres Meinungsbild zeigt sich dagegen in der Frage, ob Deutschland und China gemeinsame Werte teilen: Nur eine Minderheit von 18 Prozent bejaht diese Frage, während eine absolute Mehrheit (52 Prozent) sie verneint.

Abbildung 6.2: Aussagen über das Verhältnis zu China

„Im Folgenden finden Sie einige Aussagen zum Verhältnis zu China. Bitte sagen Sie mir zu jeder dieser Aussagen, ob Sie ihr völlig zustimmen, eher zustimmen, teils zustimmen/teils ablehnen, eher ablehnen oder völlig ablehnen."
(Angaben in Prozent, n = 2.037)

	Zustimmung	Teils/teils	Ablehnung	Weiß nicht/k.A.	Vgl. 2020
China ist ein zuverlässiger Partner Deutschlands.	25	36	33	6	-4
Deutschland sollte seine wirtschaftlichen Beziehungen zu China einschränken.	27	30	38	5	+1
Die Außen- und Sicherheitspolitik Chinas ist eine Bedrohung für die Sicherheit Deutschlands.	33	30	30	7	+8
China und Deutschland teilen gemeinsame Werte.	18	26	52	5	Neu
Die Aufrüstung der chinesischen Streitkräfte ist eine Bedrohung für die Sicherheit Deutschlands.	34	26	33	7	Neu
Deutschland sollte sich gemeinsam mit anderen demokratischen Ländern für die Sicherheit im Indo-Pazifik einsetzen.	34	30	25	11	Neu

Anmerkungen: Nicht alle Prozentangaben ergeben in der Summe 100 Prozent, da die Einzelwerte gerundet wurden. Zustimmung: Anteile „Stimme völlig zu" und „Stimme eher zu" zusammengefasst; Ablehnung: Anteile „Lehne völlig ab" und „Lehne eher ab" zusammengefasst. Vgl. 2020: Differenz Zustimmung 2021 zu 2020.

Datenbasis: Bevölkerungsbefragungen des ZMSBw 2020 und 2021.

Für eine Einschränkung der wirtschaftlichen Beziehungen zu China spricht sich etwas mehr als ein Viertel der Befragten aus (27 Prozent; +1 Prozentpunkt gegenüber 2020),

[26] Die Ergebnisse einer Bevölkerungsbefragung des Instituts für Demoskopie Allensbach (Allensbach 2021) im Auftrag des Centrums für Strategie und Höhere Führung im Januar 2021 zeigen, dass der Teil der deutschen Bevölkerung, der davon überzeugt ist, dass von China in den kommenden Jahren die größte Gefahr für den Frieden in der Welt ausgeht, von 34 Prozent im Jahr 2020 auf 46 Prozent im Jahr 2021 gewachsen ist. Dieser Anteil steigt kontinuierlich seit 2014 und hat sich seitdem fast vervierfacht (2014: 12 Prozent).

etwas weniger als ein Drittel (30 Prozent) ist geteilter Meinung und eine relative Mehrheit von 38 Prozent lehnt dies ab.[27] Uneinig sind sich die Bürgerinnen und Bürger in der Frage, ob sich Deutschland gemeinsam mit anderen demokratischen Ländern für die Sicherheit im Indo-Pazifik einsetzen sollte: Ein Drittel (34 Prozent) spricht sich dafür aus, ein Viertel (25 Prozent) lehnt dies ab und etwas weniger als ein Drittel (30 Prozent) ist geteilter Meinung. Die erklärte Bereitschaft der Bundesregierung, sich stärker für die Wahrung der regelbasierten internationalen Ordnung im Indo-Pazifik einsetzen zu wollen (vgl. Auswärtiges Amt 2020), stößt in der Bevölkerung somit auf ein geteiltes Echo.

6.3 Haltungen zum Verhältnis zu den USA

Die Beziehungen zwischen Deutschland und den USA unterlagen während der vierjährigen Amtszeit von US-Präsident Donald Trump (Januar 2017 bis Januar 2021) größeren Spannungen. Vor diesem Hintergrund stellte die Bundeskanzlerin im Mai 2018 mit Blick auf die deutsche und europäische Außen-, Sicherheits- und Verteidigungspolitik fest: „Die Zeiten, in denen wir uns auf andere völlig verlassen konnten, die sind ein Stück vorbei. [...] Und deshalb kann ich nur sagen: Wir Europäer müssen unser Schicksal wirklich in unsere eigene Hand nehmen."[28] Bundesaußenminister Heiko Maas plädierte sogar dafür, die transatlantische „Partnerschaft neu zu vermessen".[29] Und Bundespräsident Frank-Walter Steinmeier gab in einer öffentlichen Rede in den USA über die transatlantischen Beziehungen zu bedenken, dass der „Schaden der heutigen Erschütterung tiefgehender, langfristiger und vor allem irreparabel sein" könnte.[30]

Seit dem Amtsantritt von US-Präsident Joe Biden im Januar 2021 haben sich die transatlantischen Beziehungen allerdings deutlich entspannt. In unterschiedlichen internationalen Foren, wie z.B. der Münchener Sicherheitskonferenz 2021, verkündeten Präsident Biden und dessen Außenminister Antony Blinken die Botschaft, dass die USA wieder Seite

---

[27] In einer Bevölkerungsbefragung des Meinungsforschungsinstituts Kantar im Auftrag der Körber-Stiftung im Zeitraum vom 19. bis zum 25. Mai 2021 gaben 76 Prozent der Befragten an, dass Deutschland bei Menschenrechtsverletzungen weiterhin EU-Sanktionen gegen China mittragen sollte, auch wenn dies den deutschen Wirtschaftsinteressen schade (Kantar 2021: 5). Dagegen sprachen sich 18 Prozent der Befragten dafür aus, dass Deutschlands Wirtschaftsbeziehungen mit China Vorrang haben sollten, auch wenn das bedeute, dass Menschenrechtsverletzungen nicht konsequent und öffentlich kritisiert werden.

[28] Öffentliche Rede der Bundeskanzlerin Angela Merkel am 28. Mai 2018 bei einer Veranstaltung in München; zitiert u.a. auf Spiegel Online: <https://www.spiegel.de/politik/deutschland/angela-merkel-das-bedeutet-ihre-bierzelt-rede-ueber-donald-trump-a-1149649.html> [7.10.2020].

[29] Gastkommentar des Bundesaußenministers Heiko Maas im Handelsblatt vom 21. August 2018.

[30] Öffentliche Rede des Bundespräsidenten Frank-Walter Steinmeier in den USA am 19. Juni 2018; zitiert u.a. im Handelsblatt vom 19. August 2018.

an Seite mit den Europäern stünden. Auf dem NATO-Gipfel am 14. Juni 2021 in Cornwall bezeichnete Präsident Biden die militärische Beistandspflicht der USA für Europa sogar als „heilige Pflicht“. Diese Signale werden von der Bundesregierung wohlwollend zur Kenntnis genommen. So erklärte die Bundesministerin der Verteidigung beim Antrittsbesuch ihres neuen amerikanischen Amtskollegen in Berlin, dass man „eine andere Form der Konsultation, einen anderen Umgang miteinander“ erlebe als dies während der Trump-Administration der Fall gewesen sei.[31]

Die Bevölkerungsumfrage des ZMSBw erfasst die öffentliche Meinung zu den transatlantischen Beziehungen ausführlich seit 2017. Vergleiche mit der öffentlichen Meinung über die Beziehungen zu den USA unter Präsident Barack Obama sind also mit diesen Daten nicht möglich. Jedoch zeigen andere repräsentative Umfragen, dass sich die öffentliche Meinung in Deutschland über die USA und die transatlantischen Beziehungen seit dem Amtsantritt von Präsident Trump massiv verschlechterte (Pew Research Center 2017). Zudem macht die Forschung zu außen- und sicherheitspolitischen Einstellungen deutlich, dass die Haltung zu einem Land stark von der Bewertung des jeweiligen politischen Spitzenpersonals beeinflusst wird (Balmas 2018). Wie wirkt sich der neuerliche Machtwechsel im Weißen Haus auf die öffentliche Meinung zu den transatlantischen Beziehungen aus? Ist im Jahr 2021 ein „Biden-Effekt“ zu beobachten?

Die Ergebnisse der ZMSBw-Bevölkerungsbefragung 2021 offenbaren, dass sich die öffentliche Meinung über das Verhältnis zu den USA im Vergleich zum Vorjahr in allen Dimensionen stark verbessert hat (vgl. Abbildung 6.3).[32] Eine klare Mehrheit von 58 Prozent bewertet die USA als einen zuverlässigen Partner Deutschlands, was einem Zuwachs von 29 Prozentpunkten gegenüber dem Vorjahr entspricht.[33] Nur 9 Prozent sind gegenteiliger Meinung und etwas weniger als ein Drittel (31 Prozent) ist unentschieden. Umgekehrt ist die wahrgenommene Bedrohung durch die Außen- und Sicherheitspolitik der USA deutlich zurückgegangen: Nur noch 18 Prozent (-19 Prozentpunkte im Vergleich zu

---

[31] „Europa und die USA: ‚Uns gegenseitig stärken‘“, 19. April 2021: <https://www.bmvg.de/de/aktuelles/europa-usa-gegenseitig-staerken-5056450> [19.4.2021].

[32] Umfragen des amerikanischen Pew Research Center zeigen ebenfalls, dass sich die öffentliche Meinung in Deutschland über die USA im Jahr 2021 massiv gegenüber der Amtszeit von Donald Trump verbessert hat (Wike et al. 2021). Gaben im Jahr 2020 26 Prozent der Bürgerinnen und Bürger an, dass sie ein positives bzw. wohlwollendes („favorable“) Bild von den USA hätten, so ist dieser Wert im Jahr 2021 auf 59 Prozent gestiegen. Noch stärker hat sich das Vertrauen der Deutschen in den US-Präsidenten verbessert: Im Jahr 2020 gaben 10 Prozent der Befragten an, Vertrauen in den US-Präsidenten zu haben; im Jahr 2021 sind es 78 Prozent.

[33] Die Ergebnisse einer Bevölkerungsbefragung aus dem Jahr 2021 im Auftrag des German Marshall Fund und der Bertelsmann-Stiftung (Transatlantic Trends 2021) zeigen, dass 51 Prozent der Bundesbürgerinnen und -bürger die USA als einen zuverlässigen Partner Deutschlands bewerten.

2020) sehen in der Politik der USA eine Bedrohung für die Sicherheit Deutschlands, während eine Mehrheit von 49 Prozent gegenteiliger Meinung ist.[34]

Abbildung 6.3: Aussagen über das Verhältnis zu den USA

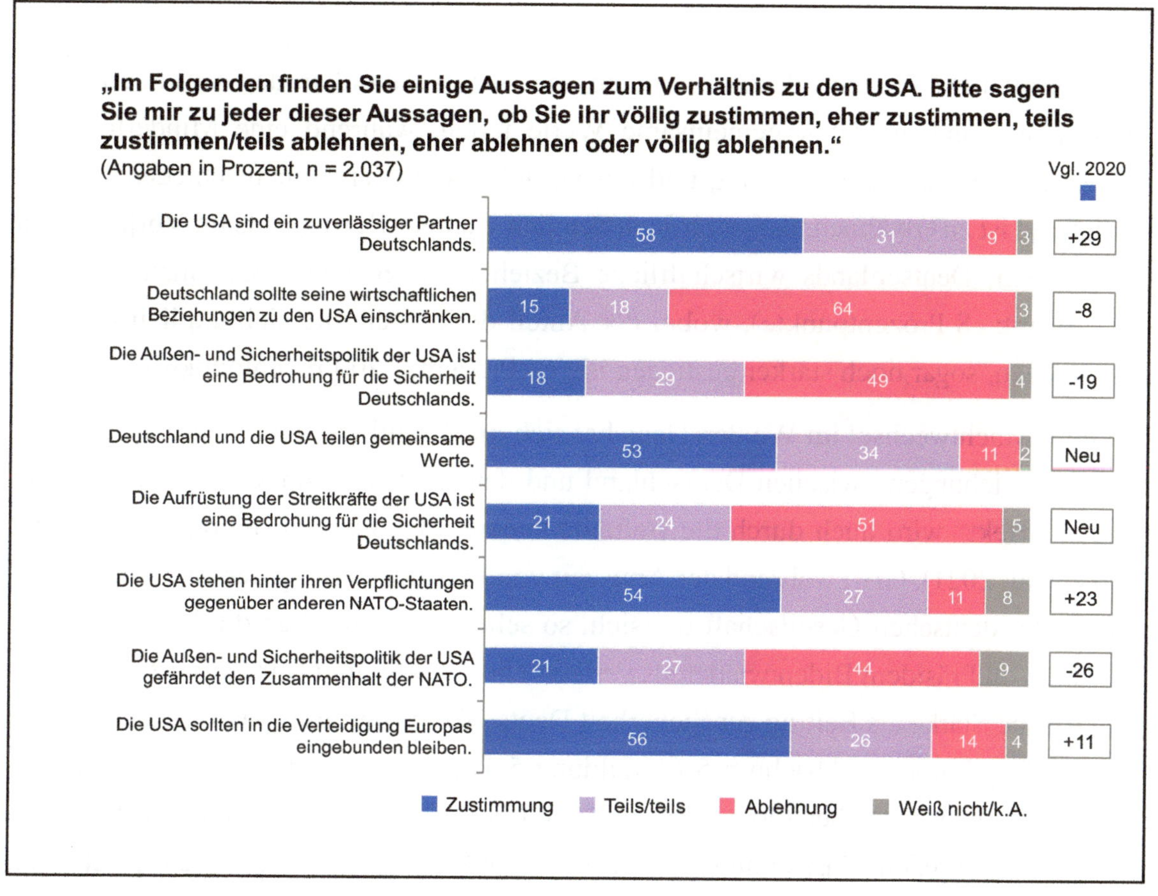

Anmerkungen: Nicht alle Prozentangaben ergeben in der Summe 100 Prozent, da die Einzelwerte gerundet wurden. Zustimmung: Anteile „Stimme völlig zu" und „Stimme eher zu" zusammengefasst; Ablehnung: Anteile „Lehne völlig ab" und „Lehne eher ab" zusammengefasst. Vgl. 2020: Differenz Zustimmung 2021 zu 2020.

Datenbasis: Bevölkerungsbefragungen des ZMSBw 2020 und 2021.

Parallel dazu hat sich auch die öffentliche Meinung zur Bündnistreue der USA stark verbessert. Eine absolute Mehrheit von 54 Prozent (+23 Prozentpunkte) glaubt, dass die USA hinter ihren Verpflichtungen gegenüber anderen NATO-Staaten stehen und nur noch jede/r Fünfte (21 Prozent; -26 Prozentpunkte) ist davon überzeugt, die Außen- und Sicherheitspolitik der USA gefährde den Zusammenhalt der NATO. Entsprechend positiv hat sich auch die Überzeugung entwickelt, dass die USA in die Verteidigung Europas

[34] Laut einer Bevölkerungsbefragung des Instituts für Demoskopie Allensbach (Allensbach 2021) im Auftrag des Centrums für Strategie und Höhere Führung im Januar 2021 nehmen 31 Prozent der deutschen Bevölkerung die USA als eine Bedrohung für den Frieden in der Welt wahr; 2020 waren es noch 61 Prozent. 59 Prozent der Befragten sind zudem der Auffassung, dass sich mit dem Amtsantritt von US-Präsident Biden die Voraussetzungen für die Sicherheit Deutschlands verbessert hätten.

eingebunden bleiben sollten: Eine absolute Mehrheit von 56 Prozent (+11 Prozentpunkte) teilt diese Ansicht, eine Minderheit von 14 Prozent lehnt dies ab und etwas mehr als ein Viertel (26 Prozent) ist unentschieden.[35] Die Mehrheit (51 Prozent) der Befragten empfindet die Aufrüstung der Streitkräfte der USA nicht als Bedrohung für die Sicherheit Deutschlands.

Die Mehrheit (53 Prozent) der Bürgerinnen und Bürger ist zudem der Auffassung, dass Deutschland und die USA gemeinsame Werte teilen, während eine Minderheit von 11 Prozent gegenteiliger Meinung und ein Drittel (34 Prozent) unentschieden ist. Abschließend ist zu erwähnen, dass sich auch deutlich weniger Befragte als im Vorjahr dafür aussprechen, Deutschlands wirtschaftliche Beziehungen zu den USA einzuschränken (15 Prozent; -8 Prozentpunkte), wobei der Anteil derjenigen, die sich explizit dagegen aussprechen, sogar noch stärker gestiegen ist (64 Prozent; +20 Prozentpunkte).

Mit dem Machtwechsel im Weißen Haus hat sich die öffentliche Meinung über die bilateralen Beziehungen zwischen Deutschland und den USA sehr stark verbessert. Dieser „Biden-Effekt“ wird auch durch die Befunde anderer Bevölkerungsbefragungen belegt (Wike et al. 2021). Griff während der Amtszeit von Präsident Trump der Antiamerikanismus in der deutschen Gesellschaft um sich, so sehen die Deutschen die USA unter der Führung von Präsident Biden wieder als verlässlichen Werte- und Bündnispartner, dessen militärische Stärke als Beitrag zur Sicherheit Deutschlands und Europas verstanden wird. Wie die Ergebnisse in Abschnitt 5 (Abbildung 5.4) gezeigt haben, ist auch die Bereitschaft zur außenpolitischen Orientierung an den USA im Vergleich zum Vorjahr deutlich gestiegen (42 Prozent Zustimmung; +13 Prozentpunkte). Ungeachtet dessen spricht sich aber noch immer eine klare Mehrheit (67 Prozent; -8 Prozentpunkte) dafür aus, dass Deutschland seine Interessen gegenüber den USA selbstbewusster vertreten sollte (vgl. Abschnitt 5, Abbildung 5.4).

6.4 Ländervergleich

Nachfolgend sollen die Wahrnehmungen der bilateralen Beziehungen zu Russland, China und den USA direkt miteinander verglichen werden. Dieser Ländervergleich erfolgt auf der G undlage jener Aussagen, die für alle drei Länder erhoben wurden. Diese Aussagen erfassen die allgemeine Grundhaltung („zuverlässiger Partner“), die empfundene kultu-

---

35 In einer Bevölkerungsbefragung im Jahr 2021 im Auftrag des German Marshall Fund und der Bertelsmann-Stiftung (Transatlantic Trends 2021) sprechen sich 69 Prozent der Befragten in Deutschland für die Einbindung der USA in die Verteidigung Europas aus, während 22 Prozent dies ablehnen.

relle Nähe („gemeinsame Werte"), die Bereitschaft zur Einschränkung der wirtschaftlichen Beziehungen („wirtschaftliche Beziehungen") sowie sicherheitspolitische („Außen- und Sicherheitspolitik") und militärische Bedrohungsperzeptionen („Aufrüstung der Streitkräfte"). Zur besseren Vergleichbarkeit der Länderprofile wurden die entsprechenden Variablen auf einen Wertebereich von 0 (völlige Ablehnung) bis 1 (völlige Zustimmung) umkodiert.

Abbildung 6.4: Vergleich der öffentlichen Meinung zu Russland, China und den USA

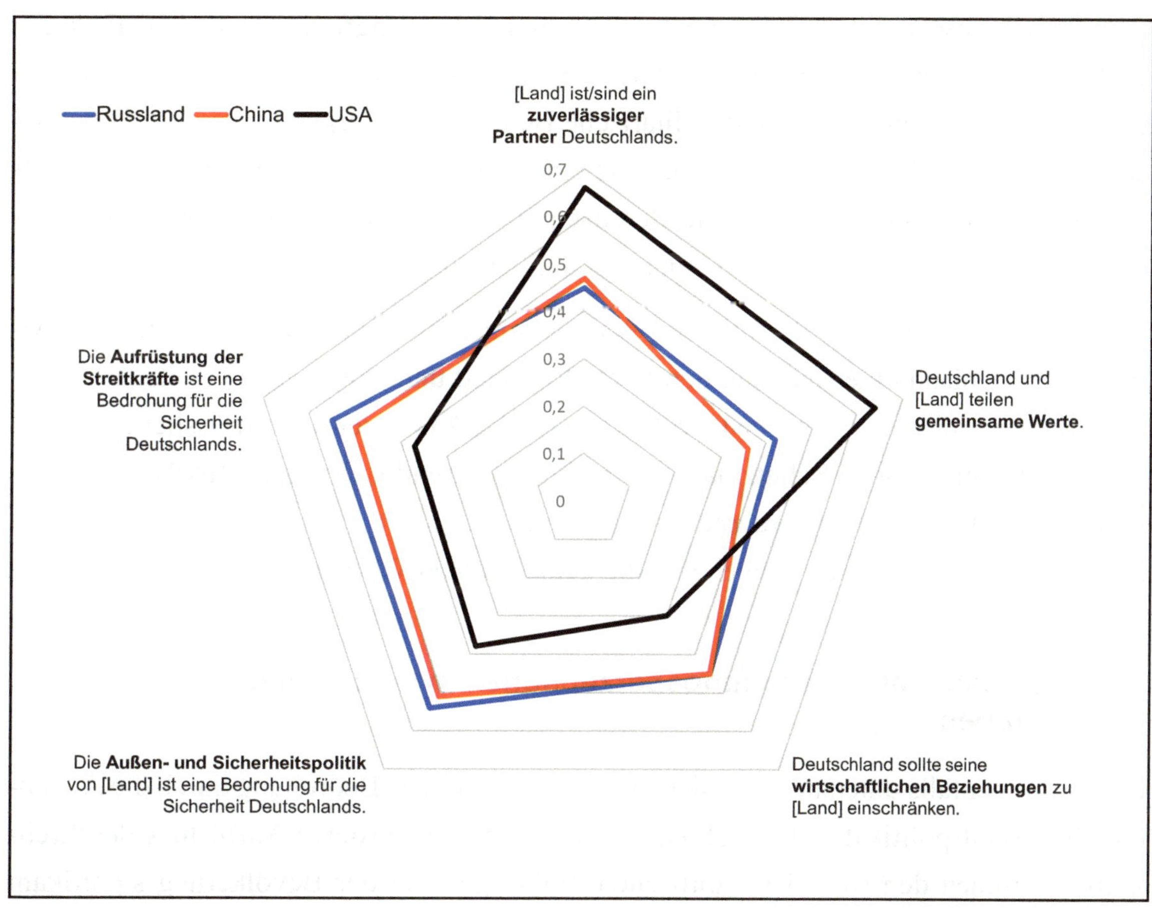

Anmerkungen: Die ausgewiesenen Mittelwerte haben einen Wertebereich von 0 („völlige Ablehnung") bis 1 („völlige Zustimmung"). Ein Mittelwert von 0,5 repräsentiert eine ambivalente Einstellung.

Datenbasis: Bevölkerungsbefragung des ZMSBw 2021.

Die Ergebnisse in Abbildung 6.4 veranschaulichen, dass die Bürgerinnen und Bürger die bilateralen Beziehungen zu den USA in allen Dimensionen positiver bewerten als jene zu China und Russland. Die größten Differenzen in der öffentlichen Wahrnehmung der bilateralen Beziehungen zu den drei Ländern bestehen in der kulturellen Nähe und im Vertrauen: Während die USA als zuverlässiger Wertepartner gesehen werden, halten sich das Vertrauen und die empfundene kulturelle Nähe zu Russland und China in engen Grenzen.

Die Unterschiede in der Ausprägung der sicherheitspolitischen und militärischen Bedrohungsperzeptionen sind dagegen etwas weniger stark ausgeprägt, wobei Russland und China im Durchschnitt eher als Bedrohung für die Sicherheit Deutschlands und die USA eher nicht als Sicherheitsbedrohung wahrgenommen werden. Im Vergleich der Dimensionen wird zudem sichtbar, dass der öffentliche Zuspruch zu einer Einschränkung der wirtschaftlichen Beziehungen am geringsten ausfällt – und zwar für alle drei Länder. Doch auch in diesem Punkt liegen die USA in der Gunst der deutschen Bevölkerung „vorne". Der direkte Vergleich der Wahrnehmungsprofile für Russland und China zeigt, dass diese sehr ähnlich ausgeprägt sind. Dennoch offenbaren sich geringfügige Unterschiede in der Wahrnehmung der Bürgerinnen und Bürger. So wird Russland zwar als vergleichsweise größere sicherheitspolitische und militärische Bedrohung wahrgenommen als China, jedoch empfinden die Menschen hierzulande eine größere kulturelle Distanz zu China als zu Russland. Das Vertrauen und die Bereitschaft zur Einschränkung der Wirtschaftsbeziehungen sind für Russland und China sehr ähnlich ausgeprägt.

Der direkte Vergleich der öffentlichen Wahrnehmung der bilateralen Beziehungen zwischen Deutschland einerseits und den USA, Russland und China andererseits lässt ganz klar erkennen, dass die deutsche Bevölkerung die USA (wieder) als verlässlichen Wertepartner und militärische Schutzmacht betrachtet, während China und Russland eher als sicherheitspolitisch herausfordernde Akteure gesehen werden, denen man nur bedingt trauen kann und mit denen man eher keine gemeinsamen Werte teilt.

6.5 Internationale Bedrohungsperzeptionen in soziodemografischen Gruppen

Es wurde ebenfalls untersucht, ob sich die wahrgenommene Bedrohung durch die Außen- und Sicherheitspolitik der USA, Chinas und Russlands sowie deren Aufrüstung der Streitkräfte zwischen den soziodemografischen Teilgruppen in der Bevölkerung signifikant unterscheidet. Bei dieser Bedrohungsperzeption handelt es sich um soziotrope Sicherheitswahrnehmungen, da sie sich nicht primär auf die Sicherheit des Individuums beziehen, sondern auf die der Nation (vgl. Abschnitt 4). Die Antworten der Umfrageteilnehmerinnen und -teilnehmer auf die beiden Fragen zur Bedrohung wurden in einer Variable zusammengefasst und so umkodiert, dass ein hoher Wert ein hohes Maß an subjektiver

Bedrohung (Maximalwert 1) und ein geringer Wert ein niedriges Maß an subjektiver Bedrohung (Minimalwert 0) repräsentiert.[36] Ein Wert von 0,5 entspricht einem ambivalenten Bedrohungsgefühl. Ausgewiesen werden die Mittelwerte für die untersuchten Teilgruppen. Die Ergebnisse in Tabelle 6.1 offenbaren, dass das Bedrohungsgefühl durch Russland in allen untersuchten Teilgruppen am vergleichsweise stärksten ausgeprägt ist, obwohl es mit einem Mittelwert von 0,54 als ambivalent zu charakterisieren ist. Ambivalent ist auch die wahrgenommene Bedrohung durch China (Mittelwert 0,50). Das Gefühl der Bedrohung durch die USA ist mit einem Mittelwert von 0,38 am schwächsten ausgeprägt, d.h. die deutsche Bevölkerung empfindet die Außen- und Sicherheitspolitik der USA sowie die Aufrüstung der amerikanischen Streitkräfte im Durchschnitt eher nicht als Bedrohung für die Sicherheit Deutschlands. Insgesamt gibt es nur wenige statistisch signifikante Unterschiede zwischen den untersuchten Gruppen.

Die wahrgenommene Bedrohung durch Russland unterscheidet sich nur zwischen den Wählergruppen signifikant: Die Bürgerinnen und Bürger mit einer Wahlpräferenz für die FDP sehen die Sicherheit Deutschlands im Durchschnitt stärker durch Russlands Außen- und Sicherheitspolitik sowie die Aufrüstung der russischen Streitkräfte bedroht als die übrigen Wählergruppen, insbesondere die Anhänger der SPD. Das Gefühl der Bedrohung durch die USA sinkt mit steigendem Haushaltseinkommen und ist in Süd- und Westdeutschland sowie bei Befragten mit Migrationshintergrund schwächer ausgeprägt als in den jeweiligen Vergleichsgruppen. Das Gefühl der Bedrohung durch China ist in fast allen untersuchten Teilgruppen in der deutschen Bevölkerung ähnlich ambivalent ausgeprägt. Jedoch werden Chinas Außen- und Sicherheitspolitik und die Aufrüstung der chinesischen Streitkräfte von der mittleren Einkommensgruppe, den Anhängern der FDP sowie den Bürgerinnen und Bürger ohne Migrationshintergrund im Durchschnitt etwas stärker als Bedrohung für die Sicherheit Deutschlands empfunden als von den entsprechenden Vergleichsgruppen.

---

36 Die beiden Bedrohungsperzeptionen weisen eine gute Skalenreliabilität auf, was deren jeweilige Zusammenfassung in eine Indexvariable aus empirischer Sicht rechtfertigt: Russland (Cronbachs alpha = 0,77); China (Cronbachs alpha = 0,77); USA (Cronbachs alpha = 0,72).

Tabelle 6.1: Internationale Bedrohungsperzeptionen in soziodemografischen Gruppen

(Mittelwerte)	Russland	USA	China
Insgesamt	0,54	0,38	0,50
Geschlecht	n.s.	n.s.	n.s.
Männer	0,55	0,38	0,51
Frauen	0,54	0,38	0,50
Alter	n.s.	n.s.	n.s.
16 bis 29 Jahre	0,55	0,39	0,50
30 bis 49 Jahre	0,55	0,39	0,51
50 bis 69 Jahre	0,54	0,37	0,50
70 Jahre und älter	0,54	0,36	0,51
Bildungsniveau	n.s.	n.s.	n.s.
Hochschul- bzw. Fachhochschulreife	0,55	0,39	0,50
Realschulabschluss	0,55	0,38	0,51
Hauptschulabschluss	0,54	0,37	0,50
Haushaltsnettoeinkommen pro Monat	n.s.	**	***
4.001 Euro und mehr	0,53	0,35	0,45
2.001 bis 4.000 Euro	0,54	0,39	0,51
Bis 2.000 Euro	0,55	0,41	0,43
Wahlabsicht Bundestagswahl	***	n.s.	*
CDU/CSU	0,54	0,37	0,50
SPD	0,51	0,35	0,49
AfD	0,58	0,38	0,55
FDP	0,65	0,39	0,58
Die Linke	0,53	0,41	0,53
Bündnis 90/Die Grünen	0,55	0,37	0,50
Keine Parteipräferenz, Nichtwähler, w.n./k.A.	0,54	0,39	0,50
Region	n.s.	***	n.s.
Norddeutschland (SH, HH, HB, NI)	0,53	0,42	0,49
Ostdeutschland (MV, BB, BE, ST, SN, TH)	0,53	0,40	0,52
Süddeutschland (BW, BY)	0,55	0,34	0,49
Westdeutschland (NW, RP, HE, SL)	0,55	0,37	0,51
Migrationshintergrund	n.s.	**	***
Ja	0,53	0,32	0,43
Nein	0,55	0,38	0,51

Anmerkungen: Alle Variablen haben einen Wertebereich von [0; 1]. Analyseverfahren: Varianzanalysen, Signifikanzniveau: *** $p < 0{,}001$; ** $p < 0{,}01$; * $p < 0{,}05$; n.s. = nicht signifikant ($p \geq 0{,}05$). Der Signifikanztest für die Varianzanalyse gibt an, ob sich der Mittelwert mindestens einer Gruppe von dem Mittelwert mindestens einer anderen Gruppe unterscheidet.

Datenbasis: Bevölkerungsbefragung des ZMSBw 2021.

6.6 Fazit

Deutschlands bilaterale Beziehungen zu China, Russland und den USA sind in den vergangenen Jahren komplexer geworden und unterlagen wiederholt Spannungen von unterschiedlicher Intensität. Die öffentliche Meinung über die bilateralen Beziehungen Deutschlands zu den USA hat sich im Vergleich zum Vorjahr sehr deutlich und in allen Dimensionen verbessert. Der massive Stimmungswandel in der deutschen Bevölkerung ist auf das Ende der Amtszeit von Präsident Donald Trump und den Amtsantritt von Präsident Joe Biden zurückzuführen. Dieser „Biden-Effekt" wird auch durch die Befunde anderer Bevölkerungsbefragungen belegt (Wike et al. 2021). Die USA werden unter der Führung von Präsident Biden von der deutschen Bevölkerung wieder mehrheitlich als verlässlicher Partner wahrgenommen, der mit Deutschland gemeinsame Werte teilt, zu seinen Bündnisverpflichtungen steht und dessen Einbindung in die Verteidigung Europas begrüßt wird.

Die bilateralen Beziehungen zu China und Russland werden von den Bürgerinnen und Bürgern im Vergleich zum Vorjahr kritischer gesehen. Auffällig ist, dass beide Länder von einem wachsenden Teil der deutschen Bevölkerung als *Bedrohung für die Sicherheit Deutschlands* wahrgenommen werden. Wie die Ergebnisse in Abschnitt 4 gezeigt haben, empfinden auch deutlich mehr Befragte als im Vorjahr die Spannungen zwischen dem Westen und Russland als *Bedrohung ihrer persönlichen Sicherheitslage*. Dennoch ist die öffentliche Meinung über die Beziehungen zu Russland und China insgesamt als ambivalent zu charakterisieren.

Bemerkenswert ist der Befund, dass diese Meinungsbilder in nahezu allen untersuchten soziodemografischen Teilgruppen und den Wählergruppen ähnlich ausgeprägt sind, es also nur wenige statistisch signifikante Einstellungsunterschiede gibt. Mit Blick auf Russland und China heißt das aber nicht, dass man von einem gesamtgesellschaftlichen Konsens sprechen könnte – ganz im Gegenteil, denn in allen Gruppen besteht eine weitgehend ambivalente Meinung zu China und Russland. Dieser Umstand birgt die Gefahr, dass sich die Regierungen Russlands und Chinas ermutigt fühlen könnten, in ihrem Interesse auf das eher diffuse Meinungsbild in der deutschen Bevölkerung einzuwirken. In Anbetracht von Russlands Desinformationskampagne in bzw. gegen Deutschland erscheint diese Sorge berechtigt (vgl. EAD 2021).

Der direkte Vergleich der öffentlichen Wahrnehmung der bilateralen Beziehungen zu den USA, Russland und China offenbart: Die deutsche Bevölkerung akzeptiert die USA wieder als verlässlichen Wertepartner und Schutzmacht, während China und Russland zunehmend als sicherheitspolitisch herausfordernde Akteure gesehen werden, denen man nur bedingt trauen kann und mit denen man eher keine gemeinsamen Werte teilt. Darüber hinaus wird Russland als größere sicherheitspolitische und militärische Bedrohung wahrgenommen als China. Dagegen empfinden die Menschen hierzulande eine größere kulturelle Distanz zu China als zu Russland. Ein wachsender Teil der deutschen Bevölkerung scheint zu verstehen, dass Deutschland als internationaler sicherheitspolitischer Akteur im Zeitalter der Multipolarität nicht neutral sein kann und die multilaterale Zusammenarbeit mit verlässlichen Werte- und Bündnispartnern wie den USA die einzige Option zur Wahrung der internationalen regelbasierten Ordnung sowie der Sicherheit, der Freiheit und des Wohlstands in Deutschland und Europa ist. Andererseits zeigt die insgesamt ambivalente öffentliche Meinung über die Beziehungen zu Russland und China, dass große Teile der deutschen Bevölkerung sich der sicherheitspolitischen Herausforderungen durch diese beiden Großmächte nicht bewusst sind. Nicht zuletzt auch deshalb stoßen strategische Initiativen, wie z.B. das angestrebte sicherheitspolitische Engagement Deutschlands im Indo-Pazifik, oder konkrete Maßnahmen zur Verteidigung der NATO-Ostflanke, wie z.B. das Air Policing im Baltikum (siehe Abschnitt 14), auf ein geteiltes Echo in der Bevölkerung.

7 Einstellungen zur Bündnisverteidigung[37]

Timo Graf

Als kollektives Verteidigungsbündnis gewährleistet die NATO seit mehr als 70 Jahren den militärischen Schutz Europas. Während des Kalten Krieges gelang es der NATO, eine gegen Westeuropa und Deutschland gerichtete militärische Aggression der Sowjetunion erfolgreich abzuschrecken. Deutschlands Sicherheit war und ist untrennbar mit der seiner Bündnispartner verbunden. Daher gilt: „Bündnissolidarität ist deutsche Staatsräson" (BMVg 2016a: 49). Mit dem Ende des Kalten Krieges verschob sich jedoch der Aufgabenfokus der NATO von der Landes- und Bündnisverteidigung (LV/BV) auf das Internationale Krisenmanagement (IKM), d.h. zu Stabilisierungs- und Ausbildungsmissionen in Ländern außerhalb des NATO-Bündnisgebiets (Glatz/Zapfe 2017: 2).

Die völkerrechtswidrige Annexion der ukrainischen Halbinsel Krim durch Russland im Jahr 2014 und der darauffolgende (und noch immer andauernde) Konflikt in der Ostukraine mit bisher mehr als 13.000 Toten (OHCHR 2020: 8) haben zu einer Revitalisierung der Landes- und Bündnisverteidigung im Rahmen der NATO geführt. Das russische Vorgehen in der Ukraine hat klar vor Augen geführt: „Russland ist bereit, in seiner Außenpolitik und zur Durchsetzung seiner geopolitischen Interessen auch auf militärisch-aggressive Mittel zurückzugreifen, bestehende völkerrechtliche Verträge und Abkommen zu missachten und somit die europäische Friedensordnung zu untergraben" (Morgen 2019). Als Reaktion auf das aggressive Verhalten Russlands definieren das *Weißbuch 2016 zur Sicherheitspolitik und zur Zukunft der Bundeswehr* (BMVg 2016a) und die *Konzeption der Bundeswehr* (BMVg 2018b) die Landes- und Bündnisverteidigung und das Internationale Krisenmanagement als gleichrangige Aufgaben der Bundeswehr, womit dem Aufgabenbereich LV/BV wieder mehr Bedeutung zukommt.

Die Anpassung an die neue sicherheitspolitische Realität erfordert „Veränderungen in der NATO-Kommandostruktur, der Einsatzbereitschaft der Kräfte und der Verteidigungsplanung" (BMVg 2020: 7). Deutschland kommt durch die Größe seiner Streitkräfte und durch seine geografische Lage im Zentrum Europas eine besondere Verantwortung und Bedeutung im Rahmen der NATO-Bündnisverteidigung zu. Die Bundeswehr richtet ihr

[37] Auszüge dieses Kapitels entstammen dem Beitrag „Zwischen Anspruch und Wirklichkeit: Wie steht es um die Bündnistreue in der Bevölkerung?" (Graf 2022).

Handeln entsprechend konsequent daran aus. Damit Deutschland seiner Rolle als strategischer Drehscheibe für alliierte Truppenbewegungen gerecht werden kann, hat die Bundeswehr mit dem Joint Support and Enabling Command (JSEC) in Ulm ein neues Unterstützungskommando der NATO aufgestellt, das im September 2021 seine volle Einsatzbereitschaft erreicht hat. Auftrag des JSEC sind die Koordinierung und der Schutz von Truppen- und Materialtransporten im Bündnisfall. Zur Verbesserung der Zusammenarbeit und gemeinsamen Übung der multinationalen Großverbände der NATO finden seit 2014 regelmäßige Übungen im Bündnisgebiet statt, so wie 2018 bei Trident Juncture mit insgesamt 50.000 Soldatinnen und Soldaten, 10.000 davon von der Bundeswehr. Darüber hinaus hat die Bundeswehr 2019 den Kern der Very High Readiness Joint Task Force (VJTF), die sogenannte Speerspitze der NATO und Teil der NATO Response Force (NRF), gestellt und wird diese Führungsrolle erneut im Jahr 2023 übernehmen. Zur Rückversicherung insbesondere der baltischen Bündnispartner an der Grenze zu Russland beteiligt sich die Bundeswehr an der Sicherung und Überwachung des dortigen Luftraums (Air Policing Baltikum) und führt im Rahmen der Enhanced Forward Presence (EFP, Verstärkte Vornepräsenz) den multinationalen Gefechtsverband in Litauen.

Die Bundesregierung und Bundeswehr haben auf die neue sicherheits- und verteidigungspolitische Herausforderung durch Russland reagiert. Wie die Ergebnisse der ZMSBw-Bevölkerungsbefragung zeigen, trägt die Bevölkerung die strategische Rückbesinnung auf die Bündnisverteidigung jedoch nur eingeschränkt mit: Obwohl sich die Deutschen klar zur NATO und zum Prinzip der kollektiven Bündnisverteidigung bekennen, mangelt es an Solidarität mit den östlichen Bündnispartnern und an Unterstützung für die Missionen zur Sicherung der NATO-Ostflanke im Baltikum. Es besteht also ein Missverhältnis zwischen der Zustimmung zum Prinzip der Bündnisverteidigung und der Bereitschaft zur tatsächlichen militärischen Unterstützung der östlichen Bündnispartner. Frühere sozialwissenschaftliche Untersuchungen zur Bündnistreue der Deutschen weisen ebenfalls auf diese Diskrepanz zwischen Anspruch und Wirklichkeit hin (Graf 2021f; Steinbrecher et al. 2018b). Dieser Befund lässt aufhorchen, denn Solidarität und Vertrauen bilden das Fundament der NATO – und damit der Sicherheit Deutschlands und Europas. Deutschland ist in der Auseinandersetzung mit Russland kein „Frontstaat" mehr, trägt mit seinen leistungsstarken Streitkräften aber eine besondere Verantwortung für die Bündnisverteidigung. Außerdem gilt der Grundsatz: „Einen Feind, gemeinsam mit seinen Partnern, an der Bündnisgrenze im Zaum zu halten, ist besser, als ihn im eigenen Land – mit all den Opfern, die das mit sich bringt – alleine bekämpfen zu müssen" (BMVg 2020: 13).

Nachfolgend wird die Einstellung der deutschen Bevölkerung zu Deutschlands Mitgliedschaft und Engagement in der NATO, zum Prinzip der Bündnisverteidigung und zur

Beteiligung der Bundeswehr an den Missionen zur Sicherung der NATO-Ostflanke im Baltikum beschrieben, wo möglich auch im Zeitverlauf. Darüber hinaus soll untersucht werden, ob zwischen den Wählergruppen und den soziodemografischen Gruppen in der deutschen Bevölkerung signifikante Unterschiede in diesen Einstellungen bestehen. Weiterführende Analysen gehen abschließend der Frage nach, welchen Einfluss die Wahrnehmung Russlands auf die prinzipielle Bündnistreue und die konkrete Solidarität mit den östlichen Bündnispartnern ausübt und inwieweit das Russlandbild die beobachtete Diskrepanz zwischen diesen beiden Einstellungen erklären kann. Die berichteten Ergebnisse sind von besonderem Wert, weil es nur sehr wenige sozialwissenschaftliche Untersuchungen zur aktuellen öffentlichen Meinung in Deutschland über die Bündnisverteidigung gibt (Fagan/Poushter 2020; Graf 2021f; Steinbrecher et al. 2018b; Stokes 2017).

7.1 Vorbemerkungen zur Bedeutung der öffentlichen Meinung

Anders als die Auslandseinsätze bedürfen die Beteiligungen der Bundeswehr an den *anerkannten Missionen* zur Sicherung der NATO-Ostflanke (Air Policing und EFP) keines Mandats des Deutschen Bundestags und erfolgen einzig auf Beschluss der Bundesregierung.[38] Welche Bedeutung hat in diesem Zusammenhang die öffentliche Meinung?[39] Die Einstellung der Bürgerinnen und Bürger zu Deutschlands Engagement für die NATO-Bündnisverteidigung ist von Bedeutung, weil Streitkräfte in der Demokratie grundsätzlich auf die Unterstützung der Bevölkerung angewiesen sind. In Demokratien können die Bürgerinnen und Bürger bei Wahlen Einfluss auf den politischen Prozess ausüben, während sich die gewählten Volksvertreter in ihren politischen Entscheidungen in einem gewissen Maße an den Präferenzen der Wähler orientieren (Brettschneider 1995; Uppendahl 1981). Die öffentliche Meinung kann politische Entscheidungen legitimieren (Rattinger 2007), aber auch „limitieren", indem sie den (wahrgenommenen) Handlungsspielraum der politischen Entscheidungsträger einschränkt (Biehl 2012b: 172–173; Viehrig 2010). Grundsätzlich attestieren empirische Untersuchungen der öffentlichen Meinung in westlichen Demokratien einen signifikanten Einfluss auf die Außen-, Sicherheits- und Verteidigungspolitik, insbesondere vor Wahlen (Holsti 1996; Jacobs/Page 2005; Page/

[38] Neben den Missionen im Baltikum beteiligt sich die Bundeswehr mit Einheiten der Marine auch an anerkannten NATO-Missionen im Nordatlantik (Standing NATO Maritime Group 1 und Standing NATO Mine Countermeasures Group 1) und im Mittelmeer (Standing NATO Maritime Group 2 und Standing NATO Mine Countermeasures Group 2).

[39] Politischen Debatten in der Bundesrepublik Deutschland liegt ein positivistisches Verständnis der öffentlichen Meinung zugrunde, das sich auf die Bevölkerungsmeinung in Form aggregierter Einzelmeinungen bezieht, die mithilfe der Demoskopie erhoben werden (Weller 2000). Dieses Verständnis von „öffentlicher Meinung" liegt auch dem vorliegenden Forschungsbericht zugrunde, weshalb der Begriff synonym zu „Bevölkerungsmeinung" verwendet wird.

Shapiro 1983; Sobel 2001; Wittkopf 1990). Ganz konkret beeinflusste die Haltung der Bundesbürger zum Afghanistaneinsatz deren Wahlverhalten bei der Bundestagswahl 2009 (Pötzschke et al. 2015; Schoen 2010).

Eine kritische öffentliche Meinung zum Auftrag der Bündnisverteidigung im Allgemeinen und zur Beteiligung der Bundeswehr an den aktuellen Missionen zur Sicherung der NATO-Ostflanke im Besonderen könnte sich zudem negativ auf die soldatische Motivation der Einsatzsoldatinnen und -soldaten auswirken. Sozialwissenschaftliche Forschungsergebnisse belegen, dass eine als kritisch wahrgenommene öffentliche Meinung die Einsatzmotivation der Soldatinnen und Soldaten beeinträchtigt (Biehl 2012a; Biehl/Keller 2009) und die soldatische Motivation auch nachhaltig beeinflussen kann (Seiffert/Heß 2020). Öffentliches Unverständnis für den Auftrag der Bundeswehr könnte die zivil-militärischen Beziehungen in Deutschland insgesamt belasten. Eine derartige Entwicklung liefe der Zielsetzung der Inneren Führung zuwider, eine breite gesellschaftliche Legitimation für die Bundeswehr und ihre Aufgaben anzustreben und so die Integration der Bundeswehr in die Gesellschaft zu fördern (BMVg 2008: Nr. 401; vgl. Biehl et al. 2017: 150–151).

Eine kritische öffentliche Meinung zur Bündnisverteidigung in Deutschland könnte außerdem bei den östlichen NATO-Partnern zu einem Vertrauensverlust führen. Die in Deutschland vergleichsweise schwach ausgeprägte Bereitschaft zur militärischen Unterstützung der östlichen Bündnispartner wird nicht nur durch die Bevölkerungsbefragungen des ZMSBw dokumentiert, sondern auch durch andere Umfragestudien (z.B. Pew Global Attitudes Project), deren Ergebnisse international viel Aufmerksamkeit erfahren (Fagan/ Poushter 2020; Stokes 2017).

Hinzu kommt, dass Russland seit einigen Jahren gezielt versucht, die öffentliche Meinung in westlichen Ländern in seinem Interesse zu beeinflussen – allem voran in Deutschland. Die öffentliche Meinung in Deutschland ist somit selbst zum Ziel der hybriden Kriegsführung Russlands geworden. Laut eines im März 2021 veröffentlichten Untersuchungsberichts des Europäischen Auswärtigen Dienstes (EAD) ist Deutschland das Hauptziel russischer Desinformationskampagnen in Europa (EAD 2021). Grund für die Konzentration auf Deutschland ist aus Sicht des EAD nicht nur Deutschlands wirtschaftliche und politische Bedeutung innerhalb der EU, sondern auch die Vermutung, dass weite Teile der deutschen Bevölkerung russlandfreundlich seien. Wie die Befunde in Abschnitt 6 offenbart haben, besteht tatsächlich in allen soziodemografischen Gruppen und Wählergruppen ein ambivalentes Meinungsbild zu Russland. Deshalb geht dieser Abschnitt auch der Frage nach, welchen Einfluss dieses ambivalente Meinungsbild auf die NATO-Bündnistreue der deutschen Bevölkerung hat.

7.2 Haltungen zu Deutschlands Mitgliedschaft in der NATO

Deutschlands Mitgliedschaft und Engagement in der NATO erfahren in der deutschen Bevölkerung große Zustimmung. Eine absolute Mehrheit ist der Auffassung, Deutschland müsse auch weiterhin der NATO angehören, um seine Sicherheit zu gewährleisten (72 Prozent; +1 Prozentpunkt im Vergleich zu 2020), und Deutschland sollte sich sicherheits- und verteidigungspolitisch vorrangig in der NATO engagieren (55 Prozent; -5 Prozentpunkte). Nur eine Minderheit von 7 bzw. 10 Prozent ist gegenteiliger Meinung. Eine ebenfalls klare Mehrheit der Bürgerinnen und Bürger ist der Überzeugung, dass Deutschland seine finanziellen Zusagen an die NATO einhalten sollte (68 Prozent), während dies 7 Prozent ablehnen und 21 Prozent unentschieden sind.

Abbildung 7.1: Aussagen zu Deutschlands Engagement und Mitgliedschaft in der NATO

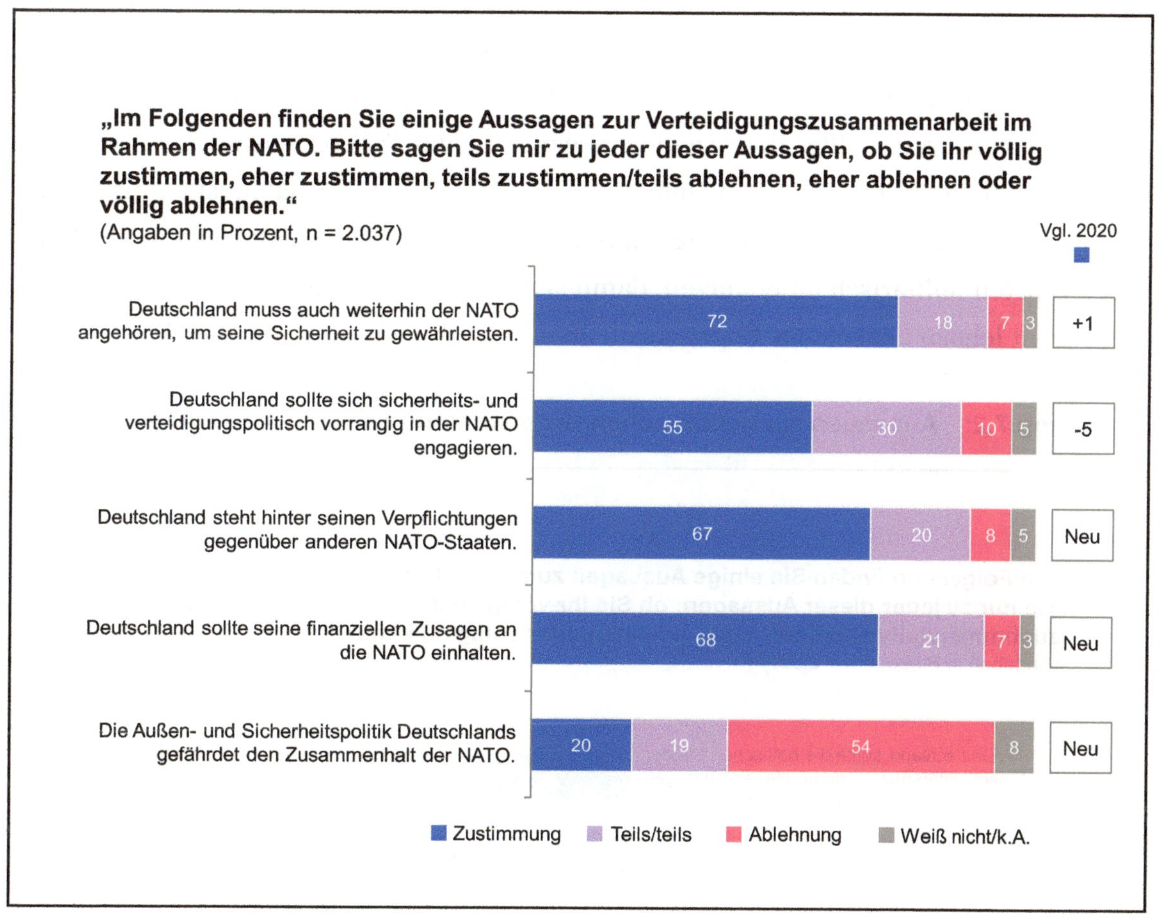

Anmerkungen: Nicht alle Prozentangaben ergeben in der Summe 100 Prozent, da die Einzelwerte gerundet wurden. Zustimmung: Anteile „Stimme völlig zu" und „Stimme eher zu" zusammengefasst; Ablehnung: Anteile „Lehne völlig ab" und „Lehne eher ab" zusammengefasst. Vgl. 2020: Differenz Zustimmung 2021 zu 2020.

Datenbasis: Bevölkerungsbefragungen des ZMSBw 2020 und 2021.

Auch die Bündnistreue Deutschlands wird von der Mehrheit der Bevölkerung positiv bewertet: 67 Prozent sind davon überzeugt, dass Deutschland hinter seinen Verpflichtungen gegenüber anderen NATO-Staaten steht, 8 Prozent sind gegenteiliger Meinung und 20 Prozent haben eine ambivalente Haltung in dieser Frage. Eine absolute Mehrheit von 54 Prozent lehnt zudem die Aussage ab, dass die Außen- und Sicherheitspolitik Deutschlands den Zusammenhalt der NATO gefährdet, während jeweils ein Fünftel der Befragten dieser Aussage zustimmt oder unentschieden ist.

7.3 Bereitschaft zur militärischen Unterstützung der östlichen NATO-Partner

In Anbetracht der aktuellen sicherheits- und verteidigungspolitischen Herausforderung durch Russland bedeutet Bündnistreue vor allem militärische Unterstützung der östlichen NATO-Mitgliedsländer. Eine Verstärkung der militärischen Präsenz der NATO in Osteuropa stößt in der Bevölkerung jedoch auf ein geteiltes Echo: 36 Prozent (+2 Prozentpunkte im Vergleich zu 2020) sprechen sich dafür aus, dass die NATO ihre Präsenz in Osteuropa verstärken sollte, 30 Prozent lehnen dies ab und 28 Prozent sind unentschieden. Die Bereitschaft zur militärischen Unterstützung der baltischen Staaten ist ähnlich ambivalent: 31 Prozent (+2 Prozentpunkte) sind der Auffassung, Deutschland sollte die baltischen Staaten militärisch unterstützen, damit sich diese gegen Russland wehren können, 32 Prozent lehnen ein solches Engagement ab und 31 Prozent sind geteilter Meinung.

Abbildung 7.2: Aussagen zur militärischen Unterstützung der östlichen NATO-Partner

„Im Folgenden finden Sie einige Aussagen zum Verhältnis zu Russland. Bitte sagen Sie mir zu jeder dieser Aussagen, ob Sie ihr völlig zustimmen, eher zustimmen, teils zustimmen/teils ablehnen, eher ablehnen oder völlig ablehnen."
(Angaben in Prozent, n = 2.037)

	Zustimmung	Teils/teils	Ablehnung	Weiß nicht/k.A.	Vgl. 2020
Deutschland sollte die baltischen Länder militärisch unterstützen, damit diese sich gegen Russland wehren können.	31	31	32	7	+2
Die NATO sollte ihre militärische Präsenz in Osteuropa verstärken.	36	28	30	6	+2

Anmerkungen: Nicht alle Prozentangaben ergeben in der Summe 100 Prozent, da die Einzelwerte gerundet wurden. Zustimmung: Anteile „Stimme völlig zu" und „Stimme eher zu" zusammengefasst; Ablehnung: Anteile „Lehne völlig ab" und „Lehne eher ab" zusammengefasst. Vgl. 2020: Differenz Zustimmung 2021 zu 2020.

Datenbasis: Bevölkerungsbefragungen des ZMSBw 2020 und 2021.

Zwischen der hohen Zustimmung zu Deutschlands Engagement und Mitgliedschaft in der NATO und der Bereitschaft zur Rückversicherung der östlichen Bündnispartner besteht folglich eine auffallende Diskrepanz. Dieser Eindruck erhärtet sich, wenn man die öffentliche Zustimmung zur Aufgabe der Bündnisverteidigung (vgl. Abschnitt 13, Abbildung 13.1) mit der Unterstützung der Bürgerinnen und Bürger für die anerkannten Missionen im Rahmen der Landes- und Bündnisverteidigung (vgl. Abschnitt 14, Abbildung 14.3) vergleicht: Während sich eine klare Mehrheit dafür ausspricht, dass die Bundeswehr eingesetzt werden sollte, um einem Verbündeten zu helfen, der angegriffen (72 Prozent; +2 Prozentpunkte im Vergleich zu 2020) oder bedroht wird (70 Prozent; +2 Prozentpunkte), fällt die Zustimmung zur konkreten Beteiligung der Bundeswehr am Air Policing im Baltikum (36 Prozent; -1 Prozentpunkt) und an der Enhanced Forward Presence in Litauen (37 Prozent; -3 Prozentpunkte) deutlich geringer aus. Jeweils mehr als ein Viertel der Bevölkerung lehnt eine Beteiligung der Bundeswehr an diesen Missionen sogar explizit ab (Air Policing: 29 Prozent; EFP: 28 Prozent). Damit bestätigt sich: Zwischen der stark ausgeprägten prinzipiellen Bündnistreue der deutschen Bevölkerung und ihrer Zustimmung zu den konkreten Maßnahmen zur Rückversicherung der östlichen Bündnispartner besteht ein deutliches Missverhältnis.

7.4 Einstellungen zur Bündnisverteidigung im Zeitverlauf

Die Diskrepanz zwischen der hohen Zustimmung zu Deutschlands Mitgliedschaft und Engagement in der NATO und zum Prinzip der Bündnisverteidigung einerseits und der eher schwach ausgeprägten Bereitschaft zur militärischen Unterstützung der östlichen Bündnispartner andererseits ist kein aktuelles Phänomen (vgl. Graf 2021f; Steinbrecher et al. 2018b), wie die Ergebnisse in Abbildung 7.3 verdeutlichen. Im gesamten Betrachtungszeitraum (2017–2021) werden die Aussagen zur prinzipiellen Bündnisverteidigung und zu Deutschlands Engagement und Mitgliedschaft in der NATO von einer absoluten Mehrheit befürwortet, während die Aussagen zur Beteiligung der Bundeswehr an den Missionen zur Sicherung der NATO-Ostflanke und zur Rückversicherung der östlichen Bündnispartner keine mehrheitliche Zustimmung in der Bevölkerung erfahren. Zwar sind die Zustimmungswerte zu den NATO-Missionen von 2018 bis 2020 leicht gestiegen, jedoch setzt sich dieser positive Trend im Jahr 2021 nicht fort. Überhaupt liegen die beiden NATO-Missionen zur Bündnisverteidigung im Vergleich zu den anderen Auslandseinsätzen der Bundeswehr nur im „Mittelfeld" der öffentlichen Zustimmung (vgl. Abschnitt 14, Abbildung 14.3). Die Aussagen zur militärischen Unterstützung der östlichen NATO-Partner werden seit 2018 ebenfalls von einem wachsenden Teil der deutschen Bevölkerung befürwortet und erreichen im Jahr 2021 sogar neue Höchstwerte, dennoch bleiben diese Zustimmungswerte weit hinter denen zur „prinzipiellen“ Bündnistreue zurück. Die ausgeprägte Diskrepanz zwischen Anspruch und Wirklichkeit in der Haltung der Deutschen zur Bündnisverteidigung bleibt somit bestehen.

Abbildung 7.3: Einstellungen zur Bündnisverteidigung im Zeitverlauf

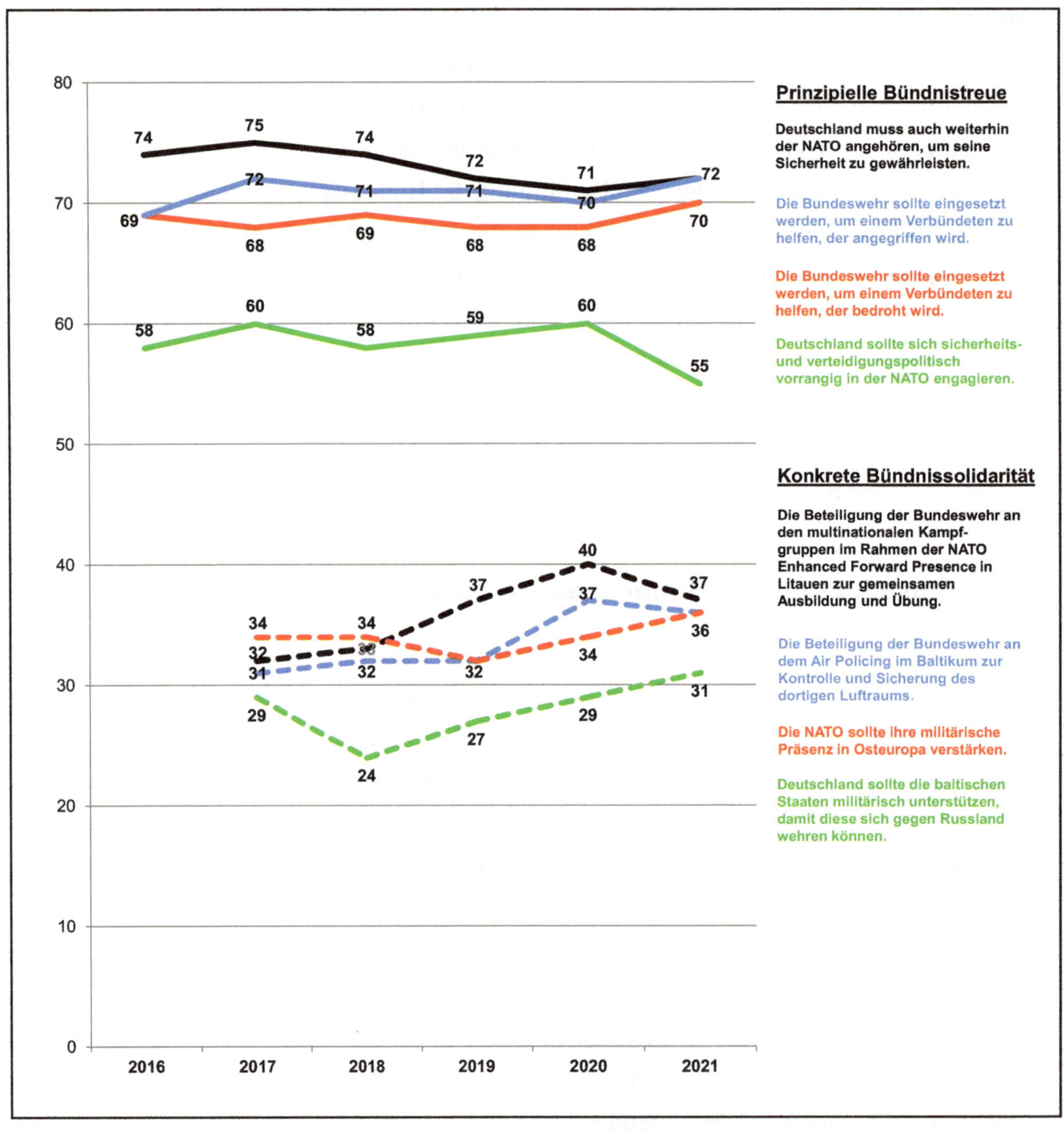

Anmerkungen: Angaben in Prozent. Ausgewiesen sind die zusammengefassten Antwortanteile „stimme völlig zu“ und „stimme eher zu“.

Datenbasis: Bevölkerungsbefragungen des ZMSBw 2016–2021.

7.5 Bündnissolidarität im Ländervergleich

Für sich betrachtet, scheint die Bereitschaft der deutschen Bevölkerung zur militärischen Unterstützung der östlichen Bündnispartner eher schwach ausgeprägt zu sein. Wie stellt sich diese Einstellung im Vergleich zu anderen NATO-Staaten dar? In repräsentativen Befragungen in mehreren NATO-Mitgliedsländern in den Jahren 2017 (Stokes 2017) und 2020 (Fagan/Poushter 2020) sprachen sich 40 bzw. 34 Prozent der deutschen Befragten dafür aus, dass Deutschland im Falle eines ernsthaften militärischen Konflikts zwischen Russland und einem östlichen NATO-Verbündeten militärische Gewalt zur Verteidigung des Bündnispartners einsetzen sollte (vgl. Tabelle 7.1). Mit diesen Zustimmungswerten belegt Deutschland im Jahr 2017 einen der hintersten Plätze und landet auch im Jahr 2020 nur im unteren Mittelfeld.

Tabelle 7.1: Bündnissolidarität im Ländervergleich

Sollte Russland in einen ernsthaften militärischen Konflikt mit einem seiner Nachbarländer geraten, welches einer unserer NATO-Verbündeten ist, sind Sie dann der Meinung, dass [Land] militärische Gewalt anwenden sollte, um dieses Land zu verteidigen?
Ja, [Land] sollte militärische Gewalt einsetzen.

2017			2020		
1.	Niederlande	75	1.	Niederlande	64
2.	USA	65	2.	USA	60
3.	Polen	62	3.	Kanada	56
4.	Kanada	59	4.	Großbritannien	55
5.	Frankreich	52	5.	Litauen	51
6.	Ungarn	49	6.	Frankreich	41
7.	Großbritannien	48	7.	Spanien	41
8.	Spanien	46	8.	Polen	40
9.	**Deutschland**	**40**	9.	Tschechien	36
10.	Italien	35	**10.**	**Deutschland**	**34**
11.	Griechenland	25	11.	Ungarn	33
			12.	Slowakei	32
			13.	Türkei	32
			14.	Griechenland	25
			15.	Italien	25
			16.	Bulgarien	12

Anmerkung: Angaben in Prozent.
Datenbasis: PEW Global Attitudes Project 2017 und 2020.

7.6 Einstellungen zur Bündnistreue in soziodemografischen Gruppen

Nachfolgend wird untersucht, ob zwischen den Wählergruppen und den soziodemografischen Gruppen in der deutschen Bevölkerung signifikante Unterschiede in der prinzipiellen NATO-Bündnistreue und in der konkreten Solidarität mit den östlichen Bündnispartnern bestehen. Hierzu wurden die Aussagen zu Deutschlands Mitgliedschaft und Engagement in der NATO und zur Bündnisverteidigung als Aufgabe der Bundeswehr in der Indexvariable „Prinzipielle Bündnistreue" zusammengefasst (vgl. Abbildung 7.3).[40] Auf Grundlage der Aussagen zur Solidarität mit den östlichen Bündnispartnern und zur Beteiligung der Bundeswehr an den anerkannten Missionen zur Sicherung der NATO-Ostflanke (Air Policing und EFP) wurde die Indexvariable „Konkrete Bündnissolidarität" berechnet (vgl. Abbildung 7.3).[41] Beide Indizes weisen eine gute Skalenreliabilität auf (Prinzipielle Bündnistreue: Cronbachs alpha = 0,73; Konkrete Bündnissolidarität: Cronbachs alpha = 0,75), was deren Bildung auch aus empirischer Sicht rechtfertigt. Beide Indexvariablen haben einen Wertebereich von 0 (völlige Ablehnung) bis 1 (völlige Zustimmung). Ein Mittelwert von 0,5 reflektiert eine ambivalente Haltung.

Wie die Ergebnisse in Tabelle 7.2 offenbaren, ist die prinzipielle Bündnistreue in allen Wählergruppen und soziodemografischen Gruppen deutlich stärker ausgeprägt als die Bereitschaft zur militärischen Unterstützung der östlichen NATO-Partner. Dabei fällt die Differenz zwischen der prinzipiellen Bündnistreue und der konkreten Bündnissolidarität in allen untersuchten Gruppen nahezu gleich groß aus. Auffällig ist zudem, dass in allen untersuchten Gruppen eine ambivalente Haltung zur militärischen Unterstützung der östlichen Bündnispartner besteht.

Die prinzipielle Bündnistreue wie auch die konkrete Bündnissolidarität ist bei Männern und bei Befragten in Süd- und Westdeutschland stärker ausgeprägt als in den entsprechenden Vergleichsgruppen. Die Gruppe der Geringverdiener (Haushaltseinkommen bis 2.000 Euro), die Anhänger der Linken und der Grünen sowie die Nichtwähler haben sowohl zum Prinzip der Bündnisverteidigung wie auch zur konkreten militärischen Unterstützung der östlichen Verbündeten eine signifikant kritischere Einstellung als die jeweiligen Vergleichsgruppen. Zwischen Befragten unterschiedlichen Alters und Bildungsniveaus sowie mit und ohne Migrationshintergrund gibt es dagegen keine statistisch signifikanten Einstellungsunterschiede.

---

40 Die folgenden Aussagen wurden zur Indexvariable „Prinzipielle Bündnistreue" zusammengefasst: „Deutschland sollte sich sicherheits- und verteidigungspolitisch vorrangig in der NATO engagieren"; „Deutschland muss auch weiterhin der NATO angehören, um seine Sicherheit zu gewährleisten"; „Die Bundeswehr sollte eingesetzt werden, um einem Verbündeten zu helfen, der bedroht wird"; „Die Bundeswehr sollte eingesetzt werden, um einem Verbündeten zu helfen, der angegriffen wird".

41 Die folgenden Aussagen wurden zur Indexvariable „Konkrete Bündnissolidarität" zusammengefasst: „Die NATO sollte ihre militärische Präsenz in Osteuropa verstärken"; „Deutschland sollte die baltischen Staaten militärisch unterstützen, damit diese sich gegen Russland wehren können"; „Die Beteiligung der Bundeswehr an dem Air Policing im Baltikum zur Kontrolle und Sicherung des dortigen Luftraums"; „Die Beteiligung der Bundeswehr an den multinationalen Kampfgruppen im Rahmen der NATO Enhanced Forward Presence in Litauen zur gemeinsamen Ausbildung und Übung".

Tabelle 7.2: Einstellungen zur Bündnistreue in soziodemografischen Gruppen

(Mittelwerte)	Prinzipielle Bündnistreue (PB)	Konkrete Bündnissolidarität (KB)	Differenz: PB - KB
Insgesamt	0,72	0,52	0,20
Geschlecht	**	**	n.s.
Männer	0,74	0,53	0,21
Frauen	0,71	0,50	0,21
Alter	n.s.	n.s.	n.s.
16 bis 29 Jahre	0,72	0,51	0,21
30 bis 49 Jahre	0,72	0,52	0,20
50 bis 69 Jahre	0,73	0,52	0,21
70 Jahre und älter	0,72	0,50	0,22
Bildungsniveau	n.s.	n.s.	n.s.
Hochschul- bzw. Fachhochschulreife	0,72	0,52	0,20
Realschulabschluss	0,72	0,51	0,21
Hauptschulabschluss	0,74	0,53	0,21
Haushaltsnettoeinkommen pro Monat	***	**	n.s.
4.001 Euro und mehr	0,73	0,52	0,21
2.001 bis 4.000 Euro	0,73	0,53	0,20
Bis 2.000 Euro	0,69	0,49	0,20
Wahlabsicht Bundestagswahl	***	***	n.s.
CDU/CSU	0,75	0,54	0,21
SPD	0,76	0,55	0,21
AfD	0,74	0,50	0,24
FDP	0,77	0,56	0,21
Die Linke	0,70	0,48	0,22
Bündnis 90/Die Grünen	0,69	0,48	0,21
Keine Parteipräferenz, Nichtwähler, w.n./k.A.	0,69	0,50	0,19
Region	***	***	**
Norddeutschland (SH, HH, HB, NI)	0,70	0,50	0,20
Ostdeutschland (MV, BB, BE, ST, SN, TH)	0,70	0,48	0,22
Süddeutschland (BW, BY)	0,75	0,56	0,20
Westdeutschland (NW, RP, HE, SL)	0,73	0,52	0,21
Migrationshintergrund	n.s.	n.s.	n.s.
Ja	0,74	0,54	0,20
Nein	0,72	0,52	0,20

Anmerkungen: Die Variablen „Prinzipielle Bündnistreue" und „Konkrete Bündnissolidarität" haben einen Wertebereich von [0 – völlige Ablehnung; 1 – völlige Zustimmung]. Analyseverfahren: Varianzanalysen, Signifikanzniveau: *** $p < 0,001$; ** $p < 0,01$; * $p < 0,05$; n.s. = nicht signifikant ($p \geq 0,05$). Der Signifikanztest für die Varianzanalyse gibt an, ob sich der Mittelwert mindestens einer Gruppe von dem Mittelwert mindestens einer anderen Gruppe unterscheidet.

Datenbasis: Bevölkerungsbefragung des ZMSBw 2021.

7.7 Determinanten der Bündnistreue

Dieser Abschnitt untersucht, welche Faktoren die Einstellung der Bürgerinnen und Bürger zum Prinzip der Bündnisverteidigung und zu Deutschlands Mitgliedschaft und Engagement in der NATO („prinzipielle Bündnistreue“) einerseits und zu den anerkannten Missionen zur Sicherung der NATO-Ostflanke, Air Policing und EFP, und zur militärischen Unterstützung der östlichen NATO-Partner („konkrete Bündnissolidarität“) andererseits beeinflussen. Darüber hinaus wird analysiert, inwieweit diese Faktoren die beobachtete Diskrepanz zwischen der prinzipiellen Bündnistreue und der konkreten Solidarität mit den östlichen NATO-Partnern erklären können. Betrachtet werden sechs Gruppen von Erklärungsfaktoren: (1) die Wahrnehmung Russlands als „Wertepartner“ und als strategische Sicherheitsbedrohung, (2) wahrgenommene Bedrohungen der persönlichen Sicherheit mit Bezug zur NATO-Bündnisverteidigung, (3) sicherheits- und verteidigungspolitische Einstellungen mit Bezug zur Bündnisverteidigung, (4) außenpolitische Grundhaltungen wie die Zustimmung zum Multilateralismus, (5) kognitive Ressourcen wie der subjektive Kenntnisstand zu den beiden NATO-Missionen und (6) verschiedene Einstellungen zur Bundeswehr.

(1) Im Zentrum der Analyse steht die Hypothese, dass alle drei zu erklärenden Größen – die prinzipielle Bündnistreue, die konkrete Solidarität mit den östlichen Bündnispartnern und die Diskrepanz zwischen diesen beiden Einstellungen – maßgeblich vom Russlandbild der Befragten beeinflusst werden. Abgeleitet ist diese Hypothese aus der jahrzehntelangen Forschung zum Einfluss von Länderwahrnehmungen auf außen-, sicherheits- und verteidigungspolitische Präferenzen, die sich einer besonderen Konjunktur im Kalten Krieg erfreute. Die maßgebliche Theorie in diesem Forschungsfeld ist die *International Image Theory* (Cottam 1977; Herrmann 1986, 2003; Alexander et al. 2005a, 2005b). Den Kern dieser Theorie bildet die Annahme, dass sich die außen-, sicherheits- und verteidigungspolitischen Präferenzen hinsichtlich der Ausgestaltung der internationalen Beziehungen maßgeblich auf strukturierte Wahrnehmungen von Ländern (sogenannte Images) zurückführen lassen, die einem Stereotyp im sozialpsychologischen Sinne ähneln und dem Befragten als kognitive Heuristik bei der Präferenzbildung dienen (Graf 2020c: 125–130; Herrmann/Fischerkeller 1995; Herrmann et al. 1997). Zwei wesentliche Dimensionen eines Images sind die subjektive Wahrnehmung kultureller Nähe und die Bedrohungsperzeption. Die Wahrnehmung kultureller Nähe zu einem anderen Land führt zur Bevorzugung partnerschaftlicher Beziehungen, während die Wahrnehmung einer strategischen Bedrohung die Zustimmung zu abwehrenden Maßnahmen erhöht. Eine Auswertung der ZMSBw-Umfragedaten aus dem Jahr 2017 konnte bereits einen signifikanten Zusammenhang

zwischen dem Russlandbild der Befragten und deren Einstellung zur militärischen Unterstützung der östlichen Bündnispartner nachweisen: Je kritischer die Einstellung zu Russland, desto größer die Bündnissolidarität (Steinbrecher et al. 2018b). Andere Publikationen legen einen direkten Zusammenhang zwischen der Bedrohungsperzeption und der Bereitschaft zur militärischen Unterstützung der östlichen Bündnispartner nahe: Je mehr Russland als Bedrohung für das eigene Land wahrgenommen wird, desto größer ist die Bereitschaft, einem östlichen NATO-Verbündeten im Falle eines russischen Angriffs militärisch beizustehen (Graf 2021f; siehe auch Stokes 2017). Die Wahrnehmungen Russlands als „Wertepartner" und als strategische Bedrohung für die Sicherheit Deutschlands gehen als zentrale Erklärungsfaktoren in die nachfolgenden Analysen ein. Die Variable „Wertepartner" setzt sich zusammen aus den Überzeugungen, dass Russland ein zuverlässiger Partner Deutschlands ist und mit Deutschland gemeinsame Werte teilt (vgl. Abschnitt 6, Abbildung 6.1; Cronbachs alpha = 0,76). Der Ausgangspunkt sind die Hypothesen, dass sich die Wahrnehmung Russlands als „Wertepartner" negativ auf beide Einstellungen zur Bündnisverteidigung auswirkt, und zwar stärker auf die konkrete Bündnissolidarität als auf die prinzipielle Bündnistreue und sich die Differenz zwischen diesen beiden Einstellungen erhöht. Die strategische Bedrohungsperzeption umfasst die Wahrnehmungen zu Russlands Außen- und Sicherheitspolitik, militärischem Vorgehen in der Ukraine, militärischer Aufrüstung und Ausführung von Cyberangriffen als Bedrohung für die Sicherheit Deutschlands (vgl. Abschnitt 6, Abbildung 6.1; Cronbachs alpha = 0,82). Zugrunde liegt die Hypothese, dass eine wahrgenommene strategische Bedrohung durch Russland sowohl die prinzipielle Bündnistreue als auch die konkrete Bündnissolidarität stärkt und die Differenz zwischen diesen beiden Einstellungen verringert.

(2) Neben der strategischen Bedrohungsperzeption soll auch der Einfluss einer Reihe wahrgenommener *Risiken für die persönliche Sicherheit* berücksichtigt werden, wie die Spannungen zwischen dem Westen und Russland, das weltweite militärische Wettrüsten oder Krieg in Europa (vgl. Abschnitt 4, Tabelle 4.2). Im Gegensatz zur strategischen Bedrohungsperzeption wird jedoch vermutet, dass eine wahrgenommene Bedrohung der *eigenen* Sicherheit die beiden Einstellungen zur Bündnisverteidigung schwächt. Diese Hypothese leitet sich aus den Analysen in Abschnitt 4 ab, die gezeigt haben, dass sich die Wahrnehmung sicherheitspolitischer Herausforderungen als Bedrohung der persönlichen Sicherheit *negativ* auf die Überzeugung auswirkt, dass die Bundeswehr für Deutschland wichtig ist. Es wurde argumentiert, dass jene Bürgerinnen und Bürger, die sich durch internationale Spannungen persönlich bedroht fühlen, militärische Mittel und Maßnahmen eher als Problem und weniger als Lösung komplexer sicherheitspolitischer Herausforderungen sehen könnten. Daher

wird vermutet, dass das Gefühl der persönlichen Gefährdung durch Krieg in Europa, die Spannungen zwischen dem Westen und Russland sowie das weltweite Wettrüsten in der deutschen Bevölkerung eher zur Bevorzugung einer deeskalierenden Politik gegenüber Russland führt, die sich insbesondere in einer kritischen Haltung gegenüber der Beteiligung der Bundeswehr an den NATO-Missionen zur militärischen Unterstützung der östlichen Bündnispartner manifestiert.

(3) Die Einstellungen der Bürgerinnen und Bürger zur Bündnisverteidigung im Rahmen der NATO dürften auch maßgeblich vom Vertrauen in den Bündnispartner USA beeinflusst werden, denn die militärische Stärke der NATO basiert zum größten Teil auf den Fähigkeiten der US-Streitkräfte. Vor diesem Hintergrund ist anzunehmen, dass ein größeres Vertrauen in den stärksten aller NATO-Partner mit einer größeren Zustimmung zum Prinzip der Bündnisverteidigung und zur militärischen Unterstützung der östlichen Bündnispartner einhergeht. Das *Vertrauen in den Bündnispartner USA* wurde mit einer Indexvariable operationalisiert, die drei Aspekte bündelt: den Wunsch nach Einbindung der USA in die Verteidigung Europas; die Auffassung, dass die USA hinter ihren Bündnisverpflichtungen stehen; und die Überzeugung, dass die Außen- und Sicherheitspolitik der USA den Zusammenhalt der NATO stärkt (vgl. Abschnitt 6, Abbildung 6.3; Cronbachs alpha = 0,59). Ein weiterer sicherheitspolitischer Aspekt, der die NATO-Bündnistreue der Deutschen beeinflussen könnte, ist die *Einstellung zu der Idee einer europäischen „strategischen Autonomie"*, wie sie wiederholt vom französischen Präsidenten Emmanuel Macron gefordert wurde: die EU sollte ihre Verteidigung unabhängig von der NATO (und insbesondere den USA) gewährleisten können. Wer diese Überzeugung teilt, könnte eine kritischere Einstellung zur Bündnisverteidigung im Rahmen der NATO haben. Die Einstellung der Befragten zur strategischen Autonomie der EU wurde durch die Zusammenfassung folgender Aussagen operationalisiert: „Die EU sollte als eigenständiger verteidigungs- und sicherheitspolitischer Akteur auftreten" und „Die EU sollte ihre Sicherheit unabhängig von der NATO gewährleisten können" (vgl. Abschnitt 8, Abbildung 8.1; Cronbachs alpha = 0,64).

(4) Neben diesen sehr spezifischen sicherheitspolitischen Einstellungen ist die Position der Bürgerinnen und Bürger zur Bündnisverteidigung auch auf deren *außenpolitische Grundhaltungen* zurückzuführen (Steinbrecher et al. 2018b). Ausgehend von der Hypothese einer hierarchischen Strukturierung außen- und sicherheitspolitischer Einstellungen, hat die Einstellungsforschung eine Reihe *abstrakter* außen- und sicherheitspolitischer Grundhaltungen identifiziert (z.B. Asmus et al. 2005; Bardes/Oldendick

1990; Chittick et al. 1995),[42] die die Einstellungen zu *spezifischen* außen- und sicherheitspolitischen Themen beeinflussen (Hurwitz/Peffley 1987; Hurwitz et al. 1993; Peffley/Hurwitz 1993)[43] und dadurch einen Meinungsbildungsprozess ermöglichen, der weitestgehend *unabhängig* vom konkreten Wissensstand zu den spezifischen Themen ist (Feldman 1988; Hurwitz/Peffley 1987). Die vier prominentesten Grundhaltungen sind Internationalismus, Multilateralismus, Militarismus und Atlantizismus. Diese vier Dimensionen reflektieren die persönliche Überzeugung, dass die vitalen Interessen des eigenen Landes am besten durch ein aktives Engagement in der Weltpolitik (Internationalismus), durch internationale Zusammenarbeit mit Verbündeten (Multilateralismus), den Einsatz militärischer Gewalt in der Außenpolitik (Militarismus) und, im Fall europäischer Länder, durch die Orientierung der eigenen Außenpolitik an den USA (Atlantizismus) gewahrt werden können. Eine stärkere Ausprägung der vier außenpolitischen Grundhaltungen sollte die prinzipielle wie auch die konkrete Bündnissolidarität erhöhen, wie frühere Untersuchungen bereits gezeigt haben (Steinbrecher et al. 2018b; siehe auch Endres 2018).

(5) Die Bereitschaft zur konkreten Solidarität mit den östlichen NATO-Bündnispartnern dürfte darüber hinaus auch maßgeblich von der Bekanntheit der Beteiligung der Bundeswehr an den anerkannten NATO-Missionen im Baltikum (Air Policing und EFP) abhängen. Wie die Ergebnisse in Abschnitt 14 zeigen, erhöht der *subjektive Kenntnisstand* über die Missionen die Zustimmung zu diesen stark. Weitere *kognitive Ressourcen*, wie das Interesse an Verteidigungspolitik, das Bildungsniveau und die Mediennutzung zur politischen Informationsgewinnung dienen als Kontrollvariablen.

(6) Abschließend sollen die *Einstellungen der Befragten zur Bundeswehr* kontrolliert werden: Die Grundhaltung der Befragten zur Bundeswehr hat sich in früheren Untersuchungen bereits als wichtiger Indikator der Bündnistreue erwiesen (Steinbrecher et al. 2018b). Darüber hinaus ist anzunehmen, dass eine positivere Bewertung der Leistung der Bundeswehr bei ihren Auslandseinsätzen sowie ihrer Ausrüstung und Bewaffnung mit einer größeren Bereitschaft zur konkreten militärischen Unterstützung der östlichen Bündnispartner einhergeht: Je mehr die Bundeswehr als „schlagkräftig“ wahrgenommen wird, desto größer sollte die Zuversicht sein, dass die Bundeswehr im Rahmen der NATO-Missionen einen substanziellen Beitrag zur Sicherung der NATO-Ostflanke leisten kann. Im Fall des Afghanistaneinsatzes der Bundeswehr hat

---

42 In der englischsprachigen Literatur hat sich der Begriff „strategic postures“ etabliert.

43 Für ausführlichere Erläuterungen zur Rolle und Wirkungsweise der außen- und sicherheitspolitischen Grundhaltungen sei auf den Sammelband von Biehl und Schoen (2015) sowie die Studien von Endres (2018), Irondelle et al. (2015), Mader (2015, 2017) und Rattinger et al. (2016) verwiesen.

sich die Performanzbewertung als einer der stärksten Prädiktoren der Haltung zum Einsatz erwiesen (Steinbrecher/Wanner 2021). Auch normative Haltungen könnten für die Bündnistreue der Deutschen eine Rolle spielen, wie die Einstellung der Befragten zur parlamentarischen Kontrolle der Streitkräfte und zum Parlamentsvorbehalt bei der Entsendung der Bundeswehr in Auslandseinsätze. Wie die Ergebnisse in Abschnitt 5 offengelegt haben, befürwortet eine große Mehrheit der Befragten das Mitspracherecht des Bundestags bei der Entsendung deutscher Streitkräfte in Auslandseinsätze. Im Gegensatz zu den „klassischen" Auslandseinsätzen der Bundeswehr ist für ihre Beteiligung an den anerkannten Missionen zur Sicherung der NATO-Ostflanke kein Mandat des Deutschen Bundestags erforderlich, sie erfolgt einzig auf Anordnung der Bundesregierung. Eine „Exekutivarmee" lehnt die Bevölkerung jedoch mehrheitlich ab. Vor diesem Hintergrund wird angenommen, dass eine stärkere Befürwortung der parlamentarischen Kontrolle der Streitkräfte und des Parlamentsvorbehalts mit einem geringeren Zuspruch zur konkreten militärischen Unterstützung der östlichen Bündnispartner einhergeht.

Um den Einfluss der Wahrnehmungen Russlands und der weiteren Erklärungsfaktoren auf die drei zu erklärenden Größen – die prinzipielle Bündnistreue, die konkrete Solidarität mit den östlichen Bündnispartnern und die Diskrepanz zwischen diesen beiden Einstellungen – zu bestimmen, wurden drei lineare multiple Regressionsanalysen berechnet. Neben den genannten Erklärungsvariablen dienen das Alter, das Geschlecht, der Wohnsitz (Ostdeutschland), die Diensterfahrung in der Bundeswehr, der Migrationshintergrund und die Wahlpräferenz der Befragten (Die Linke und Bündnis 90/Die Grünen) als Kontrollvariablen. Die Effektkoeffizienten der Kontrollvariablen werden nicht gesondert ausgewiesen, weil diese keine starken Effekte aufweisen und zusammen weniger als 2 Prozent der Varianz in den drei abhängigen Variablen erklären.

Wie erwartet, wirkt sich die Wahrnehmung Russlands als Bedrohung für die Sicherheit Deutschlands positiv auf die prinzipielle Bündnistreue und die konkrete Bündnissolidarität der Befragten aus und verringert zudem die Differenz zwischen diesen beiden Einstellungen (vgl. Tabelle 7.3). Dabei ist der Einfluss der strategischen Bedrohungsperzeption auf die konkrete Bündnissolidarität deutlich größer als auf die prinzipielle Bündnistreue. Die Wahrnehmung Russlands als „Wertepartner" hat keinen Einfluss auf die prinzipielle Bündnistreue, verringert aber die Bereitschaft zur militärischen Unterstützung der östlichen NATO-Partner. Im gleichem Maße wie die strategische Bedrohungsperzeption die Differenz zwischen prinzipieller Bündnistreue und konkreter Bündnissolidarität verringert, wird diese durch die Wahrnehmung Russlands als „Wertepartner" vergrößert.

Die Wahrnehmung von Risiken für die persönliche Sicherheit, die einen direkten oder indirekten Bezug zu Russland aufweisen, beeinflussen die drei Einstellungen zur Bündnisverteidigung insgesamt nur schwach. Dennoch sinkt der Zuspruch zum Prinzip der kollektiven Bündnisverteidigung im Rahmen der NATO, je mehr man sich durch die Spannungen zwischen dem Westen und Russland sowie Krieg in Europa persönlich bedroht fühlt. Wie erwartet, wird die Bereitschaft zur militärischen Unterstützung der östlichen NATO-Partner durch die Sorge vor einem weltweiten militärischen Wettrüsten beeinträchtigt. Die Diskrepanz zwischen prinzipieller Bündnistreue und konkreter Bündnissolidarität wird durch die wahrgenommene Bedrohung durch das weltweite Wettrüsten leicht vergrößert, während sie durch das Bedrohungsgefühl durch die Spannungen zwischen dem Westen und Russland etwas verringert wird.

Die prinzipielle Bündnistreue und die konkrete Bündnissolidarität der Bundesbürgerinnen und -bürger hängt, wie erwartet, vom Vertrauen in den wichtigsten aller NATO-Partner ab, den USA. Die Differenz zwischen prinzipieller und konkreter Bündnistreue wird durch das Vertrauen in die USA jedoch nicht beeinflusst. Überhaupt keine Rolle spielt die Überzeugung, dass die EU ihre Verteidigung unabhängig von der NATO gewährleisten können sollte. Der Wunsch nach einer „strategischen Autonomie“ der EU im Bereich der Verteidigung untergräbt die Bündnistreue der Deutschen also nicht.

Die außenpolitischen Grundhaltungen haben als Gruppe einen starken Einfluss auf die Bündnistreue der Befragten. Die Überzeugungen, dass sich die deutsche Außenpolitik an der der USA orientieren sollte (Atlantizismus), Deutschland eine aktivere Rolle in der Weltpolitik spielen sollte und sich die Ordnung in der Welt manchmal nur mit militärischen Mitteln sichern lasse (Militarismus), beeinflussen alle in gleichem Maße beide Einstellungen zur Bündnisverteidigung positiv. Einen Einfluss auf die Diskrepanz zwischen der prinzipiellen Bündnistreue und der Bereitschaft zur konkreten militärischen Unterstützung haben diese drei außenpolitischen Grundhaltungen nicht. Im Vergleich dazu wirkt sich eine multilateralistische Überzeugung sehr viel stärker auf die prinzipielle Bündnistreue aus, jedoch gar nicht auf die konkrete Solidarität mit den östlichen Bündnispartnern. Zudem vergrößert eine multilateralistische Haltung die Diskrepanz zwischen den beiden Einstellungen zur Bündnisverteidigung. Wer also besonders davon überzeugt ist, Deutschland sollte sich in internationalen Krisen unbedingt mit seinen Verbündeten abstimmen, der stimmt auch eher der kollektiven Verteidigung im Rahmen der NATO zu – allerdings nur im Prinzip, denn eine konkrete Bereitschaft zur militärischen Unterstützung der östlichen NATO-Partner erwächst nicht aus dieser Grundhaltung.

Kognitive Ressourcen wie ein höherer Bildungsabschluss, der häufige Konsum diverser Medien zur politischen Informationsgewinnung oder ein generelles Interesse an Verteidigungspolitik sind für die Einstellung der Befragten zur NATO-Bündnisverteidigung weitgehend bedeutungslos. Einzige Ausnahme ist der subjektive Kenntnisstand zu den NATO-Missionen zur Sicherung der NATO-Ostflanke und zur Rückversicherung der baltischen Partnerländer: Je mehr die Bürgerinnen und Bürger angeben, über diese Missionen zu wissen, desto positiver ist ihre Einstellung zur militärischen Unterstützung der östlichen Bündnispartner. Besonders stark wirkt sich der Kenntnisstand auf die Diskrepanz zwischen prinzipieller und konkreter Bündnistreue aus: Je mehr man über die Missionen weiß, desto geringer ist der Unterschied zwischen „Anspruch“ und „Realität“ in der Haltung zur Bündnisverteidigung. Für die Einstellung zum Prinzip der NATO-Bündnisverteidigung ist der Kenntnisstand über die NATO-Missionen hingegen bedeutungslos.

Abschließend sind die Einstellungen zur Bundeswehr zu betrachten, die auf die drei abhängigen Variablen sehr unterschiedliche Effekte haben: Eine positive Grundhaltung zur Bundeswehr steigert den Zuspruch zum Prinzip der NATO-Bündnisverteidigung zwar geringfügig, hat aber sonst keine weiteren Auswirkungen auf die Einstellungen der Befragten zur Bündnissolidarität. Einen sehr viel stärkeren Einfluss hat die Bewertung der Leistung der Bundeswehr bei ihren Auslandseinsätzen: Je positiver die Leistungsbewertung, desto stärker ist die prinzipielle Bündnistreue und die konkrete Bündnissolidarität. Es ist anzunehmen, dass eine positive Performanzbewertung das Vertrauen in die Fähigkeiten der Bundeswehr steigert, einen positiven Beitrag zur Bündnisverteidigung leisten zu können. Eine positivere Bewertung der Ausrüstung und Bewaffnung der Bundeswehr wirkt sich ebenfalls (leicht) positiv auf die Einstellung zur militärischen Unterstützung der östlichen Bündnispartner aus. Wie erwartet, geht der Wunsch nach einer Mitsprache des Deutschen Bundestags bei der Entsendung der Bundeswehr in Auslandseinsätze mit einem geringeren Zuspruch zu militärischen Unterstützung der östlichen Bündnispartner einher. Jedoch erhöht der Zuspruch zum Parlamentsvorbehalt die prinzipielle Bündnistreue. Im Ergebnis bedeutet dies aber auch, dass die Zustimmung der Bürgerinnen und Bürger zum Mitspracherecht des Bundestags bei der Entsendung der Bundeswehr in Auslandseinsätze die Diskrepanz zwischen „Anspruch“ und „Realität“ in der Haltung zur Bündnisverteidigung stark vergrößert.

Tabelle 7.3: Determinanten der NATO-Bündnistreue

	Prinzipielle Bündnistreue	Konkrete Bündnissolidarität	Differenz: PB – KB
Wahrnehmungen Russlands			
Wahrnehmung Russlands als „Wertepartner“	0,01$^{n.s.}$	-0,09**	0,11**
Russland bedroht Sicherheit Deutschlands (Cyberangriffe, Aufrüstung, Sicherheitspolitik, Ukraine)	0,14***	0,23***	-0,11***
Bedrohungswahrnehmungen (persönliche Sicherheit)			
Spannungen zwischen dem Westen und Russland	-0,05*	0,04$^{n.s.}$	-0,08*
Krieg in Europa	-0,09***	-0,02$^{n.s.}$	-0,06$^{n.s.}$
Weltweites Wettrüsten	-0,03$^{n.s.}$	-0,09***	0,06*
Sicherheitspolitische Einstellungen			
Vertrauen in den Bündnispartner USA	0,19***	0,14***	0,03$^{n.s.}$
Befürwortung „Strategische Autonomie“ Europas	0,03$^{n.s.}$	0,00$^{n.s.}$	0,03$^{n.s.}$
Außenpolitische Grundhaltungen			
Atlantizismus	0,10***	0,12***	-0,03$^{n.s.}$
Internationalismus	0,12***	0,11***	-0,01$^{n.s.}$
Militarismus	0,09***	0,12***	-0,05$^{n.s.}$
Multilateralismus	0,22***	0,03$^{n.s.}$	0,17***
Kognitive Ressourcen			
Bekanntheit anerkannte NATO-Missionen (Air Policing und EFP)	-0,03$^{n.s.}$	0,20***	-0,23***
Interesse an Verteidigungspolitik	0,01$^{n.s.}$	-0,03$^{n.s.}$	0,04$^{n.s.}$
Hohe Bildung (mindestens Fachabitur)	-0,02$^{n.s.}$	-0,04$^{n.s.}$	0,02$^{n.s.}$
Mediennutzung zur politischen Informationsgewinnung	0,05*	0,08**	-0,04$^{n.s.}$
Einstellungen zur Bundeswehr			
Haltung zur Bundeswehr	0,11***	0,05$^{n.s.}$	0,05$^{n.s.}$
Bewertung: Leistung bei Auslandseinsätzen	0,20***	0,21***	-0,04$^{n.s.}$
Bewertung: Ausrüstung und Bewaffnung	0,02$^{n.s.}$	0,06**	-0,05$^{n.s.}$
Parlamentarische Kontrolle der Streitkräfte	0,08***	-0,15***	0,24***
Korrigiertes R^2	0,55	0,44	0,23
n	1.383	1.346	1.340

Anmerkungen: Wertebereich der abhängigen Variablen [0 – völlige Ablehnung; 1 – völlige Zustimmung]. Alle in der Tabelle ausgewiesenen Variablen haben einen Wertebereich von [0 – niedrige bzw. negative Ausprägung; 1 – hohe bzw. positive Ausprägung]. Alter, Geschlecht, Haushaltseinkommen, Wohnsitz (Ostdeutschland), Migrationshintergrund, Wahlpräferenz (Die Linke und Bündnis 90/Die Grünen) und Diensterfahrung in der Bundeswehr gehen in alle drei Modelle als Kontrollvariablen ein. Die Effektkoeffizienten der Kontrollvariablen werden nicht ausgewiesen, weil diese zusammen weniger als 2 Prozent der Varianz in den abhängigen Variablen erklären. Analyseverfahren: Multiple lineare Regressionen; standardisierte Regressionskoeffizienten (beta). Signifikanzniveau: *** $p < 0,001$; ** $p < 0,01$; * $p < 0,05$; n.s. = nicht signifikant ($p \geq 0,05$).

Datenbasis: Bevölkerungsbefragung des ZMSBw 2021.

7.8 Fazit

Seit spätestens 2014 wird Russland von der NATO wieder als Bedrohung für die euro-atlantische Sicherheit wahrgenommen. Infolgedessen kehrt die NATO zu ihrem Kernauftrag zurück: die (territoriale) Bündnisverteidigung. Deutschland kommt dabei eine besondere Bedeutung und Verantwortung zu. Die Bundeswehr richtet ihr Handeln konsequent daran aus und leistet wertvolle Beiträge zur Sicherung der NATO-Ostflanke und zur Rückversicherung der östlichen Bündnispartner. Diese strategische Neuausrichtung auf die Bündnisverteidigung wird von der deutschen Bevölkerung jedoch nur eingeschränkt mitgetragen: Die Mehrheit weiß zwar um die Bedeutung der NATO für die Sicherheit Deutschlands und bekennt sich auch zum Prinzip der kollektiven Bündnisverteidigung, jedoch ist die Bereitschaft zur militärischen Unterstützung der östlichen Bündnispartner gegen Russland schwach ausgeprägt. Dieses Missverhältnis zwischen der prinzipiellen Bündnistreue und der konkreten Bündnissolidarität existiert in allen soziodemografischen Gruppen, ebenso wie ein ambivalentes Meinungsbild zur militärischen Unterstützung der östlichen NATO-Partner. Dieses Meinungsbild ist keine „Momentaufnahme", sondern besteht bereits seit vielen Jahren. Besonders im direkten Vergleich mit anderen NATO-Staaten fällt die mangelnde Bündnissolidarität der deutschen Bevölkerung auf. Dieser Umstand könnte das Vertrauen der Verbündeten in die Verteidigungsbereitschaft und in die Bündnistreue Deutschlands beschädigen und bietet Russland zugleich eine Angriffsfläche, um die öffentliche Meinung in Deutschland und in anderen NATO-Mitgliedstaaten mithilfe von Desinformations- und Propagandakampagnen zu beeinflussen und so den inneren Zusammenhalt der NATO zu schwächen.

Ein Erklärungsfaktor für die mangelnde Solidarität mit den östlichen Bündnispartnern ist das in weiten Teilen der Bevölkerung fehlende Gefühl der Bedrohung durch Russland: Wer sich (nicht) durch Russland bedroht fühlt, ist eher (nicht) dazu bereit, die östlichen Bündnispartner militärisch gegen Russland zu unterstützen. Die Wahrnehmung Russlands als strategische Bedrohung verringert zudem die Diskrepanz zwischen prinzipieller und konkreter Bündnistreue. Die Wahrnehmung Russlands als „Wertepartner" beeinträchtigt dagegen die Bereitschaft zur militärischen Unterstützung der östlichen Bündnispartner und erhöht die Diskrepanz zwischen prinzipieller und konkreter Bündnistreue. Das „Russlandbild" der Bürgerinnen und Bürger spielt also eine wichtige Rolle für deren Einstellungen zur Bündnisverteidigung im Rahmen der NATO. Wie die Ergebnisse in Abschnitt 6 jedoch gezeigt haben, ist dieses Bild äußerst ambivalent, was ebenfalls von Russland ausgenutzt werden könnte, um in seinem Interesse auf die öffentliche Meinung zur Bündnisverteidigung einzuwirken.

Eine weitere bedeutende Determinante der öffentlichen Meinung zur Sicherung der NATO-Ostflanke ist der subjektive Kenntnisstand über die Beteiligung der Bundeswehr an den beiden anerkannten Missionen im Baltikum: Je mehr die Bürgerinnen und Bürger über die Missionen wissen, desto größer ist der Zuspruch zur militärischen Unterstützung der östlichen NATO-Partner. Allerdings gehören die Beteiligungen der Bundeswehr am Air Policing im Baltikum und an der Enhanced Forward Presence in Litauen seit Jahren zu den in der Bevölkerung am wenigsten bekannten Missionen (vgl. Abschnitt 14, Abbildung 14.1): Mindestens 10 bis maximal 16 Prozent der Befragten gaben im Zeitraum 2016–2021 an, wenigstens einen grundlegenden Kenntnisstand über diese Missionen zu haben. In allen Erhebungsjahren gab eine Mehrheit an, noch nie von den Missionen gehört zu haben.

Darüber hinaus erhöht die Performanzbewertung der Bundeswehr sowohl die prinzipielle Bündnistreue als auch die konkrete Bündnissolidarität der Bürgerinnen und Bürger. Die Befragten sprechen sich also umso mehr für einen aktiven militärischen Beitrag Deutschlands zum Schutz der NATO-Ostflanke und zur Rückversicherung der östlichen Bündnispartner aus, je mehr sie von der Leistungsfähigkeit der Bundeswehr überzeugt sind. Im Fokus stehen aber nicht so sehr die Ausrüstung und Bewaffnung der Bundeswehr, sondern die von ihr erbrachten Leistungen in den Auslandseinsätzen: Der (wahrgenommene) Erfolg der Bundeswehr erhöht die öffentliche Unterstützung für ihren Auftrag. Die Bündnisverteidigung bildet da keine Ausnahme.

Wichtig ist zudem die Erkenntnis, dass der Wunsch nach einer „strategischen Autonomie“ der EU weder die NATO-Bündnistreue noch die konkrete Bündnissolidarität der deutschen Bevölkerung beeinträchtigt. Wie aus den Ergebnissen in Abschnitt 8 hervorgeht, wird der Ausbau der EU-Verteidigungszusammenarbeit von den Bürgerinnen und Bürgern überwiegend als Stärkung der europäischen Säule der NATO verstanden und eine absolute Mehrheit von 58 Prozent befürwortet eine stärkere Zusammenarbeit zwischen der EU und der NATO im Bereich der Verteidigung.

Was einer größeren Bereitschaft in der deutschen Bevölkerung zur militärischen Unterstützung der östlichen Bündnispartner dagegen im Wege steht, ist die Einstellung zum Parlamentsvorbehalt: Je mehr man der Auffassung ist, dass die Bundeswehr grundsätzlich nur mit einem Mandat des Deutschen Bundestags ins Ausland entsandt werden sollte, desto geringer ist die Bereitschaft zur militärischen Unterstützung der östlichen Bündnispartner. Der aktuell wichtigste Beitrag der Bundeswehr ist in diesem Zusammenhang ihre Beteiligung an den anerkannten NATO-Missionen im Baltikum, die eben nicht dem Parlamentsvorbehalt unterliegen und einzig auf Beschluss der Bundesregierung erfolgen – und die damit auf Widerstand in der Bevölkerung stoßen, die sich klar für die parlamentarische Kontrolle der Streitkräfte (67 Prozent Zustimmung) und gegen eine „Exekutivarmee“ ausspricht (vgl. Abschnitt 5). Auch wenn für die Beteiligungen der Bundeswehr an den NATO-Missionen im Baltikum kein Mandat des Deutschen Bundestags erforderlich ist, könnte eine öffentliche Debatte im parlamentarischen und medialen Raum zumindest einen Beitrag zur Bekanntheit und Unterstützung für den Auftrag der Soldatinnen und Soldaten leisten.

Aus der Diskrepanz zwischen Bündnisverpflichtungen, militärischen Maßnahmen sowie öffentlicher Meinung und Unkenntnis ergibt sich für das Bundesministerium der Verteidigung und die Bundeswehr die Notwendigkeit, die Bevölkerung proaktiv über die Missionen zur Sicherung der NATO-Ostflanke zu informieren. Dabei muss den Bürgerinnen und Bürgern insbesondere der Grund für die Rückbesinnung der NATO und der Bundeswehr auf die Landes- und Bündnisverteidigung klar vor Augen geführt werden: die militärische Bedrohung durch Russland. Zusätzlich sollten Erfolgsmeldungen mit Bezug zu den Missionen im Baltikum und die fundamentale Bedeutung der Bündnissolidarität für die Sicherheit Deutschlands kommuniziert werden. Diese Kommunikations- und Informationsarbeit ist unerlässlich, weil die kritische öffentliche Meinung zur Beteiligung der Bundeswehr an den Missionen zur Sicherung der NATO-Ostflanke nicht nur das Vertrauen der östlichen NATO-Partner schwächen, sondern auch die Motivation der Soldatinnen und Soldaten im Einsatz beeinträchtigen könnte.

8 Einstellungen zur EU-Verteidigungszusammenarbeit

Timo Graf

Die Europäische Union veröffentlichte im Jahr 2016 die European Union Global Strategy (European Union 2016). Dieses höchste außen- und sicherheitspolitische Strategiedokument der EU benennt die Vertiefung der europäischen Zusammenarbeit im Bereich der Sicherheits- und Verteidigungspolitik als eines der vorrangigen Handlungsfelder der EU, um die europäische Integration voranzutreiben und die Sicherheit der EU-Bürger auch in Zukunft gewährleisten zu können. Die Bundesregierung teilt diese Auffassung und strebt deshalb als Fernziel die Schaffung einer Europäischen Sicherheits- und Verteidigungsunion an (BMVg 2016a: 73). Die Mehrheit der im Deutschen Bundestag vertretenen Parteien bekennt sich in ihren Parteiprogrammen ebenfalls zum weiteren Ausbau der EU-Verteidigungszusammenarbeit.

Im Rahmen seiner EU-Ratspräsidentschaft im vergangenen Jahr hat sich Deutschland im Bereich der Gemeinsamen Sicherheits- und Verteidigungspolitik (GSVP) dafür eingesetzt, dass die Mitgliedsländer bis Ende 2020 erfolgreich eine gemeinsame Bedrohungsanalyse erstellt haben, die als „strategischer Kompass“ Grundlage gemeinsamer Zielsetzungen im Bereich der GSVP werden soll. Der finale strategische Kompass soll im ersten Halbjahr 2022 verabschiedet werden. Darüber hinaus hat sich Deutschland insbesondere für eine stärkere Kooperation zwischen der NATO und der EU engagiert, nicht zuletzt auch deshalb, weil „wir in der EU insgesamt ein gutes Stück davon entfernt sind, die Fähigkeiten der NATO und der transatlantischen Partner durch eigene EU-Kräfte ersetzen zu können“, wie die Bundesministerin der Verteidigung Annegret Kramp-Karrenbauer bei der Präsentation der deutschen Pläne für die EU-Ratspräsidentschaft am 14. Juli 2020 betonte.[44] Als konkreter Erfolg der deutschen EU-Ratspräsidentschaft gilt auch die Einigung über eine Regelung zur Beteiligung von Drittstaaten an der Ständigen Strukturierten Zusammenarbeit der EU, was die Zusammenarbeit mit strategischen Partnern, die keine EU-Mitgliedstaaten sind, erleichtert.

Die europäische Verteidigungszusammenarbeit im Rahmen der EU entwickelt sich folglich beständig fort. Eine handlungsfähige Europäische Verteidigungsunion würde den

---

44 „AKK stellt EU-Parlament Prioritäten der Ratspräsidentschaft vor“, 15. Juli 2020: <www.bmvg.de/de/aktuelles/akk-eu-parlament-prioritaeten-eu-ratspraesidentschaft-livestream-315342> [3.9.2020].

Kern der modernen nationalstaatlichen Souveränität berühren: das legitime Gewaltmonopol. Aus diesem Grund sollten die europäischen Integrationsbemühungen im Bereich der Verteidigungspolitik durch den Willen der Bürgerinnen und Bürger demokratisch legitimiert sein. Empirische Untersuchungen der öffentlichen Meinung zur EU-Verteidigungszusammenarbeit im Allgemeinen und zur Schaffung einer EU-Armee im Besonderen können diesbezüglich wichtige Erkenntnisse liefern, die in den politischen Planungen und öffentlichen Debatten berücksichtigt werden sollten – nicht als finales Votum der Bevölkerung, sondern als aktueller und wissenschaftlich fundierter Informationsbeitrag in einer sich fortlaufend entwickelnden Diskussion über die Zukunft der Verteidigung der Europäischen Union und ihrer Mitgliedstaaten.

Über die öffentliche Meinung in Deutschland zur EU-Verteidigungszusammenarbeit liegen bisher nur begrenzte Informationen vor. Der Grund hierfür besteht in einem Mangel an aktuellen, repräsentativen und wissenschaftlichen Standards genügenden Studien zu diesem Themenkomplex (Graf 2020b). Die Bevölkerungsbefragung des ZMSBw ist die umfassendste Datenquelle zur öffentlichen Meinung in der Bundesrepublik Deutschland über die EU-Verteidigungszusammenarbeit. Auf Grundlage dieser Daten hat das ZMSBw im Jahr 2020 den bisher umfangreichsten Forschungsbericht zu diesem Thema vorgelegt (Graf 2020b). Die Auswertung der Ergebnisse der diesjährigen Bevölkerungsbefragung führt diese Grundlagenforschung fort.

Dieser Abschnitt befasst sich mit den Einstellungen der Bürgerinnen und Bürger zu verschiedenen Aspekten der europäischen Verteidigungszusammenarbeit, den Meinungsunterschieden zwischen den verschiedenen soziodemografischen Gruppen in der deutschen Bevölkerung und den Determinanten der Einstellung zur EU-Verteidigungszusammenarbeit. Darüber hinaus werden zwei konkrete Fragen beantwortet, die in der strategischen Debatte über die Weiterentwicklung der EU-Verteidigungszusammenarbeit als Streitpunkte gelten: 1) Schwächt der öffentliche Zuspruch zur parlamentarischen Kontrolle der nationalen Streitkräfte die Zustimmung zur Schaffung einer gemeinsamen europäischen Armee? 2) Sind NATO und EU aus Sicht der Bürgerinnen und Bürger komplementär oder sollte die EU als sicherheits- und verteidigungspolitischer Akteur eine von der NATO unabhängige Handlungsfähigkeit anstreben?

8.1 Einstellungen zur EU-Verteidigungszusammenarbeit

Die europäische Verteidigungszusammenarbeit findet in unterschiedlichen Formaten statt, etwa im Rahmen der EU (z.B. EU Battlegroups, deutsch: EU-Kampfgruppen) und der NATO (z.B. Framework Nations Concept, deutsch: Rahmennationenkonzept), auf der

Grundlage bilateraler Kooperationen zwischen einzelnen Staaten (z.B. Deutsch-Französische Brigade) oder in multinationalen Kooperationen außerhalb der Strukturen von NATO und EU (z.B. Europäische Interventionsinitiative, EI2). Darüber hinaus besteht selbst in originären EU-Initiativen, wie z.B. der Ständigen Strukturierten Zusammenarbeit (englisch: Permanent Structured Cooperation, PESCO) oder den EU Battlegroups, die Möglichkeit zur freiwilligen Teilnahme von Nicht-EU-Ländern, die bestimmte Voraussetzungen erfüllen. Hinzu kommt, dass bestimmte EU-Initiativen (z.B. PESCO) und Nicht-EU-Strukturen und -Initiativen (z.B. NATO und EI2) aufeinander abgestimmt werden (sollen), um unnötige Dopplungen hinsichtlich des Auftrags, der Organisation und der Ressourcen zu vermeiden. Viele der unterschiedlichen Maßnahmen und Strukturen, die die Vertiefung der europäischen Verteidigungszusammenarbeit im Allgemeinen und der militärischen Kooperation im Besonderen zum Ziel haben, stehen somit in Beziehung zueinander. Es gibt also mehrere sich parallel und teilweise auch gemeinsam entwickelnde Initiativen und Strukturen zur Stärkung und Vertiefung der europäischen Verteidigungszusammenarbeit, aber nicht *die* europäische Verteidigungszusammenarbeit. Die Zusammenarbeit europäischer Länder (sowohl Mitgliedstaaten der EU als auch Nichtmitglieder) in der Sicherheits- und Verteidigungspolitik im institutionellen Rahmen der EU ist daher nur eine Facette einer umfassenderen Entwicklung. Mit genau diesem Teilaspekt der europäischen Verteidigungszusammenarbeit befassen sich die nachfolgend beschriebenen Untersuchungen.

Seit 2017 hat die Verteidigungszusammenarbeit im Rahmen der EU große Fortschritte gemacht. Ende 2017 beschlossen 25 EU-Mitgliedstaaten die PESCO, die eine engere Kooperation im Bereich der Verteidigung ermöglicht. So wurden im Rahmen von PESCO bisher 47 Einzelprojekte zur militärischen Fähigkeitsentwicklung initiiert. Deutschland ist an 16 dieser Projekte beteiligt und koordiniert davon sechs, die z.B. die Zusammenarbeit der Sanitätsdienste europäischer Streitkräfte oder die militärische Mobilität in Europa verbessern. Ebenfalls im Jahr 2017 wurde der Europäische Verteidigungsfonds (englisch: European Defence Fund, EDF) ins Leben gerufen, der die gemeinschaftliche Entwicklung und Beschaffung neuer Rüstungsgüter in Europa finanziell unterstützen soll. Erste konkrete Rüstungsprojekte werden bereits durch den EDF kofinanziert.[45] Zusätzlich nehmen seit 2017 alle EU-Mitgliedstaaten an der Koordinierten Jährlichen Überprüfung der Verteidigung teil (englisch: Coordinated Annual Review on Defence, CARD), in der sie sich gegenseitig über ihre Verteidigungsausgaben und Planungsvorhaben unterrichten, um die Fähigkeitsentwicklung untereinander besser abstimmen zu können. Im Jahr 2020 wurde

[45] Für die Jahre 2019–2020 stehen Fördermittel im Umfang von 525 Millionen Euro zur Verfügung. Für den Zeitraum 2021–2027 ist ein EDF-Budget von insgesamt 13 Milliarden Euro vorgesehen.

mit dem Cyber and Information Domain Coordination Centre (CIDCC) zudem eine ständige multinationale Koordinierungsstelle geschaffen, die den Informationsaustausch sowie die Planung und Führung von EU-Operationen im Cyber- und Informationsraum verbessern soll.

Wie die Ergebnisse in Abbildung 8.1 verdeutlichen, steht die deutsche Bevölkerung der europäischen Verteidigungskooperation im Rahmen der EU positiv gegenüber. Im Vergleich zum Vorjahr hat die öffentliche Zustimmung zur EU-Verteidigungszusammenarbeit insgesamt leicht abgenommen. Eine Mehrheit vertritt die Auffassung, dass die EU eine gemeinsame Sicherheits- und Verteidigungspolitik haben sollte (64 Prozent Zustimmung; -2 Prozentpunkte im Vergleich zu 2020), als eigenständiger sicherheits- und verteidigungspolitischer Akteur auftreten (51 Prozent; -6 Prozentpunkte) und die gemeinsame Entwicklung europäischer Rüstungsprojekte finanziell unterstützen sollte (51 Prozent; -1 Prozentpunkt). Der letztgenannte Aspekt entspricht der Funktion des 2017 initiierten Europäischen Verteidigungsfonds (EDF). Eine relative Mehrheit spricht sich zudem für eine gemeinsame europäische Armee aus (47 Prozent; keine Veränderung).[46] Die insgesamt positive Haltung der Bürgerinnen und Bürger zur EU-Verteidigungszusammenarbeit manifestiert sich außerdem in der Überzeugung, dass Deutschland sich sicherheits- und verteidigungspolitisch vorrangig mit den Staaten der EU engagieren sollte (59 Prozent; -6 Prozentpunkte); nur 11 Prozent sprechen sich dagegen aus.[47]

---

46 Das Konzept der „europäischen Armee“ wurde in der Umfrage an dieser Stelle nicht näher definiert. Durch die fehlende Definition ergibt sich eine konzeptionelle Unklarheit in Bezug auf die Organisation der Streitkräfte: Sollte eine gemeinsame europäische Armee parallel zu den nationalen Streitkräften existieren oder diese ersetzen? Die Präferenz der Bevölkerung hinsichtlich der Organisation von Streitkräften in Europa wurde zuletzt im Jahr 2020 abgefragt (Graf 2021d) und verteilte sich folgendermaßen: Eine gemeinsame europäische Armee anstelle nationaler Streitkräfte, 8 Prozent; parallel zu den nationalen Streitkräften eine dauerhafte europäische Armee, 35 Prozent; nationale Streitkräfte, die im europäischen Rahmen eng zusammenarbeiten, 35 Prozent; nur nationale Streitkräfte, 10 Prozent; überhaupt keine Streitkräfte, 6 Prozent.

47 Dieser Befund lässt nicht die Schlussfolgerung zu, dass die Bevölkerungsmehrheit der NATO als verteidigungspolitischem Bündnis weniger Bedeutung beimisst als der EU (vgl. Abschnitt 7). Die ZMSBw-Bevölkerungsbefragung 2018 ergab: 64 Prozent der deutschen Bevölkerung sind davon überzeugt, dass die NATO auch in Zukunft das wichtigste Sicherheitsbündnis der westlichen Staaten bleibe, selbst wenn die europäischen Staaten immer enger militärisch zusammenarbeiten. Hingegen sind 30 Prozent der Auffassung, die NATO habe ihre Funktion als westliches Sicherheitsbündnis weitgehend verloren, weil die europäischen Staaten immer enger militärisch zusammenarbeiten und eigene Verteidigungsstrukturen aufbauen (Graf 2018: 60–61).

Abbildung 8.1: Einstellungen zur EU-Verteidigungszusammenarbeit

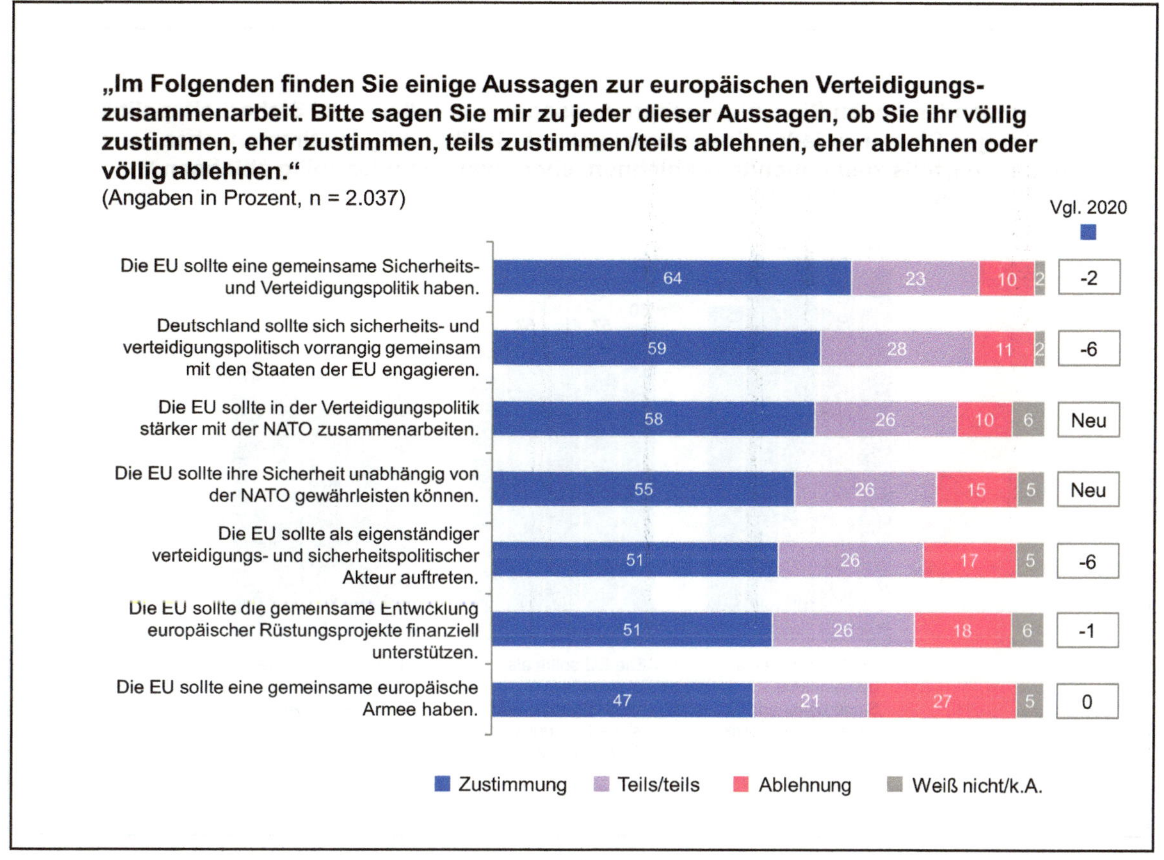

Anmerkungen: Nicht alle Prozentangaben ergeben in der Summe 100 Prozent, da die Einzelwerte gerundet wurden. Zustimmung: Anteile „Stimme völlig zu" und „Stimme eher zu" zusammengefasst; Ablehnung: Anteile „Lehne völlig ab" und „Lehne eher ab" zusammengefasst. Vgl. 2020: Differenz Zustimmung 2021 zu 2020.

Datenbasis: Bevölkerungsbefragungen des ZMSBw 2020 und 2021.

Hinsichtlich der Kooperation zwischen der EU und der NATO scheinen sich die Präferenzen der Bürgerinnen und Bürger zu widersprechen. Während 55 Prozent dafür plädieren, dass die EU ihre Sicherheit unabhängig von der NATO gewährleisten können sollte, sprechen sich 58 Prozent für eine engere Zusammenarbeit zwischen EU und NATO in der Verteidigungspolitik aus. Dieser scheinbare Widerspruch wird nachfolgend eingehend analysiert, denn es stellt sich grundsätzlich die Frage, ob die Bürgerinnen und Bürger den Ausbau der EU-Verteidigungszusammenarbeit als komplementär zur NATO verstehen oder als Konkurrenz. Allein auf der Grundlage der deskriptiven Auswertung der Befragungsdaten lässt sich diese Frage jedenfalls nicht beantworten.

Abbildung 8.2: Zustimmung zur EU-Verteidigungszusammenarbeit im Zeitverlauf, 2017–2021

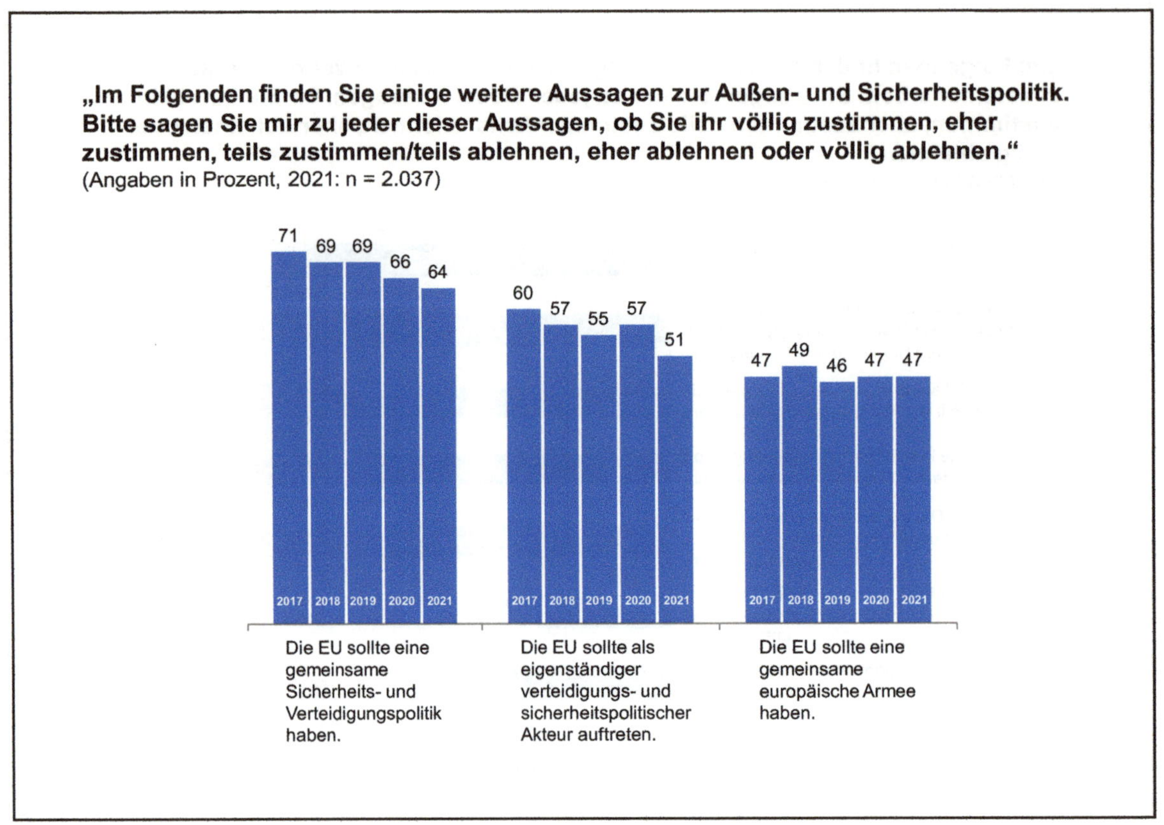

Anmerkung: Die Anteile „stimme völlig zu" und „stimme eher zu" wurden zusammengefasst.

Datenbasis: Bevölkerungsbefragungen des ZMSBw 2017–2021.

Betrachtet man die Entwicklung der öffentlichen Zustimmung zu verschiedenen Aspekten der EU-Verteidigungszusammenarbeit seit 2017, wird insgesamt ein leicht negativer Trend erkennbar (vgl. Abbildung 8.2). Der Zuspruch der Bürgerinnen und Bürger zu einer gemeinsamen Sicherheits- und Verteidigungspolitik und zum Auftreten der EU als eigenständiger Akteur ist seit 2017 um 7 bzw. 9 Prozentpunkte zurückgegangen. Die Zustimmung zur Schaffung einer gemeinsamen europäischen Armee stagniert dagegen und liegt im Mittel bei annähernd 47 Prozent. Im gesamten Betrachtungszeitraum ist die Zustimmung zur GSVP am größten, gefolgt vom Auftreten der EU als eigenständiger sicherheits- und verteidigungspolitischer Akteur und der Schaffung einer gemeinsamen EU-Armee.

8.2 Einstellungen zur EU-Verteidigungszusammenarbeit in soziodemografischen Gruppen

Nachfolgend werden statistisch signifikante Unterschiede in der Einstellung zur EU-Verteidigungszusammenarbeit zwischen den soziodemografischen Gruppen in der Bevölkerung beschrieben. Die Aussagen zur Gemeinsamen Sicherheits- und Verteidigungspolitik, zum Europäischen Verteidigungsfonds, zur EU-Armee und zum eigenständigen Auftreten der EU als sicherheits- und verteidigungspolitischer Akteur (vgl. Abbildung 8.1) wurden hierfür in einer Indexvariable zusammengefasst. Die Indexvariable „EU-Verteidigungszusammenarbeit“ hat einen Wertebereich von 0 (völlige Ablehnung) bis 1 (völlige Zustimmung). Ein Mittelwert von 0,5 repräsentiert eine ambivalente Einstellung. Berichtet werden die Mittelwerte für die untersuchten Teilgruppen in der deutschen Bevölkerung.[48]

Insgesamt fällt auf, dass in allen soziodemografischen Teilgruppen eine im Durchschnitt positive Einstellung zur EU-Verteidigungszusammenarbeit besteht (vgl. Tabelle 8.1). Jedoch haben die Anhänger der AfD, Befragte in der höchsten Einkommensgruppe (4.001 Euro und mehr) sowie die Bürgerinnen und Bürger in Ostdeutschland im Durchschnitt eine etwas weniger positive Einstellung zur EU-Verteidigungszusammenarbeit als die entsprechenden Vergleichsgruppen. Die Tatsache, dass es nur wenige signifikante Einstellungsunterschiede gibt, diese eher schwach ausgeprägt sind und alle untersuchten Teilgruppen eine im Durchschnitt positive Einstellung zur EU-Verteidigungszusammenarbeit haben, offenbart einen wohlwollenden Konsens in der Bevölkerung zu diesem Thema.

---

[48] Die vier Variablen weisen eine hohe Skalenreliabilität auf (Cronbachs alpha = 0,78), was deren Bündelung in einer Indexvariable aus empirischer Sicht sinnvoll erscheinen lässt. Die beiden Aussagen zur Kooperation zwischen der EU und der NATO wurden nicht in die Berechnung der Indexvariable einbezogen. Dafür gibt es zwei Gründe. Erstens: Bei der verteidigungspolitischen Zusammenarbeit von EU und NATO handelt es sich nicht um einen genuinen Aspekt der institutionellen Weiterentwicklung bzw. Vertiefung der europäischen Verteidigungspolitik im Rahmen der EU. Zweitens: Würde die Indexvariable die beiden Aussagen zur Kooperation zwischen der EU und der NATO miteinschließen, könnte die Beziehung zwischen der grundsätzlichen Einstellung zur EU-Verteidigungszusammenarbeit einerseits und der Einstellung zur verteidigungspolitischen Zusammenarbeit von NATO und EU andererseits nicht mehr untersucht werden (vgl. Unterabschnitt 8.4).

Tabelle 8.1: Zustimmung zur EU-Verteidigungszusammenarbeit in soziodemografischen Gruppen

(Mittelwerte)	
	EU-Verteidigungszusammenarbeit
Insgesamt	0,62
Geschlecht	n.s.
Männer	0,62
Frauen	0,62
Alter	n.s.
16 bis 29 Jahre	0,63
30 bis 49 Jahre	0,62
50 bis 69 Jahre	0,61
70 Jahre und älter	0,64
Bildungsniveau	n.s.
Hochschul- bzw. Fachhochschulreife	0,63
Realschulabschluss	0,63
Hauptschulabschluss	0,62
Haushaltsnettoeinkommen pro Monat	*
4.001 Euro und mehr	0,60
2.001 bis 4.000 Euro	0,63
Bis 2.000 Euro	0,62
Wahlabsicht Bundestagswahl	***
CDU/CSU	0,65
SPD	0,67
AfD	0,56
FDP	0,66
Die Linke	0,62
Bündnis 90/Die Grünen	0,63
Keine Parteipräferenz, Nichtwähler, w.n./k.A.	0,59
Region	***
Norddeutschland (SH, HH, HB, NI)	0,61
Ostdeutschland (MV, BB, BE, ST, SN, TH)	0,59
Süddeutschland (BW, BY)	0,66
Westdeutschland (NW, RP, HE, SL)	0,62
Migrationshintergrund	n.s.
Ja	0,63
Nein	0,62

Anmerkungen: Analyseverfahren: Varianzanalysen, Signifikanzniveau: *** $p < 0,001$; ** $p < 0,01$; * $p < 0,05$; n.s. = nicht signifikant ($p \geq 0,05$). Der Signifikanztest für die Varianzanalyse gibt an, ob sich der Mittelwert mindestens einer Gruppe von dem Mittelwert mindestens einer anderen Gruppe unterscheidet.

Datenbasis: Bevölkerungsbefragung des ZMSBw 2021.

8.3 Zustimmung zur EU-Armee und zur parlamentarischen Kontrolle der Streitkräfte

Die Auslandseinsätze der Bundeswehr bedürfen der konstitutiven Zustimmung des Deutschen Bundestags, was den besonderen Charakter der Bundeswehr als Parlamentsarmee betont. Im Zuge der Vertiefung der europäischen Verteidigungszusammenarbeit wird der Parlamentsvorbehalt in der deutschen Politik kontrovers diskutiert, könnte sich dieser doch als mögliches Hindernis auf dem Weg zu einer gemeinsamen europäischen Armee erweisen. Ungeachtet der Perspektive, die man in dieser Debatte einnimmt, würden „gemeinsame Streitkräfte die EU-Mitglieder zwingen, ihre nationalen Entscheidungsprozesse zu harmonisieren, um so die Reaktionsfähigkeit zu erhöhen. Damit müsste eine tragfähige Regelung für den deutschen Parlamentsvorbehalt gefunden werden“ (Kamp 2015: 3).

Wie die Ergebnisse in Abschnitt 5 (vgl. Abbildung 5.5) gezeigt haben, unterstützt die Mehrheit der Bürgerinnen und Bürger die Mitsprache des Bundestags in militärischen Angelegenheiten im Allgemeinen (49 Prozent) und bei der Entsendung der Bundeswehr in Auslandseinsätze im Besonderen (67 Prozent). Aus diesen Befunden lässt sich ableiten, dass die Mehrheit der Bevölkerung die Konzeption der Bundeswehr als Parlamentsarmee befürwortet und einer der Legislative weitgehend entzogenen „Exekutivarmee“ kritisch gegenübersteht. Wie wirkt sich die Haltung der Befragten zur parlamentarischen Kontrolle der Streitkräfte auf ihre Zustimmung zur Schaffung einer EU-Armee aus?

Tabelle 8.2: Einstellung zur parlamentarischen Kontrolle der Streitkräfte: Zustimmung zur Schaffung einer EU-Armee

„Im Folgenden finden Sie einige weitere Aussagen zur Außen- und Sicherheitspolitik. Bitte sagen Sie mir zu jeder dieser Aussagen, ob Sie ihr völlig zustimmen, eher zustimmen, teils zustimmen/teils ablehnen, eher ablehnen oder völlig ablehnen.
Die Bundesregierung sollte in militärischen Angelegenheiten alleine und ohne Mitwirkung des Bundestags handeln können.
Soldatinnen und Soldaten der Bundeswehr sollten nur mit Zustimmung des Bundestags in Einsätze entsendet werden.“
(Angaben in Prozent)

	EU-Armee			
	Zustimmung	Teils/teils	Ablehnung	W.n./k.A.
Einstellung zur parlamentarischen Kontrolle der Streitkräfte ***				
Zustimmung	44	19	32	5
Teils/teils	48	30	19	2
Ablehnung	55	23	19	3

Anmerkungen: Nicht alle Prozentangaben ergeben in der Summe 100 Prozent, da die Einzelwerte gerundet wurden. Zustimmung: Anteile „Stimme völlig zu“ und „Stimme eher zu“ zusammengefasst; Ablehnung: Anteile „Lehne völlig ab“ und „Lehne eher ab“ zusammengefasst. Analyseverfahren: Chi²-Unabhängigkeits-Test, Signifikanzniveau: *** p < 0,001; ** p < 0,01; * p < 0,05; n.s. = nicht signifikant (p ≥ 0,05).

Datenbasis: Bevölkerungsbefragung des ZMSBw 2021.

Zur Beantwortung dieser Frage wurden die beiden Aussagen zur parlamentarischen Kontrolle der Streitkräfte in einer Indexvariable zusammengefasst und anschließend drei Gruppen gebildet.[49] Vergleicht man die Befürworter und Gegner der parlamentarischen Kontrolle der Streitkräfte, so wird deutlich, dass die Befürworter der Parlamentsarmee die Schaffung einer gemeinsamen europäischen Armee statistisch signifikant weniger unterstützen als die Befürworter einer „Exekutivarmee" – die Differenz in der Zustimmung beträgt 11 Prozentpunkte (vgl. Tabelle 8.2). Ob diese Beziehung auch dann noch besteht, wenn andere Erklärungsgrößen berücksichtigt werden, zeigt die Regressionsanalyse am Ende dieses Abschnitts (vgl. Unterabschnitt 8.5). Festzuhalten bleibt: Die Mehrheit der Bundesbürgerinnen und -bürger befürwortet die parlamentarische Kontrolle der Streitkräfte und sieht die Schaffung einer europäischen Armee deutlich kritischer als jene Minderheit in der Bevölkerung, die eine „Exekutivarmee" präferiert. Zwar spricht sich aktuell eine relative Mehrheit von 47 Prozent im Abstrakten für die Schaffung einer EU-Armee aus (vgl. Abbildung 8.1), aber diese dürfte weniger öffentliche Zustimmung in Deutschland erfahren, wenn sie nicht als Parlamentsarmee nach dem Vorbild der Bundeswehr konzipiert und kommuniziert wird.

8.4 Einstellungen zur NATO und zur EU-Verteidigungszusammenarbeit

Als kollektives Verteidigungsbündnis gewährleistet die NATO seit 70 Jahren den militärischen Schutz Europas. Deutschlands Sicherheit ist untrennbar mit der seiner Bündnispartner verbunden. Daher gilt: „Bündnissolidarität ist deutsche Staatsräson" (BMVg 2016a: 49). Doch auch die EU trägt zur Sicherheit Europas und Deutschlands bei. Anders als die NATO war die EU jedoch nie als kollektives Verteidigungsbündnis geplant. Dennoch enthält der Vertrag von Lissabon mit Artikel 42, Absatz 7 eine Klausel, in der sich die EU-Mitgliedstaaten ihrer gegenseitigen Unterstützung im Falle eines bewaffneten Angriffs versichern.[50] Diese Beistandsklausel wurde erstmals im November 2015 von Frankreich infolge einer Serie terroristischer Anschläge in Paris aktiviert. Als Reaktion auf die sich seit 2014 verändernde sicherheitspolitische Lage in ihrer südlichen und östlichen Nachbarschaft erklärte die EU in der European Union Global Strategy im Jahr

[49] Die beiden Aussagen zur parlamentarischen Kontrolle der Streitkräfte weisen eine adäquate Skalenreliabilität auf (Cronbachs alpha = 0,63), was die Bildung einer Indexvariable aus empirischer Sicht rechtfertigt.

[50] Artikel 42, Absatz 7 EU-Vertrag: „Im Falle eines bewaffneten Angriffs auf das Hoheitsgebiet eines Mitgliedstaats schulden die anderen Mitgliedstaaten ihm alle in ihrer Macht stehende Hilfe und Unterstützung, im Einklang mit Artikel 51 der Charta der Vereinten Nationen."

2016 ihre Bereitschaft, zum Schutz ihrer Bürgerinnen und Bürger mehr militärische Fähigkeiten entwickeln zu wollen. Auch im Zuge der anhaltenden Diskussion um die Lastenteilung in der NATO bleibt die Forderung der USA nach einer substanziellen Stärkung der militärischen Fähigkeiten der europäischen Bündnispartner bestehen.

Mit der seit 2017 voranschreitenden Vertiefung der europäischen Zusammenarbeit im Bereich der Sicherheits- und Verteidigungspolitik stellt sich jedoch zunehmend die Frage nach dem Verhältnis von EU und NATO, denn 21 EU-Mitgliedstaaten sind zugleich NATO-Mitglieder (nach dem Austritt Großbritanniens aus der EU). Hierdurch ergibt sich die Notwendigkeit einer strukturierten und kooperativen Beziehung. Die Zusammenarbeit von EU und NATO ist deshalb in den sogenannten Gemeinsamen Erklärungen 2016 und 2018 definiert worden. Ein Leuchtturmprojekt der militärischen Zusammenarbeit zwischen der EU und der NATO ist zum Beispiel die „Militärische Mobilität", ein Projekt, das die Verlegefähigkeit von militärischem Personal und Material über europäische Landesgrenzen hinweg beschleunigen und vereinfachen soll. Ungeachtet der praktischen Zusammenarbeit zwischen NATO und EU stellt sich dennoch die Frage nach dem Fernziel des europäischen militärischen Fähigkeitsaufwuchses und der Kompatibilität dieser Fähigkeiten mit den militärischen Anforderungen und Planungszielen der NATO. Die Bundesregierung setzt sich dafür ein, die militärischen Fähigkeiten in der EU so zu entwickeln, dass diese wesentlich zur Stärkung des europäischen Pfeilers der NATO beitragen und die NATO somit als Ganzes gestärkt wird. Bestes Beispiel hierfür ist das von Deutschland initiierte Rahmennationenkonzept, das kleineren europäischen Nationen ermöglicht, sich mit eigenen Truppen in multinationale Fähigkeitsverbände unter der Führung einer Rahmennation (z.B. Deutschland) zu integrieren. Wie eingangs erwähnt, hat sich Deutschland während seiner EU-Ratspräsidentschaft im zweiten Halbjahr 2020 bewusst für eine stärkere Kooperation zwischen der NATO und der EU eingesetzt, nicht zuletzt auch deshalb, weil die NATO für die Verteidigung Europas unverzichtbar ist.[51]

Wie gestaltet sich die öffentliche Meinung in Deutschland zur NATO einerseits und zur EU-Verteidigungszusammenarbeit andererseits? Die Ergebnisse in Abschnitt 7 haben gezeigt, dass eine klare Mehrheit der Bürgerinnen und Bürger Deutschlands Mitgliedschaft (72 Prozent, vgl. Abbildung 7.1) und sicherheits- und verteidigungspolitisches Engagement in der NATO (55 Prozent) unterstützt und dass in allen soziodemografischen Teilgruppen eine positive Einstellung zur NATO besteht (vgl. Tabelle 7.2). Zudem geht aus den Ergebnissen in Abbildung 8.1 hervor, dass eine absolute Mehrheit von 58 Prozent

---

51 „AKK stellt EU-Parlament Prioritäten der Ratspräsidentschaft vor", 15. Juli 2020: <www.bmvg.de/de/aktuelles/akk-eu-parlament-prioritaeten-eu-ratspraesidentschaft-livestream-315342> [3.9.2020].

eine engere Zusammenarbeit zwischen der EU und der NATO in der Verteidigungspolitik befürwortet. Ungeachtet dessen plädiert ein fast ebenso großer Teil der Befragten dafür, dass die EU ihre Sicherheit unabhängig von der NATO gewährleisten können sollte (55 Prozent). In Anbetracht dieser augenscheinlich widersprüchlichen Befunde stellt sich die Frage, wie sich die Einstellung zur NATO auf die Einstellung zu den verschiedenen Aspekten der EU-Verteidigungszusammenarbeit auswirkt: Stehen jene, die der NATO einen besonderen Wert beimessen, der EU-Verteidigungszusammenarbeit kritischer gegenüber, weil sie „Konkurrenz" befürchten? Oder stehen sie der EU-Verteidigungszusammenarbeit positiv gegenüber, weil sie darin eine Stärkung des europäischen Pfeilers der NATO sehen?

Um diese Fragen zu beantworten, wurde aus den beiden Aussagen zu Deutschlands Mitgliedschaft und Engagement in der NATO zunächst eine Indexvariable und anschließend drei Gruppen gebildet: NATO-Befürworter, NATO-Gegner und Unentschiedene.[52] Der Vergleich dieser drei Gruppen offenbart, dass die NATO-Befürworter alle vier Aspekte der EU-Verteidigungszusammenarbeit signifikant stärker unterstützen als die NATO-Gegner und die Gruppe der Unentschiedenen (vgl. Tabelle 8.3). Ganz konkret: Im Vergleich zu den NATO-Gegnern fällt die Zustimmung der NATO-Befürworter zu fast allen Teilaspekten der EU-Verteidigungszusammenarbeit doppelt so groß aus.

Tabelle 8.3: Einstellung zu Deutschlands NATO-Mitgliedschaft: Zustimmung zu verschiedenen Aspekten der EU-Verteidigungszusammenarbeit

„Im Folgenden finden Sie einige Aussagen zur europäischen Verteidigungszusammenarbeit. Bitte sagen Sie mir zu jeder dieser Aussagen, ob Sie ihr völlig zustimmen, eher zustimmen, teils zustimmen/teils ablehnen, eher ablehnen oder völlig ablehnen.
Die EU sollte eine gemeinsame Sicherheits- und Verteidigungspolitik haben. [GSVP]
Die EU sollte als eigenständiger verteidigungs- und sicherheitspolitischer Akteur auftreten. [EU als Akteur]
Die EU sollte die gemeinsame Entwicklung europäischer Rüstungsprojekte finanziell unterstützen. [EDF]
Die EU sollte eine gemeinsame europäische Armee haben. [EU-Armee]"
(Angaben in Prozent)

	Zustimmung: GSVP	Zustimmung: EU als Akteur	Zustimmung: EDF	Zustimmung: EU-Armee
Einstellung zu Deutschlands NATO-Mitgliedschaft	***	***	***	***
Zustimmung	72	57	57	53
Teils/teils	41	39	33	31
Ablehnung	36	37	28	25

Anmerkungen: Die Anteile „Stimme völlig zu" und „Stimme eher zu" sowie „Lehne völlig ab" und „Lehne eher ab" wurden jeweils zusammengefasst. Analyseverfahren: Chi²-Unabhängigkeits-Test, Signifikanzniveau: *** p < 0,001; ** p < 0,01; * p < 0,05; n.s. = nicht signifikant (p ≥ 0,05).

Datenbasis: Bevölkerungsbefragung des ZMSBw 2021.

52 Die beiden Aussagen zur NATO weisen eine gute Skalenreliabilität (Cronbachs alpha = 0,69) auf, was die Bildung einer Indexvariable empirisch rechtfertigt.

Diese Art der Analyse lässt sich auch für die Zustimmung zu den beiden Aussagen über die Kooperation zwischen der EU und der NATO durchführen (vgl. Tabelle 8.4). Dabei zeigt sich, dass sich die NATO-Befürworter deutlich stärker für eine verteidigungspolitische Zusammenarbeit zwischen der EU und der NATO aussprechen (70 Prozent Zustimmung) als die NATO-Gegner (24 Prozent Zustimmung) oder die Gruppe der Unentschiedenen (31 Prozent Zustimmung). Überraschend ist jedoch der Befund, dass auch deutlich mehr NATO-Befürworter (60 Prozent) als NATO-Gegner (40 Prozent) der Auffassung sind, die EU sollte ihre Sicherheit unabhängig von der NATO gewährleisten können.

Tabelle 8.4: Einstellung zu Deutschlands NATO-Mitgliedschaft: Zustimmung zur Kooperation zwischen der EU und der NATO

„Im Folgenden finden Sie einige Aussagen zur europäischen Verteidigungszusammenarbeit. Bitte sagen Sie mir zu jeder dieser Aussagen, ob Sie ihr völlig zustimmen, eher zustimmen, teils zustimmen/teils ablehnen, eher ablehnen oder völlig ablehnen.
Die EU sollte in der Verteidigungspolitik stärker mit der NATO zusammenarbeiten. [Kooperation]
Die EU sollte ihre Sicherheit unabhängig von der NATO gewährleisten können. [Unabhängigkeit]“
(Angaben in Prozent)

	Zustimmung: Kooperation	**Zustimmung: Unabhängigkeit**
Einstellung zu Deutschlands NATO-Mitgliedschaft	***	***
Zustimmung	70	60
Teils/teils	31	46
Ablehnung	24	40

Anmerkungen: Die Anteile „Stimme völlig zu“ und „Stimme eher zu“ sowie „Lehne völlig ab“ und „Lehne eher ab“ wurden jeweils zusammengefasst. Analyseverfahren: Chi²-Unabhängigkeits-Test, Signifikanzniveau: *** $p < 0,001$; ** $p < 0,01$; * $p < 0,05$; n.s. = nicht signifikant ($p \geq 0,05$).

Datenbasis: Bevölkerungsbefragung des ZMSBw 2021.

Die NATO-Fürsprecher in der deutschen Bevölkerung stehen einer Vertiefung der Verteidigungszusammenarbeit im Rahmen der EU also nicht im Weg – es sind die NATO-Gegner, die gegen den Ausbau der EU-Verteidigungszusammenarbeit sind. Selbst die Idee einer strategischen Autonomie der EU erhält von den NATO-Befürwortern deutlich mehr Zuspruch als von den NATO-Gegnern. Diese Befunde legen nahe, dass die Intensivierung der EU-Verteidigungszusammenarbeit als ein Beitrag zur Stärkung der europäischen Säule der NATO oder zumindest als komplementär zur NATO verstanden wird (vgl. Graf 2019a; 2019b, 2020b). Dabei ist jedoch zu berücksichtigen: Der positive Zusammenhang zwischen der Einstellung zur NATO und zur EU-Verteidigungszusammenarbeit könnte durch die grundlegende Einstellung der Befragten zum Multilateralismus oder durch das Vertrauen in den Bündnispartner USA bedingt sein. Diese Vermutungen wurden in der nachfolgenden Regressionsanalyse untersucht.

8.5 Determinanten der Einstellung zur EU-Verteidigungszusammenarbeit

Dieser Unterabschnitt beschäftigt sich mit den Faktoren, die die Einstellung der Bürgerinnen und Bürger zur EU-Verteidigungszusammenarbeit beeinflussen. Hierzu wurde eine Reihe von linearen multiplen Regressionsanalysen durchgeführt, die es ermöglichen, Zusammenhänge zwischen mehreren unabhängigen (erklärenden) Variablen und einer abhängigen (zu erklärenden) Variable zu bestimmen. Als abhängige Variable dient die Indexvariable „EU-Verteidigungszusammenarbeit", sie umfasst die Einstellung der Befragten zur Schaffung einer gemeinsamen europäischen Armee, zum Auftreten der EU als eigenständiger sicherheits- und verteidigungspolitischer Akteur, zur Gemeinsamen Sicherheits- und Verteidigungspolitik (GSVP) der EU und zur finanziellen Unterstützung europäischer Rüstungsprojekte durch die EU (vgl. Abbildung 8.1).

Aus der bisherigen Forschung und den vorherigen Analysen ergibt sich die Notwendigkeit, eine ganze Reihe von Erklärungsfaktoren zu berücksichtigen. Empirische Studien zeigen, dass die Einstellung der Bürgerinnen und Bürger in Europa (Irondelle et al. 2015; Steinbrecher 2018c) und in Deutschland (GSVP: Irondelle et al. 2015, Endres 2018; GSVP und EU-Armee: Graf 2018, 2019b, 2020a, 2020b, 2021d) zur EU-Verteidigungskooperation maßgeblich durch deren außen- und sicherheitspolitische Grundhaltungen beeinflusst wird. Ausgehend von der Hypothese einer hierarchischen Strukturierung außen- und sicherheitspolitischer Einstellungen hat die Forschung eine Reihe *abstrakter* außen- und sicherheitspolitischer Grundhaltungen identifiziert (z.B. Asmus et al. 2005; Bardes/Oldendick 1990; Chittick et al. 1995),[53] welche die Einstellungen zu *spezifischen* außen- und sicherheitspolitischen Themen beeinflussen (Hurwitz/Peffley 1987; Hurwitz et al. 1993; Peffley/Hurwitz 1993)[54] und dadurch einen Meinungsbildungsprozess ermöglichen, der weitestgehend *unabhängig* vom konkreten Wissensstand zu den spezifischen Themen ist (vgl. Feldman 1988; Hurwitz/Peffley 1987). Die vier prominentesten Grundhaltungen sind Internationalismus, Multilateralismus, Militarismus und Atlantizismus (vgl. Abschnitt 5). Diese vier Dimensionen reflektieren die persönliche Überzeugung, dass die vitalen Interessen des eigenen Landes am besten durch ein aktives Engagement in der Weltpolitik (Internationalismus), durch die internationale Zusammenarbeit mit Verbündeten (Multilateralismus), durch den Einsatz militärischer Gewalt in der Außenpolitik (Militarismus) oder – im Fall europäischer Länder – durch die Orientierung der eigenen

---

[53] In der englischsprachigen Literatur hat sich der Begriff „strategic postures" etabliert.

[54] Für ausführlichere Erläuterungen zur Rolle und Wirkungsweise der außen- und sicherheitspolitischen Grundhaltungen sei auf den Sammelband von Biehl und Schoen (2015) sowie die Studien von Endres (2018), Irondelle et al. (2015), Mader (2015, 2017) und Rattinger et al. (2016) verwiesen.

Außenpolitik an den USA (Atlantizismus) gewahrt werden können. Empirische Studien für Deutschland weisen Internationalismus und Multilateralismus einen positiven Effekt auf die Einstellung zur Gemeinsamen Außen- und Sicherheitspolitik der EU (GASP) nach, während der Einfluss der militaristischen und atlantizistischen Grundeinstellungen nicht statistisch signifikant ist (Mader 2015: 85). Ähnliche Effekte ergeben sich für die Zustimmung zur GSVP (Endres 2018). Die umfassendste empirische Untersuchung der öffentlichen Meinung in Deutschland zur EU-Verteidigungszusammenarbeit wurde im Jahr 2020 vom ZMSBw veröffentlicht (Graf 2020b). Diese Untersuchung zeigt, dass eine internationalistische, multilateralistische und militaristische Grundhaltung einen positiven Einfluss auf die Einstellung zur EU-Verteidigungszusammenarbeit hat, während die Überzeugung, Deutschlands Außenpolitik sollte sich an der der USA orientieren, keinen Effekt hat. Ähnliche Zusammenhänge bestehen auch bei der Einstellung zur Schaffung einer gemeinsamen europäischen Armee (Graf 2020a).

Neben den außen- und sicherheitspolitischen Grundhaltungen spielt die Verbundenheit mit der EU und der eigenen Nation eine wichtige Rolle für die Einstellung zur EU-Verteidigungskooperation. Die bisherige Forschung offenbart, dass die Verbundenheit mit der EU einen positiven Einfluss auf die Einstellung zur EU-Verteidigungszusammenarbeit (Graf 2018, 2019b, 2020b, 2021d; Kentmen 2010; Schoen 2008; Steinbrecher 2018c) und zur Schaffung einer Europa-Armee hat (Graf 2020a). Die Rolle der Verbundenheit mit der Nation gestaltet sich hingegen etwas komplexer, denn die bloße Verbundenheit mit der eigenen Nation (Patriotismus) hat entweder keinen (Graf 2018; Schoen 2008) oder sogar einen positiven Einfluss (Graf 2019a, 2020a, 2020b, 2021d; Steinbrecher 2018c) auf die Einstellung zur EU-Verteidigungskooperation (GSVP und EU-Armee), während die nationale Identifikation in bewusster Abgrenzung zur EU (Nationalismus) einen negativen Effekt hat (Schoen 2008; Steinbrecher 2018c).

Des Weiteren ist anzunehmen, dass die Einstellung zum Aufbau gesamteuropäischer Verteidigungsstrukturen durch die persönliche Haltung der Befragten zu den nationalen Streitkräften, hier also der Bundeswehr, beeinflusst wird. Zwei konkurrierende Hypothesen lassen sich formulieren: Erstens, je positiver die Haltung zur Bundeswehr, desto kritischer wird die EU-Verteidigungskooperation gesehen, da diese den Fortbestand der *nationalen* Streitkräfte infrage stellen könnte. Zweitens, je positiver die Haltung zur Bundeswehr, desto positiver wird auch die EU-Verteidigungszusammenarbeit bewertet, weil die Einstellung zur Bundeswehr die Einstellung zum Militär im Allgemeinen erfasst und/oder die Bundeswehr als wesentlicher Bestandteil einer zukünftigen europäischen Streitkraft gesehen wird. Empirische Studien attestieren der Einstellung zur Bundeswehr einen positiven Einfluss auf die Einstellung zur EU-Verteidigungszusammenarbeit (Graf 2019b, 2020b, 2021d). Neben der grundsätzlichen Haltung der Befragten zur Bundeswehr soll eine Leistungsbeurteilung der Streitkräfte Eingang in die Analyse finden. Der Leistungsbewertung der Bundeswehr in ihren Auslandseinsätzen kommt dabei eine besondere Bedeutung zu, sind doch diese Einsätze neben den Maßnahmen zur Bündnis- und Landesverteidigung (z.B. Air Policing im Baltikum) ihr Hauptauftrag und damit einer der besten Indikatoren für die Leistungsfähigkeit der Bundeswehr überhaupt. Auch dieser Aspekt hat sich in den bisherigen empirischen Untersuchungen zur öffentlichen Meinung zur EU-Verteidigungszusammenarbeit als ein wichtiger Prädiktor erwiesen (Graf 2020a, 2020b, 2021d).

In der Literatur zur EU-Verteidigungszusammenarbeit wurden in den letzten Jahren insbesondere die Spannungen im transatlantischen Verhältnis und die Bedrohung deutscher und europäischer Sicherheitsinteressen durch Russlands Außen- und Verteidigungspolitik als maßgebliche Treiber der Vertiefung der europäischen Verteidigungszusammenarbeit diskutiert (z.B. Bartels 2017; Daehnhardt 2018; Dembinski/Peters 2018; Ehle 2018; Kellner/Optenhögel 2017; Lippert et al. 2019; Meyer zum Felde 2018; Patrick 2017). Mit Blick auf das transatlantische Verhältnis haben empirische Untersuchungen gezeigt: Der Wunsch der Befragten nach einer außenpolitischen Emanzipation Deutschlands von den USA (Graf 2020b, 2021d) und die Wahrnehmung, dass die Außen- und Sicherheitspolitik der USA den Zusammenhalt in der NATO gefährdet (Graf 2020a, 2020b, 2021d), führen zu einer stärkeren Unterstützung für die EU-Verteidigungszusammenarbeit. Das grundsätzliche Vertrauen der Befragten in den Bündnispartner USA wird mit einer Indexvariable operationalisiert, die sich aus der Überzeugung zusammensetzt, dass die USA hinter ihren Verpflichtungen gegenüber anderen NATO-Staaten stehen, in die Verteidigung Europas eingebunden bleiben sollten und ihre Außen- und Sicherheitspolitik den Zusammenhalt der NATO *nicht* gefährdet.[55]

Neben der Wahrnehmung der USA könnte die Wahrnehmung Russlands als Bedrohung eine Rolle spielen. Der ehemalige Präsident der Europäischen Kommission Jean-Claude Juncker sagte im Jahr 2015 hinsichtlich der russischen Annexion der Krim im Jahr zuvor, dass eine gemeinsame europäische Armee ein klares Signal an Russland senden würde, dass man es ernst meine mit der Verteidigung der europäischen Werte.[56] In der ZMSBw-Bevölkerungsbefragung 2019 stimmten immerhin 44 Prozent der Befragten der Aussage zu, Europa könnte mit einer gemeinsamen Armee der militärischen Herausforderung

---

[55] Die drei Variablen weisen eine annehmbare Skalenreliabilität auf (Cronbachs alpha = 0,59), was die Bildung einer Indexvariable gestattet.

[56] Der ehemalige Präsident der Europäischen Kommission, Jean-Claude Juncker, zitiert auf Reuters am 8. März 2015: <https://www.reuters.com/article/us-eu-defence-juncker/juncker-calls-for-eu-army-says-would-deter-russia-idUSKBN0M40KL20150308> [26.8.2020].

durch Russland besser begegnen. Die bisherige Forschung konnte zudem zeigen, dass die Wahrnehmung einer russischen Bedrohung für die Sicherheit Deutschlands tatsächlich einen positiven Einfluss auf die Einstellung zur EU-Verteidigungszusammenarbeit hat (Graf 2020a, 2020b), könnte der Aufbau gesamteuropäischer Verteidigungsstrukturen doch zu einer effektiveren Abschreckung Russlands beitragen. Die wahrgenommene Bedrohung durch Russland wird mit einer Indexvariable operationalisiert, die die wahrgenommene Bedrohung durch die russische Außen- und Sicherheitspolitik und die Aufrüstung der russischen Streitkräfte für die Sicherheit Deutschlands abbildet (vgl. Abschnitt 6, Abbildung 6.1).[57]

In diesem Zusammenhang ist es erforderlich, die Einstellung der Befragten zu Deutschlands Mitgliedschaft und Engagement in der NATO als weitere Erklärungsgröße zu berücksichtigen. Aus den bisherigen Ergebnissen geht hervor, dass diejenigen, die Deutschlands Mitgliedschaft und Engagement in der NATO befürworten, die EU-Verteidigungszusammenarbeit stärker unterstützen als die NATO-Gegner (vgl. Tabelle 8.3). Jedoch ist zu überprüfen, ob die Zustimmung zur NATO auch dann noch einen Einfluss auf die Einstellung zur EU-Verteidigungszusammenarbeit hat, wenn die Einstellung der Befragten zum Multilateralismus in der Analyse kontrolliert wird. Bleibt der NATO-Effekt in diesem Fall statistisch signifikant, so wäre dieser unabhängig von der Einstellung zum Multilateralismus wirksam. Wird der NATO-Effekt jedoch statistisch insignifikant, so muss dieser Effekt der Einstellung zum Multilateralismus zugeschrieben werden. Die bisherige Forschung legt nahe, dass der NATO-Effekt unabhängig vom Einfluss des Multilateralismus wirkt und die Zustimmung zur EU-Verteidigungszusammenarbeit erhöht (Graf 2020b, 2021d).

Abschließend werden ausgewählte politische Einstellungen sowie das Interesse an Politik im Allgemeinen und Verteidigungspolitik im Besonderen als weitere Erklärungsfaktoren berücksichtigt. Insbesondere der deutsche Parlamentsvorbehalt bei Auslandseinsätzen der Bundeswehr wird in der politischen Debatte oftmals als Argument gegen die Schaffung einer europäischen Armee bzw. einer vertieften europäischen Verteidigungszusammenarbeit angeführt. Es besteht die Sorge, dass die Schaffung gesamteuropäischer Verteidigungsstrukturen und die damit notwendigen Reformen politischer Entscheidungsprozesse zu einem Verlust der Kontrolle des Deutschen Bundestags über den Einsatz der Streitkräfte führen könnten. Vor dem Hintergrund dieser Debatte ist anzunehmen, dass

[57] Die beiden Bedrohungsperzeptionen weisen eine gute Skalenreliabilität auf (Cronbachs alpha = 0,81), was deren Bündelung in einer Indexvariable aus empirischer Sicht rechtfertigt.

Personen, die sich für die parlamentarische Kontrolle der nationalen Streitkräfte aussprechen, dem weiteren Ausbau gesamteuropäischer Verteidigungsstrukturen skeptischer gegenüberstehen als Personen, die eher für eine „Exekutivarmee" plädieren. Die Ergebnisse in Tabelle 8.2 scheinen diese Annahme zu bestätigen, zumindest in Bezug auf die Schaffung einer gemeinsamen europäischen Armee. Im Folgenden geht es darum, ob dieser Zusammenhang bestehen bleibt, wenn die zu erklärende Variable um die Einstellung der Befragten zur GSVP, zum Auftreten der EU als eigenständigem verteidigungspolitischen Akteur und zur finanziellen Unterstützung gesamteuropäischer Rüstungsprojekte durch die EU erweitert wird und die Einflüsse der übrigen Erklärungsfaktoren berücksichtigt werden. Dass die Befürwortung der parlamentarischen Kontrolle der Streitkräfte einen negativen Einfluss auf die Einstellung zur EU-Verteidigungszusammenarbeit im Allgemeinen und zur Schaffung einer EU-Armee im Besonderen hat, konnten empirische Studien bereits zeigen (Graf 2020a, 2020b, 2021d).

Eine weitere wichtige Determinante der Einstellung zur EU-Verteidigungszusammenarbeit ist die Zufriedenheit mit der Demokratie in der EU (Graf 2020b, 2021d; Schoen 2008; Steinbrecher 2018c), die in der Meinungsforschung zur EU als Indikator für die Performanzbewertung der EU-Institutionen genutzt wird (Karp/Bowler 2006). Die vorherige bivariate Analyse (vgl. Tabelle 8.1) hat zudem offenbart, dass die Zustimmung der AfD-Anhänger zur EU-Verteidigungskooperation geringer ausfällt als die anderer Wählergruppen, weshalb die Wahlabsicht für die AfD ebenfalls als relevante Erklärungsgröße in der Analyse berücksichtigt werden muss. Das Interesse der Befragten an Politik im Allgemeinen und das Interesse an Verteidigungspolitik im Besonderen dienen als Kontrollvariablen.

Insgesamt wurden sechs Modelle berechnet (vgl. Tabelle 8.5). Die Modelle I–V berücksichtigen immer den Einfluss der soziodemografischen Kontrollvariablen sowie einer Gruppe von Erklärungsvariablen auf die Einstellung der Befragten zur EU-Verteidigungszusammenarbeit. Die Effektkoeffizienten der soziodemografischen Kontrollvariablen werden nicht gesondert ausgewiesen, weil diese keine starken Effekte aufweisen und zusammen nur 1 Prozent der Varianz in der Einstellung zur EU-Verteidigungszusammenarbeit erklären.[58] Die einzelnen Modelle ermöglichen es, den Effekt der jeweiligen Indikatoren auf die Haltung zur EU-Verteidigungszusammenarbeit separat zu schätzen und

---

[58] Befragte in Ostdeutschland haben eine signifikant weniger positive Einstellung zur EU-Verteidigungszusammenarbeit als Befragte in anderen Regionen. Die Variablen Alter, Geschlecht, Bildung, Einkommen, Migrationshintergrund und Diensterfahrung in der Bundeswehr haben keinen statistisch signifikanten Einfluss. Die soziodemografischen Variablen gehen als Kontrollvariablen in die Modelle I–VI ein (vgl. Tabelle 8.5).

dann ihre Erklärungskraft miteinander zu vergleichen. Abschließend wurde in Modell VI in einer Art Gesamtschau umfassend getestet, inwieweit sich die Einflüsse der unterschiedlichen Erklärungsfaktoren auf die Einstellung zur EU-Verteidigungszusammenarbeit wechselseitig überlagern oder aufheben.

Die *außen- und sicherheitspolitischen Grundhaltungen* der Befragten erklären 25 Prozent der Varianz in der Einstellung der Befragten zur EU-Verteidigungszusammenarbeit (vgl. Tabelle 8.5, Modell I). Die Überzeugung, dass sich die deutsche Außenpolitik an der der USA orientieren sollte (Atlantizismus), hat unter Berücksichtigung der übrigen außenpolitischen Grundhaltungen einen leicht positiven Einfluss. Überzeugte „Transatlantiker" stehen der europäischen Verteidigungskooperation also nicht skeptischer, sondern etwas wohlwollender gegenüber als andersdenkende Bundesbürgerinnen und Bundesbürger. Internationalismus, Militarismus und Multilateralismus haben etwas stärkere positive Einflüsse: Je mehr man eine aktive deutsche Außenpolitik, außenpolitisches Handeln in Absprache mit Verbündeten und den Einsatz militärischer Mittel in der Außenpolitik begrüßt, desto stärker unterstützt man die EU-Verteidigungszusammenarbeit. Dieses Ergebnis ist wenig überraschend, ist doch die vertiefte Verteidigungszusammenarbeit in der EU selbst Ausdruck einer internationalistischen, multilateralistischen und einer militaristischen politischen Überzeugung (European Union 2016). Wer also diese außen- und sicherheitspolitischen Grundhaltungen teilt, ist eher geneigt, die EU-Verteidigungszusammenarbeit zu befürworten als die Unilateralisten, Isolationisten und Anti-Militaristen in der deutschen Bevölkerung. Die positiven Effekte der multilateralistischen und internationalistischen Grundhaltungen decken sich mit den empirischen Befunden anderer deutscher Forschungsarbeiten zu diesem Thema (Endres 2018; Graf 2019a, 2020a, 2020b, 2021d; Mader 2015). Der positive Effekt der militaristischen Grundhaltung steht zwar älteren Befunden der deutschen Forschungsliteratur entgegen (Endres 2018: 162; Mader 2015: 85), deckt sich aber mit den neuesten Erkenntnissen zu diesem Thema (Graf 2020a, 2020b, 2021d).

Die *Verbundenheit* mit der EU und mit Deutschland hat jeweils einen positiven Einfluss auf die Einstellung zur EU-Verteidigungskooperation, wobei der Einfluss der Verbundenheit mit der EU viel größer ist (vgl. Modell II). Diese Effekte decken sich mit den Ergebnissen anderer empirischer Studien (Graf 2018, 2019b, 2020a, 2020b, 2021d; Kentmen 2010; Schoen 2008; Steinbrecher 2018c). Die Vertiefung der europäischen Verteidigungszusammenarbeit ist Teil größerer europäischer Integrationsbestrebungen im Rahmen der EU. Wer sich mit diesem Projekt als Ganzes identifiziert, stimmt eher der vertieften Integration in Teilbereichen zu, in diesem Fall der Verteidigungspolitik. Die Verbundenheit mit der EU und der Nation erklären zusammen 13 Prozent der Varianz in der Einstellung zur EU-Verteidigungszusammenarbeit.

Tabelle 8.5: Determinanten der Einstellung zur EU-Verteidigungszusammenarbeit

	Modell I	Modell II	Modell III	Modell IV	Modell V	Modell VI
Außenpolitische Grundhaltungen						
Atlantizismus	0,15***					0,10***
Internationalismus	0,23***					0,16***
Militarismus	0,19***					0,14***
Multilateralismus	0,19***					0,14***
Verbundenheit						
Deutschland		0,12***				0,01 n.s.
Europäische Union		0,29***				0,18***
Einstellungen zur Bundeswehr						
Persönliche Haltung zur Bundeswehr			0,14***			0,02 n.s.
Leistung Bundeswehr im Ausland			0,25***			0,09**
Einstellungen zur internationalen Sicherheitspolitik						
Einstellung zu Deutschlands NATO-Engagement				0,22***		0,09***
DEU sollte gegenüber USA selbstbewusster auftreten				0,15***		0,10***
Vertrauen in USA als NATO-Bündnispartner				0,07*		0,00 n.s.
Wahrgenommene Bedrohung durch Russland				0,02 n.s.		-0,03 n.s.
Politische Einstellungen und Interessen						
Zustimmung Parlamentsbeteiligungsgesetz					-0,07*	-0,16***
Zufriedenheit mit der Demokratie in der EU					0,12***	-0,02 n.s.
Interesse an Verteidigungspolitik					0,13***	0,02 n.s.
Politisches Interesse					0,03 n.s.	-0,02 n.s.
Wahlabsicht AfD					-0,06*	-0,07**
Korrigiertes R^2	0,25	0,13	0,12	0,13	0,06	0,33
n	1.422	1.422	1.422	1.422	1.422	1.422

Anmerkungen: Die abhängige Variable hat einen Wertebereich von 0 (völlige Ablehnung) bis 1 (völlige Zustimmung). Alle erklärenden Variablen haben einen Wertebereich von 0 (negative bzw. niedrige Ausprägung) bis 1 (positive bzw. hohe Ausprägung). Analyseverfahren: Multiple lineare Regressionen. Ausgewiesene Effekte: standardisierte Regressionskoeffizienten (beta). Signifikanzniveau: *** $p < 0,001$; ** $p < 0,01$; * $p < 0,05$; n.s. = nicht signifikant ($p \geq 0,05$). Die Modelle I–VI wurden nur für die Befragten berechnet, die gültige Werte für alle in der Analyse berücksichtigten Variablen aufweisen. Die soziodemografischen Variablen Alter, Geschlecht, Bildung, Haushaltseinkommen, Migrationshintergrund, Wohnort in Ostdeutschland und Diensterfahrung in der Bundeswehr gehen als Kontrollvariablen in die Modelle I–VI ein. Siehe hierzu auch die Anmerkungen im Text.

Datenbasis: Bevölkerungsbefragung des ZMSBw 2021.

Wie wirken sich die *Einstellungen der Bürgerinnen und Bürger zur Bundeswehr* aus? Eine positive Haltung zu den nationalen Streitkräften hat einen positiven Einfluss auf die Zustimmung zur EU-Verteidigungszusammenarbeit (vgl. Modell III). Wer der Bundeswehr wohlgesonnen ist, steht einer weiteren Vertiefung der europäischen Verteidigungsstrukturen positiver gegenüber als jemand, der eine ambivalente oder negative Haltung zur „eigenen Truppe" hat. Daraus lässt sich ableiten, dass die Weiterentwicklung und Vertiefung der EU-Verteidigungszusammenarbeit eher nicht als eine „existenzbedrohende" Entwicklung für die nationalen Streitkräfte wahrgenommen wird. Die Bewertung der Leistung der Bundeswehr in ihren Auslandseinsätzen spielt eine deutlich größere Rolle: Je positiver die Leistung der Bundeswehr in den Auslandseinsätzen beurteilt wird, desto mehr wird die EU-Verteidigungszusammenarbeit befürwortet. Wie lässt sich dieser Effekt erklären? Realistisch gesehen kann die Mehrheit der Bürgerinnen und Bürger die Leistung der Bundeswehr in ihren Einsätzen gar nicht beurteilen, weil ihnen die Auslandseinsätze größtenteils unbekannt sind (Graf/Biehl 2019; vgl. Abschnitt 14) und damit das nötige Wissen über die Ziele und Erfolge dieser Einsätze fehlt. Es ist daher anzunehmen, dass die Beurteilung der Bundeswehr in ihren Auslandseinsätzen, so wie sie in der ZMSBw-Bevölkerungsbefragung erhoben wurde, eher eine abstrakte Zustimmung oder Ablehnung zu den Einsätzen reflektiert als eine tatsächliche Leistungsbewertung und somit, zumindest teilweise, Ausdruck einer militaristischen Grundhaltung sein könnte. Wenn dem so ist, dann müsste der statistisch signifikante Effekt der Leistungsbeurteilung auf die Einstellung zur EU-Verteidigungszusammenarbeit verschwinden (d.h. nicht länger statistisch signifikant sein), wenn der Einfluss der militaristischen Grundhaltung kontrolliert wird (vgl. Modell VI). Insgesamt erklärt die Haltung zur Bundeswehr 12 Prozent der Varianz in der Einstellung der Befragten zur EU-Verteidigungszusammenarbeit.

Welchen Einfluss hat die *Einstellung zu verschiedenen Aspekten der internationalen Sicherheitspolitik* (vgl. Modell IV)? Die Einstellung zu Deutschlands Engagement und Mitgliedschaft in der NATO hat einen signifikanten positiven Einfluss auf die Einstellung zur europäischen Verteidigungszusammenarbeit. Wie in Tabelle 8.3 wird auch hier deutlich: NATO-Befürworter unterstützen die EU-Verteidigungszusammenarbeit stärker als NATO-Gegner. Das Gleiche gilt für das Vertrauen in die USA als NATO-Bündnispartner: Je größer das Vertrauen in den Bündnispartner USA, desto eher wird die EU-Verteidigungszusammenarbeit unterstützt. Allerdings hat der grundsätzliche Zuspruch zu Deutschlands Engagement und Mitgliedschaft in der NATO einen dreimal so starken Effekt wie das Vertrauen in den Bündnispartner USA. Diese Befunde legen nahe, dass die Vertiefung der europäischen Verteidigungszusammenarbeit wohl eher als Stärkung des europäischen Pfeilers der NATO gesehen wird und nicht als Aufbau eines konkurrierenden Verteidigungsbündnisses. Gleichwohl wirkt der Wunsch nach einer außen- und sicherheitspolitischen Emanzipation Deutschlands von den USA positiv auf die Einstellung zur EU-Verteidigungszusammenarbeit. Die Zustimmung zur EU-Verteidigungszusammenarbeit wird also nicht so sehr vom Vertrauen in den Bündnispartner USA getrieben, sondern viel stärker von dem Wunsch nach außenpolitischer Emanzipation Deutschlands, wobei die Vertiefung der EU-Kooperation als kompatibel mit der NATO verstanden wird. Im Gegensatz zum Vorjahr hat die Wahrnehmung Russlands als Bedrohung für die Sicherheit Deutschlands keinen signifikanten Effekt (vgl. Graf 2021d) – und dass, obwohl die von den Bürgerinnen und Bürgern wahrgenommene Bedrohung durch Russland im Vergleich zum Vorjahr deutlich gestiegen ist (vgl. Abschnitt 6). Die Einstellungen zur internationalen Sicherheitspolitik erklären insgesamt 13 Prozent der Varianz in der Einstellung zur EU-Verteidigungskooperation, wobei der Einstellung zu Deutschlands Engagement und Mitgliedschaft in der NATO die mit Abstand größte Bedeutung zukommt.

Abschließend wird der Einfluss *weiterer politischer Einstellungen* sowie des (verteidigungs-)politischen *Interesses* überprüft (vgl. Modell V). Die in politischen Debatten oftmals geäußerte Sorge, der Parlamentsvorbehalt des Deutschen Bundestags könnte sich als mögliches Hindernis auf dem Weg zu gesamteuropäischen Verteidigungsstrukturen erweisen, findet in der Bevölkerung einen gewissen Widerhall: Je eher man der parlamentarischen Kontrolle der nationalen Streitkräfte zustimmt, desto weniger unterstützt man die europäische Kooperation und Integration im Bereich der Verteidigung. Dieser Befund bestätigt das Ergebnis der bivariaten Analyse (vgl. Tabelle 8.2). Allerdings ist dieser Zusammenhang in Modell V nicht sonderlich stark ausgeprägt. Einen signifikanten und etwas stärkeren Effekt hat die Zufriedenheit mit der Demokratie in der EU: Offensichtlich geht eine positive Performanzbewertung der EU mit einer größeren Bereitschaft einher, die europäische Integration weiter zu vertiefen, in diesem Fall in der Verteidigungspolitik (Schoen 2008; Steinbrecher 2018c; Graf 2021d). Die Zustimmung zur europäischen Kooperation in der Verteidigung steigt ebenfalls mit einem größeren Interesse an Verteidigungspolitik, während sich die Wahlabsicht für die AfD leicht negativ auswirkt. Das allgemeine Interesse an Politik hat keinen signifikanten Einfluss.

In der Gesamtschau bestätigt sich erneut die herausragende Bedeutung der außen- und sicherheitspolitischen Grundhaltungen, insbesondere des Internationalismus, Multilateralismus und Militarismus (vgl. Modell VI). Den vergleichsweise größten Effekt übt jedoch die Verbundenheit mit der EU aus: Je stärker man sich mit dem europäischen Einigungsprojekt insgesamt identifiziert, desto mehr befürwortet man die Integration im Bereich der Verteidigung. Wichtig ist zudem, dass die Einstellung zu Deutschlands Mitgliedschaft und Engagement in der NATO selbst dann einen positiven Einfluss auf die Einstellung zur EU-Verteidigungszusammenarbeit hat, wenn die Einstellung der Befragten zum Multilateralismus kontrolliert wird, d.h. die Zustimmung zur NATO wirkt unabhängig von der Einstellung zum Multilateralismus. Offenkundig wird die EU-Verteidigungszusammenarbeit als Stärkung des europäischen Pfeilers der NATO verstanden. Darüber hinaus stärken auch der Wunsch nach einer außenpolitischen Emanzipation von den USA und das Vertrauen in den Bündnispartner USA den Zuspruch zur EU-Verteidigungszusammenarbeit. Der negative Effekt der Befürwortung der Parlamentskontrolle deckt sich mit dem Befund der bivariaten Analyse, dass die Verfechter der parlamentarischen Kontrolle der Streitkräfte dem Aufbau einer gemeinsamen europäischen Armee kritischer gegenüberstehen als die Befürworter einer „Exekutivarmee“ (vgl. Tabelle 8.2). Und wer an die Leistungsfähigkeit der Bundeswehr glaubt, der steht auch einer gemeinsamen europäischen Armee offener gegenüber als jene Befragten, die bereits eine kritische Einstellung zur Performanz der „eigenen Truppe" haben. Das Gesamtmodell erklärt 33 Prozent der Varianz in der Einstellung der Befragten zur EU-Verteidigungszusammenarbeit und ist damit erklärungsstark.

8.6 Fazit

Insgesamt lassen sich die Ergebnisse der vorgestellten Analysen wie folgt zusammenfassen: Die Mehrheit der Bürgerinnen und Bürger in Deutschland befürwortet die Verteidigungszusammenarbeit im Rahmen der EU – und das in allen Wählergruppen und soziodemografischen Teilgruppen. Eine relative Mehrheit von 47 Prozent wünscht sich zudem den Aufbau einer gemeinsamen europäischen Armee und unterstützt damit eine Entwicklungsperspektive, die über den Status quo der engen militärischen Kooperation nationaler Streitkräfte hinausgeht. Im Vergleich zum Vorjahr fällt der öffentliche Zuspruch zur EU-Verteidigungszusammenarbeit jedoch insgesamt etwas geringer aus. Damit bildet sich allmählich ein Trend heraus: Während der öffentliche Zuspruch zur Schaffung einer gemeinsamen EU-Armee seit 2017 weitgehend stabil ist, nehmen die hohen Zustimmungswerte zur Gemeinsamen Sicherheits- und Verteidigungspolitik (GSVP) sowie zum Auftreten der EU als eigenständiger sicherheits- und verteidigungspolitischer Akteur seit 2017 von Jahr zu Jahr geringfügig, aber kontinuierlich ab. Während also die EU-Verteidigungszusammenarbeit seit 2017 große Fortschritte gemacht hat, sinkt parallel dazu die öffentliche Zustimmung zu dieser Entwicklung. Dennoch bleibt festzuhalten, dass in der deutschen Bevölkerung ein wohlwollender Konsens in der Frage der Weiterentwicklung und Vertiefung der Verteidigungszusammenarbeit in der EU besteht.

Mit der voranschreitenden Vertiefung der EU-Verteidigungskooperation drängt sich die Frage nach dem Verhältnis zwischen der EU und der NATO auf. Aus Sicht der deutschen Bevölkerung scheinen sich Deutschlands sicherheits- und verteidigungspolitisches Engagement in beiden Organisationen zu ergänzen. Die vorangegangenen Analysen haben offenbart, dass die Einstellung der Befragten zu Deutschlands Mitgliedschaft und Engagement in der NATO einen *positiven* Einfluss auf die Einstellung zur EU-Verteidigungszusammenarbeit hat. Obwohl die hohen Zustimmungswerte zur NATO (vgl. Abschnitt 7) und zur EU-Verteidigungskooperation sowie deren positiver statistischer Zusammenhang als Ausdruck der grundsätzlichen Zustimmung der Bevölkerung zum Multilateralismus (vgl. Abschnitt 5) interpretiert werden können, hat sich gezeigt, dass die NATO-Befürworter die Verteidigungszusammenarbeit in der EU stärker unterstützen als die

NATO-Gegner und zwar unabhängig von ihrer Einstellung zum Multilateralismus. Darüber hinaus erhält die Idee einer strategischen Autonomie der EU im Bereich der Verteidigung von den NATO-Befürwortern deutlich mehr Zustimmung als von den NATO-Gegnern. Die NATO-Fürsprecher in der deutschen Bevölkerung stehen einer Vertiefung und Weiterentwicklung der Verteidigungszusammenarbeit im Rahmen der EU also nicht im Weg, weil diese offenkundig nicht als Konkurrenz zur NATO empfunden wird, sondern eher als Stärkung des europäischen Pfeilers der NATO.

Im Kontext der anhaltenden Debatte über die Schäden im transatlantischen Verhältnis durch die Trump-Administration sind folgende Erkenntnisse interessant: Die EU-Verteidigungszusammenarbeit wird umso stärker unterstützt, je mehr man die Überzeugung teilt, dass Deutschland seine Interessen gegenüber den USA selbstbewusster vertreten sollte. Gleichwohl geht ein größeres Vertrauen in die USA als NATO-Bündnispartner und die Bereitschaft zur außenpolitischen Orientierung an den USA (Atlantizismus) mit einem etwas stärkeren Zuspruch zur EU-Verteidigungszusammenarbeit einher. Aus diesen scheinbar widersprüchlichen Beobachtungen lässt sich ableiten, dass die Zustimmung der deutschen Bevölkerung zur Verteidigungskooperation in der EU teilweise von dem Wunsch nach einer außen- und sicherheitspolitischen Emanzipation von den USA getrieben wird und die „Transatlantiker" einer weiteren Vertiefung der EU-Verteidigungszusammenarbeit wohl eher nicht im Wege stehen. Dessen ungeachtet scheint ein größeres Vertrauen in den Bündnispartner USA die Bereitschaft zu erhöhen, selbst mehr in die transatlantische und multilaterale Verteidigungsallianz zu investieren, nämlich durch den Ausbau der EU-Verteidigungszusammenarbeit im Sinne einer Stärkung der „europäischen Säule" der NATO.

Des Weiteren unterstützen die Befürworter einer „Exekutivarmee" die europäische Verteidigungskooperation und insbesondere die Schaffung einer gemeinsamen Armee in Europa stärker als die Verfechter einer Parlamentsarmee. Die in politischen Debatten oftmals geäußerte Sorge, der Parlamentsvorbehalt des Deutschen Bundestags könnte sich als mögliches Hindernis auf dem Weg zu gesamteuropäischen Verteidigungsstrukturen erweisen, findet in der öffentlichen Meinung also eine gewisse Resonanz. Festzuhalten bleibt: Die Mehrheit der Bundesbürgerinnen und -bürger befürwortet die parlamentarische Kontrolle der Streitkräfte und sieht die Schaffung einer europäischen Armee deutlich kritischer als jene Minderheit in der Bevölkerung, die eine „Exekutivarmee" präferiert. Zwar spricht sich aktuell eine relative Mehrheit von 47 Prozent der Bürgerinnen und -bürger im Abstrakten für die Schaffung einer EU-Armee aus, aber diese dürfte weniger öffentliche Zustimmung erfahren, wenn sie *nicht* als Parlamentsarmee nach dem Vorbild der Bundeswehr konzipiert und kommuniziert wird.

Abschließend bleibt festzuhalten, dass das positive Meinungsbild in der deutschen Bevölkerung zur EU-Verteidigungskooperation als öffentliches Mandat zur Weiterentwicklung der EU im Bereich der Verteidigungspolitik interpretiert werden kann. Dabei ist jedoch zu beachten, dass die NATO als Verteidigungsbündnis in der Bevölkerung einen hohen Stellenwert genießt (vgl. Abschnitt 7) und die Vertiefung der Verteidigungszusammenarbeit in der EU als Stärkung des europäischen Pfeilers der NATO verstanden wird. Eine klare Mehrheit der Bürgerinnen und Bürger wünscht sich eine stärkere verteidigungspolitische Zusammenarbeit zwischen der EU und der NATO (58 Prozent) und spricht sich für die Einbindung der USA in die Verteidigung Europas aus (56 Prozent). Vor diesem Hintergrund und mit Blick auf die allmähliche Entspannung der transatlantischen Beziehungen sowie die Sicherheitsinteressen insbesondere der osteuropäischen NATO- und EU-Mitgliedstaaten ist die Diskussion über die „strategische Autonomie Europas“ zum jetzigen Zeitpunkt als eher kontraproduktiv zu bewerten (Meyer zum Felde 2018). Dementsprechend sollte der weitere Ausbau der EU-Verteidigungszusammenarbeit nicht als der Versuch dargestellt werden, eine Konkurrenz oder Alternative zur NATO schaffen zu wollen, sondern als Stärkung des europäischen Pfeilers der NATO.

9 Haltungen der Bürgerinnen und Bürger zur Bundeswehr

Heiko Biehl und Joel Scherzer

Der Rückhalt in der Bevölkerung ist für die Bundeswehr von zentraler Bedeutung. Sie ist in vielfacher Hinsicht auf den Zuspruch und die Unterstützung der Bürgerinnen und Bürger angewiesen – und dies in mehrfacher Hinsicht: Die Streitkräfte beziehen einen wesentlichen Teil ihrer Legitimation aus der gesellschaftlichen Akzeptanz und Unterstützung. Als Armee in der Demokratie ist es der Bundeswehr ein Anliegen, die Bevölkerung hinter sich zu wissen. Für die Soldatinnen und Soldaten ist die gesellschaftliche Wertschätzung ein zentrales Fundament ihrer dienstlichen Motivation. Wie sozialwissenschaftliche Studien für den Dienstalltag, für Übungen und für Einsätze nachweisen (Biehl/Keller 2016), hängt die soldatische Motivation entscheidend vom öffentlichen Zuspruch ab. Zugleich erleichtert ein hohes soziales Renommee die militärische Personalrekrutierung und -bindung. Aus verschiedenen Untersuchungen ist bekannt, dass das Ansehen eines Arbeitgebers Einfluss auf dessen Attraktivität hat (z.B. Richter 2016, 2020; vgl. Abschnitt 11). Nicht zuletzt erhebt die Innere Führung den Anspruch, dass die Bundeswehr fest in die deutsche Gesellschaft integriert sein und den Zuspruch der Bürgerinnen und Bürger erfahren soll. Die Zentrale Dienstvorschrift zur Inneren Führung (A-2600/1, Nr. 401) setzt das Ziel, „die Einbindung der Bundeswehr in Staat und Gesellschaft zu erhalten und zu fördern, Verständnis für den Auftrag der Bundeswehr im Rahmen der deutschen Sicherheits- und Verteidigungspolitik bei den Bürgerinnen und Bürgern zu gewinnen sowie die Soldatinnen und Soldaten aktiv in die durch ständigen Wandel geprägten Streitkräfte einzubeziehen“ (BMVg 2008). Angesichts dieser vielfältigen Relevanz steht die Frage im Raum, inwieweit der gesellschaftliche Zuspruch vorhanden ist und die Ansprüche der Inneren Führung eingelöst werden (vgl. Graf 2020d, 2021e).

Denn seit Jahrzehnten findet sich in den Medien, der Wissenschaft und in der Bundeswehr selbst die These einer zunehmenden Lücke zwischen den militärischen und den zivilen Teilen der Gesellschaft. Demnach wendeten sich die Bürgerinnen und Bürger mehr und mehr von der Bundeswehr ab. An die Stelle innerer Verbundenheit und echter Unterstützung trete vermehrt Gleichgültigkeit und Desinteresse, das nicht selten in Ablehnung umschlage. Anlässlich des Feierlichen Gelöbnisses zum 65. Gründungstag der Bundeswehr am 12. November 2020 in Schloss Bellevue warnte Bundespräsident Frank-Walter Steinmeier, es drohe „ein ‚freundliches Desinteresse', eine Gleichgültigkeit, die dem Vertrauen zwischen Bundeswehr und Gesellschaft nicht dient."[59]

Vor dem Hintergrund dieser Befürchtungen wird im Folgenden betrachtet, wie die Bürgerinnen und Bürger in Deutschland zur Bundeswehr stehen. Dazu wird sehr differenziert eine Reihe von Einstellungen zu den Streitkräften verglichen. Anschließend werden die Erklärungsfaktoren für die Haltung zur Bundeswehr in den Blick genommen und geprüft, ob es bestimmte gesellschaftliche Bereiche gibt, in denen sich einerseits Wohlwollen und Unterstützung und andererseits Kritik und Ablehnung konzentrieren. Bei der Einordnung der nachstehenden Befunde ist zu beachten, dass die zugrunde liegende Umfrage von Ende Juni bis Anfang August 2021 – also parallel zu den Hilfseinsätzen der Bundeswehr in der Corona-Pandemie und nach der Flutkatastrophe, aber vor der Evakuierungsmission in Kabul – stattgefunden hat.

9.1 Grundlegende Einstellungen zur Bundeswehr

Mit verschiedenen Indikatoren werden im Folgenden die Haltungen der Bürgerinnen und Bürger zu den Streitkräften erfasst. Dabei zeigen alle Befunde in die gleiche Richtung: Die Bundeswehr genießt – wie in den letzten Jahren – ein hohes gesellschaftliches Renommee, das sich unter dem Eindruck der Corona-Pandemie nochmals verstärkt hat. Gefragt nach ihrer persönlichen Einstellung äußern sich die Bürgerinnen und Bürger mehrheitlich positiv (vgl. Abbildung 9.1): 83 Prozent der Befragten haben eine positive, 14 Prozent eine negative Einstellung zu den Streitkräften. Drei Prozent der Befragten geben keine Antwort. Im Vergleich zum Vorjahr gibt es keine substanziellen Veränderungen.

---

[59] Zitiert nach <www.bundespraesident.de/SharedDocs/Reden/DE/Frank-Walter-Steinmeier/Reden/2020/11/201112-Geloebnis-Bundeswehr.html> [1.11.2021].

Abbildung 9.1: Persönliche Einstellung zur Bundeswehr

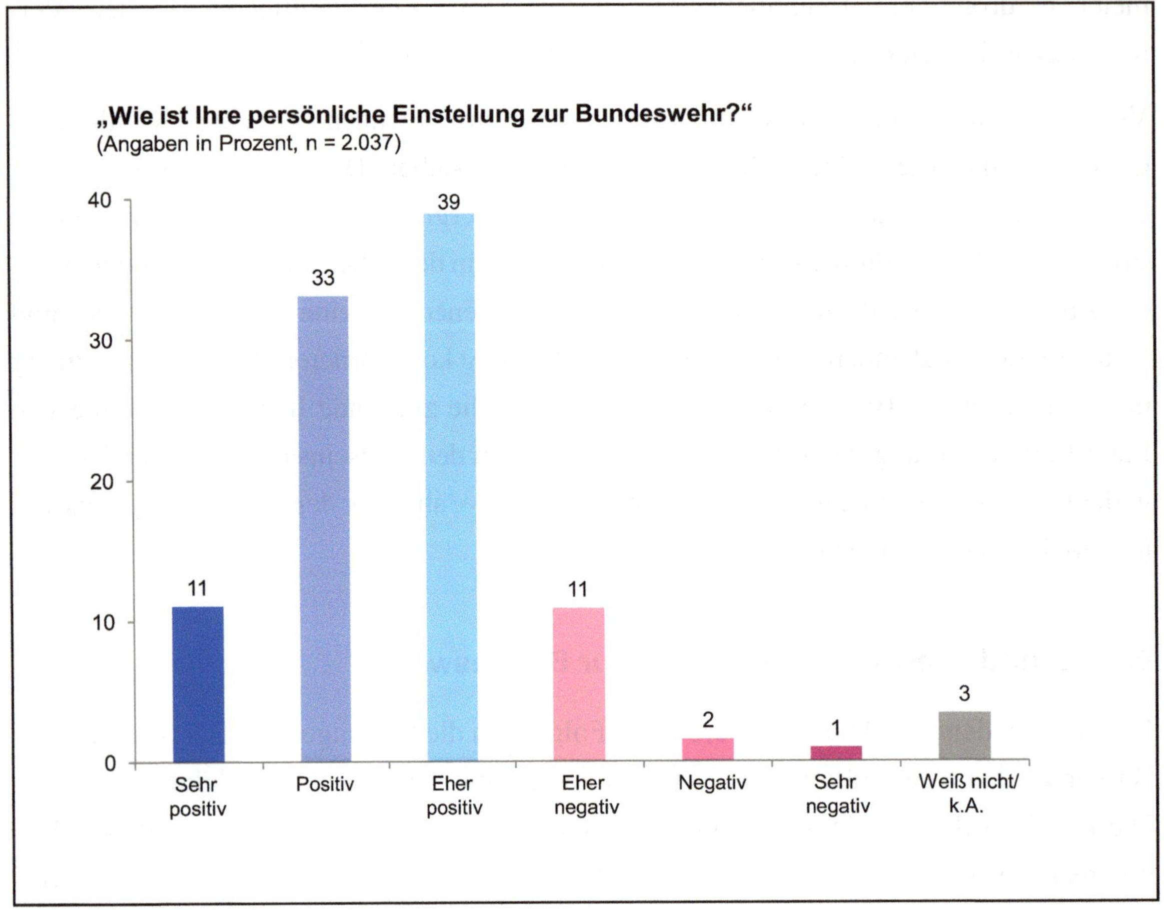

Anmerkung: Nicht alle Prozentangaben ergeben in der Summe 100 Prozent, da die Einzelwerte gerundet wurden.

Datenbasis: Bevölkerungsbefragung des ZMSBw 2021.

Damit setzt sich der Trend der vergangenen Jahre fort. Seit mehr als zwei Jahrzehnten bekundet eine deutliche Mehrheit der Befragten ihre wohlwollende Haltung zu den deutschen Streitkräften (vgl. Abbildung 9.2). Wie in den Vorjahren überwiegt 2021 der Bevölkerungsanteil mit positiver Einstellung zur Bundeswehr deutlich. Über den gesamten Betrachtungszeitraum seit dem Jahr 2000 waren stets mindestens drei Viertel der Befragten positiv gegenüber der Bundeswehr eingestellt und zwischen 13 und 23 Prozent negativ. Der 2021 zu verzeichnende Wert von 83 Prozent Bürgerinnen und Bürgern mit positiver Einstellung zur Bundeswehr entspricht dem höchsten Zuspruch seit Beginn des Jahrhunderts, der bisher nur 2007 und 2009 erreicht wurde.

Abbildung 9.2: Persönliche Einstellung zur Bundeswehr im Zeitvergleich

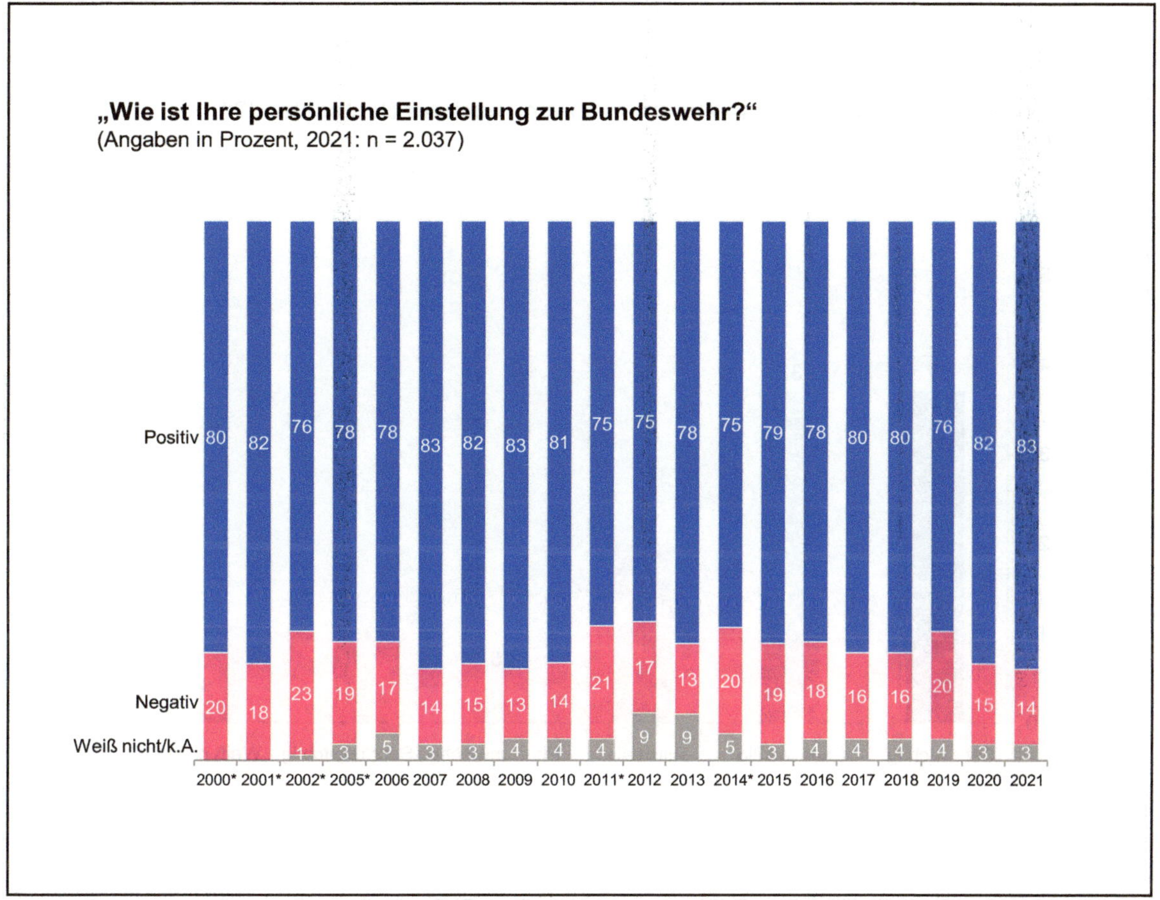

Anmerkungen: Nicht alle Prozentangaben ergeben in der Summe 100 Prozent, da die Einzelwerte gerundet wurden. Alle positiven und negativen Antwortmöglichkeiten wurden jeweils zusammengefasst. *Nur eingeschränkt vergleichbare Daten erhoben (unterschiedliche Bewertungsskala/Erhebungsmethode). 2003 und 2004 wurde die Frage nicht erhoben.

Datenbasis: Bevölkerungsbefragungen des ZMSBw 2000–2002, 2005–2021.

Ein weiterer Indikator für die Bewertung der zivil-militärischen Beziehungen ist die Frage nach der Wichtigkeit der Bundeswehr für Deutschland (vgl. Abbildung 9.3). 74 Prozent der Befragten halten die Bundeswehr für sehr wichtig (37 Prozent) oder eher wichtig (37 Prozent) für Deutschland. 20 Prozent sind bei dieser Frage geteilter Meinung und nur 6 Prozent schätzen die Bundeswehr als (eher oder sehr) unwichtig ein.

Abbildung 9.3: Einschätzung Wichtigkeit der Bundeswehr

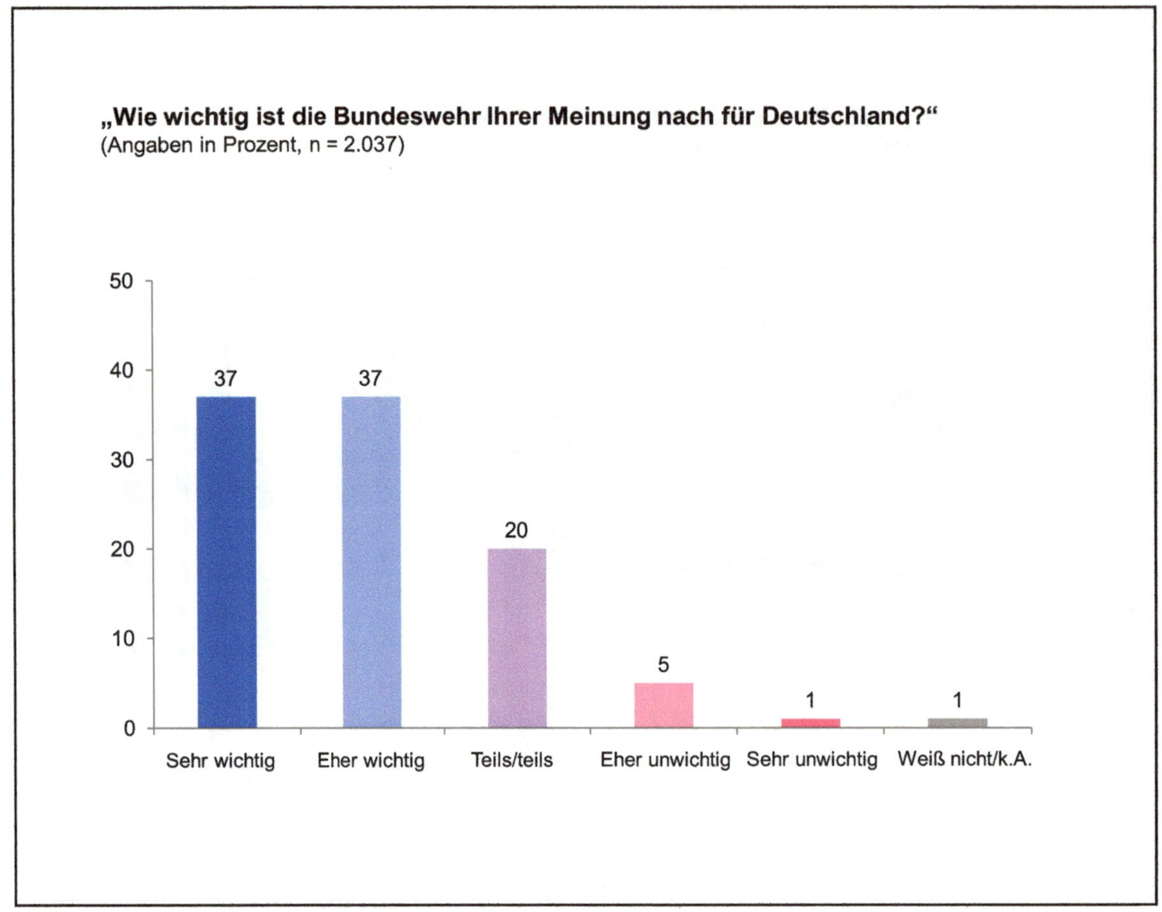

Anmerkung: Nicht alle Prozentangaben ergeben in der Summe 100 Prozent, da die Einzelwerte gerundet wurden.
Datenbasis: Bevölkerungsbefragung des ZMSBw 2021.

Im Vergleich zum Vorjahr (vgl. Abbildung 9.4) ist der Anteil derjenigen, welche die Bundeswehr für sehr oder eher wichtig halten, nahezu unverändert geblieben. Über den gesamten Erhebungszeitraum dieses Indikators (seit 2013) wird 2021 ein vergleichsweise niedriger Wert erreicht. Allerdings bewegt sich der zusammengefasste Anteil für die Antworten „sehr" und „eher wichtig" wie schon die positive Einstellung zu den Streitkräften (vgl. Abbildungen 9.1 und 9.2) im gesamten Zeitraum in einem recht engen Band zwischen 70 und 79 Prozent.

Abbildung 9.4: Einschätzung Wichtigkeit der Bundeswehr im Zeitvergleich

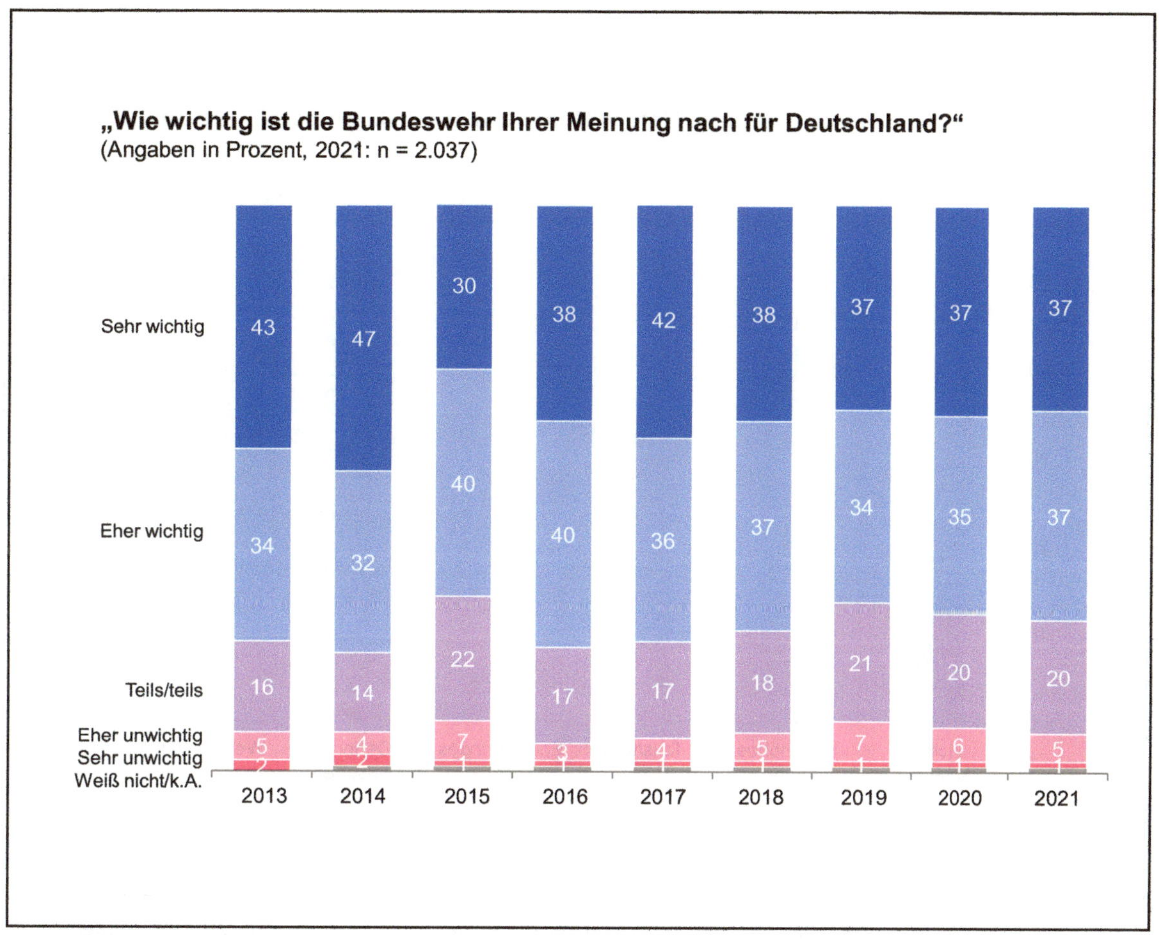

Anmerkung: Nicht alle Prozentangaben ergeben in der Summe 100 Prozent, da die Einzelwerte gerundet wurden.

Datenbasis: Bevölkerungsbefragungen des ZMSBw 2013–2021.

Im weiteren Verlauf des Interviews wurden die Teilnehmerinnen und Teilnehmer gefragt, welches Ansehen die Bundeswehr bei ihnen persönlich hat (vgl. Abbildung 9.5). Die Bundeswehr genießt in der Bevölkerung mehrheitlich ein hohes (16 Prozent) oder eher hohes Ansehen (43 Prozent). Insgesamt äußern sich bei dieser Frage 59 Prozent der Befragten positiv. Bei 9 Prozent der Befragten hat die Bundeswehr ein eher geringes, bei 2 Prozent ein geringes Ansehen. 30 Prozent sind geteilter Meinung.

Abbildung 9.5: Persönliches Ansehen der Bundeswehr

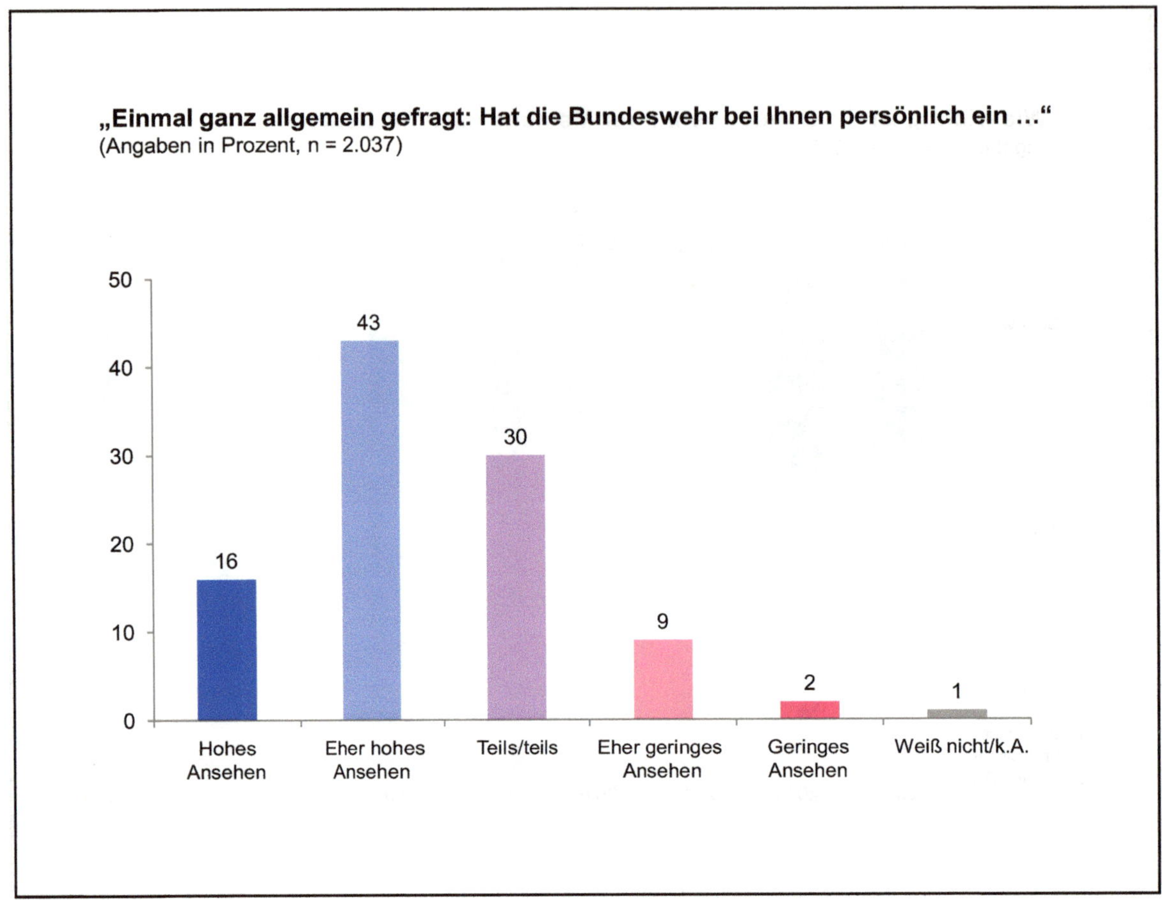

Anmerkung: Nicht alle Prozentangaben ergeben in der Summe 100 Prozent, da die Einzelwerte gerundet wurden.

Datenbasis: Bevölkerungsbefragung des ZMSBw 2021.

Im Vergleich zum Jahr 2020 zeigen sich keine wesentlichen Veränderungen (vgl. Abbildung 9.6). Über den gesamten Erhebungszeitraum seit 2013 schwankt das hohe oder eher hohe Ansehen der Streitkräfte zwischen 49 und 63 Prozent und verändert sich damit stärker als die beiden vorher betrachteten Indikatoren Einstellung und Wichtigkeit. Der Wert für das Jahr 2021 liegt im oberen Bereich dieses Intervalls.

Abbildung 9.6: Persönliches Ansehen der Bundeswehr im Zeitvergleich

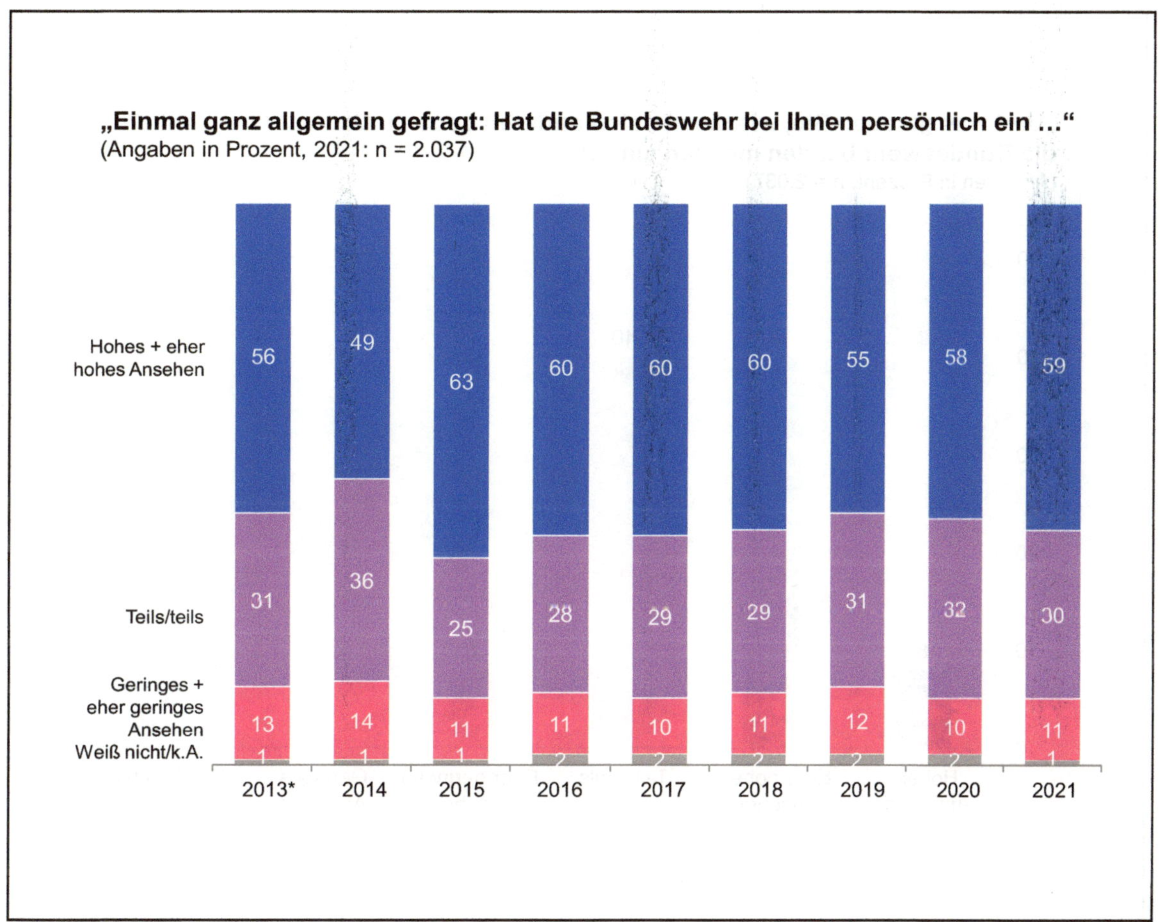

Anmerkungen: Nicht alle Prozentangaben ergeben in der Summe 100 Prozent, da die Einzelwerte gerundet wurden. *2013 wurden nur eingeschränkt vergleichbare Daten erhoben (die Fragestellung lautete: „Welches Ansehen genießt die Bundeswehr bei Ihnen persönlich?").

Datenbasis: Bevölkerungsbefragungen des ZMSBw 2013–2021.

Zusätzlich zum persönlichen Ansehen wurden die Befragten mit der gleichen Antwortskala danach gefragt, wie sie das gesellschaftliche Ansehen der Bundeswehr in Deutschland bewerten (vgl. Abbildung 9.7). 48 Prozent glauben, dass die Streitkräfte bei den anderen Bürgerinnen und Bürgern in Deutschland ein hohes (8 Prozent) oder eher hohes Ansehen (40 Prozent) genießen. 40 Prozent sind bei dieser Frage geteilter Meinung. 9 Prozent bewerten das gesellschaftliche Ansehen als (eher) gering. Insgesamt besteht also eine Lücke zwischen den aus den persönlichen Bewertungen aggregierten Einstellungen der Befragten und ihrer Wahrnehmung des gesellschaftlichen Meinungsklimas von 11 Prozentpunkten (vgl. Abbildungen 9.5 und 9.7). Somit bestätigt sich auch für die Bevölkerung, dass sie den Zuspruch für die Streitkräfte geringer einschätzt, als er tatsächlich ist (für weitergehende Analysen s. Wanner 2019).

Abbildung 9.7: Einschätzung des gesellschaftlichen Ansehens der Bundeswehr

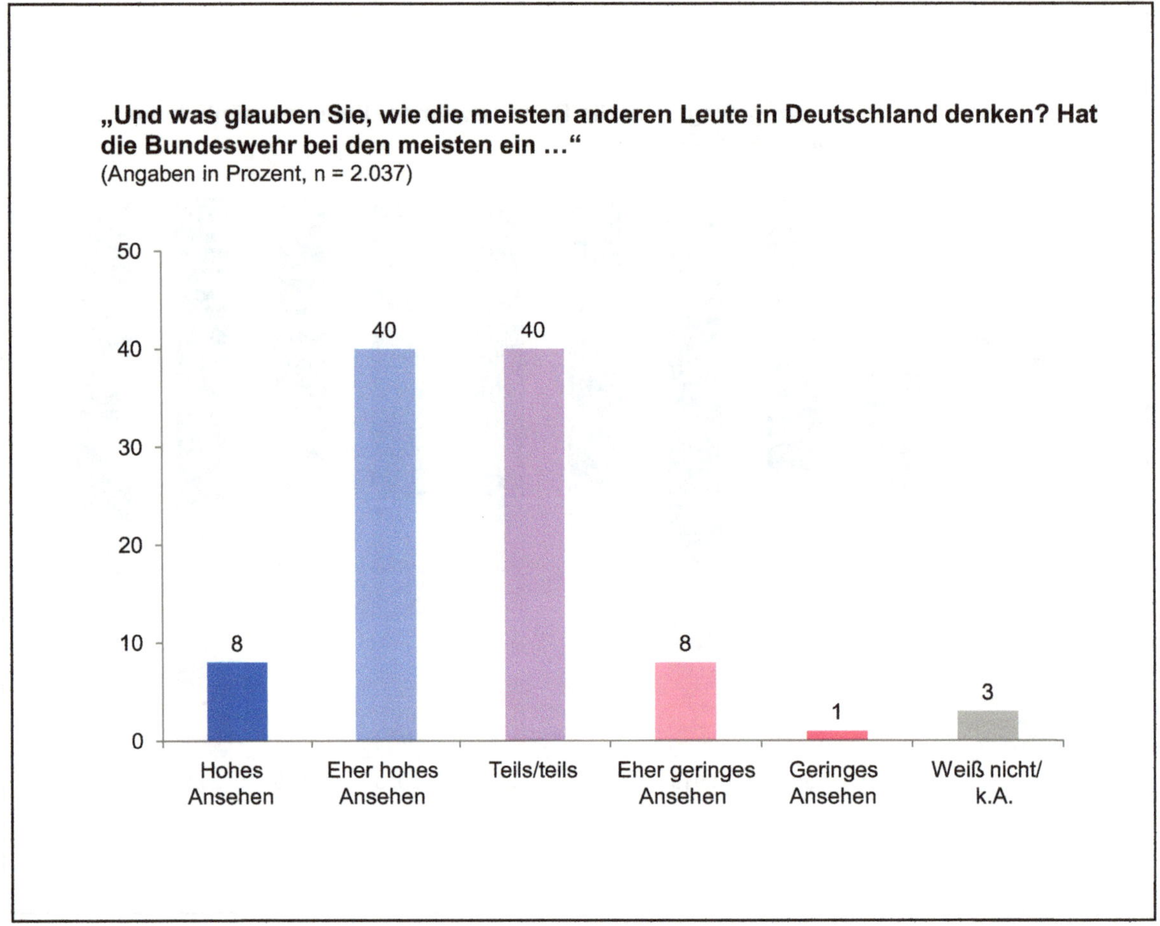

Anmerkung: Nicht alle Prozentangaben ergeben in der Summe 100 Prozent, da die Einzelwerte gerundet wurden.

Datenbasis: Bevölkerungsbefragung des ZMSBw 2021.

Die Einschätzung des Ansehens der Bundeswehr in der Gesellschaft hat sich im Vergleich zum Jahr 2020 leicht verändert (vgl. Abbildung 9.8): Der Anteil der Befragten, die der Bundeswehr ein hohes oder eher hohes gesellschaftliches Ansehen konstatieren, ist um 6 Prozentpunkte gestiegen. Demgegenüber ist die Gruppe mit geteilter Meinung gleich geblieben und der Anteil der Befragten, die von einem geringen gesellschaftlichen Ansehen der Bundeswehr ausgehen, um 5 Prozentpunkte gesunken. Im Zeitverlauf schwankt auch für diesen Indikator der Anteil der positiven Äußerungen relativ stark in einem Band zwischen 32 und 50 Prozent. Für die Lücke zwischen persönlichem und gesellschaftlichem Ansehen ergeben sich von 2013 bis 2021 Differenzen zwischen 8 und 24 Prozentpunkten. Das aggregierte persönliche Ansehen der Bundeswehr ist also stets auf einem höheren Niveau als das wahrgenommene gesellschaftliche Ansehen. 2021 liegt das Ausmaß der Lücke in den zusammengefassten Einstellungen mit 11 Prozentpunkten im unteren Wertebereich. Am größten war sie im Jahr 2013.

Abbildung 9.8: Einschätzung des gesellschaftlichen Ansehens der Bundeswehr im Zeitvergleich

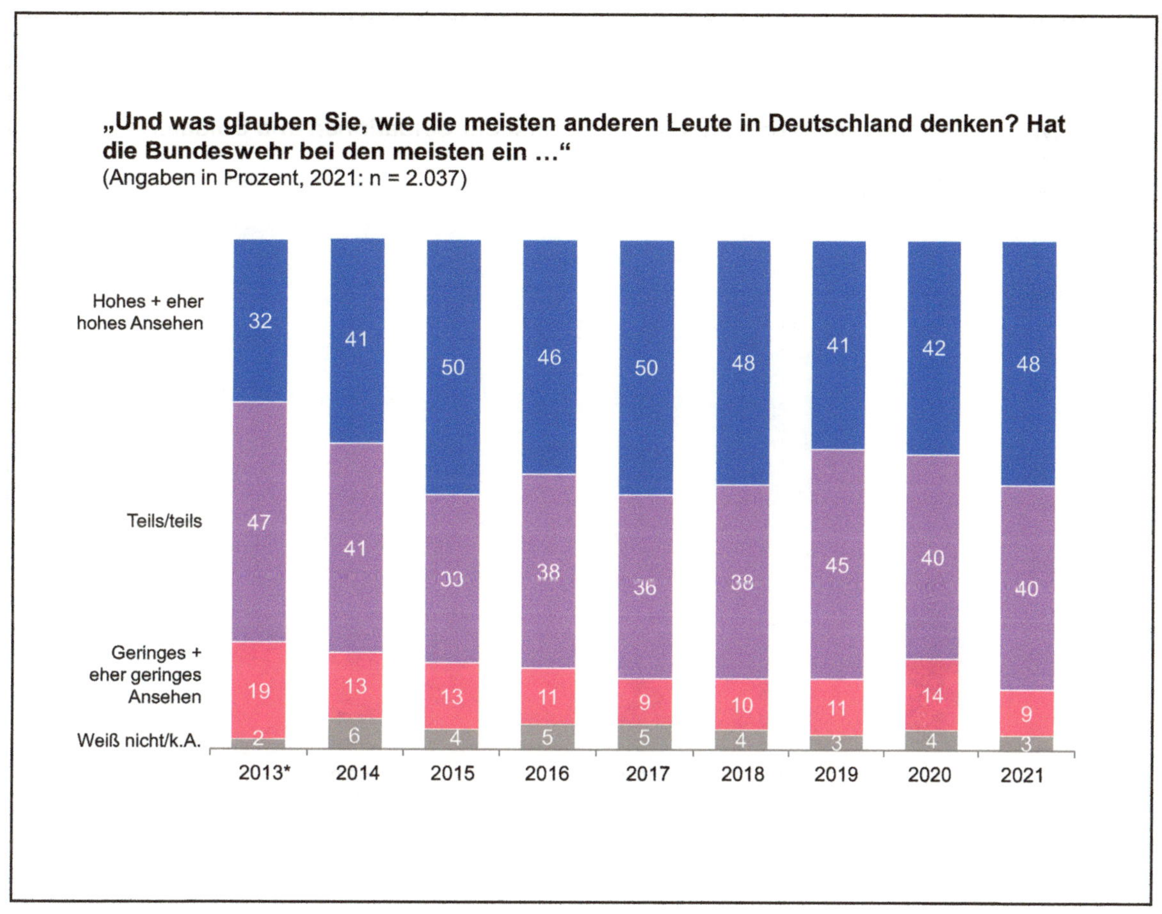

Anmerkungen: Nicht alle Prozentangaben ergeben in der Summe 100 Prozent, da die Einzelwerte gerundet wurden. *2013 wurden nur eingeschränkt vergleichbare Daten erhoben (die Fragestellung lautete: „Und was meinen Sie, wie hoch ist das Ansehen der Bundeswehr in unserer Gesellschaft?“).

Datenbasis: Bevölkerungsbefragungen des ZMSBw 2013–2021.

Ein ähnliches Bild wie für das Ansehen der Bundeswehr ergibt sich auch für die Anerkennung des soldatischen Dienstes (vgl. Abbildung 9.9): Bei fast zwei Dritteln der Bevölkerung erfährt dieser volle (16 Prozent) oder hohe Anerkennung (44 Prozent). Mittlere Anerkennung spricht dem Dienst der Soldatinnen und Soldaten ein knappes Drittel der Befragten aus (29 Prozent). Geringe (7 Prozent) oder keine Anerkennung (1 Prozent) bringen dem soldatischen Dienst nur 8 Prozent der Befragten entgegen.

Abbildung 9.9: Persönliche Anerkennung gegenüber dem Dienst der Soldatinnen und Soldaten

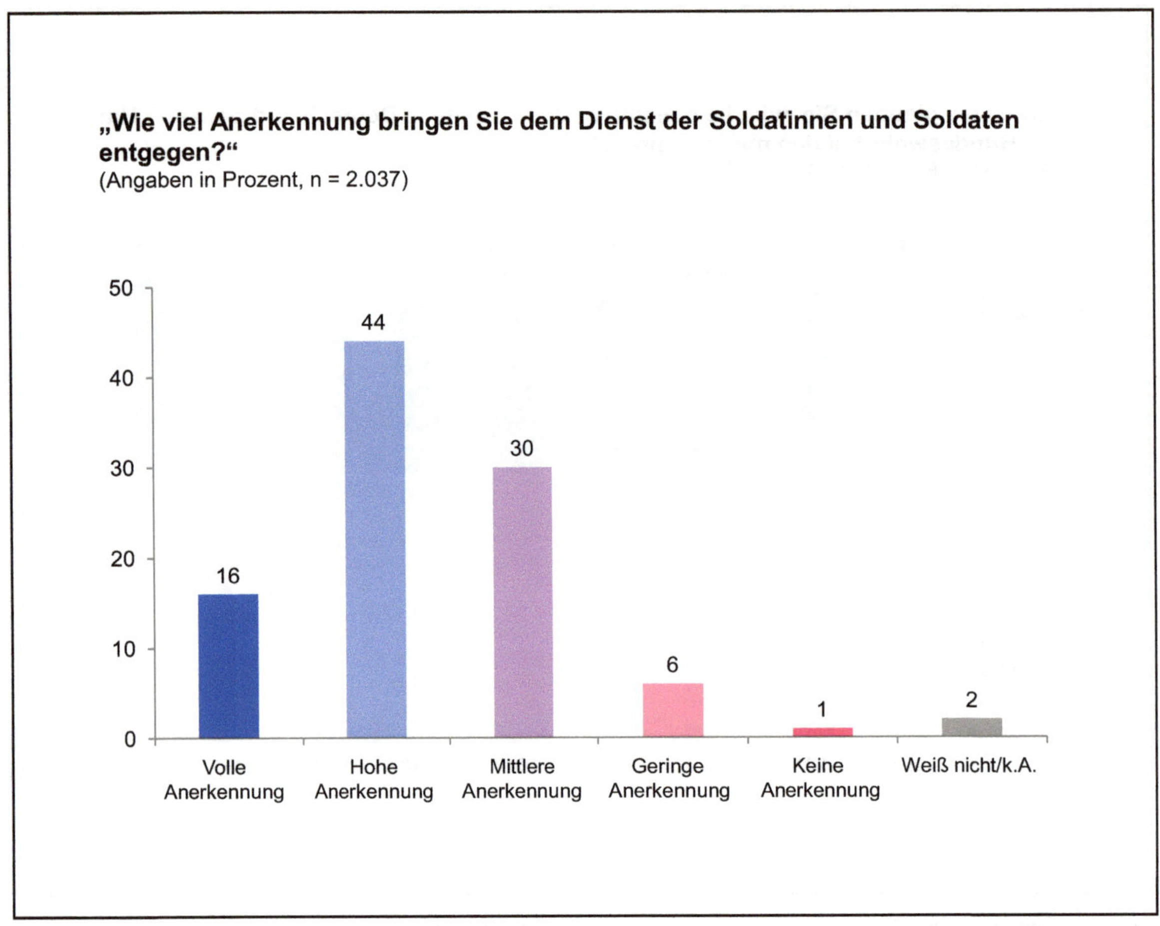

Anmerkungen: Nicht alle Prozentangaben ergeben in der Summe 100 Prozent, da die Einzelwerte gerundet wurden. Benennungen der Antwortausprägungen für grafische Darstellung gekürzt. Die vollständigen Ausprägungen lauten: „Ein hohes Maß an Anerkennung“ (Hohe Anerkennung); „Ein mittleres Maß an Anerkennung“ (Mittlere Anerkennung); „Ein geringes Maß an Anerkennung“ (Geringe Anerkennung). Die beiden übrigen Antworten sind unverändert.

Datenbasis: Bevölkerungsbefragung des ZMSBw 2021.

Im Vergleich zum Vorjahr gibt es kaum Veränderungen (vgl. Abbildung 9.10). Im gesamten Erhebungszeitraum dieses Indikators wird im Jahr 2021 mit 60 Prozent der zweitniedrigste Wert erreicht. In der Tendenz zeigt sich damit im Betrachtungszeitraum ein leichter, aber kontinuierlicher Rückgang.

Abbildung 9.10: Persönliche Anerkennung gegenüber dem Dienst der Soldatinnen und Soldaten im Zeitvergleich

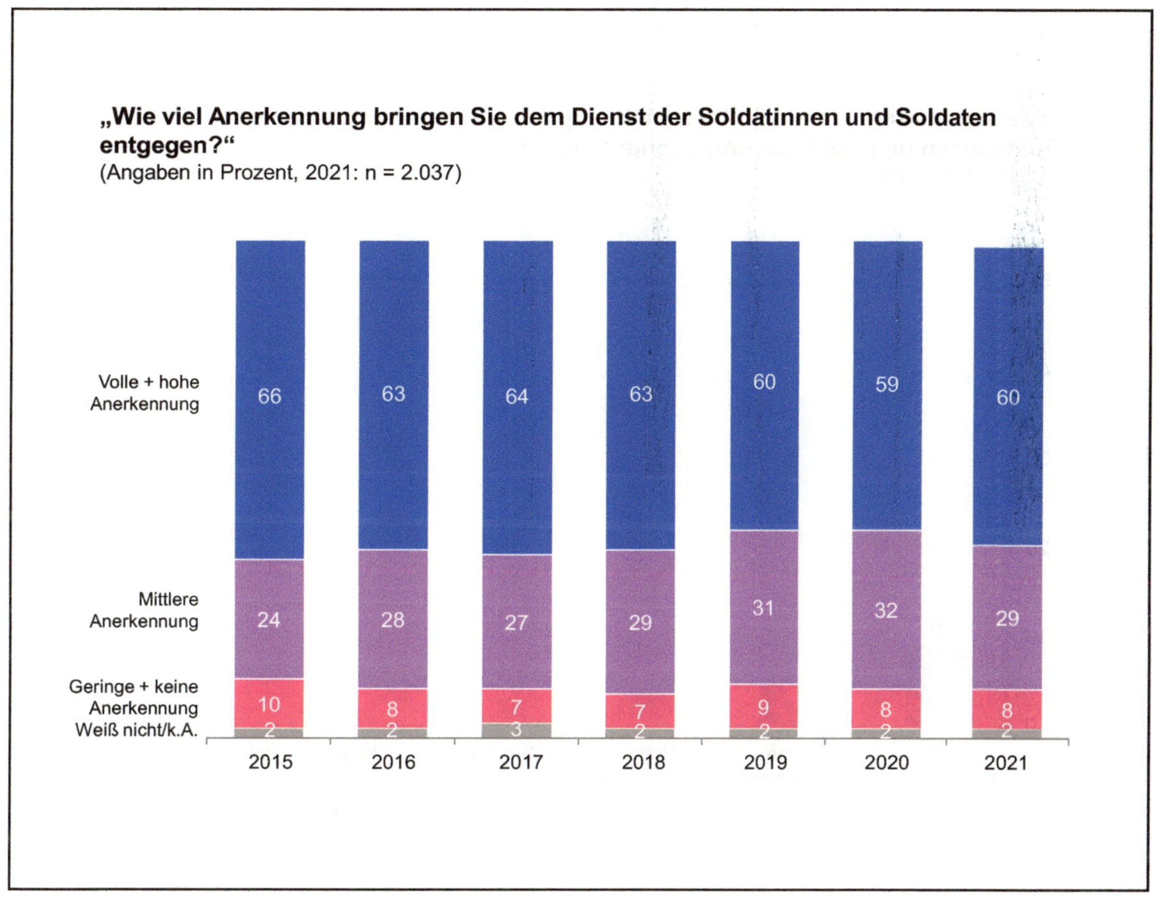

Anmerkungen: Nicht alle Prozentangaben ergeben in der Summe 100 Prozent, da die Einzelwerte gerundet wurden. Benennungen der Antwortausprägungen für grafische Darstellung gekürzt, vgl. Anm. Abbildung 9.9.

Datenbasis: Bevölkerungsbefragungen des ZMSBw 2015–2021.

Wie bei den Fragen zum Ansehen der Bundeswehr wurde in der Bevölkerungsbefragung 2021 auch für die Anerkennung gegenüber dem Dienst der Soldatinnen und Soldaten erfasst, wie es neben der persönlichen um die gesellschaftliche Anerkennung bestellt ist (vgl. Abbildung 9.11). 46 Prozent der Befragten denken, dass den Soldatinnen und Soldaten in Deutschland volle (9 Prozent) oder hohe Anerkennung (37 Prozent) entgegengebracht wird. 39 Prozent schätzen das Niveau der gesellschaftlichen Anerkennung als mittel ein. 10 Prozent bewerten das Ausmaß der Anerkennung als gering. Ein Prozent geht von keinerlei Anerkennung aus.

Im Vergleich zum Vorjahr finden sich wiederum nur geringfügige Veränderungen (vgl. Abbildung 9.12): eine Zunahme von 4 Prozentpunkten bei den positiven Bewertungen und eine Abnahme von 2 Prozentpunkten für das mittlere Ansehen. Im gesamten Untersuchungszeitraum seit dem Jahr 2015 schwankt der zusammengefasste Anteil für volle und hohe Anerkennung lediglich zwischen 40 und 46 Prozent.

Abbildung 9.11: Gesellschaftliche Anerkennung gegenüber dem Dienst der Soldatinnen und Soldaten

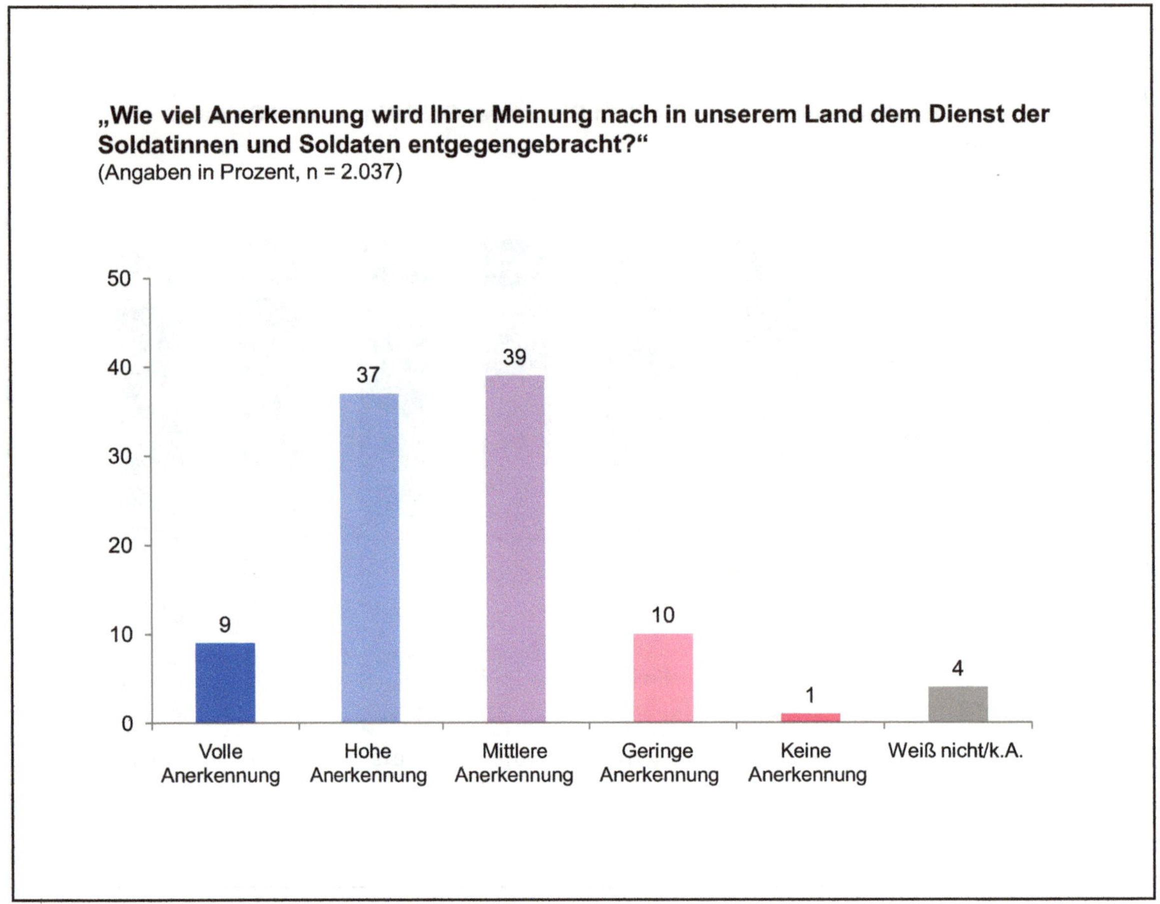

Anmerkungen: Nicht alle Prozentangaben ergeben in der Summe 100 Prozent, da die Einzelwerte gerundet wurden. Benennungen der Antwortausprägungen für grafische Darstellung gekürzt, vgl. Anm. Abbildung 9.9.

Datenbasis: Bevölkerungsbefragung des ZMSBw 2021.

Setzt man die persönliche und die gesellschaftliche Anerkennung miteinander in Beziehung, ergibt sich wie schon für das Ansehen der Bundeswehr eine Diskrepanz zwischen den aggregierten persönlichen Bewertungen und dem wahrgenommenen Meinungsklima. Der zusammengefasste Wert für volle und hohe Anerkennung auf der persönlichen Ebene liegt im Jahr 2021 14 Prozentpunkte über dem Wert für das wahrgenommene gesellschaftliche Meinungsklima zu dieser Frage. Das ist die geringste Differenz im Untersuchungszeitraum – der höchste Abstand betrug 23 Prozentpunkte in den Jahren 2015 und 2016, der bislang niedrigste 17 Prozentpunkte 2019 und 2020.

Abbildung 9.12: Gesellschaftliche Anerkennung gegenüber dem Dienst der Soldatinnen und Soldaten im Zeitvergleich

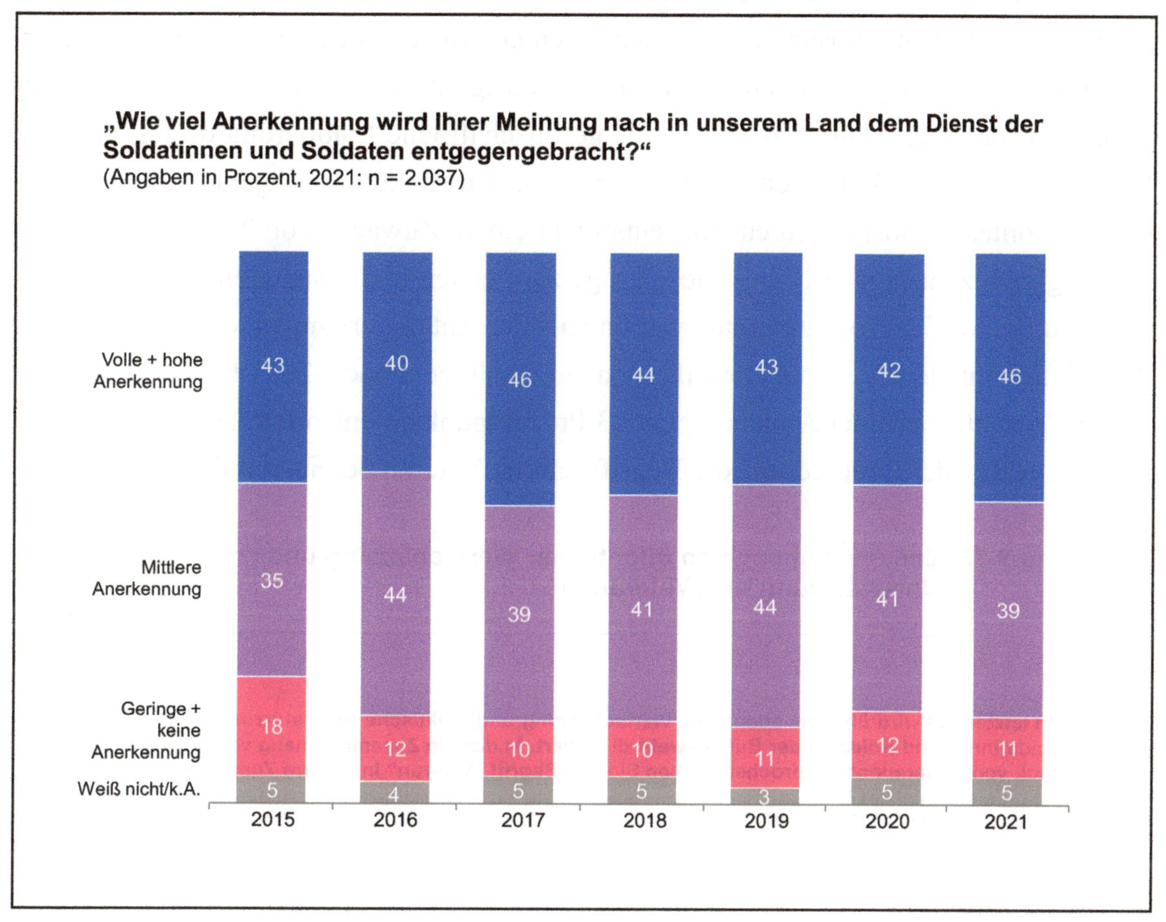

Anmerkungen: Nicht alle Prozentangaben ergeben in der Summe 100 Prozent, da die Einzelwerte gerundet wurden. Benennungen der Antwortausprägungen für grafische Darstellung gekürzt, vgl. Anm. Abbildung 9.9.

Datenbasis: Bevölkerungsbefragungen des ZMSBw 2015–2021.

Im Jahr 2018 hat die Bundeswehr den Begriff des Veteranen für sich angenommen und inklusiv definiert (BMVg 2018c): „Veteranin oder Veteran der Bundeswehr ist, wer als Soldatin oder Soldat der Bundeswehr im aktiven Dienst steht oder aus diesem Dienstverhältnis ehrenhaft ausgeschieden ist, also den Dienstgrad nicht verloren hat.“ Die vorliegende Umfrage belegt die fortschreitende gesellschaftliche Etablierung dieses Begriffs. Im Jahr 2021 gaben 49 Prozent der Befragten an, den Ausdruck „Veteran“ in einem aktuellen Kontext gehört zu haben. Das entspricht einem Zuwachs von 21 Prozentpunkten im Vergleich zum Jahr 2012, als diese Frage zum ersten und bislang einzigen Male gestellt wurde. Mit 71 Prozentpunkten war damals der Anteil derjenigen, die keine aktuelle Assoziation mit dem Veteranenbegriff angaben, noch recht hoch. 2021 liegt dieser Anteil bei 48 Prozent, was einer Abnahme von 23 Prozentpunkten entspricht. Mithin assoziiert rund die Hälfte der Bevölkerung die Begrifflichkeit Veteran bereits mit der Bundeswehr.

Abbildung 9.13: Zusammenhang von öffentlicher Wertschätzung und praktischer Unterstützung mit „Veteranen“

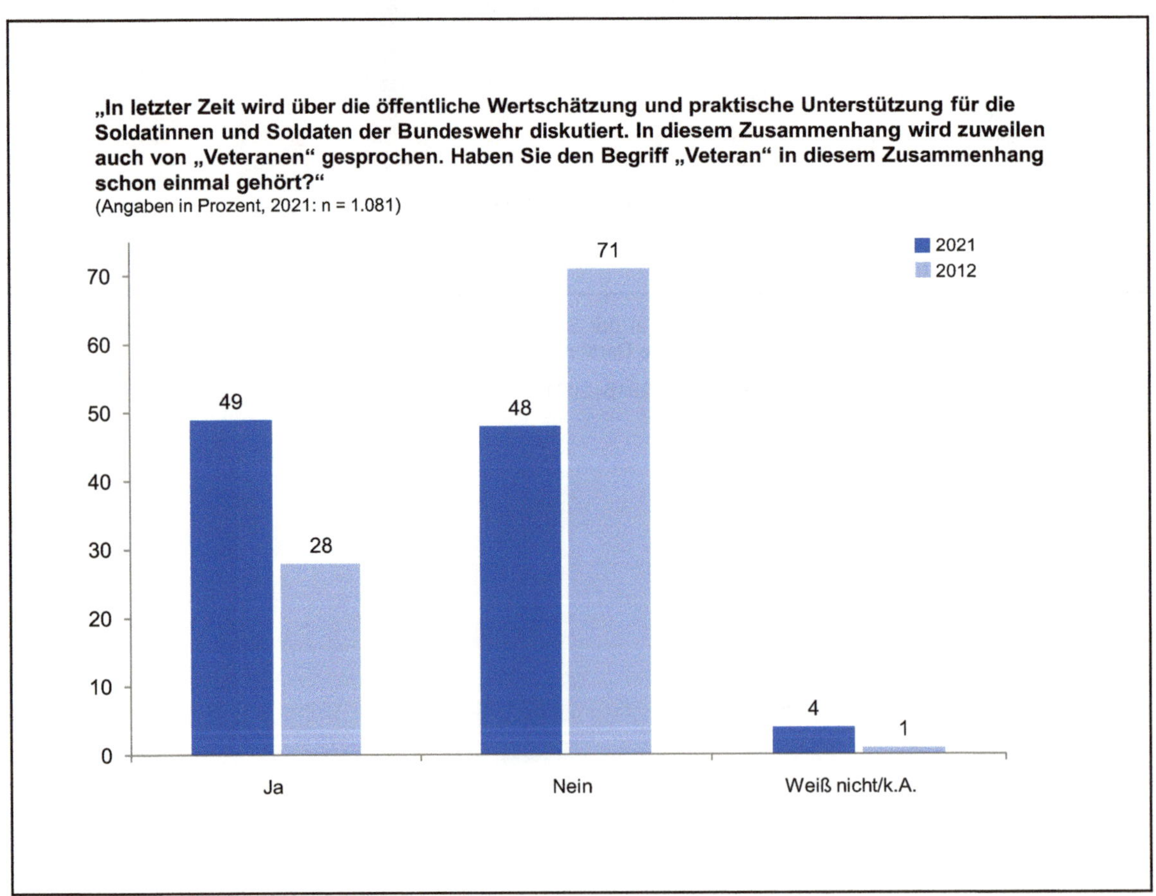

Anmerkungen: Nicht alle Prozentangaben ergeben in der Summe 100 Prozent, da die Einzelwerte gerundet wurden. Die Frage wurde 2021 nur einem Teil der Befragten gestellt (n = 1.081).

Datenbasis: Bevölkerungsbefragungen des SOWI 2012 und des ZMSBw 2021.

Mit der zunehmenden Kenntnis des Veteranenbegriffs geht ein Zuspruch für mehr gesellschaftliche Wertschätzung und praktische Hilfe einher (vgl. Abbildung 9.14): Nach Auffassung einer deutlichen Mehrheit sollten Veteranen in Deutschland eine besondere medizinische Versorgung (Zustimmung von 85 Prozent) und eine lebenslange soziale Absicherung (84 Prozent Zustimmung) erhalten. Auch alle anderen abgefragten Maßnahmen zur Anerkennung und Unterstützung der Veteranen erfahren eine mehrheitliche Befürwortung. Dazu zählen Betreuungsangebote und öffentliche Veranstaltungen. Selbst eine Briefmarke unter dem Motto „Solidarität mit unseren Soldaten" (56 Prozent Zustimmung) sowie ein Veteranentag, an dem ausschließlich Veteranen geehrt werden (56 Prozent), finden die Zustimmung der meisten Bürgerinnen und Bürger (vgl. Abbildung 9.15).

Abbildung 9.14: Akzeptanz von Maßnahmen für mehr gesellschaftliche Wertschätzung und praktische Unterstützung von Veteranen, Teil 1

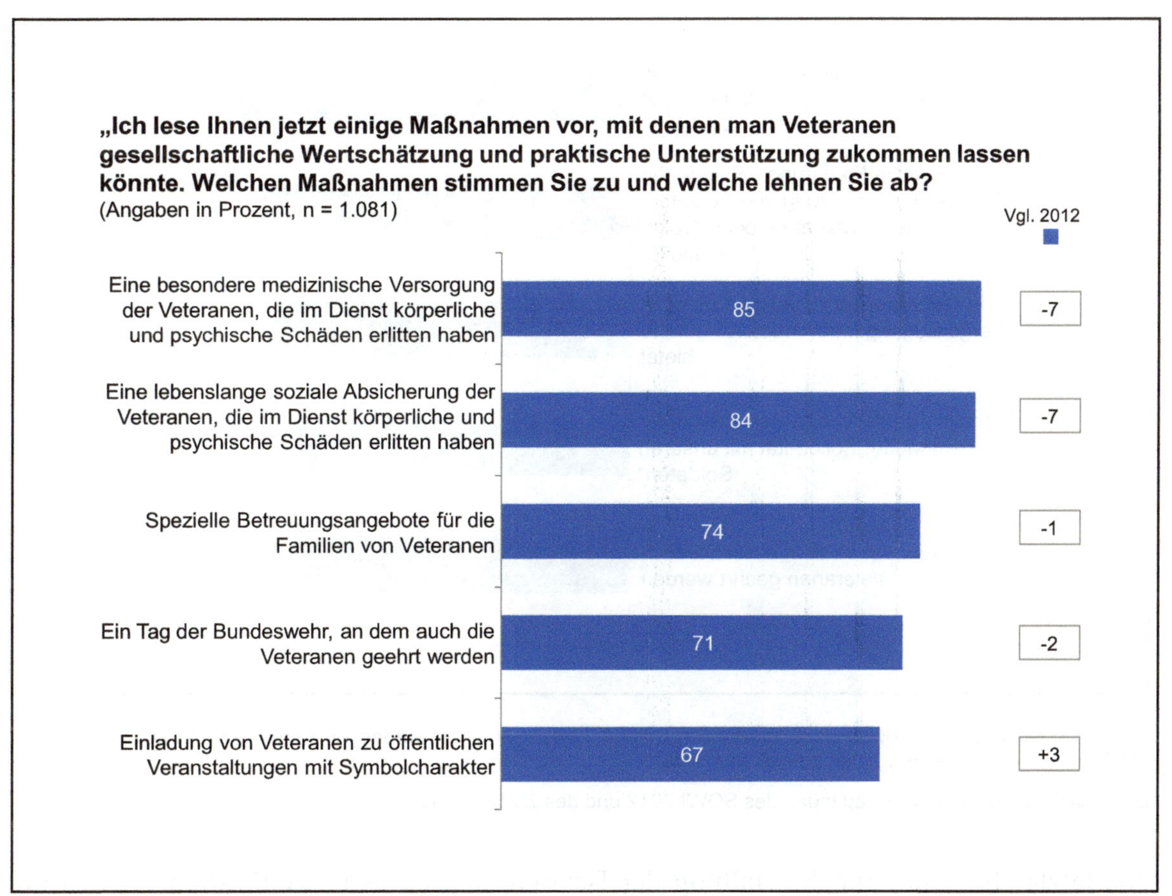

Anmerkungen: Die Antwortoptionen „Stimme völlig zu" und „Stimme eher zu" wurden zusammengefasst. Die Frage wurde 2021 nur einem Teil der Befragten gestellt (n = 1.081).

Datenbasis: Bevölkerungsbefragungen des SOWI 2012 und des ZMSBw 2021.

Im Vergleich zu 2012 haben öffentliche Verleihungen von Veteranenabzeichen, Orden oder Medaillen (+13 Prozentpunkte) und eine Veteranenkarte (+8 Prozentpunkte) an Zustimmung in der Bevölkerung gewonnen. Obwohl sie insgesamt den höchsten Zuspruch aufweisen, haben die besondere medizinische Versorgung und die lebenslange soziale Absicherung mit jeweils minus 7 Prozentpunkten am stärksten an Zustimmung verloren.

Abbildung 9.15: Akzeptanz von Maßnahmen für mehr gesellschaftliche Wertschätzung und praktische Unterstützung von Veteranen, Teil 2

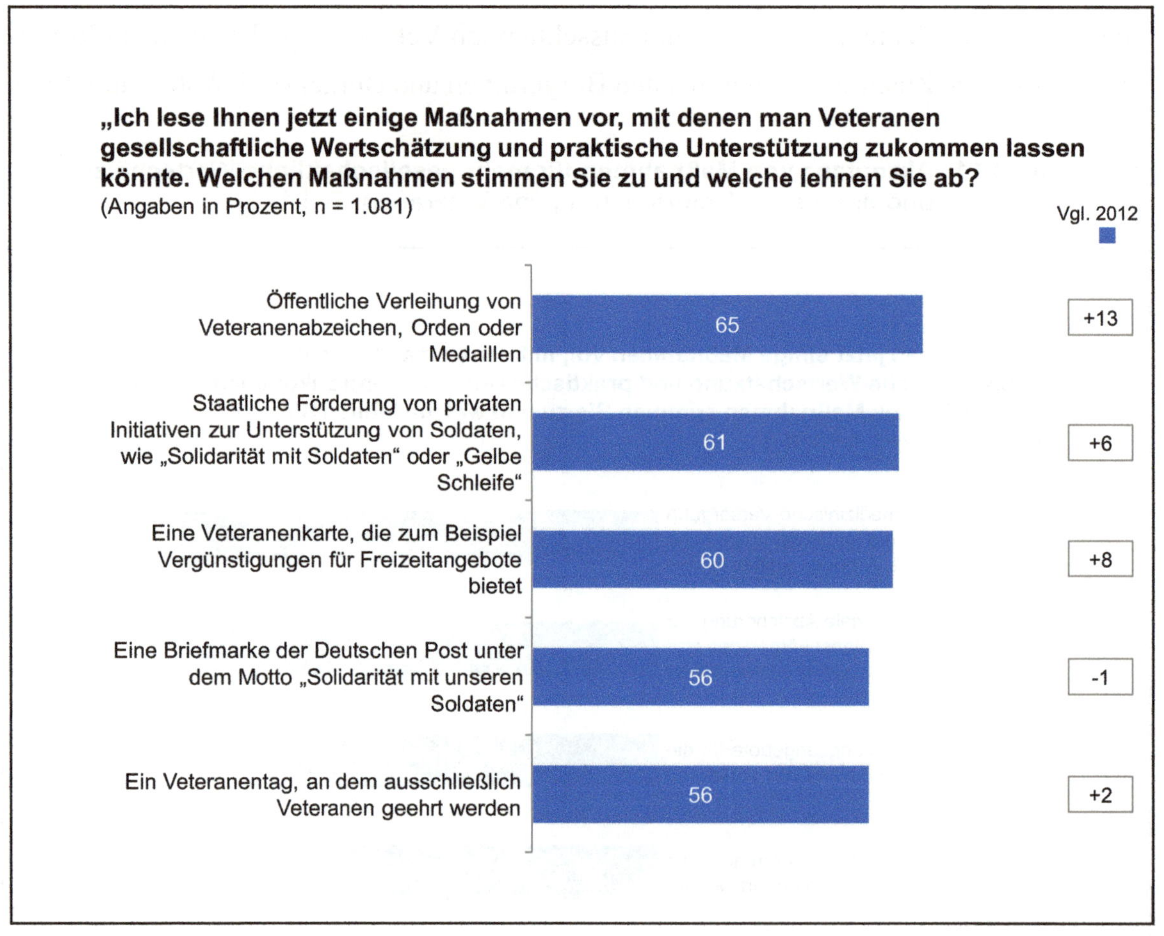

Anmerkungen: Die Antwortoptionen „Stimme völlig zu" und „Stimme eher zu" wurden zusammengefasst. Die Frage wurde 2021 nur einem Teil der Befragten gestellt (n = 1.081).

Datenbasis: Bevölkerungsbefragungen des SOWI 2012 und des ZMSBw 2021.

Als letzter Indikator für die Haltung der Bevölkerung zu den Streitkräften wurden die Teilnehmerinnen und Teilnehmer der Umfrage nach ihrem Vertrauen in eine Vielzahl von Institutionen gefragt. Mit diesem Instrument ist ein Vergleich des Zuspruchs für die Bundeswehr mit der Unterstützung für andere öffentliche Einrichtungen in Deutschland möglich. Abbildung 9.16 verdeutlicht, dass die große Mehrheit der Bevölkerung der Bundeswehr vertraut. 85 Prozent äußern sich entsprechend. Mangelndes Vertrauen in die

Streitkräfte herrscht dagegen bei nur 12 Prozent der Befragten vor. Dies ist ein bemerkenswert hoher Zuspruch, der dem Wert des Vorjahres entspricht und auch im zeitlichen Vergleich heraussticht (vgl. Abbildung 9.17). Das Vertrauen in die Bundeswehr schwankt zwischen 2015 und 2019 fast gar nicht und liegt zwischen 79 und 81 Prozent. In der aktuellen Erhebung wird mit 85 Prozent derselbe Höchstwert wie 2020 erreicht.

Abbildung 9.16: Vertrauen in die Bundeswehr

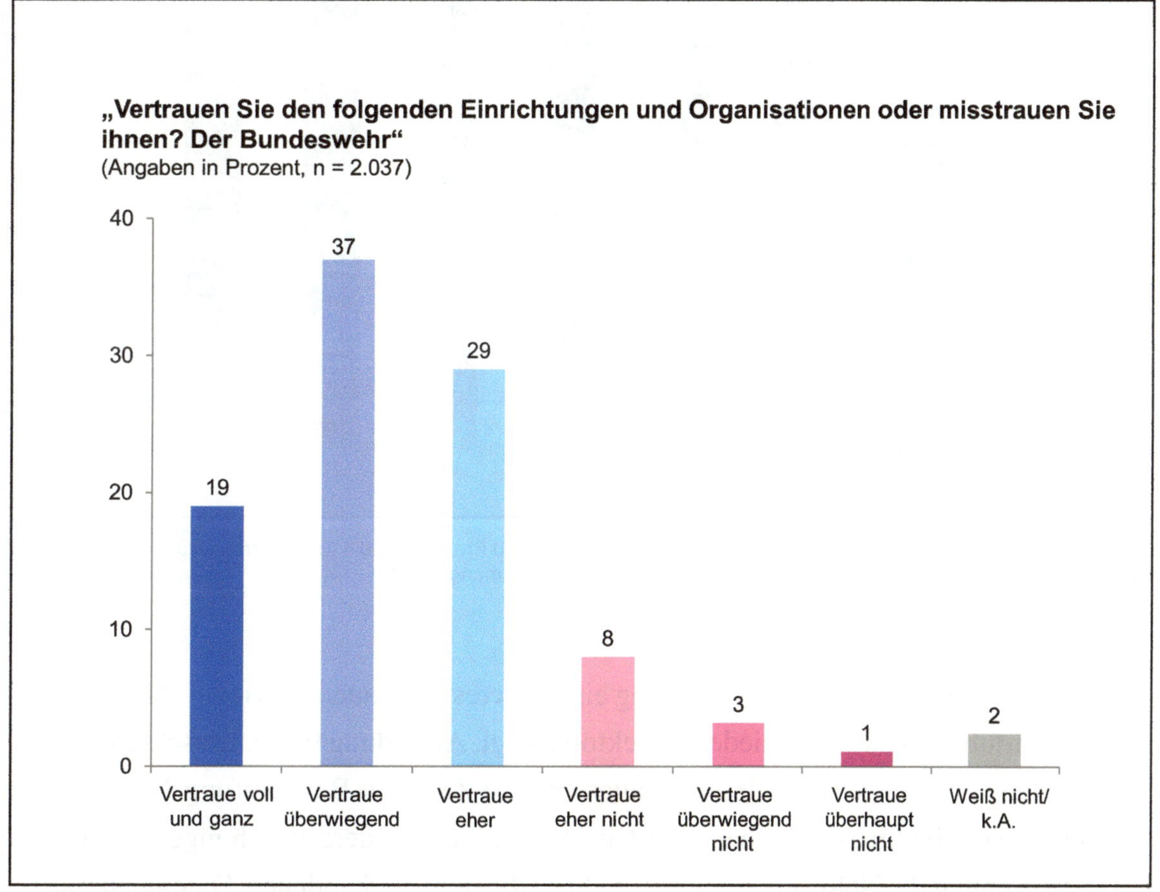

Anmerkung: Nicht alle Prozentangaben ergeben in der Summe 100 Prozent, da die Einzelwerte gerundet wurden.
Datenbasis: Bevölkerungsbefragung des ZMSBw 2021.

Anschaulich wird das hohe Vertrauen in die Bundeswehr beim Vergleich mit anderen Institutionen. Die Bundeswehr ist eine der Organisationen, die das größte Vertrauen der Bürgerinnen und Bürger erfährt (vgl. Abbildung 9.18). Nur die Polizei, die öffentlichen Schulen und die Gesetzliche Krankenversicherung genießen mehr Vertrauen (zwischen 86 und 87 Prozent). Dies bestätigt das aus den vergangenen Jahren bekannte Muster.

Abbildung 9.17: Vertrauen in die Bundeswehr im Zeitvergleich

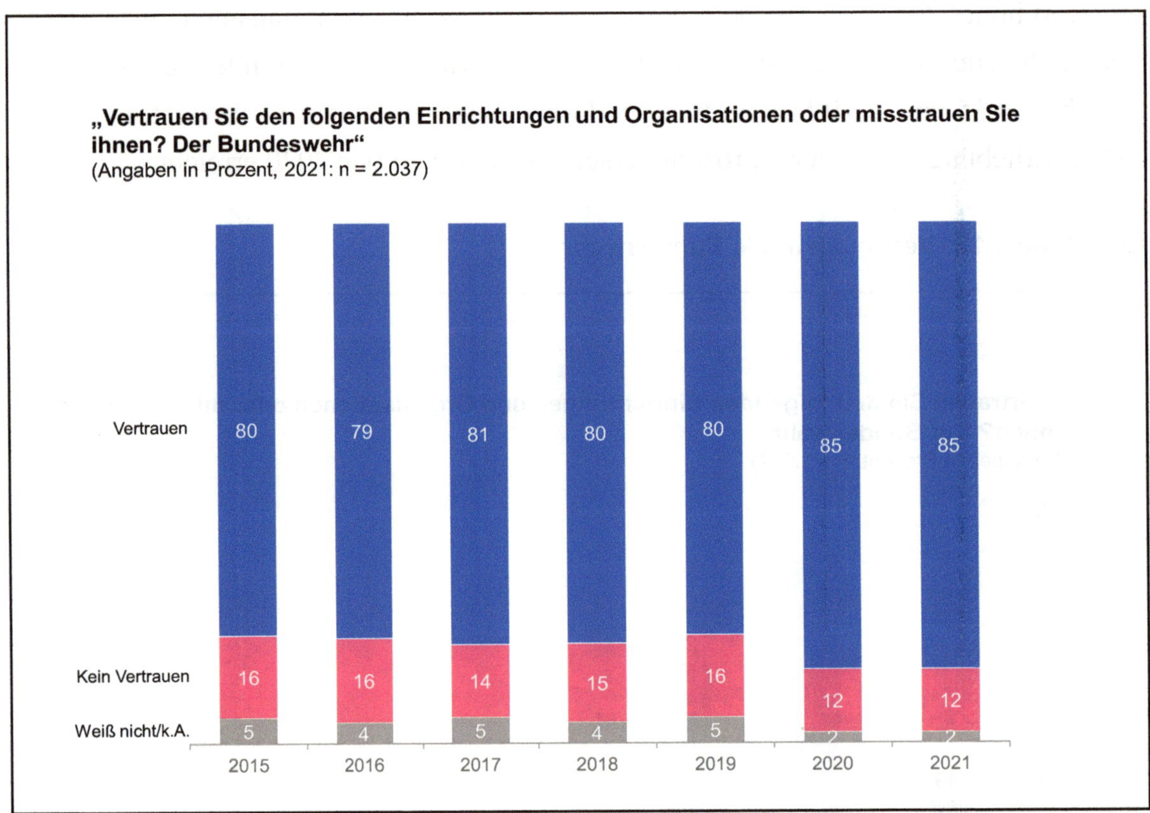

Anmerkungen: Nicht alle Prozentangaben ergeben in der Summe 100 Prozent, da die Einzelwerte gerundet wurden. Alle positiven und negativen Antwortmöglichkeiten wurden jeweils zusammengefasst.

Datenbasis: Bevölkerungsbefragungen des ZMSBw 2015–2021.

Der Bundeswehr schenkt die Bevölkerung ein größeres Vertrauen als vielen anderen etablierten Institutionen aus verschiedenen Sektoren (vgl. Abbildung 9.18). Einschränkend ist anzumerken, dass das Niveau des Vertrauens in den ZMSBw-Bevölkerungsbefragungen für die meisten Institutionen über dem Niveau liegt, das andere Erhebungen ausweisen (Marktforschung.de 2020; Presseportal 2020). Mit dem vorhandenen Datenmaterial ist nicht abschließend zu klären, worauf dieser generell höhere Vertrauenszuspruch zurückzuführen ist. Es ist aber plausibel, anzunehmen, dass die verwendete sechsstufige Skala ohne Mittelpunkt (neutrale Antwort) zu systematisch höheren Vertrauenswerten führt. Von dieser Einschränkung unbenommen ist die Abstufung des Vertrauens zu den betrachteten Organisationen: Seit Jahren nimmt die Bundeswehr – wie andere Untersuchungen bestätigen – einen Spitzenplatz im Vertrauensranking der öffentlichen Einrichtungen ein (z.B. Die Welt 2013; European Commission 2019; Infratest dimap 2016).

Abbildung 9.18: Vertrauen in Institutionen in Deutschland, Teil 1

Anmerkungen: Alle positiven Antwortmöglichkeiten wurden zusammengefasst.

Datenbasis: Bevölkerungsbefragungen des ZMSBw 2020 und 2021.

Zugleich zeigt sich (vgl. die Abbildungen 9.18 und 9.19), dass den meisten Einrichtungen des öffentlichen Lebens in diesem Jahr ein etwas geringeres Vertrauen geschenkt wird. Während der Wert für die Bundeswehr unverändert bleibt, sinkt das Vertrauen in die meisten anderen Institutionen. Ausgeprägt ist dieser Rückgang bei der Bundesregierung, der Bundesagentur für Arbeit, dem Bundesnachrichtendienst, der Evangelischen Kirche und den politischen Parteien mit 5 bzw. 6 Prozentpunkten und am stärksten bei der Katholischen Kirche mit 11 Prozentpunkten. Hier kommt zum einen zum Tragen, dass die Werte im Jahr 2020 infolge der Corona-Pandemie gestiegen waren. Mithin stellt sich 2021 wieder eine gewisse Normalisierung ein. Zum anderen sind spezifische Vertrauensverluste im Zuge öffentlicher Diskussionen und Debatten zu verzeichnen, wie sie sich insbesondere bei der Katholischen Kirche bemerkbar machen.

Abbildung 9.19: Vertrauen in Institutionen in Deutschland, Teil 2

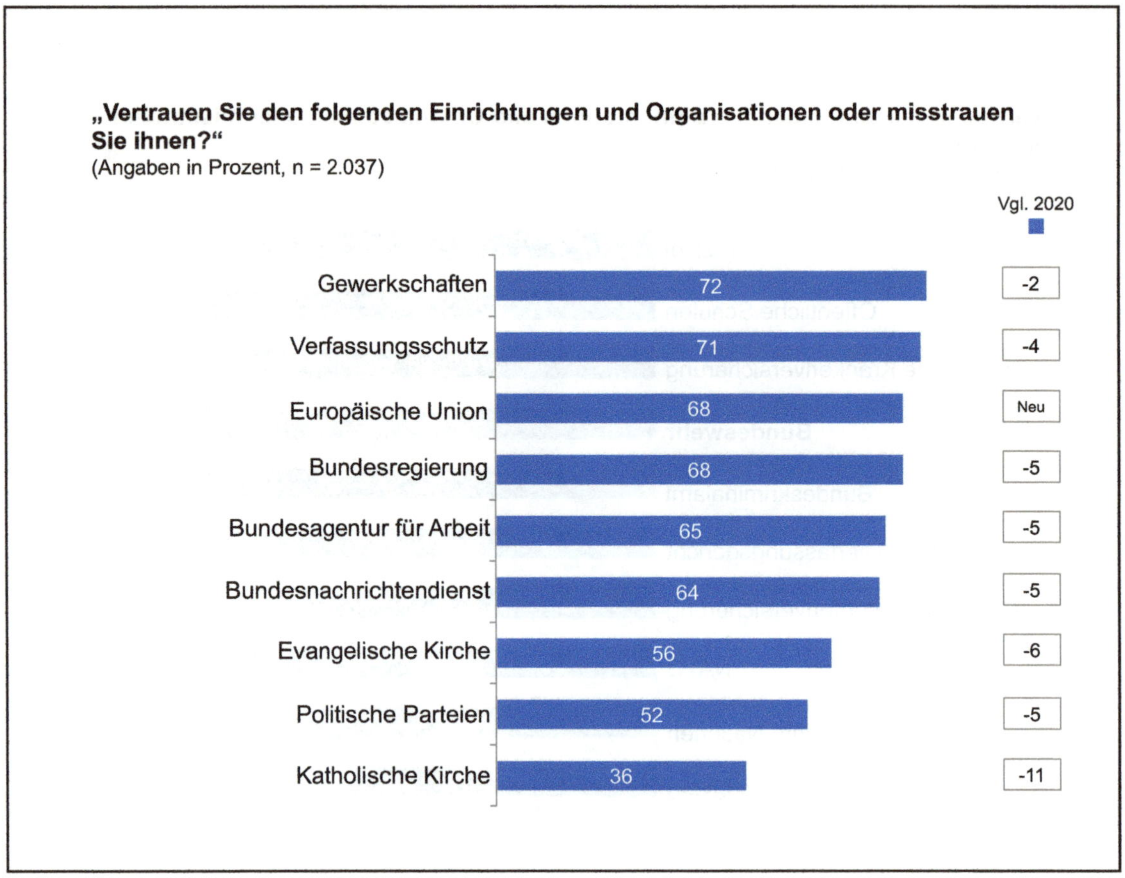

„Vertrauen Sie den folgenden Einrichtungen und Organisationen oder misstrauen Sie ihnen?"
(Angaben in Prozent, n = 2.037)

		Vgl. 2020
Gewerkschaften	72	-2
Verfassungsschutz	71	-4
Europäische Union	68	Neu
Bundesregierung	68	-5
Bundesagentur für Arbeit	65	-5
Bundesnachrichtendienst	64	-5
Evangelische Kirche	56	-6
Politische Parteien	52	-5
Katholische Kirche	36	-11

Anmerkungen: Alle positiven Antwortmöglichkeiten wurden zusammengefasst.

Datenbasis: Bevölkerungsbefragungen des ZMSBw 2020 und 2021.

9.2 Spezifische Einstellungen zur Bundeswehr

Neben den bisher analysierten Fragen zu generellen Einstellungen und Haltungen zur Bundeswehr wurden die Bürgerinnen und Bürger zu militärspezifischen Themen und zu den Leistungen der deutschen Streitkräfte gefragt (vgl. Abbildung 9.20). Mit 79 Prozent am positivsten werden wie in den Vorjahren die Leistungen der Bundeswehr bei ihren Einsätzen im Inland angesehen. Im Vergleich zum Vorjahr zeichnet sich ein leichter Zuwachs ab. Überwiegend positiv werden die Leistungen in den Auslandseinsätzen (61 Prozent), das öffentliche Auftreten der Soldatinnen und Soldaten (60 Prozent) sowie deren Ausbildung (58 Prozent) bewertet. Nicht ganz so wohlwollend fällt das Urteil zur Einbindung der Bundeswehr in die Gesellschaft mit 50 Prozent positiven Bewertungen aus, ein Drittel kommt zu einer ambivalenten Einschätzung, 16 Prozent der Befragten bewerten diesen Aspekt negativ. Nochmals deutlich kritischer ist die Haltung der Bürgerinnen und Bürger zu Ausrüstung und Bewaffnung der Bundeswehr. Nur drei von zehn Befragten schätzen diese positiv ein (30 Prozent) und 35 Prozent bewerten sie negativ. Der verbesserungswürdige Ausrüstungsstand der Streitkräfte ist also – ungeachtet rückläufiger medialer und politischer Aufmerksamkeit – im Bewusstsein der Bevölkerung unverändert präsent. Im Vergleich zum Vorjahr gibt es nur hinsichtlich der Einbindung der Bundeswehr in die Gesellschaft (+4 Prozentpunkte) und des öffentlichen Auftretens von Soldatinnen und Soldaten (+3 Prozentpunkte) erwähnenswerte Veränderungen.

Abbildung 9.20: Beurteilungen von verschiedenen Leistungen und Aspekten der Bundeswehr

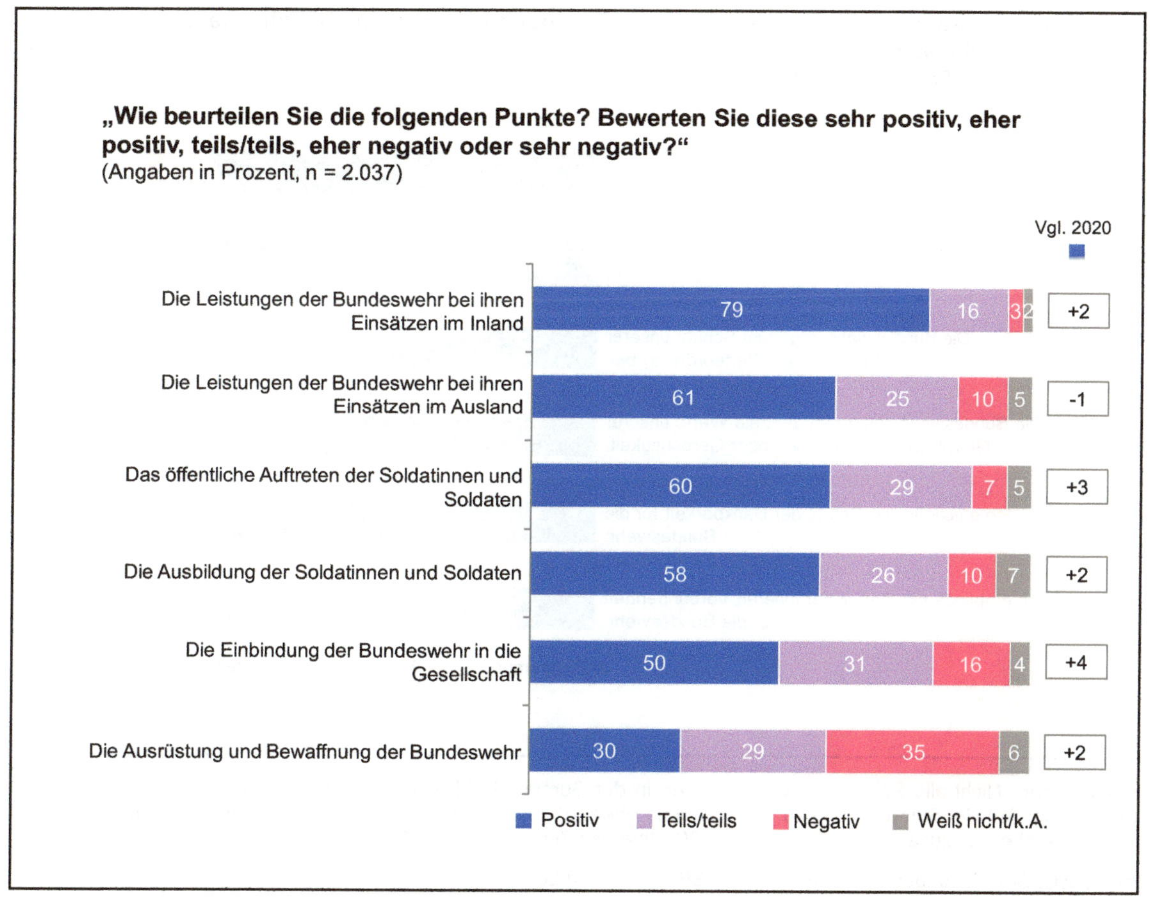

Anmerkungen: Nicht alle Prozentangaben ergeben in der Summe 100 Prozent, da die Einzelwerte gerundet wurden. Positiv: Anteile „Sehr positiv" und „Eher positiv" zusammengefasst; Negativ: Anteile „Sehr negativ" und „Eher negativ" zusammengefasst. Vgl. 2020: Differenz Positiv 2021 zu 2020.

Datenbasis: Bevölkerungsbefragungen des ZMSBw 2020 und 2021.

In einer weiteren Fragebatterie ging es um die Bewertung einiger Aussagen zum Verhältnis von Bundeswehr und Gesellschaft. Für die allermeisten Bürgerinnen und Bürger ist es selbstverständlich, dass die Bundesrepublik Streitkräfte hat (85 Prozent Zustimmung; vgl. Abbildung 9.21) und diese ein normaler Bestandteil der Gesellschaft sind (83 Prozent). 81 Prozent unterstützen die Aussage, dass die Bundeswehr zum Schutz der freiheitlichen Werteordnung in Deutschland beiträgt. Für drei Viertel der Befragten verkörpern die

Streitkräfte zentrale Werte der Gesellschaft. Die affektive Verbundenheit zu den Streitkräften ist im Vergleich zum Vorjahr gestiegen: 59 Prozent der Befragten empfinden ein Gefühl der Dankbarkeit gegenüber der Bundeswehr, 50 Prozent bekunden ein Gefühl der inneren Verbundenheit.

Abbildung 9.21: Aussagen zum Verhältnis von Bundeswehr und Gesellschaft

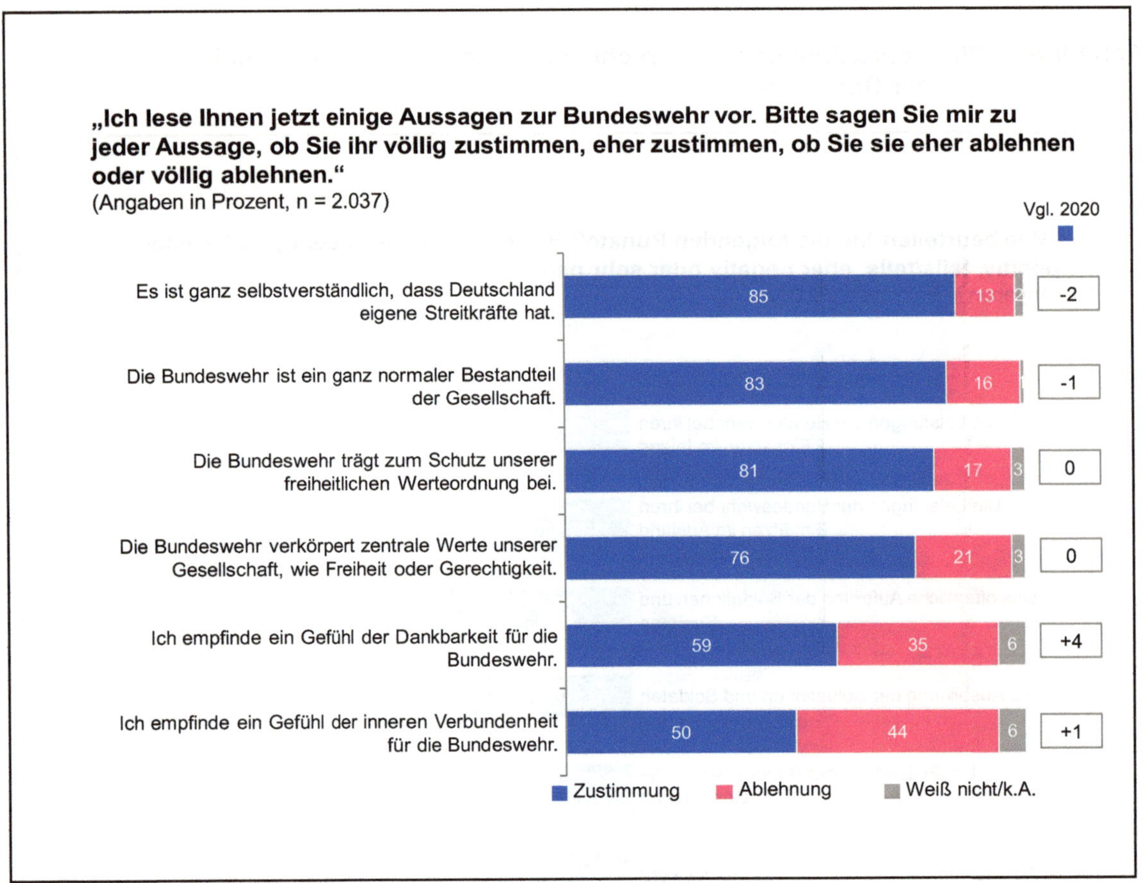

Anmerkungen: Nicht alle Prozentangaben ergeben in der Summe 100 Prozent, da die Einzelwerte gerundet wurden. Zustimmung: Anteile „Stimme völlig zu" und „Stimme eher zu" zusammengefasst; Ablehnung: Anteile „Lehne völlig ab" und „Lehne eher ab" zusammengefasst. Vgl. 2020: Differenz Zustimmung 2021 zu 2020.

Datenbasis: Bevölkerungsbefragungen des ZMSBw 2020 und 2021.

9.3 Erklärung der Haltung zur Bundeswehr

Wie die voranstehenden Auswertungen in aller Breite gezeigt haben, genießt die Bundeswehr bei den Bürgerinnen und Bürgern ein hohes Ansehen. Den Streitkräften wird eine gesellschaftliche Relevanz zuerkannt, Vertrauen entgegengebracht, zuweilen sogar affektive Zuneigung geschenkt. Alle empirischen Ergebnisse sprechen gegen die – eingangs angeführten – Befürchtungen, dass sich eine Lücke zwischen den militärischen und zivilen Teilen der Gesellschaft auftue. In den nachfolgenden Analysen wird geprüft, wie der Zuspruch zur Bundeswehr in der Gesellschaft verteilt ist: Gibt es soziale Gruppierungen, die den Streitkräften besonders wohlwollend begegnen? Und wer sind die Kritikerinnen und Kritiker? Konzentriert sich die Ablehnung der Bundeswehr in gewissen Kreisen und Milieus?

Von Interesse ist mithin, ob die Haltung zur Bundeswehr vom persönlichen und sozialen Hintergrund einer Person, von ihrer politischen Orientierung sowie von ihren militärischen Kontakten und Erfahrungen abhängig ist. In einem ersten Schritt wird daher bivariat geprüft, inwiefern soziodemografische Eigenschaften und die Wahlabsicht der Befragten Einfluss auf ihre Bewertung der Bundeswehr nehmen. Dazu wird die Einstellung zu den Streitkräften über verschiedene Bevölkerungsgruppen hinweg verglichen (vgl. Tabelle 9.1). Die Verteilung des Ansehens und Vertrauens in die Bundeswehr folgt weitgehend den gleichen Mustern und wird daher nicht dargestellt.

Die Einstellung zu den Streitkräften ist nur zum Teil abhängig von der sozialen Position der Befragten: So sind Männer mit 85 Prozent positiven Einstellungen der Bundeswehr gegenüber nochmals etwas freundlicher eingestellt als Frauen (81 Prozent). Deutlichere Unterschiede bestehen zwischen den Altersgruppen. Hier ist ein linearer positiver Zusammenhang zu beobachten. Mit zunehmendem Alter ist die Unterstützung für die Streitkräfte größer. Von den über 70-Jährigen weisen 92 Prozent eine positive Einstellung auf, bei den unter 30-Jährigen lediglich 75 Prozent. Dennoch überwiegen über alle Alterskohorten hinweg die Anteile derjenigen mit positiver Einstellung. Im Unterschied zum Alter gibt es keine statistisch signifikanten Unterschiede in der Bewertung der Bundeswehr bei den Befragten verschiedener Haushaltsnettoeinkommen. Das Bildungsniveau wiederum übt einen schwachen Einfluss darauf aus, wie jemand zu den Streitkräften steht. Befragte mit einem Hauptschulabschluss stehen der Bundeswehr am positivsten gegenüber.

Merkliche Abweichungen gibt es zwischen den Anhängerschaften der politischen Parteien. Während die Anhänger der FDP (96 Prozent), der Unionsparteien (92 Prozent) und der SPD (91 Prozent) den Streitkräften durchweg wohlgesonnen sind, zeigt sich etwas weniger Unterstützung bei den Anhängern der AfD (88 Prozent). Nur etwas geringer ist die positive Haltung gegenüber den Streitkräften bei den Unterstützern der Linken

(83 Prozent). Den niedrigsten Wert weisen die Anhänger der Grünen auf, von denen aber immer noch mehr als zwei Drittel (68 Prozent) eine positive Haltung zur Bundeswehr haben. Die Nichtwähler und Personen ohne Parteipräferenz weisen ebenfalls ein deutlich positives Meinungsbild zu den Streitkräften auf (75 Prozent).

Daneben bestehen geringfügige Unterschiede bei Befragten mit und ohne Migrationshintergrund: Unter Personen ohne Migrationshintergrund (84 Prozent) ist das Meinungsklima gegenüber der Bundeswehr etwas freundlicher als unter Befragten mit Migrationshintergrund (78 Prozent). Differenzen zwischen Befragten aus unterschiedlichen Regionen zeigen sich hingegen nicht. In der Gesamtschau bleibt festzuhalten, dass zwar gewisse Differenzen hinsichtlich der sozialstrukturellen Merkmale auftreten, von diesen aber nur die Unterschiede zwischen den Parteianhängerschaften substanziell sind. Dessen ungeachtet trifft die Bundeswehr bei allen betrachteten Gruppen auf eindeutig und mehrheitlich positive Einstellungen.

Tabelle 9.1: Einstellung zur Bundeswehr in soziodemografischen Gruppen

„Wie ist Ihre persönliche Einstellung zur Bundeswehr?“
(Angaben in Prozent)

	Positiv[1]	Negativ[2]	Weiß nicht/k.A.
Insgesamt	83	14	3
Geschlecht **			
Männer	85	12	(2)
Frauen	81	15	(4)
Alter ***			
16 bis 29 Jahre	75	20	(5)
30 bis 49 Jahre	83	14	(3)
50 bis 69 Jahre	84	13	(3)
70 Jahre und älter	92	(6)	(2)
Bildungsniveau *			
Hochschul- bzw. Fachhochschulreife	82	15	(4)
Realschulabschluss	82	15	(3)
Hauptschulabschluss	87	10	(3)
Haushaltsnettoeinkommen pro Monat n.s.			
4.001 Euro und mehr	79	18	(3)
2.001 bis 4.000 Euro	86	12	(2)
Bis 2.000 Euro	84	13	(3)
Wahlabsicht Bundestagswahl ***			
CDU/CSU	92	(5)	(2)
SPD	91	(7)	(2)
AfD	88	(13)	(0)
FDP	96	(4)	(0)
Die Linke	83	(17)	(0)
Bündnis 90/Die Grünen	68	30	(2)
Keine Parteipräferenz, Nichtwähler, w.n./k.A.	75	18	(7)
Region n.s.			
Norddeutschland (SH, HH, HB, NI)	84	(12)	(4)
Ostdeutschland (MV, BB, BE, ST, SN, TH)	86	(11)	(3)
Süddeutschland (BW, BY)	84	13	(3)
Westdeutschland (NW, RP, HE, SL)	80	16	(4)
Migrationshintergrund *			
Ja	78	(16)	(7)
Nein	84	13	3

Anmerkungen: 1) Anteile „Sehr positiv“, „Positiv“ und „Eher positiv“ wurden zusammengefasst; 2) Anteile „Sehr negativ“, „Negativ“ und „Eher negativ“ wurden zusammengefasst. Einzelne Prozentangaben ergeben mitunter in der Summe nicht 100 Prozent, da sie gerundet wurden. Analyseverfahren: Chi²-Unabhängigkeits-Test, Signifikanzniveau: *** $p < 0,001$; ** $p < 0,01$; * $p < 0,05$; n.s. = nicht signifikant ($p \geq 0,05$); Werte in Klammern: $n \leq 50$.

Datenbasis: Bevölkerungsbefragung des ZMSBw 2021.

Im Folgenden wird betrachtet, welche Größen die grundlegende Haltung zu den Streitkräften erklären können. Wie bereits beschrieben, gilt für die Einstellung, das Ansehen und das Vertrauen der gleiche Befund: Die Bevölkerung schätzt die Bundeswehr und begegnet ihr wohlwollend. Wie statistische Analysen zeigen, hängen die drei Indikatoren nicht nur konzeptionell, sondern auch empirisch eng zusammen. Die entsprechenden Korrelationen (Pearsons r) bewegen sich zwischen 0,61 und 0,70 (alle sind statistisch signifikant auf dem 0,001-Prozent-Niveau; nicht tabellarisch dargestellt). Eine Faktorenanalyse mit den Variablen Einstellung, Ansehen und Vertrauen in die Bundeswehr ergibt eine einfaktorielle Lösung.[60] Eine entsprechend konstruierte Skala auf Basis der drei Haltungen zu den Streitkräften weist mit einem Cronbachs alpha von 0,84 eine sehr hohe Reliabilität auf. Mithin messen die drei Indikatoren nicht verschiedenartige Konstrukte, sondern gleichermaßen die grundlegende Haltung zur Bundeswehr – im Folgenden wird für die zusammengefasste Variable diese Bezeichnung verwendet. In den folgenden multivariaten Auswertungen (vgl. Tabelle 9.2) wird ein Index mit einem Wertebereich von 0 (vollkommen negative Haltung zur Bundeswehr) bis 1 (vollkommen positive Haltung zur Bundeswehr) verwendet (Mittelwert: 0,69; Standardabweichung: 0,19), in dem die drei ursprünglichen Variablen zusammengefasst sind.

---

[60] Ergebnisse der Faktorenanalyse: Eigenwert des Faktors = 2,28. Erklärte Varianz = 76 Prozent. Faktorladungen: Ansehen = 0,89, Einstellung = 0,88, Vertrauen = 0,85.

Tabelle 9.2: Determinanten der Haltung zur Bundeswehr

	Index Haltung zur Bundeswehr			
	Modell I	Modell II	Modell III	Modell IV
Soziodemografie				
Frauen	-0,05*			-0,03$^{n.s.}$
Alter	0,12***			0,03$^{n.s.}$
Niedrige Bildung	0,03$^{n.s.}$			0,06$^{n.s.}$
Hohe Bildung	0,02$^{n.s.}$			0,01$^{n.s.}$
Haushaltsnettoeinkommen (bis 2.000 Euro)	-0,08*			-0,06*
Haushaltsnettoeinkommen (4.001 Euro und mehr)	-0,03$^{n.s.}$			-0,04$^{n.s.}$
Ostdeutschland	-0,03$^{n.s.}$			-0,01$^{n.s.}$
Migrationshintergrund	0,02$^{n.s.}$			0,03$^{n.s.}$
Politische Einstellungen				
Wahlabsicht AfD		-0,07*		-0,07**
Wahlabsicht FDP		-0,01$^{n.s.}$		0,00$^{n.s.}$
Wahlabsicht Die Linke		-0,09***		-0,08**
Wahlabsicht Bündnis 90/Die Grünen		-0,20***		-0,19***
Keine Parteipräferenz, Nichtwähler, w.n./k.A.		-0,21***		-0,19***
Links-Rechts-Selbsteinstufung		0,03$^{n.s.}$		0,03$^{n.s.}$
Kontakte und Erfahrungen				
Wahrnehmung Bundeswehr im Alltag			0,10***	0,11***
Wahrnehmung Bundeswehr in den Medien			0,07**	0,05*
Ist/war bei der Bundeswehr			0,07**	0,04$^{n.s}$
Verwandter/Bekannter ist/war bei der Bundeswehr			0,03$^{n.s.}$	0,02$^{n.s.}$
Korrigiertes R^2	0,02	0,07	0,03	0,09
n	1.602	1.602	1.602	1.602

Anmerkungen: Die abhängige Variable ist die Haltung zur Bundeswehr, gebildet mit den Variablen Einstellung, Ansehen und Vertrauen zur Bundeswehr (s. Text). Wertebereich der abhängigen Variable [0 – negative Haltung zur Bundeswehr; 1 – positive Haltung zur Bundeswehr], Mittelwert [0,68]. Alle erklärenden Variablen außer Alter [16; 99], Wahrnehmung Bundeswehr im Alltag [0; 3] und Wahrnehmung Bundeswehr in den Medien [0; 4] haben einen Wertebereich von [0; 1]. Analyseverfahren: Multiple lineare Regressionen; standardisierte Regressionskoeffizienten (beta). Signifikanzniveau: *** $p < 0{,}001$; ** $p < 0{,}01$; * $p < 0{,}05$; n.s. = nicht signifikant ($p \geq 0{,}05$).

Datenbasis: Bevölkerungsbefragung des ZMSBw 2021.

Es wurden vier (OLS-)Regressionsanalysen berechnet, um die Determinanten der Haltung zur Bundeswehr zu bestimmen. Dazu werden in einem ersten Schritt (Modell I) nur die soziodemografischen Merkmale der Befragten betrachtet. Wie die Auswertung nach sozialen Gruppen bereits nahegelegt hat, üben sozialstrukturelle Charakteristika einen gewissen Einfluss auf die Einstellung zur Bundeswehr aus (vgl. Tabelle 9.1). Männer, Ältere und Befragte mit einem mittleren im Vergleich zu einem niedrigen Haushaltseinkommen stehen den Streitkräften positiver gegenüber – unter Kontrolle der anderen sozialen Merkmale. Allerdings sind die auftretenden Effekte eher schwach, wie die erklärte Varianz von 2 Prozent in der abhängigen Variable dokumentiert. Die Zustimmung zur Bundeswehr ist mithin recht gleichmäßig über die sozialen Gruppierungen hinweg verteilt. Im nächsten Schritt (Modell II) steht die parteipolitische Präferenz der Befragten im Fokus. Dabei wird die zur Zeit der Erhebung geltende politische Konstellation als Maßstab angelegt: Eine Wahlabsicht für Union oder SPD als Regierungsparteien auf der Bundesebene bildet die Referenzkategorie. Im Vergleich zu sozialen Merkmalen zeigen sich etwas stärkere Einflüsse. Personen mit einer Wahlabsicht für die FDP weisen in Bezug zu den Anhängern der Regierungsparteien im Sommer 2021 (CDU, CSU und SPD) keine abweichende Haltung zur Bundeswehr auf. Wählerinnen und Wähler der AfD, der Linken, vor allem aber der Grünen und Personen ohne Wahlabsicht stehen den Streitkräften kritischer gegenüber. Dies verdeutlicht das R^2 von Modell II, das mit 0,07 den mehr als dreifachen Wert des Modells I einnimmt. Somit hat die parteipolitische Orientierung durchaus einen Einfluss auf die Haltung zur Bundeswehr. Einen wiederum geringeren Effekt zeigen die Variablen, die Kontakte und Erfahrungen mit den Streitkräften abbilden (Modell III, $R^2 = 0{,}03$). Wer die Bundeswehr im Alltag und in den Medien wahrnimmt oder Soldatin bzw. Soldat ist oder war, hat eine positivere Haltung als eine Person, auf die dies nicht zutrifft. Ob Befragte jemanden im privaten und sozialen Umfeld kennen, der bei der Bundeswehr ist bzw. war, spielt für die Haltung zu den Streitkräften hingegen keine Rolle. Im letzten Schritt (Modell IV) werden sämtliche Variablen zugleich betrachtet. Dabei verlieren die sozialen Merkmale weitgehend ihre statistische Signifikanz. Allein ein geringes Einkommen weist noch einen leicht negativen Einfluss auf die Haltung zur Bundeswehr auf. Bei den parteipolitischen Größen zeigen sich hingegen keine substanziellen Veränderungen. Auch unter Kontrolle aller anderen Variablen gilt, dass Personen, die die AfD, die Linke und die Grünen wählen bzw. die nicht zur Wahl gehen, eine negativere Haltung zur Bundeswehr haben als Anhänger von Union und SPD. Ob Befragte einer Regierungs-, einer Oppositions- oder keiner Partei zuneigen, hat einen Einfluss auf ihre Haltung zu den Streitkräften. Alltägliche Begegnungen und mediale Wahrnehmungen führen ebenfalls zu einer positiveren Haltung zur Bundeswehr. Eigene Erfahrungen in und mit den Streitkräften sind jedoch nicht statistisch signifikant. Am wichtigsten sind persönliche Begegnungen im näheren Umfeld: Wenn Streitkräfte im Alltag der Bürgerinnen und Bürger präsent und Gegenstand von Gesprächen und Diskussionen sind, erfahren sie einen höheren gesellschaftlichen Zuspruch. Darauf folgt die mediale Wahrnehmung der Bundeswehr. Erfahrungen, die jemand als Soldatin oder Soldat macht bzw. gemacht hat, wirken sich – unter Kontrolle der anderen Größen – nicht auf die Haltung zur Bundeswehr aus. Dasselbe gilt für Erfahrungen von Verwandten oder Bekannten mit den Streitkräften. Wie aufgrund einer erklärten Varianz von 9 Prozent ersichtlich, bestimmen die betrachteten Variablen in ihrer Gesamtheit im überschaubaren Maße die Haltung zur Bundeswehr. Zusammengenommen zeigen die Analysen, dass es zwischen verschiedenen sozialen Gruppierungen gewisse Unterschiede in der Haltung zur Bundeswehr gibt. Die parteipolitische Orientierung übt dabei den vergleichsweise stärksten Einfluss aus. Die festgestellten Differenzen liefern jedoch keinerlei Hinweise auf eine gesellschaftliche

Polarisierung und die Unterschiede stehen hinter den Gemeinsamkeiten zurück – zumal wenn neben den Befunden der multivariaten Regressionen die Verteilung der Häufigkeiten in den Blick gerät: In allen betrachteten Bereichen genießt die Bundeswehr den Zuspruch einer Mehrheit der Befragten.

9.4 Fazit

Die Bevölkerungsbefragung 2021 weist im Vergleich zum Vorjahr einen gleichbleibenden hohen Zuspruch der Bevölkerung zu den Streitkräften aus. Damit bestätigt sich das gute Renommee, das die Bundeswehr seit Jahren und Jahrzehnten bei den Bürgerinnen und Bürgern genießt. Alle verwendeten Indikatoren weisen in dieselbe Richtung: Die Streitkräfte sind angesehen und erfahren Vertrauen. Dies geht quer durch die gesellschaftlichen Gruppen. Allein hinsichtlich der parteipolitischen Orientierungen und der persönlichen wie medialen Bezüge bestehen Differenzen im Niveau des Zuspruchs. Für die nach wie vor vorhandenen Befürchtungen, Streitkräfte und Zivilgesellschaft würden sich auseinander bewegen, liefern die vorhandenen Daten keinerlei Belege ebenso wenig für ein vermeintlich „freundliches Desinteresse“ der Bevölkerung an der Bundeswehr.

10 Wahrnehmung der Bundeswehr in der Öffentlichkeit

Markus Steinbrecher und Joel Scherzer

Wegen der Verkleinerung der Bundeswehr, der Schließung vieler Standorte und der Aussetzung der Wehrpflicht seit dem Jahr 2011 haben viele Bürgerinnen und Bürger nur noch über die Medien Kontakt mit den Streitkräften. Daher ist es wichtig, zu wissen, in welchem Maße und mit welcher Tendenz die Medien über die Streitkräfte berichten, weil sich die Bürgerinnen und Bürger im Wesentlichen mithilfe dieser Informationen eine eigene Meinung bilden können. Im Rahmen der Bevölkerungsbefragung 2021 wurde wie in den Vorjahren erfasst, wie häufig und mit welchem Tenor (positiv, neutral, negativ) die Bürgerinnen und Bürger die Streitkräfte in den Medien und in der persönlichen Kommunikation wahrnehmen. Ein weiteres Thema dieses Abschnitts ist, wie die Befragten den Kontakt zwischen Bundeswehr und Gesellschaft bewerten.[61]

10.1 Wahrnehmung und Eindruck von der Bundeswehr bei verschiedenen Gelegenheiten

Im Folgenden geht es um die Wahrnehmung der Bundeswehr in den Medien durch die Teilnehmerinnen und Teilnehmer der Bevölkerungsbefragung 2021. Es wurde untersucht, inwiefern die Befragten die Bundeswehr in den Medien und bei verschiedenen anderen Gelegenheiten während der letzten 12 Monate wahrgenommen haben (vgl. Abbildung 10.1). Wie 2020 wurden auch 2021 die folgenden Kontaktmöglichkeiten zusätzlich in die Befragung aufgenommen: „bei einer Fahrt mit dem Zug“, „bei Übungen und Hilfeleistungen der Bundeswehr“, „beim Tag der Bundeswehr oder einem Tag der offenen Tür“ und „bei einem feierlichen Gelöbnis“. Zugfahrten als Kontaktmöglichkeit hinzuzunehmen, erschien nach der Einführung des kostenlosen Bahnfahrens in Uniform für Sol-

[61] Anders als in den Jahren 2017 und 2018 erfolgte 2021 keine Auswertung der Berichterstattung im Erhebungszeitraum in ausgewählten deutschen Zeitungen und Fernsehnachrichten sowie auf Internetseiten. Aufwand und Ertrag dieser Inhaltsanalyse hielten sich in den Jahren 2017 und 2018 nicht die Waage, sodass für weitere Informationen zur Berichterstattung über die Bundeswehr in klassischen und sozialen Medien auf die Medienresonanzanalyse des Zentrums Informationsarbeit Bundeswehr (ZInfoABw) verwiesen werden kann, deren Ergebnisse in der Regel im 1. Quartal des Folgejahres vorgestellt werden (für 2020: Argus Data Insights 2021; Cognita Deutschland 2021).

datinnen und Soldaten im Januar 2020 folgerichtig. Diese Frage wurde allen Teilnehmerinnen und Teilnehmern gestellt. Die drei weiteren Kontaktgelegenheiten wurden nur abgefragt, wenn die Befragten zuvor angegeben hatten, die Bundeswehr im Alltag oder bei öffentlichen Veranstaltungen wahrgenommen zu haben.

Abbildung 10.1: Wahrnehmung der Bundeswehr bei verschiedenen Gelegenheiten

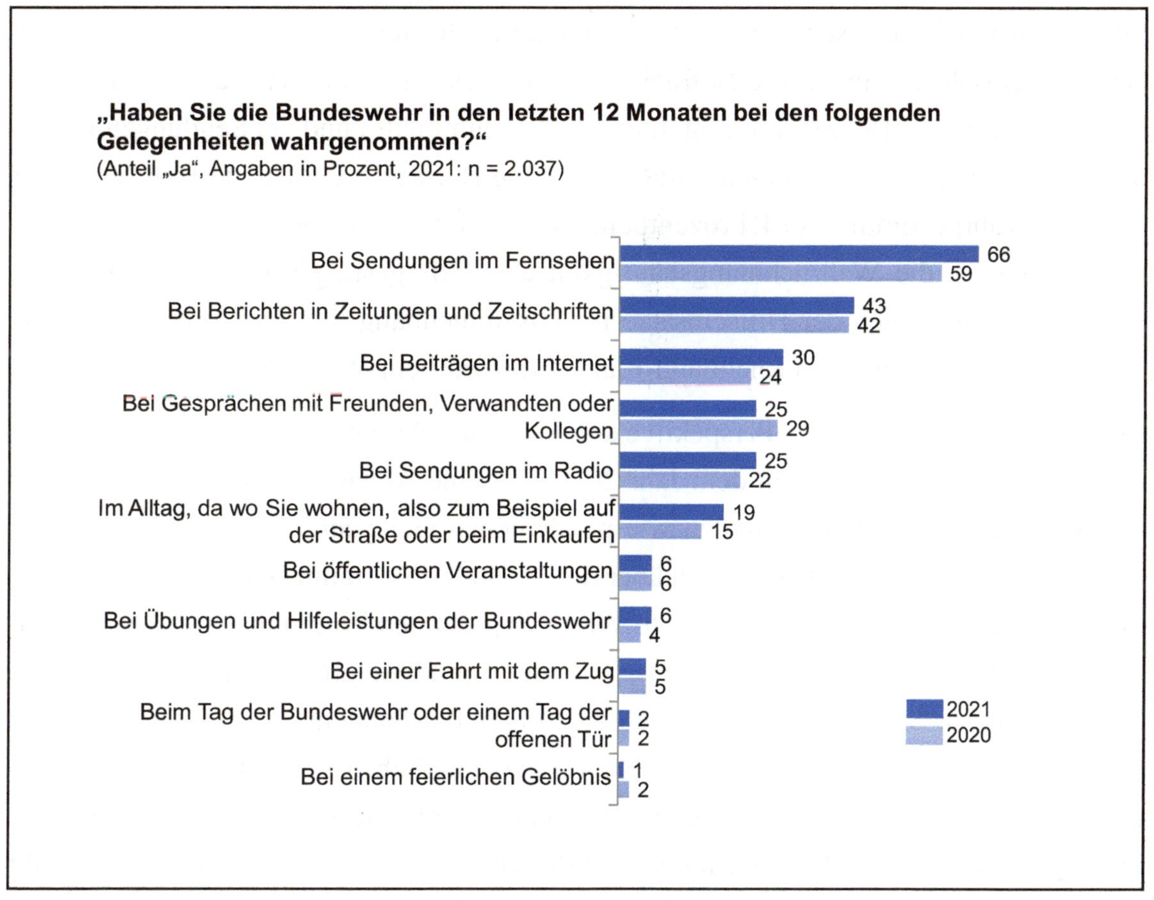

Anmerkungen: Nur Befragte, die angegeben hatten, die Bundeswehr im Alltag oder bei öffentlichen Veranstaltungen wahrgenommen zu haben, wurden zusätzlich nach den Gelegenheiten „Bei Übungen und Hilfeleistungen der Bundeswehr“ „Beim Tag der Bundeswehr oder einem Tag der offenen Tür“ und „Bei einem feierlichen Gelöbnis“ gefragt.

Datenbasis: Bevölkerungsbefragungen des ZMSBw 2020 und 2021.

2021 haben 66 Prozent der Befragten etwas über die Bundeswehr im Fernsehen gesehen. 43 Prozent haben in Zeitungen und Zeitschriften etwas über die Streitkräfte gelesen. Etwa ein Drittel hat in Beiträgen im Internet (30 Prozent) etwas über Soldatinnen und Soldaten erfahren. Jeweils ein Viertel der Befragten hat in persönlichen Gesprächen mit Freunden, Verwandten oder Kollegen die Bundeswehr thematisiert oder hat in Radiobeiträgen etwas über sie gehört (25 Prozent). Im Alltag, auf der Straße oder beim Einkaufen, ist die Bundeswehr von 19 Prozent der Befragten wahrgenommen worden. Die anderen Gelegenheiten werden lediglich von wenigen Befragten angeführt (bei öffentlichen Veranstaltungen sowie bei Übungen und Hilfeleistungen: jeweils 6 Prozent; bei einer Fahrt mit dem Zug:

5 Prozent; beim Tag der Bundeswehr oder einem Tag der offenen Tür: 2 Prozent; bei einem feierlichen Gelöbnis: 1 Prozent).

Vergleicht man die Ergebnisse mit denen des Vorjahres, zeigt sich bei Gesprächen mit Freunden, Verwandten oder Kollegen eine seltenere Thematisierung der Streitkräfte (-4 Prozentpunkte). Für alle anderen abgefragten Kommunikationswege sind die Häufigkeiten entweder gleich geblieben oder gestiegen. Am stärksten hat die Wahrnehmung der Streitkräfte bei den massenmedialen Kommunikationsformen zugenommen: Bei Sendungen im Fernsehen nehmen die Befragten die Bundeswehr häufiger wahr (+7 Prozentpunkte), ebenso bei Beiträgen im Internet (+6 Prozentpunkte) und bei Sendungen im Radio (+3 Prozentpunkte). In ihrem Alltag haben die Befragten die Bundeswehr ebenfalls häufiger wahrgenommen (+4 Prozentpunkte). Bei Übungen oder Hilfeleistungen der Bundeswehr ist die Wahrnehmungshäufigkeit ebenfalls gestiegen (+2 Prozentpunkte), wohl vor allem wegen der Hilfseinsätze im Zusammenhang mit der Corona-Pandemie und der Flutkatastrophen in Rheinland-Pfalz und Nordrhein-Westfalen.

Bei einer längeren zeitlichen Perspektive auf die Wahrnehmung der Bundeswehr bei verschiedenen Gelegenheiten seit dem Jahr 2011[62] ist eine Abnahme der relativen Häufigkeiten für fast alle massenmedialen wie persönlichen Gelegenheiten zu erkennen (vgl. Abbildung 10.2). Für zwei der sieben über den gesamten Zeitraum abgedeckten Kontaktmöglichkeiten wird 2021 der niedrigste Wert des gesamten Zeitraums erreicht (Gespräche, bei öffentlichen Veranstaltungen). Für die Kontaktmöglichkeit „bei öffentlichen Veranstaltungen“ spiegelt dies sicherlich die Folgen der Pandemie wider, fand doch ein Großteil der ansonsten für die Öffentlichkeit frei zugänglichen Veranstaltungen lediglich digital oder mit deutlich eingeschränkter Teilnehmerzahl statt. Für das Internet zeigt sich im Gegensatz dazu mit 30 Prozent der höchste jemals gemessene Wert. Die im Vorjahr festgestellte starke Abnahme der wahrgenommenen Berichterstattung über die Massenmedien wird durch den Anstieg in diesem Jahr teilweise kompensiert. Auffällig bei der Betrachtung der Zeitreihen ist, dass das Jahr 2017 herausragt. In diesem Jahr war die Bundeswehr wegen einiger Skandale, dem Anti-IS-Einsatz und dem Abzug von Flugzeugen der Luftwaffe von der türkischen Basis Incirlik besonders in den Medien präsent und auch verstärkt Thema persönlicher Gespräche (Steinbrecher 2017d). 2021 hat die Bundeswehr offensichtlich trotz der starken medialen Präsenz der Hilfs- und Unterstützungseinsätze keine ähnliche Aufmerksamkeit und Wahrnehmung erfahren.

---

[62] In den Jahren vor 2011 wurden diese Fragen mit einer anderen, nicht vergleichbaren Antwortskala erhoben.

Abbildung 10.2: Wahrnehmung der Bundeswehr bei verschiedenen Gelegenheiten im Zeitverlauf

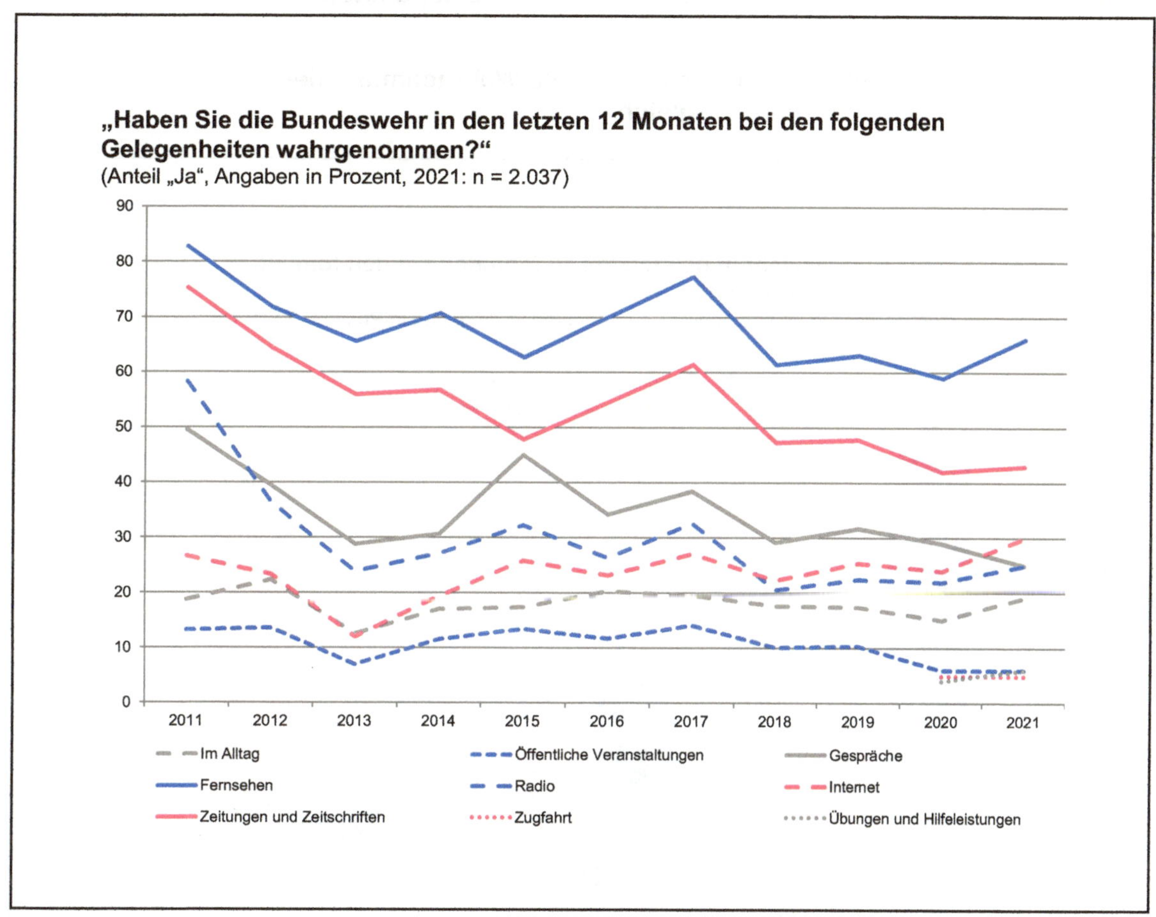

Datenbasis: Bevölkerungsbefragungen des ZMSBw 2011–2021.

Im Folgenden werden die einzelnen Wahrnehmungsformen für die Bevölkerungsbefragung 2021 zusammengefasst und Zählindizes für die massenmediale (Fernsehen, Radio, Zeitungen und Zeitschriften sowie Internet) sowie die persönliche Wahrnehmung (Gespräche, im Alltag, bei öffentlichen Veranstaltungen sowie bei Zugfahrten) der Bundeswehr gebildet. Für die Interpretation der Ergebnisse werden nur die Kategorien „kein Kontakt“, „1 Kontakt“ und „2 Kontakte oder mehr“ betrachtet (vgl. Abbildung 10.3).

Vergleicht man die Ergebnisse, wird eine Diskrepanz zwischen den beiden Wahrnehmungsformen deutlich: Etwas mehr als drei Viertel (78 Prozent) der Bürgerinnen und Bürger haben die Bundeswehr über mindestens einen Kanal der Massenmedien wahrgenommen – im Vergleich zum Vorjahr ist das eine Zunahme von 7 Prozentpunkten. Im persönlichen Umfeld haben hingegen nur 39 Prozent der Befragten mindestens einmal die Streitkräfte wahrgenommen. Damit ist der persönliche Kontakt zu den Streitkräften im Jahresvergleich gleich geblieben (2020: 39 Prozent). Größer wird der Kontrast, wenn man nur die Kategorie „2 Kontakte oder mehr“ betrachtet: Die Differenz zwischen dem

Index für persönliche Kontakte (12 Prozent) und dem für massenmediale Kontakte (54 Prozent) beträgt 42 Prozentpunkte (2020: 34 Prozentpunkte).

Abbildung 10.3: Persönliche und massenmediale Wahrnehmung der Bundeswehr im Vergleich

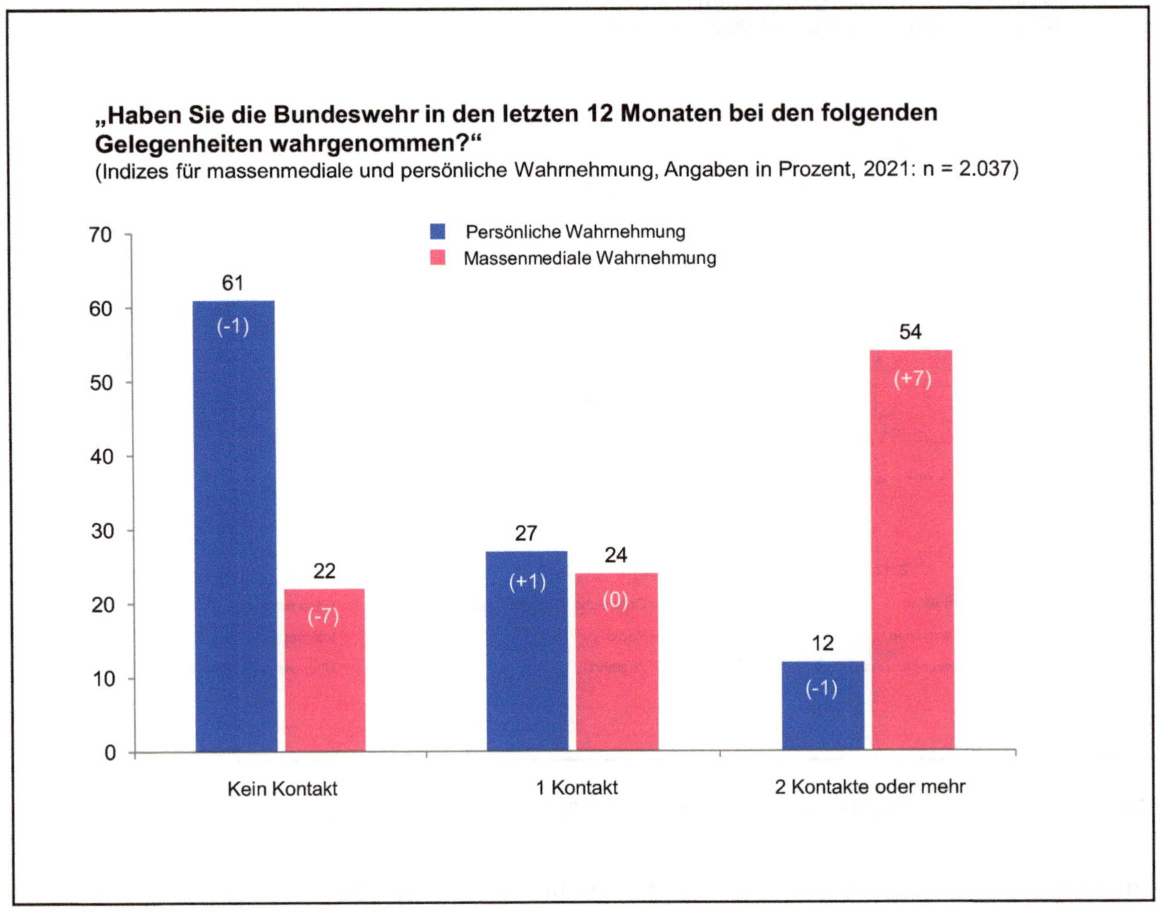

Anmerkungen: Nicht alle Prozentangaben ergeben in der Summe 100 Prozent, da die Einzelwerte gerundet wurden. Veränderungen gegenüber 2020 in Klammern.

Datenbasis: Bevölkerungsbefragungen des ZMSBw 2020 und 2021.

Allerdings ist für die Einordnung dieser Unterschiede darauf hinzuweisen, dass der Aufwand der Bürger für die massenmediale Wahrnehmung der Bundeswehr deutlich geringer ist als für die Wahrnehmung im persönlichen Umfeld. Einen Bericht über die Streitkräfte im Radio, Fernsehen oder in der Zeitung kann man zufällig beim Durchschalten oder Durchblättern erfassen. Und angesichts des hohen Ausmaßes der Mediennutzung in Deutschland (Breunig/van Eimeren 2015) besteht zwangsläufig eine wesentlich höhere Chance, über diese Informationskanäle etwas über die Bundeswehr zu erfahren.

Die Zunahme der massenmedialen Wahrnehmung und die gleichbleibende persönliche Wahrnehmung der Bundeswehr im Vergleich zum Jahr 2020 wird auch bei einer Betrachtung der Mittelwerte der beiden Indizes deutlich (vgl. Tabelle 10.1). Während der Mittelwert für den Index persönliche Wahrnehmung weiterhin bei 0,55 liegt (2020: 0,55; 2019: 0,60; 2018: 0,57; 2017: 0,72; Steinbrecher/Irrgang 2020b), hat der Mittelwert des Indexes massenmediale Wahrnehmung mit 1,64 um 0,18 Punkte zugenommen (2020: 1,46; 2019: 1,57; 2018: 1,52; 2017: 1,99; Steinbrecher/Irrgang 2020b).[63]

Alle bisher präsentierten und analysierten deskriptiven Statistiken sprechen dafür, dass sich die Corona-Pandemie im Jahr 2021 weniger auf die Wahrnehmung der Bundeswehr in der Öffentlichkeit ausgewirkt hat als im Vorjahr: Im Jahr 2020 wiesen alle Einzelfragen und die Indizes eine Abnahme der Wahrnehmung auf. 2021 zeigt sich hingegen ein differenzierteres Bild. Besonders in persönlichen Gesprächen war die Bundeswehr als Thema weniger präsent, der Index der persönlichen Wahrnehmung der Bundeswehr bleibt im Vergleich zum Vorjahr jedoch stabil. Der massenmediale Index weist einen deutlichen Zuwachs auf und erreicht den höchsten Wert seit 2017. Die Medienberichterstattung über die Hilfseinsätze der Bundeswehr im Rahmen von Corona-Pandemie und Hochwasserhilfe macht sich hier vermutlich bemerkbar. In dieses Bild fügt sich auch der Zuwachs bei der Wahrnehmung der Bundeswehr bei Übungen und Hilfeleistungen aus dem persönlichen Erleben der Bürgerinnen und Bürger.[64]

Schaut man im nächsten Schritt auf bivariate Zusammenhänge zwischen den beiden Wahrnehmungsindizes und den üblichen soziodemografischen Erklärungsvariablen, offenbaren sich die folgenden Unterschiede: Männer nehmen die Bundeswehr häufiger wahr als Frauen. Die Differenz beträgt 0,20 (persönliche Wahrnehmung) und 0,41 (massenmediale Wahrnehmung). Auch zwischen den Altersgruppen werden Abweichungen deutlich: Während die Wahrnehmung der Bundeswehr im persönlichen Umfeld mit steigendem Lebensalter abnimmt, ergibt sich für die Massenmedien kein statistisch signifikanter Unterschied. Ein höheres Bildungsniveau führt zu einer verstärkten massenmedialen wie persönlichen Wahrnehmung der Bundeswehr. Befragte mit höherem und mittle-

---

63 Bei identischer Operationalisierung des Indexes persönliche Wahrnehmung wie 2019 und 2020 (inkl. Gespräche, im Alltag, bei öffentlichen Veranstaltungen, aber ohne bei Fahrt mit dem Zug) ergibt sich ein Mittelwert von 0,50.

64 Da die Hochwasserkatastrophe in Rheinland-Pfalz, Nordrhein-Westfalen, Bayern und Sachsen am 14. Juli 2021 in den Erhebungszeitraum der Bevölkerungsbefragung 2021 fällt, kann geprüft werden, ob sich die Wahrnehmung der Bundeswehr im persönlichen und massenmedialen Bereich vor und nach der Katastrophe unterscheidet: Die Analysen zeigen nur für die Wahrnehmung der Bundeswehr über das Internet einen statistisch signifikanten Anstieg ($p < 0{,}001$) von 26 auf 38 Prozent. Für die anderen Kommunikationswege gibt es keine statistisch signifikanten Veränderungen. Insofern erhöht der Hilfseinsatz der Bundeswehr nicht systematisch die Wahrnehmungshäufigkeit über die Massenmedien oder im persönlichen Umfeld.

rem Einkommen nehmen die Bundeswehr in etwas stärkerem Maße über die Massenmedien wahr als Befragte mit niedrigem Einkommen – für die persönliche Kommunikation zeigen sich ebenso leichte statistisch signifikante Unterschiede.

Die Wahlabsicht ist ebenfalls relevant: In der persönlichen Kommunikation haben vor allem Personen ohne Wahlabsicht in unterdurchschnittlichem Maße (0,45) Kontakt mit der Bundeswehr. Besonders häufig nehmen Unterstützer der AfD (0,76), der Unionsparteien (0,63), von Bündnis 90/Die Grünen (0,61) und Die Linke (0,60) die Streitkräfte im persönlichen Bereich wahr. Über die Massenmedien erhalten die Anhänger der AfD (1,96), der Unionsparteien (1,91) und der FDP (1,73) in überdurchschnittlicher Weise Informationen über die Bundeswehr. Deutlich unterdurchschnittlich ist die massenmediale Wahrnehmung der Bundeswehr bei Personen ohne Parteipräferenz (1,31). Ob man die Streitkräfte wahrnimmt, ist auch von der Wohnregion abhängig: Befragte in Ostdeutschland (0,78) reden häufiger über die Bundeswehr oder begegnen ihr im Alltag öfter als Befragte aus anderen Regionen. Besonders selten haben Menschen in Westdeutschland (0,40) im persönlichen Bereich Kontakt zu den Streitkräften. Bei den Massenmedien liegen die Unterschiede ein wenig anders: In Süddeutschland (1,82) sehen, hören oder lesen die Befragten am häufigsten etwas über die Bundeswehr in den Medien. Das Schlusslicht bilden in dieser Hinsicht (wieder) die Befragten in Westdeutschland (1,41). Ein Migrationshintergrund ist im Hinblick auf die massenmediale Wahrnehmung der Bundeswehr und die persönliche Kommunikation nicht von Bedeutung.

Tabelle 10.1: Persönliche und massenmediale Wahrnehmung der Bundeswehr in soziodemografischen Gruppen

„Haben Sie die Bundeswehr in den letzten 12 Monaten bei den folgenden Gelegenheiten wahrgenommen?“
(Indizes für massenmediale und persönliche Wahrnehmung, Mittelwerte)

	Index persönliche Wahrnehmung[1]	Index massenmediale Wahrnehmung[2]
Insgesamt	0,55	1,64
Geschlecht	***	***
Männer	0,65	1,85
Frauen	0,45	1,44
Alter	**	n.s.
16 bis 29 Jahre	0,67	1,57
30 bis 49 Jahre	0,56	1,68
50 bis 69 Jahre	0,53	1,66
70 Jahre und älter	0,44	1,62
Bildungsniveau	***	***
Hochschul- bzw. Fachhochschulreife	0,64	1,90
Realschulabschluss	0,59	1,58
Hauptschulabschluss	0,42	1,45
Haushaltsnettoeinkommen pro Monat	*	***
4.001 Euro und mehr	0,56	1,69
2.001 bis 4.000 Euro	0,60	1,72
Bis 2.000 Euro	0,48	1,39
Wahlabsicht Bundestagswahl	***	***
CDU/CSU	0,63	1,91
SPD	0,49	1,60
AfD	0,76	1,96
FDP	0,47	1,73
Die Linke	0,60	1,71
Bündnis 90/Die Grünen	0,61	1,68
Keine Parteipräferenz, Nichtwähler, w.n./k.A.	0,45	1,31
Region	***	***
Norddeutschland (SH, HH, HB, NI)	0,71	1,72
Ostdeutschland (MV, BB, BE, ST, SN, TH)	0,78	1,74
Süddeutschland (BW, BY)	0,48	1,82
Westdeutschland (NW, RP, HE, SL)	0,40	1,41
Migrationshintergrund	n.s.	n.s.
Ja	0,65	1,64
Nein	0,54	1,64

Anmerkungen: 1) Folgende Wahrnehmungsformen wurden zusammengefasst: Gespräche, im Alltag, bei öffentlichen Veranstaltungen, bei einer Fahrt mit dem Zug, Wertebereich [0; 4]; 2) Folgende Wahrnehmungsformen wurden zusammengefasst: Fernsehen, Radio, Zeitungen und Zeitschriften, Internet, Wertebereich [0; 4]. Analyseverfahren: Varianzanalysen, Signifikanzniveau: *** $p < 0,001$; ** $p < 0,01$; * $p < 0,05$; n.s. = nicht signifikant ($p \geq 0,05$). Der Signifikanztest für die Varianzanalyse gibt an, ob sich der Mittelwert mindestens einer Gruppe von dem Mittelwert mindestens einer anderen Gruppe unterscheidet.

Datenbasis: Bevölkerungsbefragung des ZMSBw 2021.

Weiterhin wurden die Befragten nach ihrem persönlichen Eindruck von der Bundeswehr bei der Wahrnehmung über die einzelnen Kommunikationskanäle gefragt (vgl. Abbildung 10.4). Antworten durften jeweils nur diejenigen Befragten, welche die Streitkräfte über die entsprechenden Kanäle wahrgenommen hatten. Es zeigt sich über alle neun untersuchten Formen hinweg ein grundsätzlich positiver Tenor, der sich nur wenig zwischen den Massenmedien Fernsehen, Zeitungen und Zeitschriften, Radio und Internet unterscheidet (zwischen 50 und 59 Prozent der Befragten haben einen positiven Eindruck). Für die Berichterstattung im Internet ergibt sich über alle Massenmedien hinweg bei den Befragten der schlechteste Eindruck. Allerdings waren auch hier die Wahrnehmungen mit 50 Prozent immer noch eher positiv. Besser ist die Wahrnehmung bei persönlichen Gesprächen mit Freunden, Verwandten oder Kollegen: 58 Prozent haben hier einen positiven Eindruck von den Streitkräften gewonnen.

Abbildung 10.4: Persönlicher Eindruck von der Bundeswehr bei verschiedenen Gelegenheiten

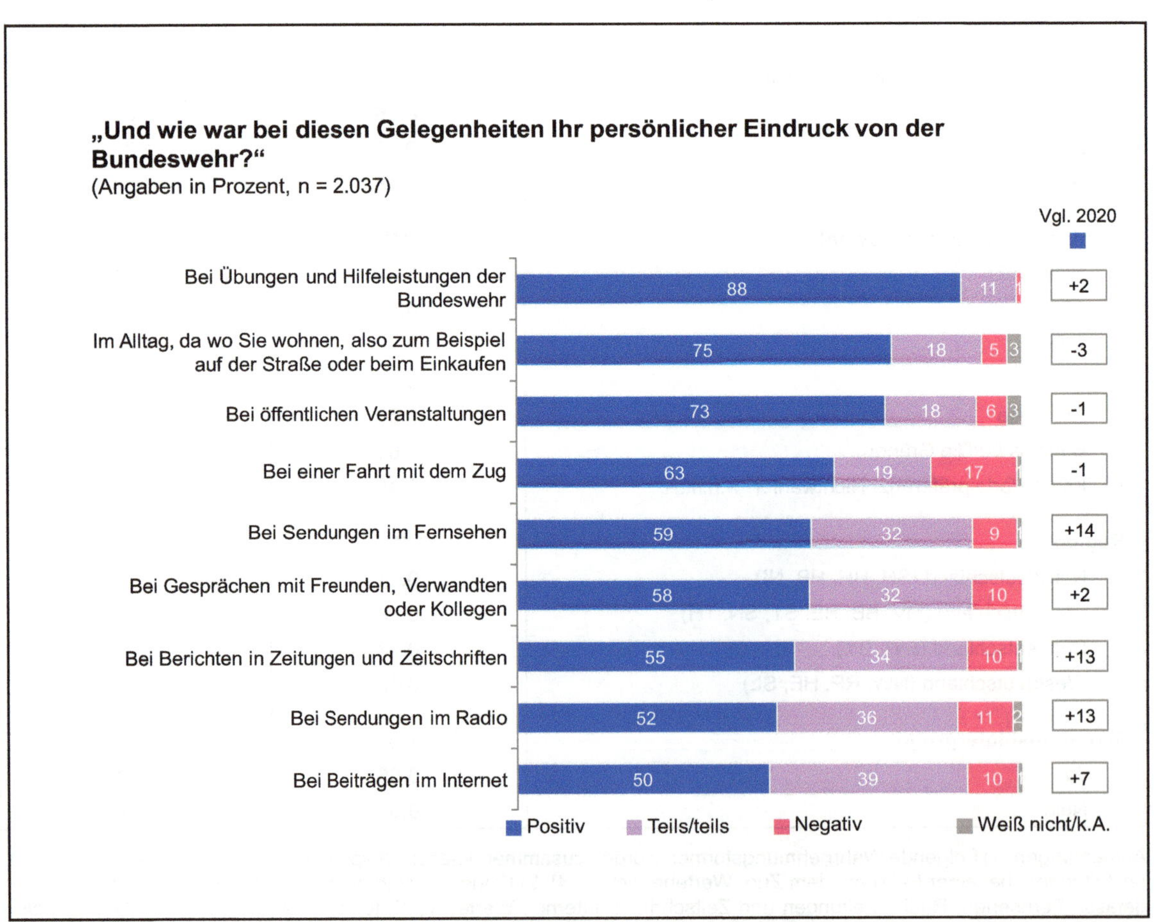

Anmerkungen: Nicht alle Prozentangaben ergeben in der Summe 100 Prozent, da die Einzelwerte gerundet wurden. Positiv: Anteile „Sehr positiv“ und „Eher positiv“ zusammengefasst; Negativ: Anteile „Sehr negativ“ und „Eher negativ“ zusammengefasst. Für die Items „Beim Tag der Bundeswehr oder einem Tag der offenen Tür“ und „Bei einem feierlichen Gelöbnis“ sind für eine zuverlässige Interpretation die Fallzahlen nicht hoch genug, daher werden die Ergebnisse hier nicht ausgewiesen. Vgl. 2020: Differenz Positiv 2021 zu 2020.

Datenbasis: Bevölkerungsbefragungen des ZMSBw 2020 und 2021.

Bei Übungen und Hilfeleistungen, im Alltag und bei öffentlichen Veranstaltungen hinterlässt die Bundeswehr den besten Eindruck (zwischen 73 und 88 Prozent). Damit ist die Wahrnehmung über die Kanäle am besten, mit denen die Bundeswehr persönliche Begegnungen zwischen Bürgerinnen und Bürgern und Soldatinnen und Soldaten ermöglicht. Allerdings wird sie auf diesen Wegen eher selten oder fast gar nicht wahrgenommen (vgl. Abbildung 10.1).

Im Vergleich zum Vorjahr gibt es leichte Verschlechterungen hinsichtlich des wahrgenommenen Eindrucks bei drei der neun Informationskanäle. Im Alltag hat die positive Wahrnehmung mit 3 Prozentpunkten am stärksten abgenommen, liegt aber immer noch auf einem sehr hohen Niveau von 75 Prozent. Auch bei öffentlichen Veranstaltungen oder einer Fahrt mit dem Zug hat sich der positive Eindruck leicht um 1 Prozentpunkt abgeschwächt – diese Abnahme liegt aber innerhalb der statistischen Schwankungsbreite. Deutlich positiver geworden ist der Eindruck von der Bundeswehr bei Sendungen im Fernsehen (+14 Prozentpunkte), bei Berichten in Zeitungen und Zeitschriften und Sendungen im Radio: jeweils +13 Prozentpunkte. Darauf folgen Beiträge im Internet mit einem Zuwachs von 7 Prozentpunkten und der Eindruck bei Übungen und Hilfeleistungen der Bundeswehr sowie bei Gesprächen mit Freunden, Verwandten oder Kollegen, der sich jeweils um 2 Prozentpunkte verbessert hat. Insgesamt zeigt sich eine deutliche Verbesserung des wahrgenommenen Eindrucks der Berichterstattung und Kommunikation über die Bundeswehr im Vergleich der Jahre 2020 und 2021. Es erscheint plausibel, eine wesentliche Ursache für diese verbesserte Wahrnehmung in den Unterstützungs- und Hilfseinsätzen der Bundeswehr zu sehen, über die in den Massenmedien häufig und mit positivem Tenor berichtet wurde. Dies bestätigt auch ein Blick auf den wahrgenommenen Tenor der Berichterstattung in den Massenmedien vor und nach der Hochwasserkatastrophe Mitte Juli 2021: So hat sich der wahrgenommene Anteil positiver Berichterstattung im Radio von 49 auf 57 Prozent erhöht. In Zeitungen und Zeitschriften beträgt der Anstieg 9 Prozentpunkte (von 52 auf 61 Prozent). Am stärksten nimmt aber mit 12 Prozentpunkten (von 55 auf 67 Prozent) die positive Berichterstattung im Fernsehen zu. Nur dieser Unterschied ist statistisch signifikant (auf dem $p < 0{,}001$-Niveau) und lässt sich daher mit großer Sicherheit auf die positive mediale Darstellung der Hilfseinsätze der Bundeswehr zur Beseitigung der Flutschäden zurückführen.

Abbildung 10.5: Persönlicher Eindruck von der Bundeswehr bei verschiedenen Gelegenheiten im Zeitverlauf

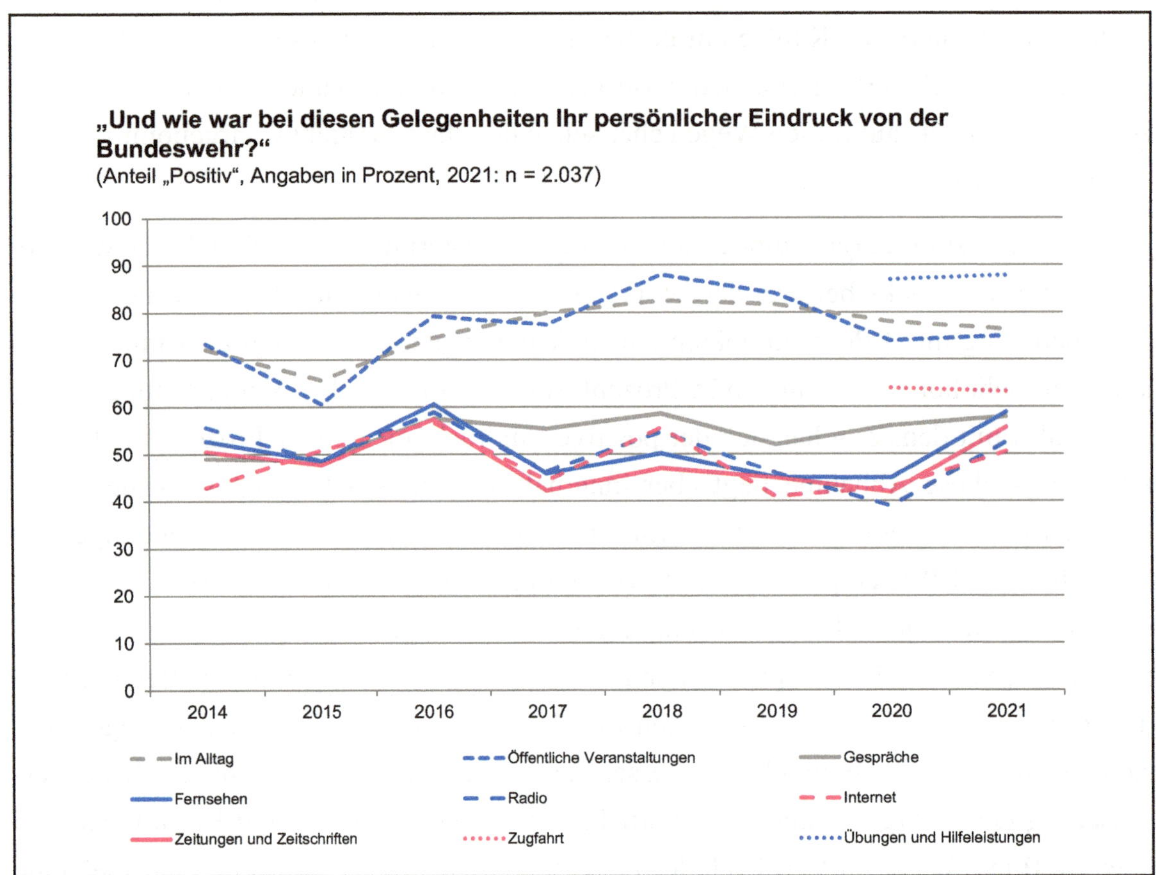

Anmerkung: Positiv: Anteile „Sehr positiv“ und „Eher positiv“ zusammengefasst.

Datenbasis: Bevölkerungsbefragungen des ZMSBw 2014–2021.

Bei einer längeren zeitlichen Perspektive auf den persönlichen Eindruck von der Bundeswehr bei verschiedenen Gelegenheiten seit dem Jahr 2014[65] zeigen sich für fast alle neun Kanäle teils deutliche Schwankungen im wahrgenommenen Ton der Kommunikation (vgl. Abbildung 10.5). Es lässt sich aber kein einheitlicher Trend über den Zeitraum und alle Kontaktformen hinweg identifizieren. Der Anteil der Befragten mit einer positiven Wahrnehmung der Bundeswehr im Alltag liegt 2021 auf vergleichsweise hohem Niveau und ist seit 2017 nahezu konstant mit Werten um 80 Prozent. Die Wahrnehmung bei öffentlichen Veranstaltungen hingegen schwankt etwas stärker und erreicht 2021 wieder einen leicht höheren Wert als 2020. Der positive Tenor der Kommunikation über die Bundeswehr variiert bei persönlichen Gesprächen im gesamten Zeitraum lediglich um 10 Prozentpunkte und liegt seit 2016 stets über 50 Prozent. Die Kurven für die Bewertung des Tenors in den Massenmedien laufen weitgehend parallel mit dem höchsten Wert für alle

[65] In den Jahren zuvor wurden die Fragen mit anderen, nicht vergleichbaren Antwortskalen erhoben.

vier Wahrnehmungsformen im Jahr 2016. Im Vergleich zu diesem Referenzjahr hat der Anteil der positiven Einschätzungen der Berichterstattung über die Bundeswehr bis 2021 um bis zu 7 Prozentpunkte (Internet und Radio) abgenommen.

10.2 Bewertung des Kontakts zwischen Bundeswehr und Gesellschaft

Die Frage, ob die Streitkräfte genug tun, um mit der Gesellschaft in Kontakt zu bleiben, beantworten die Bürgerinnen und Bürger tendenziell negativ (vgl. Abbildung 10.6). Im Jahr 2021 antworten auf diese Frage 38 Prozent mit „Ja“ oder „Eher ja“. 48 Prozent positionieren sich skeptisch zu dieser Frage und antworten mit „Eher nein“ (35 Prozent) oder „Nein“ (13 Prozent). 14 Prozent der Befragten können oder wollen keine Einschätzung abgeben.

Abbildung 10.6: Bewertung des Kontakts zwischen Bundeswehr und Gesellschaft

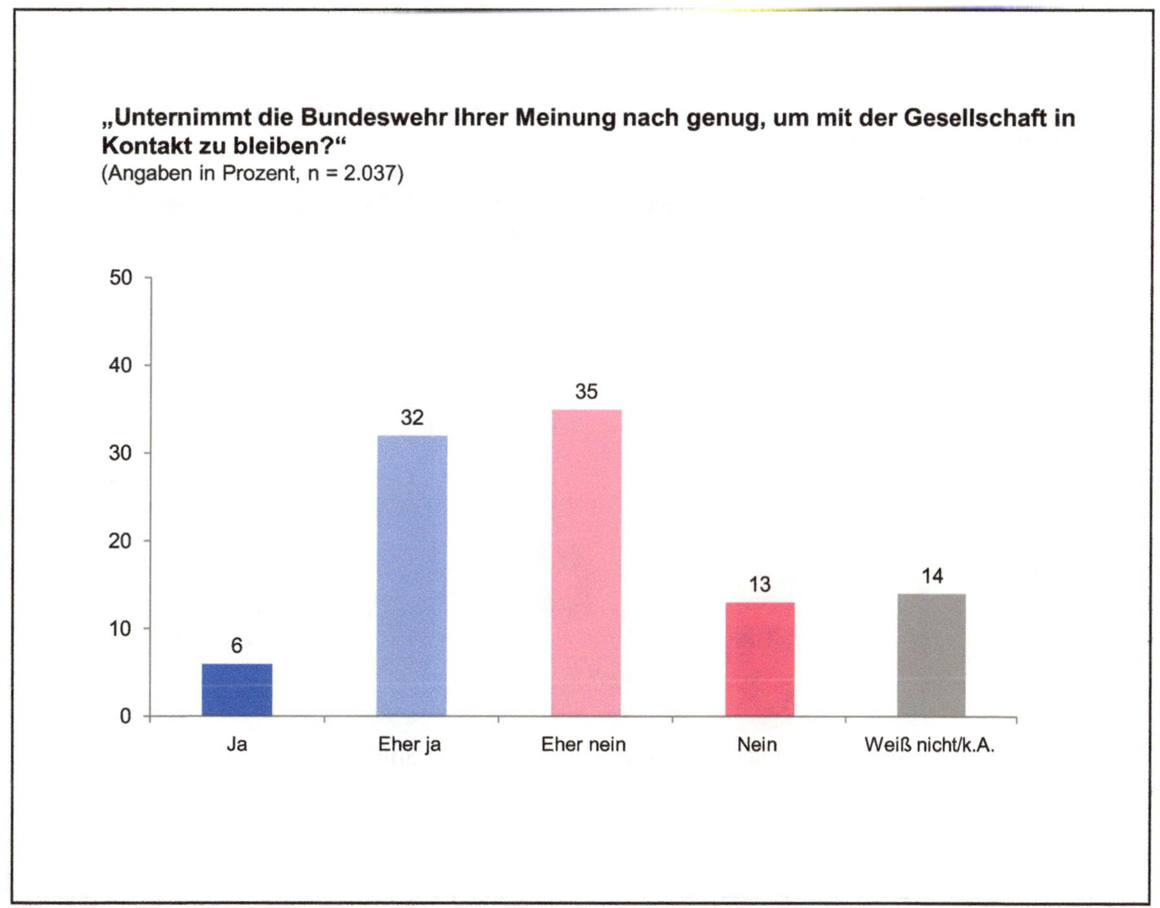

Anmerkung: Nicht alle Prozentangaben ergeben in der Summe 100 Prozent, da die Einzelwerte gerundet wurden.

Datenbasis: Bevölkerungsbefragung des ZMSBw 2021.

Blickt man auf die Verteilung der Antworten auf die Frage nach dem Kontakt zwischen Bundeswehr und Gesellschaft im Zeitvergleich seit 2015, nimmt der Anteil positiver Bewertungen ab und erreicht 2021 den zweitniedrigsten Wert des gesamten Betrachtungszeitraums (vgl. Abbildung 10.7). 2015 gaben noch 59 Prozent der Befragten an, dass die Bundeswehr genug unternehme, um mit der Gesellschaft in Kontakt zu bleiben, 2020 waren es nur 33 Prozent – der bisherige Tiefstwert. Umgekehrt wächst der Anteil derjenigen, die sagen, dass die Bundeswehr nicht genug unternehme. Waren 2015 lediglich 31 Prozent der Befragten dieser Meinung, waren es 2020 52 Prozent – der bisherige Höchstwert. Auffallend ist der stets über 10 Prozentpunkten liegende Anteil derjenigen, die keine substanzielle Antwort angeben können oder wollen. Der Wertebereich schwankt zwischen 11 (2015 und 2019) und 20 Prozent (2016 und 2017).

Abbildung 10.7: Bewertung des Kontakts zwischen Bundeswehr und Gesellschaft im Zeitverlauf

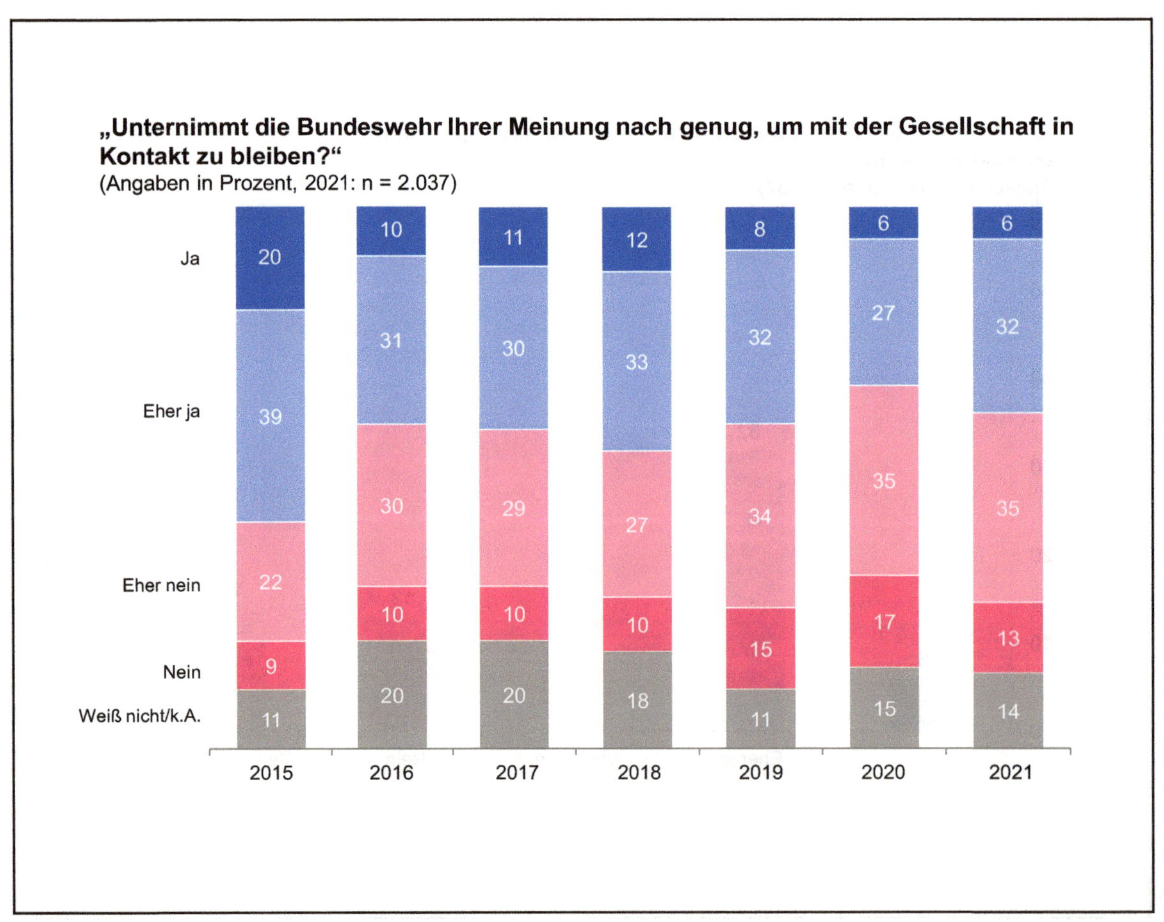

Anmerkung: Nicht alle Prozentangaben ergeben in der Summe 100 Prozent, da die Einzelwerte gerundet wurden.

Datenbasis: Bevölkerungsbefragungen des ZMSBw 2015–2021.

Tabelle 10.2: Bewertung des Kontakts zwischen Bundeswehr und Gesellschaft in soziodemografischen Gruppen

„Unternimmt die Bundeswehr Ihrer Meinung nach genug, um mit der Gesellschaft in Kontakt zu bleiben?"
(Angaben in Prozent)

	Ja[1]	Nein[2]	Weiß nicht/k.A.
Insgesamt	38	48	14
Geschlecht ***			
Männer	41	49	10
Frauen	35	47	18
Alter n.s.			
16 bis 29 Jahre	38	49	13
30 bis 49 Jahre	40	48	13
50 bis 69 Jahre	38	48	14
70 Jahre und älter	35	47	19
Bildungsniveau *			
Hochschul- bzw. Fachhochschulreife	39	49	13
Realschulabschluss	40	44	16
Hauptschulabschluss	34	52	14
Haushaltsnettoeinkommen pro Monat **			
4.001 Euro und mehr	39	47	(14)
2.001 bis 4.000 Euro	40	50	11
Bis 2.000 Euro	40	42	18
Wahlabsicht Bundestagswahl ***			
CDU/CSU	45	44	11
SPD	45	47	(8)
AfD	(34)	60	(6)
FDP	(40)	52	(8)
Die Linke	(48)	(39)	(13)
Bündnis 90/Die Grünen	32	53	(15)
Keine Parteipräferenz, Nichtwähler, w.n./k.A.	29	48	23
Region ***			
Norddeutschland (SH, HH, HB, NI)	44	48	(8)
Ostdeutschland (MV, BB, BE, ST, SN, TH)	41	42	17
Süddeutschland (BW, BY)	30	57	13
Westdeutschland (NW, RP, HE, SL)	39	44	17
Migrationshintergrund n.s.			
Ja	41	48	(11)
Nein	37	48	15

Anmerkungen: 1) Anteile „Ja" und „Eher ja" wurden zusammengefasst; 2) Anteile „Eher nein" und „Nein" wurden zusammengefasst. Einzelne Prozentangaben ergeben mitunter in der Summe nicht 100 Prozent, da sie gerundet wurden. Analyseverfahren: Chi^2-Unabhängigkeits-Test, Signifikanzniveau: *** $p < 0{,}001$; ** $p < 0{,}01$; * $p < 0{,}05$; n.s. = nicht signifikant ($p \geq 0{,}05$); Werte in Klammern: $n \leq 50$.

Datenbasis: Bevölkerungsbefragung des ZMSBw 2021.

Für alle soziodemografischen Merkmale mit Ausnahme des Alters und des Migrationshintergrundes sind statistisch signifikante Unterschiede in der Bewertung des Kontakts zwischen Bundeswehr und Gesellschaft festzustellen (vgl. Tabelle 10.2). Männer bewerten diesen Kontakt mit 41 Prozent positiver als Frauen (35 Prozent). Mit zunehmendem Bildungsniveau scheinen mehr Befragte die Auffassung zu teilen, dass die Bundeswehr genug für den Kontakt mit der Gesellschaft unternehme. Beim Einkommen unterscheidet sich die Zustimmung zwischen den drei Gruppen nur wenig, wohl aber zeigen die Prozentwerte für „Nein“, dass die Gruppe mit einem Einkommen zwischen 2.001 und 4.000 Euro dieser Einschätzung am kritischsten gegenübersteht. Die Wahlabsicht ist auch bei dieser Frage relevant: Personen mit einer Wahlabsicht für CDU/CSU oder SPD bewerten den Kontakt überdurchschnittlich als gut, Anhänger von Bündnis 90/Die Grünen sowie Personen ohne Wahlabsicht liegen in ihrer Bewertung hingegen unter dem Durchschnitt. Regionale Zugehörigkeiten spielen ebenfalls eine Rolle: Die beiden Pole bilden Befragte aus Norddeutschland (44 Prozent positive Nennungen) und Süddeutschland (30 Prozent).

10.3 Fazit

Insgesamt wird aus den Daten der Bevölkerungsbefragung 2021 deutlich, dass die Befragten die Bundeswehr im persönlichen Bereich in sehr ähnlichem Maße wahrnehmen wie im letzten Jahr. In den Massenmedien ist ein Wahrnehmungszuwachs zu verzeichnen. Insgesamt wird die Berichterstattung als positiv bewertet, allerdings nehmen die Bürgerinnen und Bürger im Vergleich zum Jahr 2020 einen besseren Medientenor, insbesondere im Fernsehen, im Radio und in Zeitungen und Zeitschriften, wahr. Wie schon in den Vorjahren ist der Eindruck bei persönlichen Begegnungen deutlich besser als in Berichten der Medien. Das Meinungsbild zur Frage, ob die Bundeswehr genug dafür unternehme, um mit der Gesellschaft in Kontakt zu bleiben, ist eher negativ. In dieser Hinsicht sieht fast die Hälfte der Befragten noch Verbesserungsmöglichkeiten. Die Einschätzungen haben sich aber im Rückblick auf das Jahr 2020 etwas verbessert.

Einige der beobachteten Veränderungen können im Zusammenhang mit den Hilfseinsätzen der Bundeswehr im Zuge der Corona-Pandemie und der Hochwasserkatastrophe in einigen Teilen Deutschlands Mitte Juli 2021 interpretiert werden: Die Bundeswehr stand häufiger im Fokus der Medien, und es wurde in der Wahrnehmung der Bürgerinnen und Bürger häufiger positiv über sie und ihre Leistungen berichtet.

11 Attraktivität des Arbeitgebers Bundeswehr

Markus Steinbrecher und Joel Scherzer

Seit der vollständigen Umstellung auf eine Freiwilligenarmee ab 2011 ist es eine besondere Herausforderung für die Bundeswehr, genug Bewerberinnen und Bewerber zu mobilisieren, um den Bedarf an zivilem und militärischem Personal zu decken. In jedem Jahr müssen sich etwa 60.000 junge Menschen, fast 10 Prozent eines Geburtsjahrgangs, für eine Karriere in der Bundeswehr interessieren, um die aktuelle Personalstärke zu halten (Fantapié Altobelli et al. 2015: 8). Im Juli 2021 umfasste die Bundeswehr 184.507 Soldatinnen und Soldaten (BMVg 2021a) bei einer Sollstärke von 185.000. Im Rahmen der sogenannten Trendwende Personal soll die Bundeswehr bis zum Jahr 2024 auf 198.000 Soldatinnen und Soldaten anwachsen (BMVg 2017; Personalboard 2017). Eine weitere Erhöhung auf 203.000 Soldatinnen und Soldaten sowie 66.000 zivile Mitarbeiterinnen und Mitarbeiter bis 2025 wurde am 28. November 2018 beschlossen (BMVg 2018a). Daher wurde eine Vielzahl von Maßnahmen ins Leben gerufen, um die Anziehungskraft der Bundeswehr als Arbeitgeber zu erhöhen, darunter zum Beispiel die Attraktivitätsagenda („Bundeswehr in Führung – Aktiv. Attraktiv. Anders."). Zu diesem Programm gehören beispielsweise die stärkere Flexibilisierung von Arbeitszeitmodellen, die Reduzierung der Zahl der Versetzungen oder der Ausbau von Kinderbetreuungseinrichtungen. Gleichzeitig erfolgte eine Intensivierung der Personalwerbung, unter anderem im Rahmen der Kampagne „Mach, was wirklich zählt", mit eigenen Youtube-Serienformaten wie „Die Rekruten", „Die Rekrutinnen", „Mali" oder „Die Springer", sowie eine Bündelung aller Initiativen und Maßnahmen zur Attraktivitätssteigerung in einer Personalstrategie (BMVg 2016b). 2020 wurde die Personalstrategie durch die Einführung des freiwilligen Wehrdiensts im Heimatschutz unter dem Motto „Dein Jahr für Deutschland" ergänzt (Bundeswehr 2020). Junge Menschen haben damit eine weitere Möglichkeit, die Bundeswehr kennenzulernen und einen Dienst für ihr Land zu leisten. Zum 6. April 2021 sind die ersten 325 Rekrutinnen und Rekruten des neuen Dienstes einberufen worden (BMVg 2021c).

In diesem Abschnitt wird der Blick der Bürgerinnen und Bürger auf die Attraktivität des Arbeitgebers Bundeswehr dargestellt und analysiert. Während zu Beginn deskriptive Statistiken und die Ergebnisse von Gruppenvergleichen präsentiert werden, stehen zum Abschluss des Abschnitts multivariate Analysen zur Erklärung der Attraktivitätswahrnehmung und Verteidigungsbereitschaft im Fokus. So können deren Determinanten genau herausgearbeitet werden. Bei den Analysen sind drei Fragen besonders wichtig: Inwiefern nehmen die Befragten die Bundeswehr als attraktiven Arbeitgeber für sich und für andere wahr? Sind die Bürgerinnen und Bürger im äußersten Fall auch bereit, die Bundesrepublik Deutschland zu verteidigen? Und unterscheiden sich die Erklärungsfaktoren der Arbeitgeberattraktivität der Bundeswehr und der Verteidigungsbereitschaft zwischen der Gesamtbevölkerung und der Kernzielgruppe der Personalwerbung der Bundeswehr, den 16- bis 29-Jährigen (Fantapié Altobelli et al. 2015; Hentschel 2013)?

11.1 Attraktivität des Arbeitgebers Bundeswehr für junge Menschen

Seit 2015 enthält die Bevölkerungsbefragung einige Fragen zur Attraktivität des Arbeitgebers Bundeswehr. 2021 halten 13 Prozent die Bundeswehr für einen sehr attraktiven Arbeitgeber für junge Menschen und 47 Prozent halten sie für eher attraktiv (vgl. Abbildung 11.1). Der Anteil derjenigen, die die Bundeswehr für einen (eher) unattraktiven Arbeitgeber halten, liegt bei 27 Prozent. Als überhaupt nicht attraktiv sehen 6 Prozent der Befragten die Bundeswehr an. 8 Prozent können oder wollen die Attraktivität der Streitkräfte als Arbeitgeber für junge Menschen nicht bewerten.

Abbildung 11.1: Attraktivität des Arbeitgebers Bundeswehr für junge Menschen

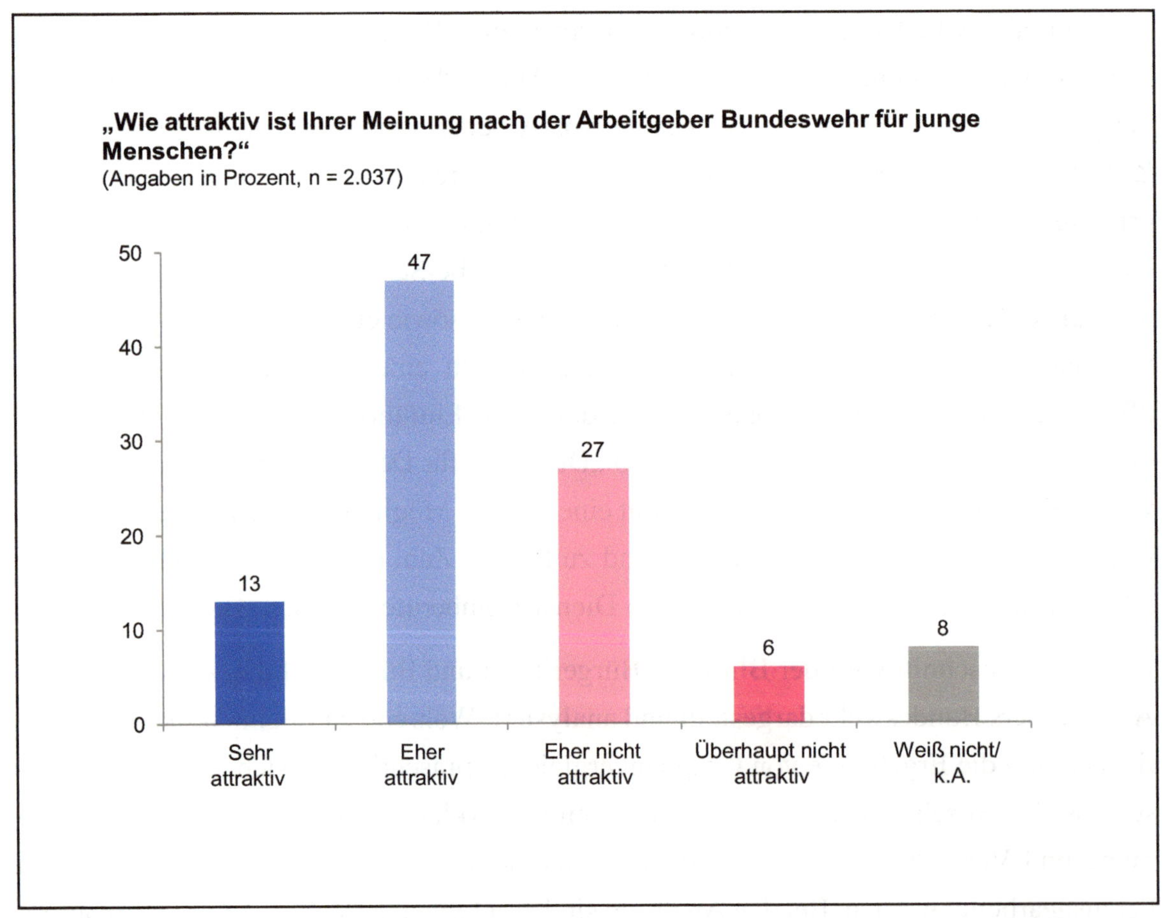

Anmerkung: Nicht alle Prozentangaben ergeben in der Summe 100 Prozent, da die Einzelwerte gerundet wurden.

Datenbasis: Bevölkerungsbefragung des ZMSBw 2021.

Im Verlauf der Jahre 2015 bis 2021 wird die Bundeswehr 2021 als etwas weniger attraktiv bewertet als in den Vorjahren (vgl. Abbildung 11.2). Zusammengenommen bewerten 60 Prozent der Befragten die Streitkräfte als sehr oder eher attraktiven Arbeitgeber. Dies ist der niedrigste Wert im gesamten Betrachtungszeitraum seit 2015. 2020 waren es noch 3 Prozentpunkte mehr. Im Vergleich zu 2019 beträgt die Abnahme 5 Prozentpunkte. Die höchsten Attraktivitätsbewertungen erhielt die Bundeswehr mit 69 Prozent in den Jahren 2017 und 2018. Der Anteil derjenigen, die die Bundeswehr für einen (eher oder sehr) unattraktiven Arbeitgeber halten, ist 2021 mit 33 Prozent im Vergleich zum Vorjahr gestiegen (+4 Prozentpunkte) und erreicht den höchsten Wert im Zeitraum seit 2015. Der niedrigste Wert war mit 24 Prozent 2017 zu verzeichnen.

Abbildung 11.2: Attraktivität des Arbeitgebers Bundeswehr für junge Menschen im Zeitverlauf

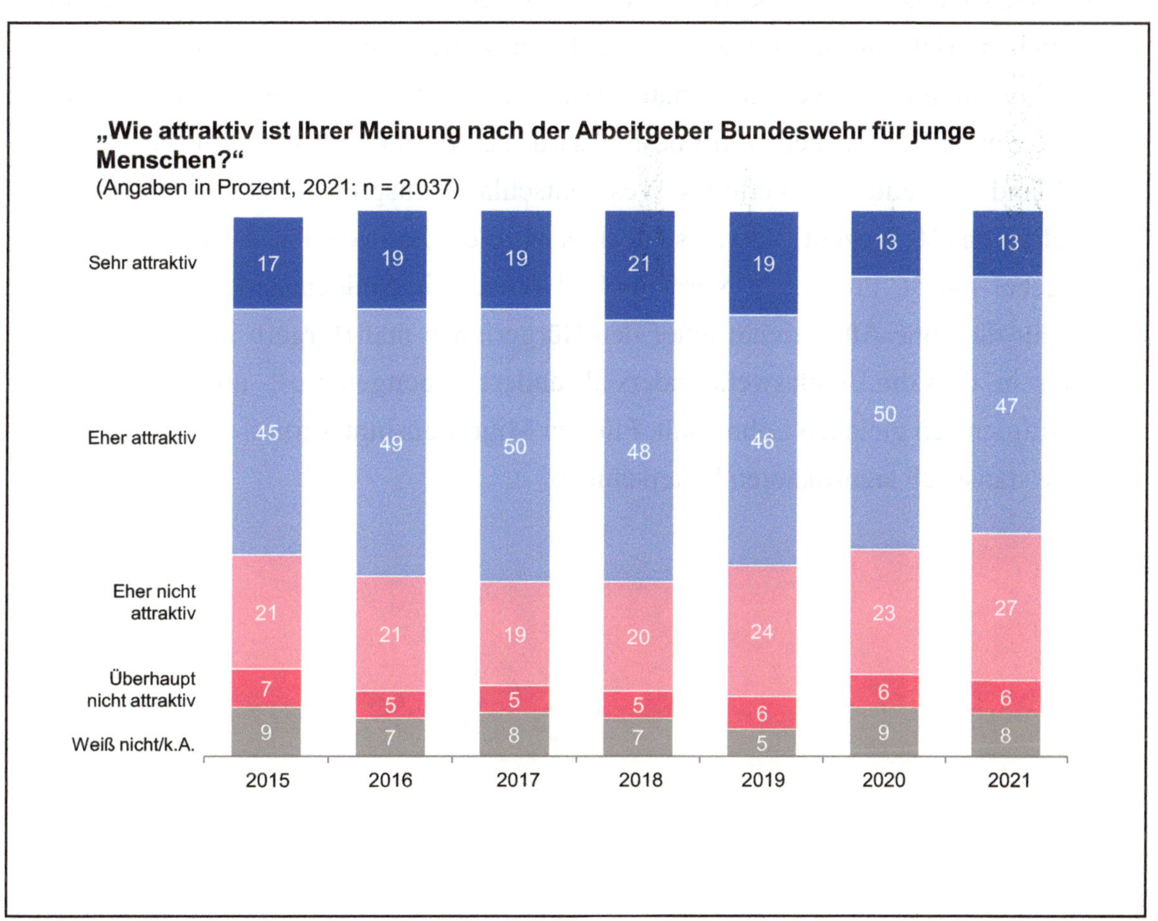

Anmerkung: Nicht alle Prozentangaben ergeben in der Summe 100 Prozent, da die Einzelwerte gerundet wurden.

Datenbasis: Bevölkerungsbefragungen des ZMSBw 2015–2021.

Für die Bewertung der Attraktivität gibt es einige Unterschiede zwischen den soziodemografischen Gruppen (vgl. Tabelle 11.1): So sehen Männer (62 Prozent) in der Bundeswehr häufiger einen sehr oder eher attraktiven Arbeitgeber als Frauen (57 Prozent). Hinsichtlich des Alters zeigen sich wie in den Vorjahren (Steinbrecher 2019c; Steinbrecher/Irrgang 2020a) statistisch signifikante Gruppenunterschiede: Die Attraktivität der Streitkräfte als Arbeitgeber ist unter den 16- bis 29-Jährigen am schwächsten (51 Prozent) und bei der ältesten Altersgruppe ab 70 Jahre am stärksten (63 Prozent) ausgeprägt. Für das Bildungsniveau und das Einkommen gibt es keine statistisch nachweisbaren Unterschiede. Besonders groß sind die Differenzen im Hinblick auf die Wahlabsicht der Befragten: Deutlich über dem Gesamtwert aller Bürgerinnen und Bürger liegt die Attraktivitätsbewertung seitens der Anhänger von SPD (68 Prozent), CDU/CSU (67 Prozent) und Die Linke (66 Prozent), während Wählerinnen und Wähler von Bündnis 90/Die Grünen (45 Prozent) und Befragte ohne Wahlabsicht (54 Prozent) die Bundeswehr in unterdurchschnittlichem Maße als attraktiven Arbeitgeber bewerten. Die Anhänger der FDP liegen mit ihrer Attraktivitätsbewertung genau auf dem Wert für alle Befragten zusammen. Auch regional gibt es Unterschiede: Am besten wird die Attraktivität mit 70 Prozent in Ostdeutschland beurteilt. Die Werte für Westdeutschland entsprechen dem Gesamtwert für alle Befragten (60 Prozent). Etwas schlechter wird die Attraktivität der Bundeswehr als Arbeitgeber mit 56 Prozent in Nord- und 54 Prozent in Süddeutschland bewertet. Ein Grund für die hohe Attraktivität unter den Bürgerinnen und Bürgern in Ostdeutschland könnte sein, dass die Bundeswehr anders als andere Arbeitgeber ost- und westdeutschen Beschäftigten den gleichen Lohn zahlt. Für den Migrationshintergrund der Befragten gibt es keine statistisch signifikanten Unterschiede.

Tabelle 11.1: Attraktivität des Arbeitgebers Bundeswehr für junge Menschen in soziodemografischen Gruppen

„Wie attraktiv ist Ihrer Meinung nach der Arbeitgeber Bundeswehr für junge Menschen?" (Angaben in Prozent)			
	Attraktiv[1]	**Nicht attraktiv[2]**	**Weiß nicht/k.A.**
Insgesamt	60	33	8
Geschlecht ***			
Männer	62	32	6
Frauen	57	33	11
Alter ***			
16 bis 29 Jahre	51	42	(6)
30 bis 49 Jahre	61	34	(6)
50 bis 69 Jahre	62	30	8
70 Jahre und älter	63	24	(13)
Bildungsniveau n.s.			
Hochschul- bzw. Fachhochschulreife	57	35	8
Realschulabschluss	62	31	(7)
Hauptschulabschluss	61	30	9
Haushaltsnettoeinkommen pro Monat n.s.			
4.001 Euro und mehr	58	35	(7)
2.001 bis 4.000 Euro	62	33	5
Bis 2.000 Euro	65	28	(8)
Wahlabsicht Bundestagswahl ***			
CDU/CSU	67	27	(7)
SPD	68	28	(4)
AfD	61	(34)	(6)
FDP	60	(37)	(3)
Die Linke	66	(29)	(5)
Bündnis 90/Die Grünen	45	47	(9)
Keine Parteipräferenz, Nichtwähler, w.n./k.A.	54	33	13
Region ***			
Norddeutschland (SH, HH, HB, NI)	56	39	(5)
Ostdeutschland (MV, BB, BE, ST, SN, TH)	70	23	(7)
Süddeutschland (BW, BY)	54	34	12
Westdeutschland (NW, RP, HE, SL)	60	33	7
Migrationshintergrund n.s.			
Ja	57	38	(5)
Nein	60	32	8

Anmerkungen: 1) Anteile „Sehr attraktiv" und „Eher attraktiv" zusammengefasst; 2) Anteile „Überhaupt nicht attraktiv" und „Eher nicht attraktiv" zusammengefasst. Einzelne Prozentangaben ergeben mitunter in der Summe nicht 100 Prozent, da sie gerundet wurden. Analyseverfahren: Chi²-Unabhängigkeits-Test, Signifikanzniveau: *** $p < 0{,}001$; ** $p < 0{,}01$; * $p < 0{,}05$; n.s. = nicht signifikant ($p \geq 0{,}05$); Werte in Klammern: $n \leq 50$.

Datenbasis: Bevölkerungsbefragung des ZMSBw 2021.

Abbildung 11.3 konzentriert sich auf die wahrgenommene Attraktivität nach Altersgruppen und Geschlecht. In allen Altersgruppen besteht ein Geschlechtereffekt, d.h. Männer bewerten im Vergleich zu Frauen unabhängig vom Alter die Bundeswehr als attraktiveren Arbeitgeber. Die größte Spanne in der Bewertung zwischen beiden Geschlechtern mit jeweils 7 Prozentpunkten zeigt sich in den Gruppen der 16- bis 29-Jährigen, der Kernzielgruppe der Personalwerbung der Bundeswehr, und den 50- bis 69-Jährigen. Das Alter wirkt sich systematisch auf die Bewertung der Attraktivität aus: Mit steigendem Alter nimmt die wahrgenommene Attraktivität des Arbeitgebers Bundeswehr zu. In der Gruppe der 16- bis 29-Jährigen ist die wahrgenommene Attraktivität unter Männern und Frauen im Vergleich zu allen anderen Gruppen am niedrigsten.

Abbildung 11.3: Attraktivität des Arbeitgebers Bundeswehr für junge Menschen nach Altersgruppen und Geschlecht

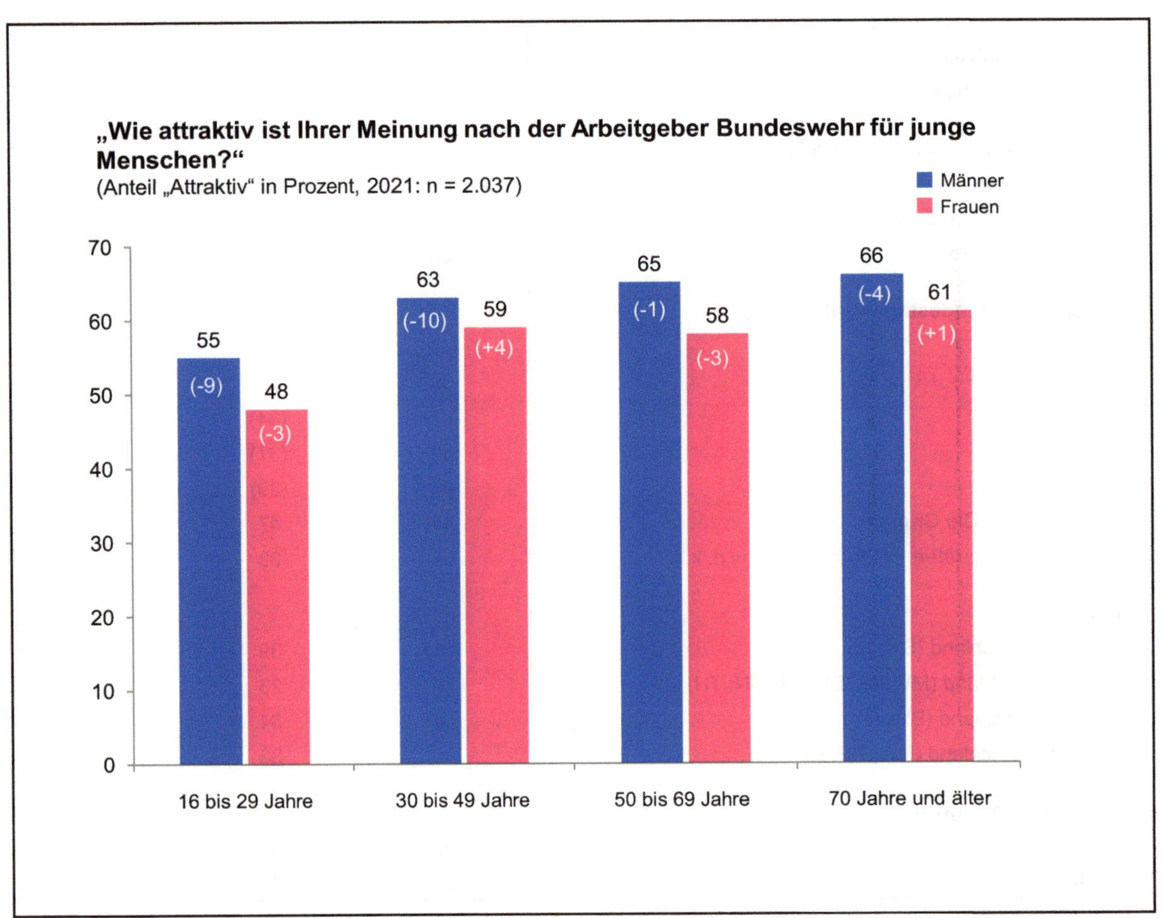

Anmerkungen: Anteile „Sehr attraktiv“ und „Eher attraktiv“ zusammengefasst. Veränderungen gegenüber 2020 in Klammern.

Datenbasis: Bevölkerungsbefragungen des ZMSBw 2020 und 2021.

Mit 4 Prozentpunkten zeigt sich die kleinste Differenz zwischen Männern und Frauen bei den 30- bis 49-Jährigen. Im Verhältnis zum Vorjahr finden sich keine einheitlichen Veränderungen über die Gruppen hinweg. Am stärksten nimmt die wahrgenommene Attraktivität bei den 30 bis 49 Jahre alten Männern ab (-10 Prozentpunkte), gefolgt von den Männern der Altersgruppe der 16- bis 29-Jährigen (-9 Prozentpunkte).[66] Unter den 70 Jahre alten und älteren Männern zeigt sich der beste Wert aller Altersgruppen mit 66 Prozent. Den höchsten Attraktivitätszuwachs im Vergleich zu 2020 erfährt die Bundeswehr bei den 30- bis 49-jährigen Frauen (+4 Prozentpunkte).

11.3 Attraktivität des Arbeitgebers Bundeswehr für die Befragten selbst

Die Attraktivität des Arbeitgebers Bundeswehr für die Befragten selbst wurde wie 2020 erneut erhoben. Alle Teilnehmerinnen und Teilnehmer unter 51 Jahren wurden dazu befragt, da für einen Großteil der älteren Befragten ein Wechsel zum Arbeitgeber Bundeswehr keine realistische Option mehr sein dürfte. Abbildung 11.4 zeigt, dass die Streitkräfte für 6 Prozent der Befragten sehr attraktiv als Arbeitgeber sind. Es überwiegen die Stimmen, für die die Bundeswehr überhaupt nicht attraktiv ist (35 Prozent). 29 Prozent bewerten die Bundeswehr als eher nicht attraktiv und 27 Prozent als eher attraktiv. 4 Prozent der Befragten wollen oder können keine Einschätzung abgeben. Vergleicht man die Werte 2021 mit denen des Vorjahres, hat sich die Attraktivitätsbewertung der Bundeswehr als Arbeitgeber für die Befragten selbst etwas verschlechtert. 2020 schätzten noch 38 Prozent der Befragten die Bundeswehr als sehr oder eher attraktiven Arbeitgeber ein, es ergibt sich also eine Abnahme von 5 Prozentpunkten. Im Gegensatz dazu ist der Anteil derjenigen, die die Bundeswehr als eher oder überhaupt nicht attraktiv bewerten, um 5 Prozentpunkte gewachsen.

---

66 Andere Studien lassen einen Vergleich der Attraktivität verschiedener Arbeitgeber zu. Den Ergebnissen zufolge ist die Bundeswehr bei jungen Menschen einer der attraktivsten potenziellen Arbeitgeber. So ergab eine Umfrage des Marktforschungsinstituts Trendence unter 50.000 Fachkräften mit gewerblichem Hintergrund, dass 9,2 Prozent am liebsten zur Bundeswehr wechseln würden (Elektroniknet.de 2021). Damit lag die Bundeswehr auf Platz 1 der Umfrage. Im Trendence-Schüler-Ranking lag die Bundeswehr auf Platz 2 der beliebtesten Arbeitgeber (Trendence 2021).

Abbildung 11.4: Attraktivität des Arbeitgebers Bundeswehr für die Befragten selbst

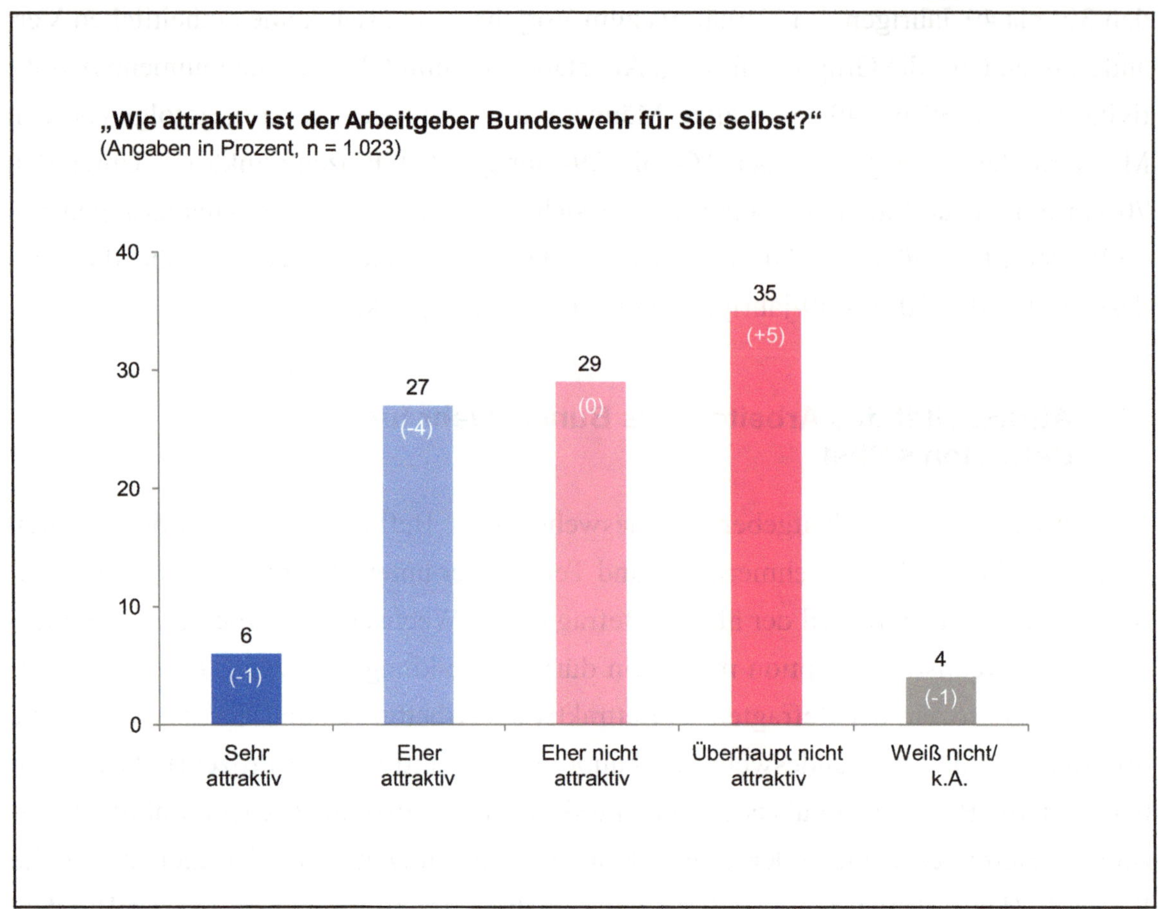

Anmerkungen: Nicht alle Prozentangaben ergeben in der Summe 100 Prozent, da die Einzelwerte gerundet wurden. Die Frage wurde nur Teilnehmerinnen und Teilnehmern unter 51 Jahren gestellt. Veränderungen gegenüber 2020 in Klammern.

Datenbasis: Bevölkerungsbefragungen des ZMSBw 2020 und 2021.

Im Hinblick auf soziodemografische Erklärungsfaktoren zeigt sich wie schon bei den vorangegangenen Analysen zur Attraktivität des Arbeitgebers Bundeswehr für junge Menschen ein relativ starker Geschlechtereffekt (vgl. Tabelle 11.2). Unter den Männern (unter 51 Jahren) liegt die Arbeitgeberattraktivität bei 39 Prozent, während die Streitkräfte für lediglich 26 Prozent der Frauen ein attraktiver Arbeitgeber für sie selbst sind. Alter, Bildung, Einkommen, die Wahlabsicht und der Migrationshintergrund sind für diese Bewertung statistisch irrelevant. Es bestehen geringfügige regionale Unterschiede: Am besten wird die Attraktivität mit 45 Prozent in Ostdeutschland beurteilt. Die Werte für Nord- und Westdeutschland liegen nahe am durchschnittlichen Gesamtwert für alle Befragten (34 bzw. 32 Prozent). Etwas schlechter wird die Attraktivität der Bundeswehr als Arbeitgeber für sich selbst mit 25 Prozent in Süddeutschland bewertet.

Tabelle 11.2: Attraktivität des Arbeitgebers Bundeswehr für die Befragten selbst – in soziodemografischen Gruppen

„Wie attraktiv ist der Arbeitgeber Bundeswehr für Sie selbst?" (Angaben in Prozent)			
	Attraktiv[1]	Nicht attraktiv[2]	Weiß nicht/k.A.
Insgesamt	33	64	4
Geschlecht ***			
Männer	39	57	(4)
Frauen	26	71	(3)
Alter n.s.			
16 bis 29 Jahre	35	60	(5)
30 bis 49 Jahre	31	66	(3)
Bildungsniveau n.s.			
Hochschul- bzw. Fachhochschulreife	33	64	(3)
Realschulabschluss	34	63	(3)
Hauptschulabschluss	(28)	67	(5)
Haushaltsnettoeinkommen pro Monat n.s.			
4.001 Euro und mehr	35	63	(3)
2.001 bis 4.000 Euro	32	64	(4)
Bis 2.000 Euro	40	55	(4)
Wahlabsicht Bundestagswahl n.s.			
CDU/CSU	35	61	(4)
SPD	(35)	62	(3)
AfD	(47)	(47)	(6)
FDP	(33)	(67)	(0)
Die Linke	(36)	(64)	(0)
Bündnis 90/Die Grünen	(24)	72	(4)
Keine Parteipräferenz, Nichtwähler, w.n./k.A.	31	65	(4)
Region **			
Norddeutschland (SH, HH, HB, NI)	34	62	(4)
Ostdeutschland (MV, BB, BE, ST, SN, TH)	45	52	(4)
Süddeutschland (BW, BY)	25	70	(5)
Westdeutschland (NW, RP, HE, SL)	32	66	(2)
Migrationshintergrund n.s.			
Ja	(31)	64	(6)
Nein	33	64	(3)

Anmerkungen: 1) Anteile „Sehr attraktiv" und „Eher attraktiv" zusammengefasst; 2) Anteile „Überhaupt nicht attraktiv" und „Eher nicht attraktiv" zusammengefasst. Einzelne Prozentangaben ergeben mitunter in der Summe nicht 100 Prozent, da sie gerundet wurden. Die Frage wurde nur Teilnehmerinnen und Teilnehmern unter 51 Jahren gestellt, daher werden hier nur die Altersgruppen „16 bis 29 Jahre" und „30 bis 49 Jahre" ausgewiesen. Analyseverfahren: Chi²-Unabhängigkeits-Test, Signifikanzniveau: *** $p < 0{,}001$; ** $p < 0{,}01$; * $p < 0{,}05$; n.s. = nicht signifikant ($p \geq 0{,}05$); Werte in Klammern: $n \leq 50$.

Datenbasis: Bevölkerungsbefragung des ZMSBw 2021.

Abbildung 11.5 konzentriert sich analog zu Abbildung 11.3 auf die wahrgenommene Attraktivität für die Befragten selbst nach Altersgruppen und Geschlecht. Aufgrund der Filterführung im Fragebogen können nur die beiden jüngeren Altersgruppen betrachtet werden. In beiden Altersgruppen zeigt sich ein Geschlechtereffekt: Männer bewerten im Vergleich zu Frauen die Bundeswehr für sich selbst als attraktiveren Arbeitgeber. In der Gruppe der 16- bis 29-Jährigen ist der Unterschied mit 25 Prozentpunkten deutlich größer als unter den 30- bis 49-Jährigen (6 Prozentpunkte). Der Alterseffekt ist bei Männern und Frauen gegenläufig: Männer sehen in der Bundeswehr mit steigendem Alter einen unattraktiveren Arbeitgeber, bei Frauen nimmt die Arbeitgeberattraktivität der Bundeswehr hingegen mit dem Alter zu. Im Vergleich zum Vorjahr zeigen sich teils deutliche Veränderungen. Während die Attraktivität der Bundeswehr bei 16- bis 29-jährigen Frauen und bei 30- bis 49-jährigen Männern um mehr als 10 Prozentpunkte abgenommen hat, ist sie bei den Männern zwischen 16 und 29 Jahren um 6 Prozentpunkte gestiegen.

Abbildung 11.5: Attraktivität des Arbeitgebers Bundeswehr für die Befragten selbst – nach Altersgruppen und Geschlecht

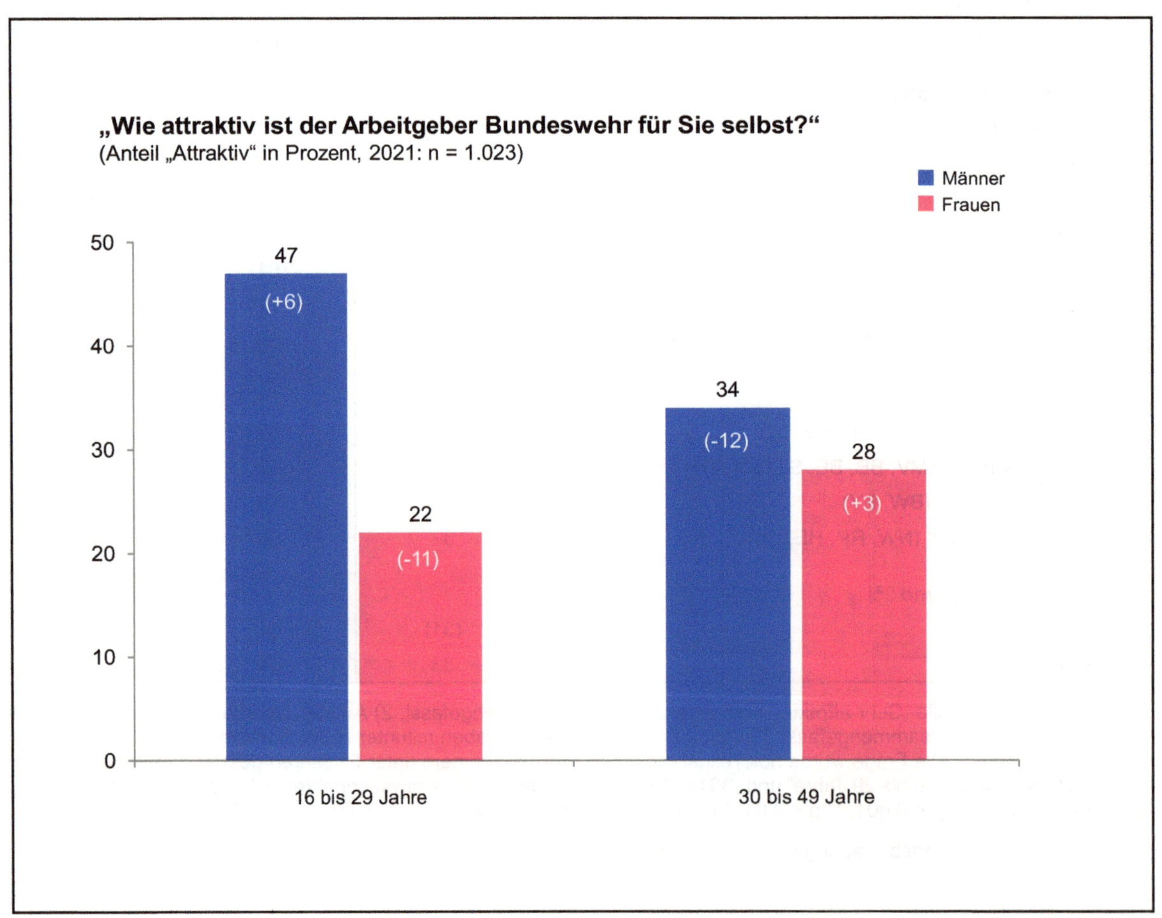

Anmerkungen: Anteile „Sehr attraktiv" und „Eher attraktiv" zusammengefasst. Die Frage wurde nur Teilnehmerinnen und Teilnehmern unter 51 Jahren gestellt, daher werden nur die Altersgruppen „16 bis 29 Jahre" und „30 bis 49 Jahre" ausgewiesen. Veränderungen gegenüber 2020 in Klammern.

Datenbasis: Bevölkerungsbefragungen des ZMSBw 2020 und 2021.

Abbildung 11.6: Typen für die Bewertung der Attraktivität des Arbeitgebers Bundeswehr für junge Menschen und für die Befragten selbst

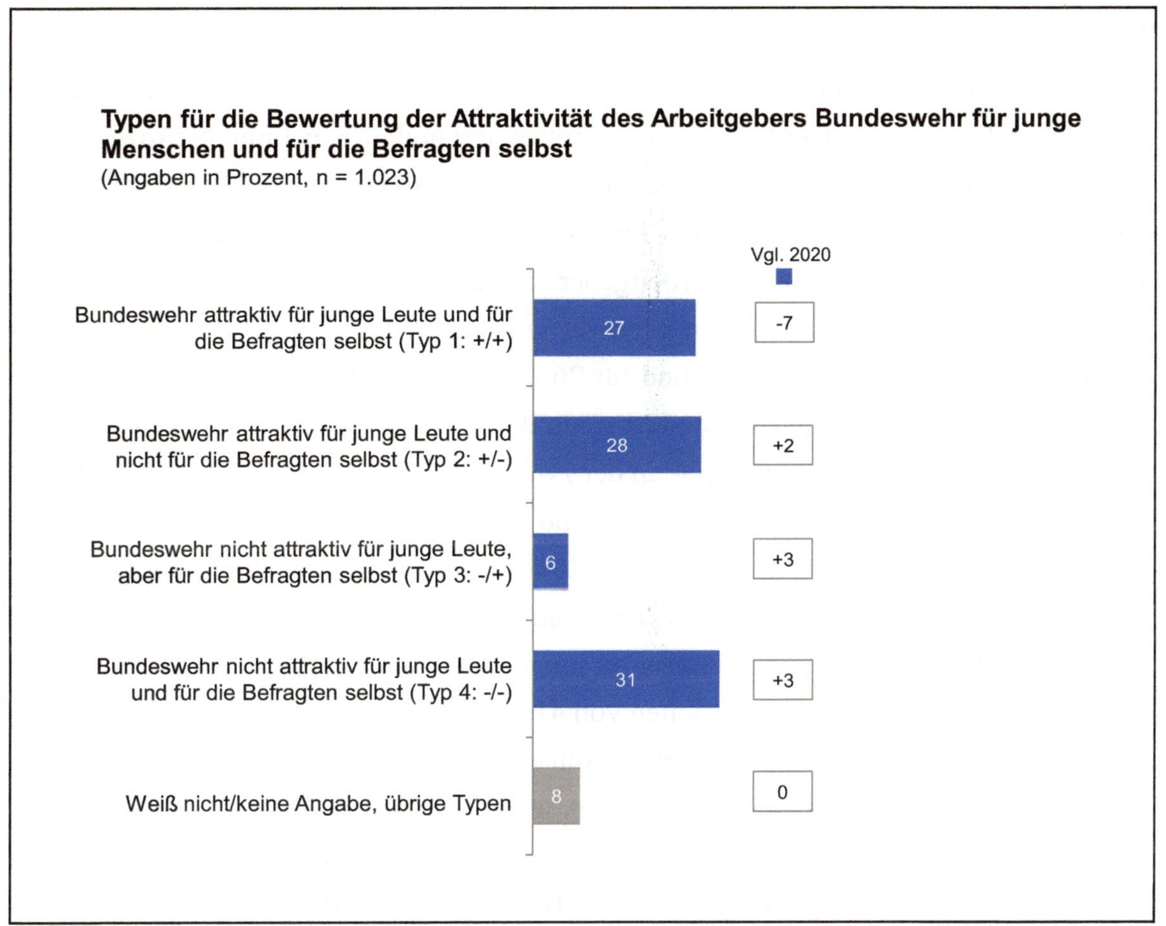

Anmerkung: Die Frage nach der Attraktivität des Arbeitgebers Bundeswehr für die Befragten selbst wurde nur Teilnehmerinnen und Teilnehmern unter 51 Jahren gestellt. Vgl. 2020: Differenz 2021 zu 2020.

Datenbasis: Bevölkerungsbefragungen des ZMSBw 2020 und 2021.

Im Folgenden wurden Typen von Befragten auf Basis der Attraktivitätsbewertung des Arbeitgebers Bundeswehr für junge Menschen und für die Befragten selbst gebildet. Die Typenbildung war (wie schon die vorherige Analyse) nur für Befragte bis zu einem Alter von 50 Jahren möglich. Abbildung 11.6 zeigt die Verteilung der Befragten über die vier Typen. 27 Prozent der Befragten halten die Bundeswehr für einen attraktiven Arbeitgeber sowohl für junge Leute als auch für sich selbst (Typ 1: +/+). Im Vergleich zum Vorjahr sind das 7 Prozentpunkte weniger. Für 28 Prozent sind die Streitkräfte zwar ein interessanter Arbeitgeber für junge Leute, aber nicht für sie selbst (Typ 2: +/-). Dies bedeutet einen Zuwachs von 2 Prozentpunkten im Vergleich zum Vorjahr. Die Gruppe derjenigen, die die Bundeswehr zwar für sich, aber nicht für junge Leute als attraktiv bewerten, ist mit 6 Prozent sehr klein (Typ 3:-/+). Ihr Anteil hat sich aber im Vergleich zum Vorjahr verdoppelt. 31 Prozent der Befragten empfinden die Bundeswehr weder für sich selbst noch für andere als attraktiven Arbeitgeber (Typ 4: -/-). Diese Gruppe ist im Vergleich zum Vorjahr um 3 Prozentpunkte gewachsen. 8 Prozent der Befragten gehören zu keinem der vier Typen. Diese Gruppe wurde in den nachfolgenden Analysen nicht mehr betrachtet.

Die vier Typen sollen mithilfe der Ergebnisse in Tabelle 11.3 charakterisiert werden. Männer sind in Typ 1 mit 33 Prozent überrepräsentiert und in Typ 4 mit 30 Prozent leicht unterrepräsentiert. Für Frauen zeigt sich mit 21 Prozent (Typ 1) und 32 Prozent (Typ 4) ein umgekehrtes Muster, d.h. für mehr Frauen als Männer kommt die Bundeswehr weder für andere noch für sich selbst als Arbeitgeber infrage. Männer hingegen stehen der Bundeswehr in dieser Hinsicht deutlich positiver gegenüber. Bei den Altersgruppen ist für 28 Prozent der 16- bis 29-Jährigen und für 26 Prozent der 30- bis 49-Jährigen die Bundeswehr für junge Leute und für sie selbst attraktiv (Typ 1). In der ersten Altersgruppe entsprechen jedoch 35 Prozent Typ 4, in der zweiten Altersgruppe 29 Prozent. Bildungsniveau, Einkommen und Migrationshintergrund spielen für die Typenzugehörigkeit keine statistisch signifikante Rolle. Anders ist es bei der Wahlabsicht: Hier zeigen sich die stärksten Effekte mit Bezug zu den Typen 1 und 4. Unter den Anhängern von AfD und SPD sind Personen, die die Bundeswehr für junge Leute und für sich selbst als attraktiven Arbeitgeber sehen (Typ 1), mit Anteilen von 41 bzw. 34 Prozent deutlich überproportional vertreten. Im Gegensatz dazu stehen Anhänger von Bündnis 90/Die Grünen, unter denen lediglich 17 Prozent zu Typ 1 gehören, während fast die Hälfte der Grünen-Anhänger Typ 4 zuzuordnen ist. Auch für die Regionen zeigt sich ein statistisch signifikanter Zusammenhang mit der Typenzugehörigkeit: Bürgerinnen und Bürger in Nord-, Ost-, und Westdeutschland bewerten die Streitkräfte als attraktiveren Arbeitgeber. Allerdings ist die Verteilung über die Gruppen in Ostdeutschland am stärksten verzerrt: 39 Prozent der Befragten aus dieser Region zählen zu Typ 1, während lediglich 22 Prozent der Bürgerinnen und Bürger in Süddeutschland diesem Typ zuzurechnen sind.

Tabelle 11.3: Typen für die Bewertung der Attraktivität des Arbeitgebers Bundeswehr für junge Menschen und für die Befragten selbst – in soziodemografischen Gruppen

(Angaben in Prozent)	Typen			
	1	**2**	**3**	**4**
Bundeswehr attraktiv für junge Leute	+	+	-	-
Bundeswehr attraktiv für die Befragten selbst	+	-	+	-
Insgesamt	27	28	6	31
Geschlecht ***				
Männer	33	24	(7)	30
Frauen	21	32	(5)	32
Alter **				
16 bis 29 Jahre	28	20	(7)	35
30 bis 49 Jahre	26	33	(5)	29
Bildungsniveau n.s.				
Hochschul- bzw. Fachhochschulreife	27	28	(5)	32
Realschulabschluss	26	29	(7)	30
Hauptschulabschluss	25	33	(3)	(29)
Haushaltsnettoeinkommen pro Monat n.s.				
4.001 Euro und mehr	29	27	(6)	34
2.001 bis 4.000 Euro	25	31	(6)	30
Bis 2.000 Euro	(36)	(23)	(4)	(28)
Wahlabsicht Bundestagswahl ***				
CDU/CSU	29	32	(6)	27
SPD	(34)	(37)	(1)	(25)
AfD	(41)	(23)	(6)	(20)
FDP	(27)	(33)	(7)	(33)
Die Linke	(26)	(34)	(11)	(29)
Bündnis 90/Die Grünen	(17)	(26)	(7)	40
Keine Parteipräferenz, Nichtwähler, w.n./k.A.	25	25	(5)	33
Region ***				
Norddeutschland (SH, HH, HB, NI)	(24)	(24)	(10)	36
Ostdeutschland (MV, BB, BE, ST, SN, TH)	39	27	(5)	(23)
Süddeutschland (BW, BY)	22	29	(4)	32
Westdeutschland (NW, RP, HE, SL)	25	30	(6)	32
Migrationshintergrund n.s.				
Ja	(27)	(26)	(4)	(34)
Nein	27	28	6	31

Anmerkungen: Die Frage nach der Attraktivität des Arbeitgebers Bundeswehr für die Befragten selbst wurde nur Teilnehmerinnen und Teilnehmern unter 51 Jahren gestellt, daher werden nur die Altersgruppen „16 bis 29 Jahre“ und „30 bis 49 Jahre“ ausgewiesen. Die Prozentangaben ergeben in der Summe nicht 100 Prozent, da Befragte, die zu keinem der Typen zählen, nicht dargestellt werden. Analyseverfahren: Chi²-Unabhängigkeits-Test, Signifikanzniveau: *** $p < 0{,}001$; ** $p < 0{,}01$; * $p < 0{,}05$; n.s. = nicht signifikant ($p \geq 0{,}05$), Werte in Klammern: $n \leq 50$.

Datenbasis: Bevölkerungsbefragung des ZMSBw 2021.

11.4 Einstellungen zu einer möglichen beruflichen Tätigkeit bei der Bundeswehr

Im weiteren Verlauf des Interviews wurden die Teilnehmerinnen und Teilnehmer auch danach gefragt, ob sie sich selbst eine Tätigkeit als Zivilistin oder Zivilist bzw. als Soldatin oder Soldat bei der Bundeswehr vorstellen können. Wie schon bei der Frage nach der Attraktivität der Bundeswehr als Arbeitgeber für die Befragten selbst wurde auch diese Frage nur Teilnehmern unter 51 Jahren gestellt, da für die älteren Befragten ein Wechsel zum Arbeitgeber Bundeswehr wohl nicht mehr relevant oder interessant sein dürfte. 22 Prozent der Befragten können sich vorstellen, als Zivilist oder Zivilistin bei der Bundeswehr zu arbeiten (vgl. Abbildung 11.7). 24 Prozent sind geteilter Meinung und 53 Prozent der Befragten können sich eher oder überhaupt nicht vorstellen, eine zivile Stelle bei der Bundeswehr anzutreten. 2 Prozent der Befragten geben keine substanzielle Antwort. Vergleicht man die Verteilung der Antworten 2021 mit der im Jahr 2020, zeigen sich leichte Verschiebungen: Im Vorjahr konnten sich 23 Prozent der Befragten vorstellen, bei der Bundeswehr als zivile Beschäftigte zu arbeiten (-1 Prozentpunkt). Der Anteil derjenigen mit gegensätzlicher Position ist um 3 Prozentpunkte gestiegen.

Blickt man auf die Frage, ob die Befragten sich vorstellen können, als Soldatin oder Soldat bei der Bundeswehr zu arbeiten, können sich dies deutlich weniger Befragte vorstellen (vgl. Abbildung 11.8). Lediglich bei 10 Prozent der Befragten trifft dies voll und ganz oder eher zu. 12 Prozent sind geteilter Meinung. Die große Mehrheit der Teilnehmerinnen und Teilnehmer der Bevölkerungsbefragung 2021 kann sich eher oder überhaupt nicht vorstellen, als Soldat oder Soldatin bei der Bundeswehr zu dienen: Mit 77 Prozent gehören über drei Viertel der Befragten zu dieser Gruppe. Lediglich 1 Prozent der Befragten können oder wollen hier keine substanzielle Antwort geben. Im Vergleich zum Vorjahr ist der Anteil derjenigen, die mit „trifft voll und ganz zu“ und „trifft eher zu“ antworten, um 3 Prozentpunkte gesunken. Die Gruppe derjenigen, für die eine Tätigkeit als Soldatin oder als Soldat nicht infrage kommt, ist dagegen um 3 Prozentpunkte gewachsen.

Abbildung 11.7: Mögliche berufliche Tätigkeit als Zivilistin/Zivilist bei der Bundeswehr

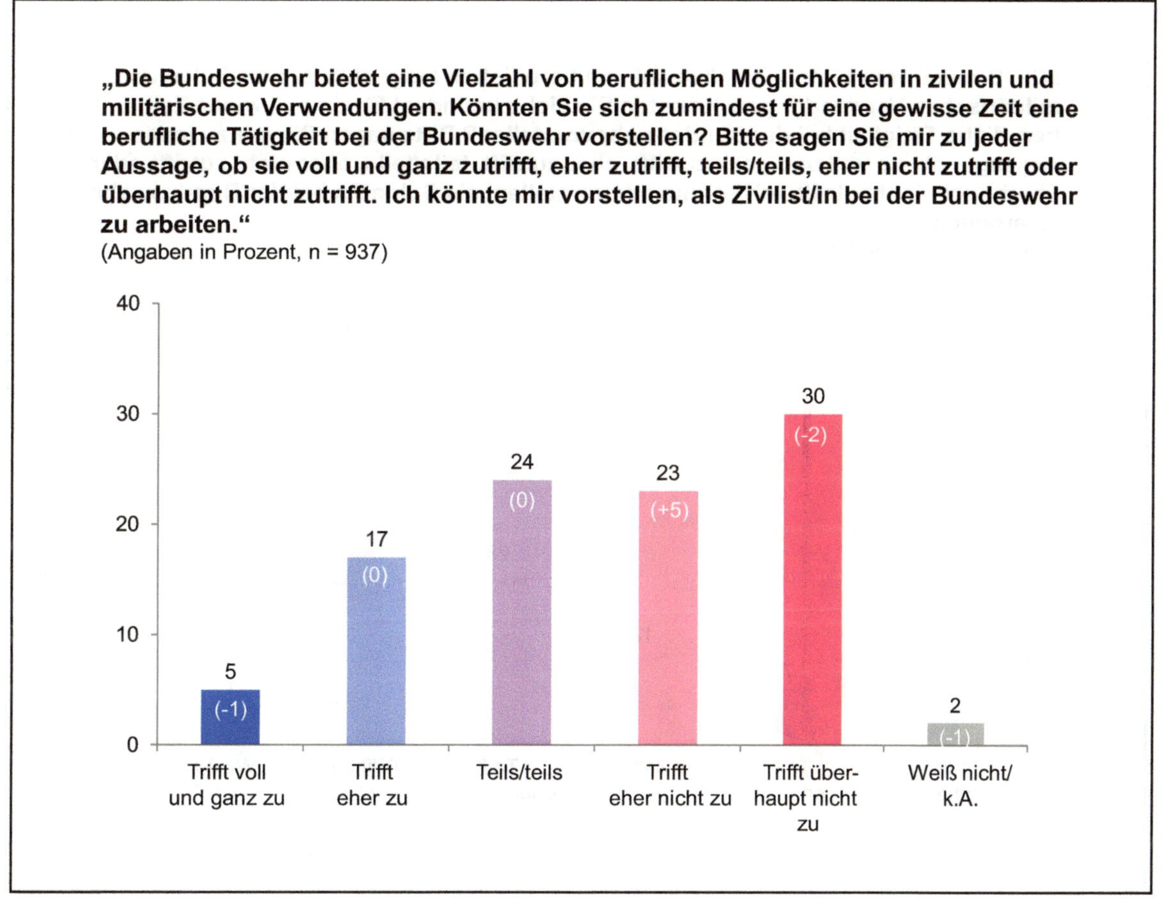

Anmerkungen: Nicht alle Prozentangaben ergeben in der Summe 100 Prozent, da die Einzelwerte gerundet wurden. Die Frage wurde nur Teilnehmerinnen und Teilnehmern unter 51 Jahren gestellt. Veränderungen gegenüber 2020 in Klammern.

Datenbasis: Bevölkerungsbefragungen des ZMSBw 2020 und 2021.

Aus Tabelle 11.4 geht hervor, ob die Bereitschaft, als Zivilistin oder Zivilist bzw. als Soldatin oder Soldat bei der Bundeswehr zu arbeiten, mit der Zugehörigkeit zu verschiedenen soziodemografischen Gruppen zusammenhängt. Die Ergebnisse der Analysen offenbaren, dass einige der soziodemografischen Standardmerkmale und die Wahlabsicht die Entscheidung für eine mögliche zivile wie militärische berufliche Tätigkeit beeinflussen. Männer können sich mit 16 Prozent deutlich stärker vorstellen, als Soldat in der Bundeswehr zu dienen. Unter den Frauen sind es nur 5 Prozent. Die Bereitschaft als Zivilistin oder Zivilist in der Bundeswehr zu arbeiten, fällt bei den Männern wie den Frauen deutlich höher aus (26 bzw. 18 Prozent). Dieser Unterschied ist ebenfalls statistisch signifikant.

Abbildung 11.8: Mögliche berufliche Tätigkeit als Soldatin/Soldat bei der Bundeswehr

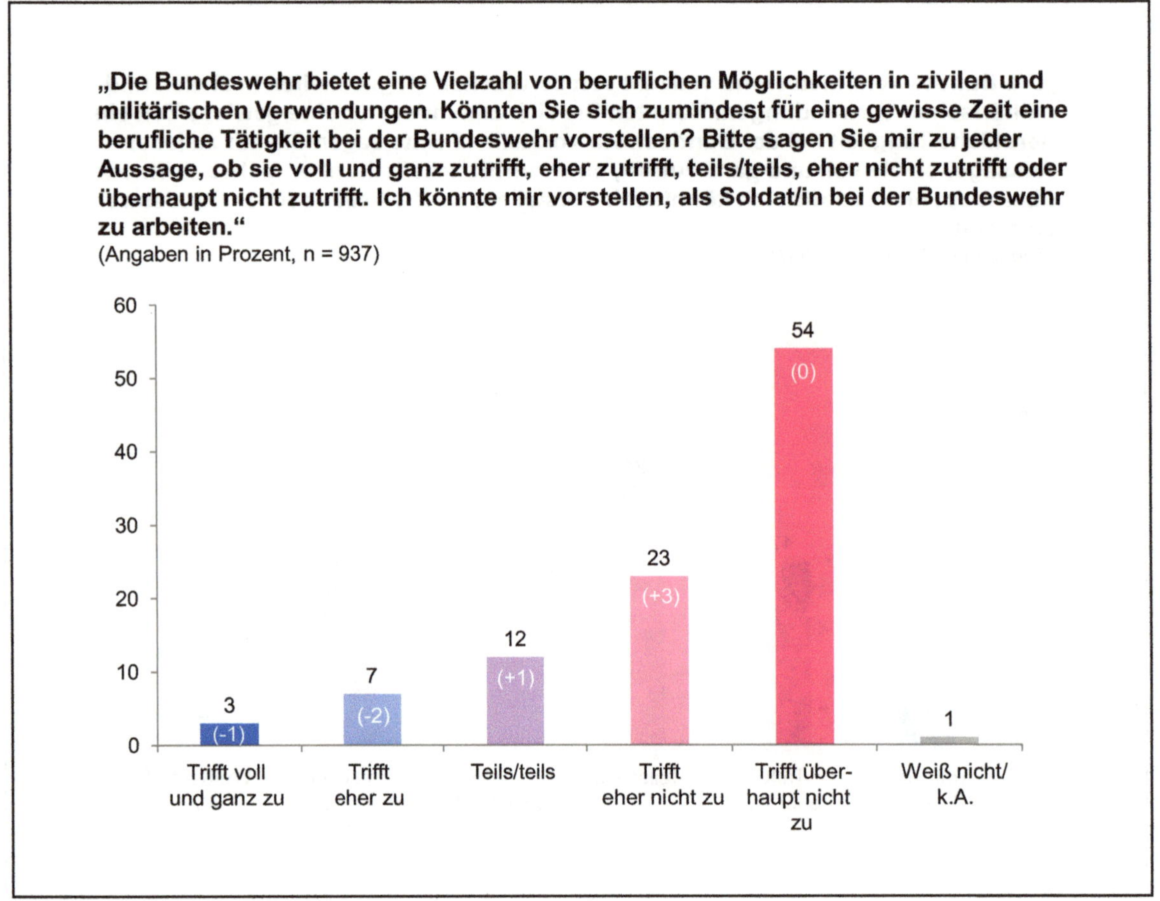

Anmerkungen: Nicht alle Prozentangaben ergeben in der Summe 100 Prozent, da die Einzelwerte gerundet wurden. Die Frage wurde nur Teilnehmerinnen und Teilnehmern 51 Jahren gestellt. Veränderungen gegenüber 2020 in Klammern.

Datenbasis: Bevölkerungsbefragungen des ZMSBw 2020 und 2021.

Auch zwischen den Altersgruppen gibt es statistisch signifikante Unterschiede in der Frage, ob man sich vorstellen kann, als Soldat/in bei der Bundeswehr zu arbeiten: 16- bis 29-Jährige können sich das mit 15 Prozent in deutlich stärkerem Maße vorstellen als die 30- bis 49-Jährigen, bei denen es lediglich 7 Prozent sind. Für die Bereitschaft, als Zivilist oder Zivilistin bei der Bundeswehr anzufangen, spielt das Alter keine Rolle. Ganz ohne Bedeutung für beide möglichen Karrierewege ist das Bildungsniveau: Hier zeigen sich keine statistisch signifikanten Zusammenhänge, genauso wie beim Einkommen.

Tabelle 11.4: Mögliche berufliche Tätigkeit bei der Bundeswehr in soziodemografischen Gruppen

„Die Bundeswehr bietet eine Vielzahl von beruflichen Möglichkeiten in zivilen und militärischen Verwendungen. Könnten Sie sich zumindest für eine gewisse Zeit eine berufliche Tätigkeit bei der Bundeswehr vorstellen? Bitte sagen Sie mir zu jeder Aussage, ob sie voll und ganz zutrifft, eher zutrifft, teils/teils, eher nicht zutrifft oder überhaupt nicht zutrifft.

1) Ich könnte mir vorstellen, als Zivilist/in bei der Bundeswehr zu arbeiten.
2) Ich könnte mir vorstellen, als Soldat/in bei der Bundeswehr zu arbeiten.“

(Angaben in Prozent)

	Zivilist/in	Soldat/in
Insgesamt	22	10
Geschlecht	***	***
Männer	26	16
Frauen	18	(5)
Alter	n.s.	***
16 bis 29 Jahre	24	15
30 bis 49 Jahre	21	(7)
Bildungsniveau	n.s.	n.s.
Hochschul- bzw. Fachhochschulreife	23	(9)
Realschulabschluss	22	(11)
Hauptschulabschluss	(17)	(8)
Haushaltsnettoeinkommen pro Monat	n.s.	n.s.
4.001 Euro und mehr	(21)	(11)
2.001 bis 4.000 Euro	23	(9)
Bis 2.000 Euro	(21)	(12)
Wahlabsicht Bundestagswahl	*	***
CDU/CSU	(22)	(9)
SPD	(23)	(8)
AfD	(28)	(23)
FDP	(24)	(10)
Die Linke	(15)	(8)
Bündnis 90/Die Grünen	(18)	(9)
Keine Parteipräferenz, Nichtwähler, w.n./k.A.	23	(10)
Region	*	n.s.
Norddeutschland (SH, HH, HB, NI)	(26)	(15)
Ostdeutschland (MV, BB, BE, ST, SN, TH)	(26)	(9)
Süddeutschland (BW, BY)	(18)	(8)
Westdeutschland (NW, RP, HE, SL)	21	(10)
Migrationshintergrund	n.s.	n.s.
Ja	(31)	(14)
Nein	21	9

Anmerkungen: Anteile „Trifft voll und ganz zu“ und „Trifft eher zu“ wurden zusammengefasst. Die Frage wurde nur Teilnehmerinnen und Teilnehmern unter 51 Jahren gestellt. Analyseverfahren: Chi²-Unabhängigkeits-Test, Signifikanzniveau: *** $p < 0,001$; ** $p < 0,01$; * $p < 0,05$; n.s. = nicht signifikant ($p \geq 0,05$); Werte in Klammern: $n \leq 50$.

Datenbasis: Bevölkerungsbefragung des ZMSBw 2021.

Zwischen den Anhängern verschiedener Parteien gibt es ebenfalls Unterschiede. Lediglich Wählerinnen und Wähler der AfD können sich mit 23 Prozentpunkten im überdurchschnittlichen Maße vorstellen, Soldatin oder Soldat bei der Bundeswehr zu werden. Alle anderen Gruppen liegen eng beieinander im Bereich zwischen 8 und 10 Prozentpunkten. Das größte Interesse, als Zivilistin oder Zivilist bei der Bundeswehr anzufangen, ist bei den Anhängern der AfD (28 Prozent), der FDP (24 Prozent), der SPD (23 Prozent), der Nichtwählergruppe (23 Prozent) und den Unionsparteien (22 Prozent) vorhanden. Am geringsten ist das Interesse unter Anhängern der Linken mit 15 Prozent und von Bündnis 90/Die Grünen mit 18 Prozent. Regional gibt es folgende Unterschiede: Den höchsten Wert für eine theoretische Einstiegsbereitschaft in die Bundeswehr als Zivilistin oder Zivilist erreichen Nord- und Ostdeutsche mit jeweils 26 Prozent, den niedrigsten Süddeutsche (18 Prozent). Der Wohnort ist für die Bereitschaft zum Dienst als Soldatin oder Soldat nicht von Bedeutung. Zuletzt ist der Migrationshintergrund zu erwähnen: Dieser wirkt sich nicht in statistisch signifikanter Weise auf beide Karrierewege aus.

11.5 Einstellung zur Verteidigungsbereitschaft

Eine Frage nach der individuellen Verteidigungsbereitschaft mit der Waffe im Falle eines militärischen Angriffs auf Deutschland wurde 2021 neu in den Fragebogen aufgenommen. Auch diese Frage wurde nur Personen bis zu einem Alter von 50 Jahren gestellt, um die Vergleichbarkeit zu den bereits in den vorherigen Abschnitten analysierten Indikatoren herzustellen. Die Frage hat eine praktische und gesellschaftliche Relevanz angesichts der zunehmenden Bedeutung der Landes- und Bündnisverteidigung im Aufgabenspektrum der Bundeswehr (BMVg 2021d) und der Schaffung des neuen Freiwilligendienstes im Heimatschutz der Bundeswehr, dessen Ziel unter anderem in der Stärkung der Heimatschutzkräfte und damit in der besseren Verteidigungsbereitschaft kritischer Infrastrukturen besteht (Rode 2020). Der Indikator erlaubt auch internationale Vergleiche (z.B. Inglehart et al. 2015; Prinz et al. 2020; Puranen 2014) und vor allem ein Anknüpfen an ältere Bevölkerungsbefragungen zur „Wehrpolitischen Lage" im Auftrag des BMVg, in denen ähnliche Indikatoren enthalten waren (Rattinger/Holst 1998: 216ff.). Vor allem handelt es sich bei der Frage nach der Verteidigungsbereitschaft um ein zentrales Thema der Militärsoziologie (Biehl 2012a).

In der Bevölkerungsbefragung 2021 antworten 33 Prozent der Befragten mit „ja" oder „eher ja" auf die Frage, ob sie dazu bereit wären, Deutschland im Falle eines militärischen Angriffes mit der Waffe zu verteidigen (vgl. Abbildung 11.9): 10 Prozent geben an, das Land auf jeden Fall mit der Waffe zu verteidigen und 23 Prozent tendieren eher dazu. Im Vergleich dazu ist die große Mehrheit (57 Prozent) eher nicht (23 Prozent) oder überhaupt nicht (34 Prozent) dazu bereit, Deutschland mit der Waffe zu verteidigen. 11 Prozent sind bei dieser Frage unentschlossen oder wollen keine Angaben machen.

Abbildung 11.9: Einstellung zur Verteidigungsbereitschaft

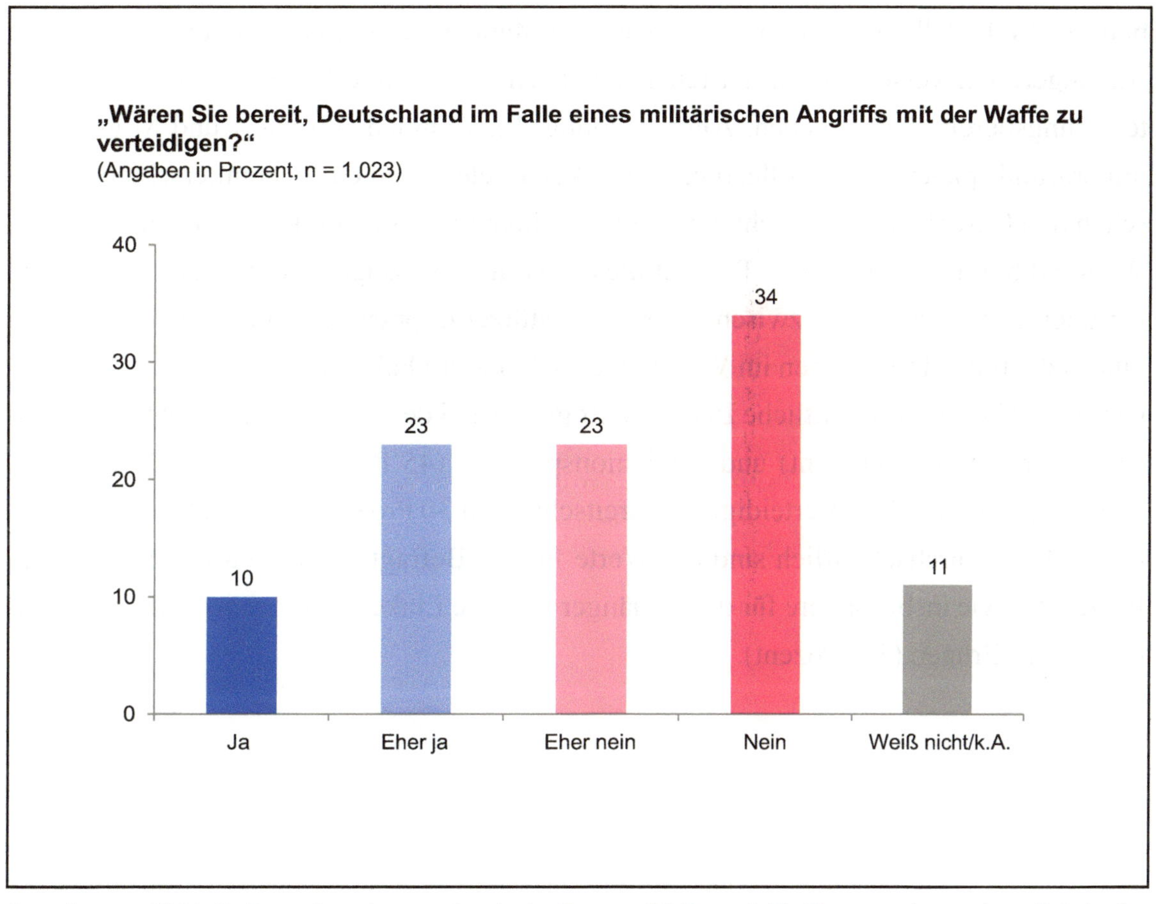

Anmerkungen: Nicht alle Prozentangaben ergeben in der Summe 100 Prozent. Die Frage wurde nur einem Teil der Befragten gestellt (n = 1.023).

Datenbasis: Bevölkerungsbefragung des ZMSBw 2021.

Im Ländervergleich liegt Deutschland mit diesen Werten am unteren Ende der Verteilung (z.B. Puranen 2014: 264). Ähnlich niedrige Werte für die Verteidigungsbereitschaft zeigen sich in Japan, Italien und Österreich (Puranen 2014; Prinz et al. 2020). In der entsprechenden Literatur wird die Niederlage Deutschlands und seiner Verbündeten im 2. Weltkrieg als eine der wesentlichen Ursachen für die im Vergleich niedrige Verteidigungsbereitschaft gesehen. Dafür spricht auch die große Konstanz der Werte im Zeitverlauf: Die Verteidigungsbereitschaft in (West-)Deutschland schwankt zwischen 1981 und 2013 im Bereich zwischen 35 und 50 Prozent – das entsprechende Frageinstrument aus den World

Value Surveys ist aber nicht vollständig vergleichbar (Inglehart et al. 2015; Jakobsen/Jakobsen 2019; Puranen 2014).[67]

Auch bei dieser Frage sollen die Unterschiede nach der Zugehörigkeit zu ausgewählten soziodemografischen Gruppen und nach der Parteipräferenz analysiert werden (vgl. Tabelle 11.5). Es fällt auf, dass sich nur zwischen Männern und Frauen sowie zwischen den Anhängern der verschiedenen Parteien statistisch signifikante Unterschiede in der Verteidigungsbereitschaft ergeben. Alter, Bildung, Einkommen, Wohnort und Migrationshintergrund spielen keine Rolle, d.h. es gibt keine relevanten Gruppenunterschiede. Zwischen den Geschlechtern besteht eine große Diskrepanz in der Verteidigungsbereitschaft. Während bei den Männern 52 Prozent diese Bereitschaft zeigen, sind es bei den Frauen lediglich 11 Prozent. Auch zwischen den Unterstützergruppen der verschiedenen Parteien gibt es deutliche Differenzen im Willen, Deutschland im Falle eines Angriffs zu verteidigen. Eine überdurchschnittliche Bereitschaft gibt es bei den Anhängern der AfD (63 Prozent), der FDP (52 Prozent) und der Unionsparteien (45 Prozent). Die SPD-Anhänger liegen hinsichtlich ihrer Verteidigungsbereitschaft mit 30 Prozent nahe am Bevölkerungsmittel. Unterdurchschnittlich sind die Werte für die Befragten ohne Parteipräferenz (25 Prozent) sowie insbesondere für die Anhänger von Die Linke (18 Prozent) und von Bündnis 90/Die Grünen (15 Prozent).

[67] Im englischen Master-Fragebogen des World Value Survey lautet die Frage „Of course, we all hope that there will not be another war, but if it were to come to that, would you be willing to fight for your country?" Die Befragten haben, anders als in der Bevölkerungsbefragung des ZMSBw, nur die Möglichkeit, mit „ja" oder „nein" zu antworten.

Tabelle 11.5: Einstellung zur Verteidigungsbereitschaft in soziodemografischen Gruppen

„Wären Sie bereit, Deutschland im Falle eines militärischen Angriffs mit der Waffe zu verteidigen?" (Angaben in Prozent)			
	Ja[1]	Nein[2]	Weiß nicht/k.A.
Insgesamt	32	57	11
Geschlecht ***			
Männer	52	37	11
Frauen	11	79	11
Alter n.s.			
16 bis 29 Jahre	31	56	13
30 bis 49 Jahre	33	58	10
Bildungsniveau n.s.			
Hochschul- bzw. Fachhochschulreife	35	53	13
Realschulabschluss	29	63	(8)
Hauptschulabschluss	32	58	(10)
Haushaltsnettoeinkommen pro Monat n.s.			
4.001 Euro und mehr	35	57	8
2.001 bis 4.000 Euro	33	56	11
Bis 2.000 Euro	(28)	63	(9)
Wahlabsicht Bundestagswahl ***			
CDU/CSU	45	47	(9)
SPD	(30)	(51)	(19)
AfD	(63)	(29)	(9)
FDP	(52)	(42)	(7)
Die Linke	(18)	(82)	(0)
Bündnis 90/Die Grünen	(15)	79	(6)
Keine Parteipräferenz, Nichtwähler, w.n./k.A.	25	61	(15)
Region n.s.			
Norddeutschland (SH, HH, HB, NI)	33	59	(8)
Ostdeutschland (MV, BB, BE, ST, SN, TH)	36	53	(11)
Süddeutschland (BW, BY)	31	56	(12)
Westdeutschland (NW, RP, HE, SL)	30	59	(11)
Migrationshintergrund n.s.			
Ja	(36)	55	(9)
Nein	32	57	11

Anmerkungen: 1) Anteile „Ja" und „Eher ja" wurden zusammengefasst; 2) Anteile „Eher nein" und „Nein" wurden zusammengefasst. Einzelne Prozentangaben ergeben mitunter in der Summe nicht 100 Prozent, da sie gerundet wurden. Die Frage nach der Verteidigungsbereitschaft wurde nur Teilnehmerinnen und Teilnehmern unter 51 Jahren gestellt, daher werden nur die Altersgruppen „16 bis 29 Jahre" und „30 bis 49 Jahre" ausgewiesen. Analyseverfahren: Chi²-Unabhängigkeits-Test, Signifikanzniveau: *** $p < 0{,}001$; ** $p < 0{,}01$; * $p < 0{,}05$; n.s. = nicht signifikant ($p \geq 0{,}05$); Werte in Klammern: $n \leq 50$.

Datenbasis: Bevölkerungsbefragung des ZMSBw 2021.

11.6 Multivariate Analysen zur Arbeitgeberattraktivität

Zum Abschluss dieses Abschnitts sollen mithilfe multivariater Analysen die Erklärungsfaktoren von drei Indikatoren der wahrgenommenen Attraktivität des Arbeitgebers Bundeswehr beschrieben werden. Abhängige Variablen der folgenden Analysen sind die Fragen nach der Attraktivitätswahrnehmung für junge Menschen (vgl. Abbildung 11.1 sowie Tabelle 11.1) sowie für die Befragten selbst (vgl. Abbildung 11.4 sowie Tabelle 11.2). Die Antworten der beiden Variablen zur Attraktivitätswahrnehmung wurden dichotomisiert (1 = sehr und eher attraktiv; 0 = eher nicht und überhaupt nicht attraktiv, weiß nicht, keine Angabe) und daher als Verfahren multivariate binär-logistische Regressionen verwendet.[68] Als Erklärungsfaktoren gehen soziodemografische Merkmale (Ressourcen; Modell I, vgl. die Tabellen 11.6 bis 11.13) und politische Einstellungen (politisches Interesse, Bewertung der eigenen wirtschaftlichen Lage, Wahlabsicht; Modell II) sowie bundeswehrspezifische Einstellungen (allgemeine Einstellung zur Bundeswehr, spezifische Bewertungen der Leistungen der Bundeswehr und der Soldatinnen und Soldaten sowie die Wahrnehmung der Bundeswehr im persönlichen Bereich und über die Massenmedien; Modelle III und IV) in die Analysen ein. Bei den bundeswehrspezifischen Einstellungen wurden zwei separate Modelle berechnet: eines ohne die Einstellung zur Bundeswehr (Modell III) und eines mit dieser Variable (Modell IV). In das Gesamtmodell gehen alle Erklärungsfaktoren ein (Modell V). Durch die in Schritten erfolgende Analyse können Wirkungsmechanismen und Einflüsse der einzelnen Variablen besser herausgearbeitet werden. Es wäre sinnvoll gewesen, auch Wertorientierungen und Bedürfnisse als Erklärungsfaktoren einzubeziehen, da sich diese in vorangegangenen Untersuchungen zur Arbeitgeberattraktivität als wichtige Erklärungsfaktoren erwiesen haben (Bulmahn/Höfig 2013; Fantapié Altobelli et al. 2015; Richter 2016). In der Bevölkerungsbefragung 2021 wurden diese Aspekte allerdings nicht abgefragt und konnten daher in den Analysen nicht berücksichtigt werden. Insofern ist davon auszugehen, dass die Effekte der tatsächlich in die Analysen einbezogenen Merkmale und Einstellungen überschätzt werden. Die Analysen für die zwei abhängigen Variablen wurden sowohl für alle Befragten als auch für die 16- bis 29-Jährigen berechnet, da es hierbei von besonderem Interesse ist, ob sich die Kernzielgruppe der Personalwerbung der Bundeswehr von der Grundgesamtheit aller Bürgerinnen und Bürger unterscheidet.

---

68 Für dieses Vorgehen spricht, dass hier vor allem von Interesse ist, die Merkmale und Einstellungen zu bestimmen, die beeinflussen, ob eine Person die Bundeswehr als attraktiven Arbeitgeber für junge Menschen oder sich selbst bewertet oder nicht. Zudem kommen ordinal-logistische Regressionsanalysen mit der ursprünglichen Kodierung zu weitgehend identischen Ergebnissen.

In Tabelle 11.6 sind die Analyseergebnisse aufgeführt, die die *Bewertung der Attraktivität des Arbeitgebers Bundeswehr* erklären. Werte unter 1 stehen für negative Effekte der jeweiligen Variablen, Werte über 1 repräsentieren im Gegensatz dazu positive Einflüsse. Aus *Modell I* geht hervor, dass Ältere, Menschen in Ostdeutschland oder Befragte, die bei der Bundeswehr waren oder sind, die Streitkräfte eher als attraktiven Arbeitgeber bewerten. Am stärksten wirkt sich dabei der Wohnort in Ostdeutschland aus.

Unter den politischen Einstellungen und Wahlabsichtsvariablen in *Modell II* sind das politische Interesse und eine Wahlabsicht für die SPD und die CDU/CSU (im Vergleich zur Referenzgruppe der Nichtwähler und Personen ohne Wahlabsicht) besonders erklärungsstark – beide wirken sich positiv auf die wahrgenommene Attraktivität aus. Weiterhin zeigen sich schlechtere Bewertungen der Arbeitgeberattraktivität der Streitkräfte unter Anhängern von Bündnis 90/Die Grünen. Die anderen Variablen haben keine statistisch signifikanten Effekte.

In *Modell III* ergeben sich für eine Vielzahl von Erklärungsfaktoren statistisch signifikante positive Einflüsse auf die Bewertung der Attraktivität des Arbeitgebers Bundeswehr. Besonders erklärungsstark sind die Bewertung des Auftretens der Soldatinnen und Soldaten in der Öffentlichkeit (Exp(b)-Wert >7) und der Leistungen der Bundeswehr im Ausland (Exp(b)-Werte >3). Positiv auf die wahrgenommene Arbeitgeberattraktivität wirken auch die Einschätzung der Einbindung der Bundeswehr in die Gesellschaft, die Bewertung der Ausbildung der Soldatinnen und Soldaten, die persönliche und massenmediale Wahrnehmung der Bundeswehr und die Bewertung der Leistungen der Bundeswehr im Inland.

Die Hinzunahme der Einstellung zur Bundeswehr in *Modell IV* führt nur zu wenigen Veränderungen. Während diese Variable einen sehr starken positiven Effekt hat, schwächen sich die Einflüsse der anderen Faktoren etwas ab oder diese haben keinen statistisch signifikanten Effekt mehr.

Für das *Gesamtmodell (Modell V)* wurden zusätzlich zu den in Tabelle 11.6 dargestellten Koeffizienten die einfacher zu interpretierenden durchschnittlichen marginalen Effekte berechnet (vgl. Tabelle 11.8). Die marginalen Effekte geben Wahrscheinlichkeitsveränderungen für die jeweilige Variable an, während die übrigen Faktoren im Modell konstant gehalten werden. Der Wert in der entsprechenden Zeile repräsentiert die Wahrscheinlichkeitsdifferenz, wenn die jeweilige Variable zwischen dem Mittelwert minus 2 Standardabweichungen und dem Mittelwert plus 2 Standardabweichungen variiert wird (metrische Variablen) bzw. das Merkmal vorliegt oder nicht vorliegt (dichotome Variablen). Die anderen Variablen werden auf den Modus (dichotome Variablen) oder Mittelwert gesetzt und so konstant gehalten. Im Gesamtmodell (Modell V in Tabelle 11.6) wird die

Dominanz bundeswehrspezifischer Einstellungen als Erklärungsfaktor deutlich. Aus den beiden anderen Determinantengruppen haben nur drei Variablen einen statistisch signifikanten Effekt. Personen, die in Ostdeutschland wohnen, schätzen mit einer höheren Wahrscheinlichkeit die Bundeswehr als attraktiven Arbeitgeber ein (+11 Prozentpunkte; vgl. Tabelle 11.8). Anhänger von Bündnis 90/Die Grünen hingegen bewerten sie mit einer geringeren Wahrscheinlichkeit als attraktiv (-11 Prozentpunkte). Personen mit höherem politischen Interesse zeichnen sich durch höhere Attraktivitätswahrnehmungen aus (+12 Prozentpunkte). Insgesamt sind in Modell V drei bundeswehrspezifische Einstellungen besonders einflussstark: die Einstellung zur Bundeswehr (+28 Prozentpunkte), die Bewertung des Auftretens von Soldatinnen und Soldaten (+27 Prozentpunkte) und der Leistungen der Bundeswehr im Ausland (+18 Prozentpunkte). Werden diese Aspekte positiv bewertet bzw. ist jemand den Streitkräften gegenüber positiv eingestellt, erhöht sich die Wahrscheinlichkeit deutlich, die Bundeswehr als attraktiven Arbeitgeber wahrzunehmen. Vier weitere Variablen aus dieser Kategorie sind ebenfalls relevant: Befragte, welche die Einbindung der Bundeswehr in die Gesellschaft (+16 Prozentpunkte) positiv bewerten, zeigen eine stärkere Neigung, die Bundeswehr als attraktiven Arbeitgeber für junge Menschen zu sehen. Zudem wirken sich die stärkere Wahrnehmung der Streitkräfte in der persönlichen Kommunikation (+11 Prozentpunkte) und die Einschätzung der Leistungen der Bundeswehr innerhalb Deutschlands (+10 Prozentpunkte) positiv aus. Eine stärkere massenmediale Wahrnehmung der Streitkräfte hat jedoch einen deutlich negativen Effekt (-21 Prozentpunkte). Bei einem zusammenfassenden Blick auf alle Einstellungen und Wahrnehmungen mit Bezug zur Bundeswehr zeigt sich wie schon in den Vorjahren (Steinbrecher 2017a, 2018d, 2019c; Steinbrecher/Irrgang 2020a), dass es die Streitkräfte als Institution und die Soldatinnen und Soldaten als Botschafter ihres Arbeitgebers selbst in der Hand haben, die Meinung der Bevölkerung zur Arbeitgeberattraktivität zu beeinflussen.

Inwiefern diese Zusammenhänge auch für die Zielgruppe der Personalwerbung der Bundeswehr, die 16- bis 29-Jährigen, gelten, geht aus Tabelle 11.7 hervor. Es sei angemerkt, dass aus dieser Altersgruppe insgesamt 389 Personen an der Bevölkerungsbefragung 2021 teilnahmen. Diese Fallzahl ist groß genug, um belastbare Aussagen über diese Gruppe sowie mögliche Zusammenhänge und Effekte in der Grundgesamtheit zu treffen, sie sind aber mit einer größeren Unsicherheit belastet. Dies führt einerseits dazu, dass es in den Analysen schwieriger ist, übliche Grenzwerte zur Bestimmung der statistischen Signifikanz von Effekten zu übertreffen (vgl. Abschnitt 3 und den Methodenanhang, Abschnitt 1.3), andererseits können die Effekte in logistischen Regressionsanalysen instabil sein und leicht sehr kleine oder sehr große Werte annehmen.

Modell I in Tabelle 11.7 offenbart, dass unter den 16- bis 29-Jährigen weder Geschlecht, Alter, Bildung, Einkommen, der Wohnort in Ostdeutschland noch der Migrationshintergrund statistisch signifikante Erklärungsfaktoren dafür sind, ob die Bundeswehr für diese Gruppe ein attraktiver Arbeitgeber ist. Da nur ganz wenige Personen aus dieser Altersgruppe bei der Bundeswehr waren oder sind, kann der Effekt für diese Variable nicht geschätzt werden.

In *Modell II* sind zwei Parallelen zu den Ergebnissen für alle Altersgruppen zu sehen: Personen mit einer Wahlabsicht für die SPD halten im Vergleich zu Personen ohne Wahlabsicht die Bundeswehr für einen attraktiveren Arbeitgeber. Auch Befragte mit höherem politischem Interesse bewerten die Attraktivität der Streitkräfte als Arbeitgeber positiver. Im Vergleich zur vorangegangenen Analyse hat die eigene wirtschaftliche Lage für die Gruppe der 16- bis 29-Jährigen einen statistisch signifikanten positiven Effekt, d.h. Personen, die ihre eigene ökonomische Situation besser einschätzen, sehen die Bundeswehr als attraktiveren Arbeitgeber.

Für *Modell III* ergeben sich im Vergleich zwischen den jungen und allen Befragten drei Unterschiede: Leistungsbewertungen im In- und Ausland spielen bei den 16- bis 29-jährigen Befragten ebenso keine Rolle wie die Häufigkeit der massenmedialen Wahrnehmung. Drei Befunde sind identisch: Bei jüngeren Personen wirken sich genauso wie bei allen Befragten zusammen die Bewertung des Auftretens der Soldatinnen und Soldaten, die Einbindung der Bundeswehr in die Gesellschaft und die Häufigkeit der persönlichen Wahrnehmung positiv auf die Einschätzung der Arbeitgeberattraktivität aus.

In *Modell IV* wird die große Dominanz der Einstellung zur Bundeswehr deutlich. Anders als im Modell für alle Befragten haben nur diese Variable und die persönliche Wahrnehmung der Bundeswehr einen statistisch signifikanten positiven Einfluss auf die Bewertung der Attraktivität des Arbeitgebers Bundeswehr.

Tabelle 11.6: Determinanten der Bewertung der Attraktivität des Arbeitgebers Bundeswehr für junge Menschen, Gesamtbevölkerung

	Bewertung der Attraktivität des Arbeitgebers Bundeswehr				
	Modell I	**Modell II**	**Modell III**	**Modell IV**	**Modell V**
Ressourcen					
Frauen	0,88$^{n.s.}$				1,02$^{n.s.}$
Alter	1,01**				1,00$^{n.s.}$
Niedrige Bildung	0,83$^{n.s.}$				0,83$^{n.s.}$
Hohe Bildung	0,87$^{n.s.}$				0,93$^{n.s.}$
Haushaltsnettoeinkommen (bis 2.000 Euro)	1,06$^{n.s.}$				1,29$^{n.s.}$
Haushaltsnettoeinkommen (4.001 Euro und mehr)	0,89$^{n.s.}$				0,93$^{n.s.}$
Ostdeutschland	1,64***				1,77**
Migrationshintergrund	0,94$^{n.s.}$				0,79$^{n.s.}$
Ist/war bei der Bundeswehr	1,51**				1,37$^{n.s.}$
Politische Einstellungen					
Politisches Interesse		2,29***			1,83*
Eigene wirtschaftliche Lage		1,21$^{n.s.}$			1,16$^{n.s.}$
Wahlabsicht CDU/CSU		1,53**			0,97$^{n.s.}$
Wahlabsicht SPD		1,64**			0,95$^{n.s.}$
Wahlabsicht AfD		1,18$^{n.s.}$			1,09$^{n.s.}$
Wahlabsicht FDP		1,15$^{n.s.}$			0,72$^{n.s.}$
Wahlabsicht Die Linke		1,51$^{n.s.}$			1,04$^{n.s.}$
Wahlabsicht Bündnis 90/Die Grünen		0,64*			0,62*
Bundeswehrspezifische Einstellungen					
Einstellung zur Bundeswehr				8,93***	6,24***
Leistungen Bw im Inland			2,01*	1,59$^{n.s.}$	2,00*
Leistungen Bw im Ausland			3,66***	2,50**	2,95***
Ausrüstung und Bewaffnung Bw			1,30$^{n.s.}$	1,22$^{n.s.}$	1,08$^{n.s.}$
Einbindung Bw in Gesellschaft			2,92***	2,26**	2,27**
Auftreten der Soldaten			7,70***	5,08***	5,42***
Ausbildung der Soldaten			2,61**	2,18*	1,80$^{n.s.}$
Index persönliche Wahrnehmung Bw			1,37***	1,33***	1,30**
Index massenmediale Wahrnehmung Bw			0,84***	0,82***	0,78***
Konstante	1,17$^{n.s.}$	0,77$^{n.s.}$	0,03***	0,02***	0,02***
Nagelkerkes R^2	0,03	0,05	0,26	0,27	0,30
n	1.862	2.028	1.742	1.712	1.610

Anmerkungen: Wertebereich der abhängigen Variablen [0 – eher nicht und überhaupt nicht attraktiv, weiß nicht, keine Angabe; 1 – sehr und eher attraktiv). Alle erklärenden Variablen außer Alter [16; 99], Index persönliche Wahrnehmung Bw und Index massenmediale Wahrnehmung Bw [0; 4] haben einen Wertebereich von [0; 1]. Analyseverfahren: Multivariate binär-logistische Regressionen; Effektkoeffizienten (Exp(b)). Signifikanzniveau: *** $p < 0,001$; ** $p < 0,01$; * $p < 0,05$; n.s. = nicht signifikant ($p \geq 0,05$).

Datenbasis: Bevölkerungsbefragung des ZMSBw 2021.

Tabelle 11.7: Determinanten der Bewertung der Attraktivität des Arbeitgebers Bundeswehr für junge Menschen, 16- bis 29-Jährige

	Bewertung der Attraktivität des Arbeitgebers Bundeswehr				
	Modell I	**Modell II**	**Modell III**	**Modell IV**	**Modell V**
Ressourcen					
Frauen	0,82$^{n.s.}$				1,28$^{n.s.}$
Alter	1,02$^{n.s.}$				0,94$^{n.s.}$
Niedrige Bildung	1,21$^{n.s.}$				1,18$^{n.s.}$
Hohe Bildung	1,30$^{n.s.}$				1,15$^{n.s.}$
Haushaltsnettoeinkommen (bis 2.000 Euro)	1,23$^{n.s.}$				1,76$^{n.s.}$
Haushaltsnettoeinkommen (4.001 Euro und mehr)	1,03$^{n.s.}$				0,99$^{n.s.}$
Ostdeutschland	1,51$^{n.s.}$				0,99$^{n.s.}$
Migrationshintergrund	1,92$^{n.s.}$				2,01$^{n.s.}$
Ist/war bei der Bundeswehr	#				#
Politische Einstellungen					
Politisches Interesse		3,53**			5,89*
Eigene wirtschaftliche Lage		3,05*			5,62*
Wahlabsicht CDU/CSU		1,23$^{n.s.}$			1,12$^{n.s.}$
Wahlabsicht SPD		5,40**			3,37$^{n.s.}$
Wahlabsicht AfD		1,86$^{n.s.}$			1,38$^{n.s.}$
Wahlabsicht FDP		1,21$^{n.s.}$			0,61$^{n.s.}$
Wahlabsicht Die Linke		0,93$^{n.s.}$			0,59$^{n.s.}$
Wahlabsicht Bündnis 90/Die Grünen		0,95$^{n.s.}$			0,87$^{n.s}$
Bundeswehrspezifische Einstellungen					
Einstellung zur Bundeswehr				19,97**	33,05**
Leistungen Bw im Inland			1,72$^{n.s.}$	1,00$^{n.s.}$	0,86$^{n.s.}$
Leistungen Bw im Ausland			3,20$^{n.s.}$	2,01$^{n.s.}$	1,70$^{n.s.}$
Ausrüstung und Bewaffnung Bw			2,43$^{n.s.}$	2,01$^{n.s.}$	1,24$^{n.s.}$
Einbindung Bw in Gesellschaft			3,89*	2,18$^{n.s.}$	1,14$^{n.s.}$
Auftreten der Soldaten			4,95*	3,61$^{n.s.}$	2,78$^{n.s.}$
Ausbildung der Soldaten			0,78$^{n.s.}$	0,65$^{n.s.}$	0,80$^{n.s.}$
Index persönliche Wahrnehmung Bw			1,48**	1,39*	1,36$^{n.s.}$
Index massenmediale Wahrnehmung Bw			0,97$^{n.s.}$	0,94$^{n.s.}$	0,77$^{n.s.}$
Konstante	0,57 $^{n.s.}$	0,29***	0,04***	0,03***	0,04**
Nagelkerkes R^2	0,06	0,10	0,23	0,27	0,35
n	327	379	322	310	269

Anmerkungen: Wertebereich der abhängigen Variablen [0 – eher nicht und überhaupt nicht attraktiv, weiß nicht, keine Angabe; 1 – sehr und eher attraktiv). Alle erklärenden Variablen außer Alter [16; 29], Index persönliche Wahrnehmung Bw und Index massenmediale Wahrnehmung Bw [0; 4] haben einen Wertebereich von [0; 1]. Analyseverfahren: Multivariate binär-logistische Regressionen; Effektkoeffizienten (Exp(b)). Signifikanzniveau: *** p < 0,001; ** p < 0,01; * p < 0,05; n.s. = nicht signifikant (p ≥ 0,05). #: Effekt nicht sinnvoll interpretierbar bzw. schätzbar.

Datenbasis: Bevölkerungsbefragung des ZMSBw 2021.

Tabelle 11.8: Marginale Effekte für Determinanten der Bewertung der Attraktivität des Arbeitgebers Bundeswehr für junge Menschen

	Bewertung der Attraktivität des Arbeitgebers Bundeswehr für junge Menschen	
	Alle Befragten	**16- bis 29-Jährige**
Ressourcen		
Frauen	$0^{n.s.}$	$+6^{n.s.}$
Alter	$+4^{n.s.}$	$-21^{n.s.}$
Niedrige Bildung	$-4^{n.s.}$	$+4^{n.s.}$
Hohe Bildung	$-2^{n.s.}$	$+4^{n.s.}$
Haushaltsnettoeinkommen (bis 2.000 Euro)	$+5^{n.s.}$	$+14^{n.s.}$
Haushaltsnettoeinkommen (4.001 Euro und mehr)	$-2^{n.s.}$	$0^{n.s.}$
Ostdeutschland	+11**	$0^{n.s.}$
Migrationshintergrund	$-5^{n.s.}$	$+16^{n.s.}$
Ist/war bei der Bundeswehr	$+6^{n.s.}$	a
Politische Einstellungen		
Politisches Interesse	+12*	+35*
Eigene wirtschaftliche Lage	$+3^{n.s.}$	+34*
Wahlabsicht CDU/CSU	$-1^{n.s.}$	$+3^{n.s.}$
Wahlabsicht SPD	$-1^{n.s.}$	$+27^{n.s.}$
Wahlabsicht AfD	$+2^{n.s.}$	$+8^{n.s.}$
Wahlabsicht FDP	$-8^{n.s.}$	$-9^{n.s.}$
Wahlabsicht Die Linke	$+1^{n.s.}$	$-12^{n.s.}$
Wahlabsicht Bündnis 90/Die Grünen	-11*	$-4^{n.s.}$
Bundeswehrspezifische Einstellungen		
Einstellung zur Bundeswehr	+28***	+59***
Leistungen Bw im Inland	+10*	$-3^{n.s.}$
Leistungen Bw im Ausland	+18***	$+11^{n.s.}$
Ausrüstung und Bewaffnung Bw	$+2^{n.s.}$	$+5^{n.s.}$
Einbindung Bw in Gesellschaft	+16**	$+3^{n.s.}$
Auftreten der Soldaten	+27***	$+20^{n.s.}$
Ausbildung der Soldaten	$+10^{n.s.}$	$-5^{n.s.}$
Index persönliche Wahrnehmung Bw	+11**	$+20^{n.s.}$
Index massenmediale Wahrnehmung Bw	-21***	$-24^{n.s}$

Anmerkungen: Die marginalen Effekte geben (gerundete) Wahrscheinlichkeitsveränderungen (in Prozent) für die jeweilige Variable an, während die übrigen Faktoren im Modell konstant gehalten werden. Der Wert in der entsprechenden Zeile gibt die Wahrscheinlichkeitsdifferenz an, wenn die jeweilige Variable zwischen Mittelwert minus 2 Standardabweichungen und Mittelwert plus 2 Standardabweichungen variiert wird (metrische Variablen) bzw. das Merkmal vorliegt oder nicht vorliegt (dichotome Variablen). Die anderen Variablen werden auf den Modus (dichotome Variablen) oder Mittelwert gesetzt. Die Werte basieren auf Modell V in den Tabellen 11.6 und 11.7. Signifikanzniveau: *** $p < 0,001$; ** $p < 0,01$; * $p < 0,05$; n.s. = nicht signifikant ($p \geq 0,05$). a: Effekt nicht sinnvoll interpretierbar bzw. schätzbar.

Datenbasis: Bevölkerungsbefragung des ZMSBw 2021.

Auch in *Modell V* zeigen sich einige zentrale Übereinstimmungen der Ergebnisse für die jungen Befragten mit denen der gesamten Stichprobe. Hier soll der Einfachheit halber für die Interpretation der Stärke der Koeffizienten auf die marginalen Effekte in Tabelle 11.8 eingegangen werden: Eine positive Einstellung zu den Streitkräften (+59 Prozentpunkte) führt zu deutlich besseren Attraktivitätsbewertungen in der Gruppe der 16- bis 29-Jährigen. Starke positive Einflüsse ergeben sich auch für das politische Interesse (+35 Prozentpunkte) und die Bewertung der eigenen wirtschaftlichen Lage (+34 Prozentpunkte), die hier im Vergleich zum Modell für alle Befragten statistisch signifikant wirkt. Alle anderen Merkmale und Einstellungen in der Analyse haben keinen statistisch signifikanten Effekt. Insgesamt wirken sich aber alle Variablen mit statistisch signifikanten Effekten bei den jüngeren Befragten stärker auf die Bewertung der Attraktivität aus als bei allen Teilnehmerinnen und Teilnehmern der Bevölkerungsbefragung 2021.

Tabelle 11.9 enthält die Modelle zur Erklärung der *Bewertung der Attraktivität des Arbeitgebers Bundeswehr für die Befragten selbst.* In *Modell I* wird sichtbar, dass Männer, jüngere Befragte, Personen mit höherer Bildung, Befragte aus Ostdeutschland und solche, die bei der Bundeswehr waren oder sind, die Streitkräfte für sich selbst als attraktiven Arbeitgeber einschätzen. Die Erklärungsleistung dieses Modells ist überraschend hoch mit einem Nagelkerkes R^2 von 0,29. Das heißt, die soziodemografischen Eigenschaften in diesem Modell sind relativ gut geeignet, die Attraktivitätswahrnehmung zu erklären.

In *Modell II* hat nur eine unabhängige Variable einen statistisch signifikanten Einfluss: Personen, die beabsichtigen, die SPD zu wählen, finden die Bundeswehr als Arbeitgeber attraktiver als Befragte ohne Parteipräferenz.

Die Ergebnisse für die *Modelle III* und *IV* belegen auch für diese abhängige Variable die große Bedeutung der Einstellung zur Bundeswehr und der Performanzindikatoren. Befragte, welche die Leistungen der Bundeswehr bei ihren Inlandseinsätzen besser bewerten, die der Ausrüstung und Bewaffnung der Bundeswehr gute Noten geben oder die die Streitkräfte im persönlichen Bereich und in der persönlichen Kommunikation vermehrt wahrnehmen, sehen die Bundeswehr als attraktiveren Arbeitgeber für sich selbst (Modell III). Die Berücksichtigung der generellen Einstellung zur Bundeswehr in Modell IV führt dazu, dass die Werte der einzelnen unabhängigen Variablen aus Modell III sich leicht abschwächen, es haben aber weiterhin alle Einstellungen einen statistisch signifikanten Einfluss. Interessanterweise ist in Modell IV nicht die Einstellung zur Bundeswehr die erklärungsstärkste Einflussvariable, sondern die Bewertung von Ausrüstung und Bewaffnung der Bundeswehr. Dies bedeutet, dass eine gute materielle Ausstattung der Streitkräfte für potenzielle Interessentinnen und Interessenten ein wichtiges Argument für eine Bewerbung bei der Bundeswehr sein kann.

In *Modell V* ist allerdings das Alter die erklärungsstärkste Variable – der Einfachheit halber wird hierzu erneut auf die marginalen Effekte eingegangen (vgl. Tabelle 11.11). Die Attraktivitätswahrnehmung ist bei Befragten im Alter von 50 Jahren um 58 Prozentpunkte geringer als unter 16-Jährigen. Danach folgen im Hinblick auf die Stärke der marginalen Effekte die Bewertung von Ausrüstung und Bewaffnung der Bundeswehr und die allgemeine Einstellung zur Bundeswehr. Bewertet jemand Ausrüstung und Bewaffnung als sehr gut, führt das zu einer um 11 Prozentpunkte besseren Attraktivitätswahrnehmung im Vergleich zu Befragten mit einer sehr negativen Einschätzung. In Anbetracht der in der Bevölkerungsbefragung 2021 relativ schlechten Bewertung von Ausrüstung und Bewaffnung durch die Befragten (nur 30 Prozent bewerten diese Aspekte positiv; vgl. Abbildung 9.20), führt diese Bewertung mit dazu, dass die Bundeswehr ihr Bewerberinnen- und Bewerberpotenzial nicht voll ausschöpfen kann. Eine sehr positive Einstellung zur Bundeswehr führt im Vergleich zu einer sehr negativen Haltung zu einer um 9 Prozentpunkte größeren Wahrscheinlichkeit, die Bundeswehr für sich selbst als attraktiven Arbeitgeber zu sehen. Eine Vielzahl weiterer Einflussfaktoren ist in Modell V relevant: Ein stärkeres politisches Interesse vergrößert die wahrgenommene Attraktivität der Bundeswehr als Arbeitgeber für die Befragten selbst (um 7 Prozentpunkte). Personen mit niedriger Bildung (-3 Prozentpunkte) bewerten die Attraktivität der Bundeswehr negativer. Befragte mit Bundeswehrerfahrung oder solche mit Wohnsitz in Ostdeutschland schätzen die Attraktivität der Bundeswehr als Arbeitgeber positiver ein (jeweils +4 Prozentpunkte). Gleiches gilt für Befragte, welche die eigene wirtschaftliche Lage schlechter bewerten (-7 Prozentpunkte). Alle anderen Variablen haben keinen statistisch signifikanten Einfluss.

Betrachtet man im nächsten Analyseschritt die 16- bis 29-jährigen Befragten (vgl. Tabelle 11.10), zeigen sich einige Parallelen zu den Befunden für alle Befragten. Dies wird bereits bei den Ergebnissen für *Modell I* klar: Männer und Personen aus Ostdeutschland bewerten wie in der Gesamtstichprobe die Attraktivität des Arbeitgebers Bundeswehr für sich selbst positiver. Anders als im Gesamtmodell für alle Befragten haben Bildung, Alter und eigene Erfahrungen bei der Bundeswehr keine statistisch signifikanten Einflüsse.

In *Modell II* haben nur zwei Variablen einen Effekt: Während ein größeres politisches Interesse zu einer positiveren Bewertung der Attraktivität der Bundeswehr für die Befragten führt, bewerten Befragte mit einer Wahlabsicht für Bündnis 90/Die Grünen die Attraktivität der Streitkräfte als Arbeitgeber negativer.

Die Ergebnisse für die *Modelle III* und *IV* sind in einigen Punkten identisch mit denen für alle Befragten: Bewertet jemand die Ausrüstung und Bewaffnung der Bundeswehr besser und hat mehr persönliche Kontakte zu den Streitkräften, hat er auch einen positiveren Blick auf die Bundeswehr als potenziellen Arbeitgeber für sich selbst. Zudem hat für die jungen Befragten noch die Einschätzung der Einbindung der Bundeswehr in die Gesellschaft einen positiven Einfluss. Ist diese Bewertung positiver, wird auch die Attraktivität als potenzieller Arbeitgeber besser bewertet. In Modell IV hat die Einstellung zur Bundeswehr eine überaus starke Bedeutung. Interessanterweise hat in diesem Modell auch die Bewertung der Bundeswehr-Einsätze im Inland einen statistisch signifikanten negativen Effekt, d.h. bessere Bewertungen der Leistungen führen zu einer geringeren Arbeitgeberattraktivität.

Modell V (vgl. marginale Effekte; Tabelle 11.11) offenbart bei der Kernzielgruppe der Personalwerbung der Bundeswehr die überragende Bedeutung einer positiven Haltung zu den Streitkräften (+75 Prozentpunkte). Eine gute Bewertung der Inlandseinsätze der Bundeswehr führt jedoch zu einer negativeren Bewertung der Attraktivität (-35 Prozentpunkte) – ein Befund, der theoretisch wenig Sinn ergibt, aber im Hinblick auf die oben angeführte Instabilität der Koeffizienten im Analysemodell aufgrund der relativ geringen Zahl an Befragten zu interpretieren ist. Weiterhin wirkt sich generelles politisches Interesse auf die Attraktivitätsbewertung aus (+26 Prozentpunkte). Frauen (-21 Prozentpunkte) und Jüngere (-42 Prozentpunkte) bewerten die Bundeswehr als Arbeitgeber eher als unattraktiv. Alle anderen Variablen haben keine statistisch signifikanten Einflüsse auf die Attraktivitätswahrnehmung.

Tabelle 11.9: Determinanten der Bewertung der Attraktivität des Arbeitgebers Bundeswehr für die Befragten selbst, Gesamtbevölkerung

	Bewertung der Attraktivität des Arbeitgebers Bundeswehr				
	Modell I	**Modell II**	**Modell III**	**Modell IV**	**Modell V**
Ressourcen					
Frauen	0,68**				0,89$^{n.s.}$
Alter	0,93***				0,91***
Niedrige Bildung	0,60*				0,59*
Hohe Bildung	0,96$^{n.s.}$				0,79$^{n.s.}$
Haushaltsnettoeinkommen (bis 2.000 Euro)	1,26$^{n.s.}$				1,17$^{n.s.}$
Haushaltsnettoeinkommen (4.001 Euro und mehr)	0,93$^{n.s.}$				1,19$^{n.s.}$
Ostdeutschland	2,06***				1,71**
Migrationshintergrund	0,84$^{n.s.}$				0,84$^{n.s.}$
Ist/war bei der Bundeswehr	1,77*				1,70*
Politische Einstellungen					
Politisches Interesse		1,57$^{n.s.}$			2,84**
Eigene wirtschaftliche Lage		0,67$^{n.s.}$			0,32**
Wahlabsicht CDU/CSU		0,82$^{n.s.}$			1,28$^{n.s.}$
Wahlabsicht SPD		0,59*			1,06$^{n.s.}$
Wahlabsicht AfD		1,54$^{n.s.}$			1,65$^{n.s.}$
Wahlabsicht FDP		1,17$^{n.s.}$			1,12$^{n.s.}$
Wahlabsicht Die Linke		0,70$^{n.s.}$			0,97$^{n.s.}$
Wahlabsicht Bündnis 90/Die Grünen		1,01$^{n.s.}$			0,95$^{n.s.}$
Bundeswehrspezifische Einstellungen					
Einstellung zur Bundeswehr				3,16*	6,93***
Leistungen Bw im Inland			0,43*	0,41*	0,56$^{n.s.}$
Leistungen Bw im Ausland			1,35$^{n.s.}$	1,13$^{n.s.}$	1,14$^{n.s.}$
Ausrüstung und Bewaffnung Bw			4,45***	4,26***	4,80***
Einbindung Bw in Gesellschaft			1,80$^{n.s.}$	1,54$^{n.s.}$	1,94$^{n.s.}$
Auftreten der Soldaten			1,03$^{n.s.}$	0,83$^{n.s.}$	0,90$^{n.s.}$
Ausbildung der Soldaten			1,22$^{n.s.}$	1,03$^{n.s.}$	0,90$^{n.s.}$
Index persönliche Wahrnehmung Bw			1,39***	1,37***	1,16$^{n.s.}$
Index massenmediale Wahrnehmung Bw			0,95$^{n.s.}$	0,93$^{n.s.}$	0,88$^{n.s.}$
Konstante	4,90***	0,23***	0,08***	0,07***	1,65$^{n.s.}$
Nagelkerkes R^2	0,29	0,02	0,08	0,08	0,39
n	1.862	2.028	1.742	1.712	1.610

Anmerkungen: Wertebereich der abhängigen Variablen [0 – eher nicht und überhaupt nicht attraktiv, weiß nicht, keine Angabe; 1 – sehr und eher attraktiv). Alle erklärenden Variablen außer Alter [16; 50], Index persönliche Wahrnehmung Bw und Index massenmediale Wahrnehmung Bw [0; 4] haben einen Wertebereich von [0; 1]. Analyseverfahren: Multivariate binär-logistische Regressionen; Effektkoeffizienten (Exp(b)). Signifikanzniveau: *** $p < 0,001$; ** $p < 0,01$; * $p < 0,05$; n.s. = nicht signifikant ($p \geq 0,05$).

Datenbasis: Bevölkerungsbefragung des ZMSBw 2021.

Tabelle 11.10: Determinanten der Bewertung der Attraktivität des Arbeitgebers Bundeswehr für die Befragten selbst, 16- bis 29-Jährige

	Bewertung der Attraktivität des Arbeitgebers Bundeswehr				
	Modell I	**Modell II**	**Modell III**	**Modell IV**	**Modell V**
Ressourcen					
Frauen	0,35***				0,39**
Alter	0,93n.s.				0,87*
Niedrige Bildung	0,47n.s.				0,38n.s.
Hohe Bildung	1,12n.s.				0,68n.s.
Haushaltsnettoeinkommen (bis 2.000 Euro)	1,48n.s.				1,59n.s.
Haushaltsnettoeinkommen (4.001 Euro und mehr)	1,04n.s.				1,09n.s.
Ostdeutschland	1,95*				1,94n.s.
Migrationshintergrund	1,20n.s.				1,00n.s.
Ist/war bei der Bundeswehr	9,93n.s.				5,72n.s.
Politische Einstellungen					
Politisches Interesse		4,84**			6,38*
Eigene wirtschaftliche Lage		1,51n.s.			0,73n.s.
Wahlabsicht CDU/CSU		0,87n.s.			0,41n.s.
Wahlabsicht SPD		1,08n.s.			1,15n.s.
Wahlabsicht AfD		1,31n.s.			0,31n.s.
Wahlabsicht FDP		0,50n.s.			0,32n.s.
Wahlabsicht Die Linke		1,62n.s.			1,26n.s.
Wahlabsicht Bündnis 90/Die Grünen		0,46**			0,73n.s.
Bundeswehrspezifische Einstellungen					
Einstellung zur Bundeswehr				63,58***	190,38***
Leistungen Bw im Inland			0,30n.s.	0,21*	0,12*
Leistungen Bw im Ausland			1,91n.s.	1,05n.s.	1,15n.s.
Ausrüstung und Bewaffnung Bw			8,13***	6,75**	3,36***
Einbindung Bw in Gesellschaft			4,85*	2,76n.s.	3,00n.s.
Auftreten der Soldaten			0,77n.s.	0,55n.s.	0,85n.s.
Ausbildung der Soldaten			2,95n.s.	1,55n.s.	0,98n.s.
Index persönliche Wahrnehmung Bw			1,35*	1,24n.s.	1,26n.s.
Index massenmediale Wahrnehmung Bw			1,20n.s.	1,15n.s.	1,04n.s.
Konstante	3,42n.s.	0,27***	0,05***	0,02***	0,60n.s.
Nagelkerkes R^2	0,16	0,07	0,24	0,32	0,46
n	327	379	322	310	269

Anmerkungen: Wertebereich der abhängigen Variablen [0 – eher nicht und überhaupt nicht attraktiv, weiß nicht, keine Angabe; 1 – sehr und eher attraktiv). Alle erklärenden Variablen außer Alter [16; 29], Index persönliche Wahrnehmung Bw und Index massenmediale Wahrnehmung Bw [0; 4] haben einen Wertebereich von [0; 1]. Analyseverfahren: Multivariate binär-logistische Regressionen; Effektkoeffizienten (Exp(b)). Signifikanzniveau: *** $p < 0,001$; ** $p < 0,01$; * $p < 0,05$; n.s. = nicht signifikant ($p \geq 0,05$).

Datenbasis: Bevölkerungsbefragung des ZMSBw 2021.

Tabelle 11.11: Marginale Effekte für Determinanten der Bewertung der Attraktivität des Arbeitgebers Bundeswehr für die Befragten selbst

	Bewertung der Attraktivität des Arbeitgebers Bundeswehr für junge Menschen	
	Alle Befragten	16- bis 29-Jährige
Ressourcen		
Frauen	-1$^{n.s.}$	-21**
Alter	-58***	-42*
Niedrige Bildung	-3*	-19$^{n.s.}$
Hohe Bildung	-2$^{n.s.}$	-10$^{n.s.}$
Haushaltsnettoeinkommen (bis 2.000 Euro)	+1$^{n.s.}$	+12$^{n.s.}$
Haushaltsnettoeinkommen (4.001 Euro und mehr)	+1$^{n.s.}$	+2$^{n.s.}$
Ostdeutschland	+4**	+17$^{n.s.}$
Migrationshintergrund	-1$^{n.s.}$	0$^{n.s.}$
Ist/war bei der Bundeswehr	+4*	+38$^{n.s.}$
Politische Einstellungen		
Politisches Interesse	+7*	+26*
Eigene wirtschaftliche Lage	-7**	-6$^{n.s.}$
Wahlabsicht CDU/CSU	+2$^{n.s.}$	-20$^{n.s.}$
Wahlabsicht SPD	0$^{n.s.}$	+9$^{n.s.}$
Wahlabsicht AfD	+4$^{n.s.}$	-24$^{n.s.}$
Wahlabsicht FDP	+1$^{n.s.}$	-24$^{n.s.}$
Wahlabsicht Die Linke	0$^{n.s.}$	+6$^{n.s.}$
Wahlabsicht Bündnis 90/Die Grünen	0$^{n.s.}$	-7$^{n.s.}$
Bundeswehrspezifische Einstellungen		
Einstellung zur Bundeswehr	+9***	+75***
Leistungen Bw im Inland	-3$^{n.s.}$	-35*
Leistungen Bw im Ausland	+1$^{n.s.}$	+2$^{n.s.}$
Ausrüstung und Bewaffnung Bw	+11***	+29$^{n.s.}$
Einbindung Bw in Gesellschaft	+4$^{n.s.}$	+24$^{n.s.}$
Auftreten der Soldaten	-1$^{n.s.}$	-3$^{n.s.}$
Ausbildung der Soldaten	-1$^{n.s.}$	0$^{n.s.}$
Index persönliche Wahrnehmung Bw	+2$^{n.s.}$	+15$^{n.s.}$
Index massenmediale Wahrnehmung Bw	-3$^{n.s.}$	+3$^{n.s}$

Anmerkungen: Die marginalen Effekte geben (gerundete) Wahrscheinlichkeitsveränderungen (in Prozent) für die jeweilige Variable an, während die übrigen Faktoren im Modell konstant gehalten werden. Der Wert in der entsprechenden Zeile gibt die Wahrscheinlichkeitsdifferenz an, wenn die jeweilige Variable zwischen Mittelwert minus 2 Standardabweichungen und Mittelwert plus 2 Standardabweichungen variiert wird (metrische Variablen) bzw. das Merkmal vorliegt oder nicht vorliegt (dichotome Variablen). Die anderen Variablen werden auf den Modus (dichotome Variablen) oder Mittelwert gesetzt. Die Werte basieren auf Modell V in den Tabellen 11.9 und 11.10. Signifikanzniveau: *** p < 0,001; ** p < 0,01; * p < 0,05; n.s. = nicht signifikant (p ≥ 0,05).

Datenbasis: Bevölkerungsbefragung des ZMSBw 2021.

11.7 Multivariate Analysen zur Verteidigungsbereitschaft

Wie schon für die wahrgenommene Attraktivität des Arbeitgebers Bundeswehr sollen für die Verteidigungsbereitschaft multivariate Erklärungsmodelle berechnet werden. Dafür wird die abhängige Variable Verteidigungsbereitschaft dichotomisiert. Befragte, die auf die Frage nach ihrer persönlichen Verteidigungsbereitschaft mit „eher ja“ oder „ja“ antworten, werden mit 1 kodiert. Alle übrigen Befragten, also diejenigen, die „eher nein“, „nein“ oder „weiß nicht“ antworten oder die keine Angabe machen, werden mit 0 kodiert.

Die vorliegende Literatur zur Verteidigungsbereitschaft nutzt in der Regel international-vergleichende Datensätze, insbesondere die World Value Surveys (z.B. Anderson et al. 2020; Inglehart et al. 2015; Jakobsen/Jakobsen 2019; Kim 2019; Puranen 2014). In den Publikationen werden Merkmale der Länder auf der Makroebene sowie individuelle Eigenschaften und Einstellungen der Befragten auf der Mikroebene berücksichtigt. Da die folgenden Analysen lediglich für deutsche Befragte durchgeführt werden, können Merkmale auf der Makroebene, die für alle Befragten in Deutschland identisch sind und somit eine Variation der Verteidigungsbereitschaft zwischen verschiedenen Personen in Deutschland nicht erklären können, ausgeschlossen werden. Dazu zählen die Effekte von Ereignissen (Alderman 2015), von Gebietsforderungen bzw. -ansprüchen (Kim 2019), die Präsenz von US-Truppen (Jakobsen/Jakobsen 2019) oder gesellschaftliche Einkommensungleichheit (Anderson et al. 2020). Bestimmte, in den genannten Beiträgen genutzte individuelle Merkmale oder Einstellungen wurden in der Bevölkerungsbefragung 2021 nicht erhoben und können daher ebenfalls nicht in den Analysen berücksichtigt werden. Dazu zählen Werteorientierungen (Inglehart 1990; Inglehart et al. 2015) und Religionszugehörigkeit bzw. Religiosität (Kim 2019). Es ist festzuhalten, dass es nur wenige Publikationen gibt, die sich mit der individuellen Verteidigungsbereitschaft in Deutschland oder gar der multivariaten Erklärung dieser Einstellung beschäftigen (z.B. Rattinger/Holst 1998: 216ff.).

Wie in den vorangegangenen Analysen zur Arbeitgeberattraktivität erfolgt eine schrittweise Vorgehensweise, d.h. zunächst werden die Wirkungen einzelner Determinantengruppen untersucht. Dies sind Ressourcen und soziodemografische Merkmale (Modell I), politische Einstellungen (Modell II), außen- und sicherheitspolitische Einstellungen (Modell III) und bundeswehrspezifische Einstellungen (Modell IV). Die berücksichtigten Erklärungsfaktoren unterscheiden sich etwas von den Analysen in Abschnitt 11.6. So wird in Modell I auch der Familienstand eingeschlossen, weil Anderson und Kolleginnen (2020) genauso wie Kim (2019) zeigen, dass in einer Partnerschaft befindliche Personen eher dazu bereit sind, ihr Land zu verteidigen.

Tabelle 11.12: Determinanten der Verteidigungsbereitschaft, Gesamtbevölkerung

	Verteidigungsbereitschaft				
	Modell I	**Modell II**	**Modell III**	**Modell IV**	**Modell V**
Ressourcen					
Frauen	0,14***				0,15***
Alter	0,98 n.s.				0,97*
Niedrige Bildung	0,91 n.s.				0,86 n.s.
Hohe Bildung	0,93 n.s.				0,64 n.s.
Haushaltsnettoeinkommen (bis 2.000 Euro)	0,92 n.s.				0,92 n.s.
Haushaltsnettoeinkommen (4.001 Euro und mehr)	1,06 n.s.				1,66*
Ostdeutschland	1,38 n.s.				1,10 n.s.
Migrationshintergrund	1,57 n.s.				1,94*
Ist/war bei der Bundeswehr	5,00***				8,29***
Partnerschaft	1,45 n.s.				1,35 n.s.
Politische Einstellungen					
Verbundenheit Deutschland		1,31 n.s.			0,73 n.s.
Institutionenvertrauen Bund		1,48 n.s.			1,10 n.s.
Politisches Interesse		7,00***			1,01 n.s.
Eigene wirtschaftliche Lage		0,36**			0,13***
Wahlabsicht CDU/CSU		2,05***			1,53 n.s.
Wahlabsicht SPD		1,10 n.s.			0,86 n.s.
Wahlabsicht AfD		4,12***			2,55**
Wahlabsicht FDP		3,10***			3,24***
Wahlabsicht Die Linke		0,51 n.s.			1,17 n.s.
Wahlabsicht Bündnis 90/Die Grünen		0,46**			0,69 n.s.
Außen- und sicherheitspolitische Einstellungen					
Militarismus			11,80***		6,71***
Multilateralismus			0,80 n.s.		0,50 n.s.
Internationalismus			1,02 n.s.		1,06 n.s.
Atlantizismus			1,01 n.s.		0,87 n.s.
Kritische Einstellungen zu Russland			1,02 n.s.		1,92 n.s.
Bedrohungswahrnehmungen Russland			0,98 n.s.		0,68 n.s.
Bundeswehrspezifische Einstellungen					
Einstellung zur Bundeswehr				15,94***	33,45***
Ausrüstung und Bewaffnung Bw				1,69 n.s.	2,09 n.s.
Index persönliche Wahrnehmung Bw				1,24**	1,26*
Index massenmediale Wahrnehmung Bw				1,23**	1,28**
Konstante	1,10 n.s.	0,18***	0,15***	0,04***	0,13**
Nagelkerkes R^2	0,31	0,17	0,12	0,14	0,48
n	922	1.009	928	928	809

Anmerkungen: Wertebereich der abhängigen Variablen [0 – Verteidigungsbereitschaft eher nein, Verteidigungsbereitschaft nein, weiß nicht, keine Angabe; 1 – Verteidigungsbereitschaft eher ja, Verteidigungsbereitschaft ja). Alle erklärenden Variablen außer Alter [16; 99], Index persönliche Wahrnehmung Bw und Index massenmediale Wahrnehmung Bw [0; 4] haben einen Wertebereich von [0; 1]. Analyseverfahren: Multivariate binär-logistische Regressionen; Effektkoeffizienten (Exp(b)). Signifikanzniveau: *** p < 0,001; ** p < 0,01; * p < 0,05; n.s. = nicht signifikant (p ≥ 0,05).

Datenbasis: Bevölkerungsbefragung des ZMSBw 2021.

In Modell II finden sich zusätzlich die Verbundenheit mit Deutschland und das Institutionenvertrauen in Einrichtungen des Bundes. Für Nationalstolz bzw. Verbundenheit ist auf Basis vorangegangener Analysen ein positiver Effekt auf die Verteidigungsbereitschaft zu erwarten (Anderson et al. 2020; Puranen 2014). Institutionenvertrauen ist ein Index, der Mittelwerte des Vertrauens in die Bundesregierung, den Bundestag und das Bundesverfassungsgericht abbildet (Cronbachs alpha = 0,78). Vertrauen sollte sich ebenfalls positiv auf die Bereitschaft auswirken, Deutschland zu verteidigen (Jakobsen/Jakobsen 2019; Puranen 2014). Modell III enthält neben den bereits bekannten außen- und sicherheitspolitischen Grundorientierungen (vgl. Abschnitt 5) zwei Indizes, die Einstellungen zu Russland abbilden sollen, „Kritische Einstellungen zu Russland" und „Bedrohungswahrnehmungen Russland".[69] Hier ist zu erwarten, dass kritischere Einstellungen zu Russland allgemein sowie eine größere wahrgenommene Bedrohung zu einer größeren Verteidigungsbereitschaft führen. Modell IV besteht aus einigen bundeswehrspezifischen Einstellungen, die alle aus den vorherigen Analysen zur Arbeitgeberattraktivität bekannt sind.

Die Ergebnisse der multivariaten Analysen sind in Tabelle 11.12 dargestellt. Wie in den bivariaten Analysen in Tabelle 11.5 zeigen die Resultate für Modell I, dass Männer in deutlich größerem Maße zur Verteidigung Deutschlands bereit sind als Frauen. Stark wirken sich frühere und aktuelle Erfahrungen bei der Bundeswehr aus. Kann jemand solche Erfahrungen vorweisen, erhöht sich die Verteidigungsbereitschaft beträchtlich. Obwohl nur diese beiden Merkmale statistisch signifikante Effekte haben, hat Modell I mit einem Nagelkerkes R^2 von 0,31 eine hohe Erklärungsleistung.

In Modell II sind eine Vielzahl an Faktoren relevant für die Erklärung der Verteidigungsbereitschaft: Befragte, die sich stärker für Politik interessieren, sind deutlich stärker zur Verteidigung des Landes bereit. Gleiches gilt für Befragte, welche die eigene wirtschaftliche Lage schlechter bewerten. Unter den Parteianhängern sind die Unterstützer von CDU/CSU, der AfD und der FDP (im Vergleich zu den Personen ohne Wahlabsicht) in

[69] „Kritische Einstellungen zu Russland" fasst die Haltungen der Befragten zu folgenden Fragen zusammen: „Russland ist ein zuverlässiger Partner Deutschlands", „Deutschland sollte seine wirtschaftlichen Beziehungen zu Russland einschränken" und „Russland und Deutschland teilen gemeinsame Werte". Die Fragen wurden vor der Indexerstellung so kodiert, dass höhere Werte eine kritischere Haltung gegenüber Russland repräsentieren (Cronbachs alpha = 0,65). „Bedrohungswahrnehmungen Russland" führt die folgenden Fragen in einem Index zusammen: „Die Außen- und Sicherheitspolitik Russlands ist eine Bedrohung für die Sicherheit Deutschlands", „Die Aufrüstung der russischen Streitkräfte ist eine Bedrohung für die Sicherheit Deutschlands", „Cyberangriffe aus Russland sind eine Bedrohung für die Sicherheit Deutschlands" und „Das militärische Vorgehen Russlands in der Ukraine bedroht die Sicherheit Deutschlands" Cronbachs alpha = 0,82). Für mehr Informationen über die Haltungen zu den bilateralen Beziehungen zu Russland vgl. Abschnitt 6.

größerem Maße zur Verteidigung Deutschlands bereit. Eine geringere Bereitschaft ergibt sich für die Befürworter von Bündnis 90/Die Grünen.

In Modell III hat nur eine der außen- und sicherheitspolitischen Einstellungen einen statistisch signifikanten Einfluss: Personen, welche die Anwendung militärischer Gewalt in größerem Maße unterstützen, sind eher zur Verteidigung Deutschlands mit Waffengewalt bereit.

Modell IV zeigt ein weiteres Mal die große Relevanz der generellen Haltung zu den Streitkräften: Bewertet jemand die Bundeswehr besser, ist auch seine Verteidigungsbereitschaft höher. Ebenfalls positive Effekte gehen von der persönlichen und massenmedialen Wahrnehmung der Bundeswehr aus. Wer die Streitkräfte in diesen Bereichen stärker wahrgenommen hat, ist eher verteidigungsbereit.

Modell V führt alle Einzelmodelle zu einem Gesamtmodell zusammen. Tabelle 11.13 zeigt die leichter zu interpretierenden marginalen Effekte. Das Modell hat insgesamt eine sehr gute Erklärungsleistung mit einem Nagelkerkes R^2 von 0,48. Eine Vielzahl von Erklärungsfaktoren hat statistisch signifikante Effekte auf die Verteidigungsbereitschaft. Am stärksten wirken sich die generelle Einstellung zur Bundeswehr und persönliche Erfahrungen in der Bundeswehr aus. Personen, welche die Bundeswehr sehr positiv bewerten, haben eine um 48 Prozentpunkte höhere Bereitschaft, Deutschland zu verteidigen, als Befragte mit sehr negativen Bewertungen der Streitkräfte. War oder ist jemand bei der Bundeswehr, erhöht sich die Verteidigungsbereitschaft ebenfalls um 48 Prozentpunkte. Stark wirkt sich ebenfalls die Haltung zum Einsatz militärischer Gewalt (Militarismus) aus (+36 Prozentpunkte). Befragte, welche die eigene wirtschaftliche Lage schlechter einschätzen, sind eher zur Verteidigung Deutschlands bereit (-32 Prozentpunkte). Zwischen 20 und 30 Prozentpunkten liegen die marginalen Effekte für die folgenden Variablen oder Merkmale: Geschlecht, Alter, Wahlabsicht FDP und Wahlabsicht AfD. Männer (+24 Prozentpunkte), Jüngere (+22 Prozentpunkte), sowie Anhänger von AfD (+22 Prozentpunkte) und FDP (+28 Prozentpunkte) sind eher verteidigungsbereit. Personen mit einem Migrationshintergrund (+16 Prozentpunkte) und Befragte mit einem hohen Haushaltseinkommen (+12 Prozentpunkte) neigen ebenfalls eher zur Verteidigung Deutschlands mit der Waffe. Auch die verstärkte persönliche (+11 Prozentpunkte) und massenmediale Wahrnehmung (+14 Prozentpunkte) erhöhen den Verteidigungswillen.

Tabelle 11.13: Marginale Effekte für Determinanten der Verteidigungsbereitschaft

	Verteidigungsbereitschaft
Ressourcen	
Frauen	-24***
Alter	-22*
Niedrige Bildung	-3$^{n.s.}$
Hohe Bildung	-10$^{n.s.}$
Haushaltsnettoeinkommen (bis 2.000 Euro)	-2$^{n.s.}$
Haushaltsnettoeinkommen (4.001 Euro und mehr)	+12*
Ostdeutschland	+2$^{n.s.}$
Migrationshintergrund	+16*
Ist/war bei der Bundeswehr	+48***
Partnerschaft	+6$^{n.s.}$
Politische Einstellungen	
Verbundenheit Deutschland	-4$^{n.s.}$
Institutionenvertrauen Bund	+2$^{n.s.}$
Politisches Interesse	0$^{n.s.}$
Eigene wirtschaftliche Lage	-32***
Wahlabsicht CDU/CSU	+9$^{n.s.}$
Wahlabsicht SPD	-3$^{n.s.}$
Wahlabsicht AfD	+22**
Wahlabsicht FDP	+28***
Wahlabsicht Die Linke	-3$^{n.s.}$
Wahlabsicht Bündnis 90/Die Grünen	-7$^{n.s.}$
Außen- und sicherheitspolitische Einstellungen	
Militarismus	+36***
Multilateralismus	-10$^{n.s.}$
Internationalismus	+2$^{n.s.}$
Atlantizismus	-3$^{n.s.}$
Kritische Einstellungen zu Russland	+11$^{n.s.}$
Bedrohungswahrnehmungen Russland	-7$^{n.s.}$
Bundeswehrspezifische Einstellungen	
Einstellung zur Bundeswehr	+48***
Ausrüstung und Bewaffnung Bw	+15$^{n.s.}$
Index persönliche Wahrnehmung Bw	+11*
Index massenmediale Wahrnehmung Bw	+14**

Anmerkungen: Die marginalen Effekte geben (gerundete) Wahrscheinlichkeitsveränderungen (in Prozent) für die jeweilige Variable an, während die übrigen Faktoren im Modell konstant gehalten werden. Der Wert in der entsprechenden Zeile gibt die Wahrscheinlichkeitsdifferenz an, wenn die jeweilige Variable zwischen Mittelwert minus 2 Standardabweichungen und Mittelwert plus 2 Standardabweichungen variiert wird (metrische Variablen) bzw. das Merkmal vorliegt oder nicht vorliegt (dichotome Variablen). Die anderen Variablen werden auf den Modus (dichotome Variablen) oder Mittelwert gesetzt. Die Werte basieren auf Modell V in Tabelle 11.12. Signifikanzniveau: *** p < 0,001; ** p < 0,01; * p < 0,05; n.s. = nicht signifikant (p ≥ 0,05).

Datenbasis: Bevölkerungsbefragung des ZMSBw 2021.

11.8 Fazit

In der Gesamtschau der Ergebnisse wird deutlich: Die Bundeswehr wird von den meisten Bürgerinnen und Bürgern als attraktiver Arbeitgeber wahrgenommen. Insgesamt zeigen die Analysen die große Bedeutung der Soldatinnen und Soldaten als Botschafter der Bundeswehr und die Relevanz der generellen affektiven Haltung zu den Streitkräften. Insofern verdeutlichen auch diese Ergebnisse, dass es die Streitkräfte genauso wie einzelne Soldatinnen und Soldaten selbst in der Hand haben, Bürgerinnen und Bürger für den Dienst in der Bundeswehr zu begeistern. Dass dafür die Grundlagen durch die Maßnahmen der Agenda Attraktivität gelegt sind, geht aus den Ergebnissen der Personalbefragung 2020 hervor: Im Vergleich zu den Personalbefragungen 2013 und 2016 bewerten deutlich mehr Angehörige der Bundeswehr ihren Arbeitgeber als attraktiv (2013: 39 Prozent, 2016: 59 Prozent, 2020: 68 Prozent) und deutlich mehr würden wieder bei der Bundeswehr anfangen (2013: 43 Prozent, 2016: 56 Prozent, 2020: 63 Prozent) oder Freunden und Bekannten empfehlen, bei der Bundeswehr zu arbeiten (2013: 23 Prozent, 2016: 36 Prozent, 2020: 42 Prozent) (Richter 2020). Die Indikatoren für eine Multiplikatorwirkung der Bundeswehrangehörigen gehen daher in die richtige Richtung.

Erstmals seit Langem wurde in der Bevölkerungsbefragung 2021 nach der Bereitschaft der Bürgerinnen und Bürger (bis 50 Jahre) gefragt, Deutschland mit der Waffe zu verteidigen. Etwa ein Drittel der Befragten sind im Fall eines militärischen Angriffs zur Verteidigung des Landes bereit. Damit liegen die Werte im internationalen Vergleich relativ niedrig, was sich vor allem historisch erklären lässt. Besonders große Unterschiede in der Verteidigungsbereitschaft bestehen zwischen Männern und Frauen. Ansonsten ergeben sich in den multivariaten Analysen statistisch signifikante Effekte für eine Vielzahl an Variablen, insbesondere aber für bundeswehrbezogene Einstellungen. Damit gilt auch für die Bereitschaft, Deutschland mit der Waffe zu verteidigen, dass diese durch die Streitkräfte zum Teil selbst direkt und indirekt beeinflusst werden kann. Dies zeigt sich besonders an der deutlich höheren Verteidigungsbereitschaft unter denjenigen Befragten, die aktuell bei der Bundeswehr sind oder in der Bundeswehr gedient haben. Die Gruppe der aktiven und ehemaligen Soldatinnen und Soldaten ist ein entscheidender Multiplikator für das Außenbild der Streitkräfte und ihre Attraktivität.

12 Einstellungen zur Höhe der Verteidigungsausgaben und zum Personalumfang der Bundeswehr

Markus Steinbrecher und Joel Scherzer

Zum ersten Mal seit der Wiedervereinigung sind die deutschen Verteidigungsausgaben ab dem Jahr 2017 substanziell gestiegen. Wurden 2016 noch 35,1 Milliarden Euro für Verteidigung ausgegeben, erhöhten sich diese Ausgaben im Einzelplan 14 im Bundeshaushalt 2017 auf etwas mehr als 37 Milliarden Euro. 2018 erfolgte eine Erhöhung auf 38,5 Milliarden Euro, 2019 ein Anstieg auf 43,2 Milliarden Euro, und 2020 wurde ein Verteidigungsetat in Höhe von 45,6 Milliarden Euro erreicht (BMF 2021). 2021 liegt der Verteidigungshaushalt bei etwa 46,9 Milliarden Euro (BMVg 2021b). Diese sogenannte Trendwende Finanzen ist vor dem Hintergrund des 2014 auf dem NATO-Gipfel in Wales durch die Regierungen der Mitgliedstaaten beschlossenen politischen Ziels der Steigerung der Verteidigungsausgaben auf zwei Prozent des Bruttoinlandsprodukts (BIP) und der langjährigen Unterfinanzierung der Bundeswehr zu sehen. Den Wert von zwei Prozent des BIP haben die deutschen Verteidigungsausgaben zuletzt 1992 erreicht (SIPRI 2018). 2021 lag der Verteidigungsetat Deutschlands bei einer Höhe von 1,53 Prozent des BIP (NATO Public Diplomacy Division 2021). In der Berichterstattung über die Bundeswehr und außen- und sicherheitspolitische Fragen werden die Höhe der Verteidigungsausgaben und die Einhaltung des NATO-Ziels regelmäßig thematisiert. Dies gilt auch für das zeitliche Umfeld der Bevölkerungsbefragung 2021. Daher ist davon auszugehen, dass die Bevölkerung zumindest in den Grundzügen mit der Thematik und den entsprechenden politischen Argumenten vertraut ist.

Neben dem Umschwung in der Entwicklung der Verteidigungsausgaben wächst auch zum ersten Mal seit dem Ende des Kalten Krieges der angestrebte Personalumfang der Bundeswehr. Im Juli 2021 umfasste die Bundeswehr 184.507 Soldatinnen und Soldaten (BMVg 2021a) bei einer Sollstärke von 185.000. Im Rahmen der „Trendwende Personal" soll die Bundeswehr bis zum Jahr 2024 auf 198.000 Soldatinnen und Soldaten anwachsen und 2025 eine Personalstärke von 203.000 erreichen. Zudem wurde die strenge Personalobergrenze abgeschafft und ein „atmender Personalkörper" geschaffen (BMVg 2017; Personalboard 2017).

Vor dem Hintergrund dieser veränderten Rahmenbedingungen der Verteidigungsausgaben und der Personalstärke der Bundeswehr, aber auch wegen möglicher Auswirkungen der Corona-Pandemie, ist es von besonderem Interesse, wie sich die Einstellungen der Bürgerinnen und Bürger in Deutschland zu diesen Themen 2021 entwickelt haben. Die folgenden Analysen der Bevölkerungsbefragung 2021 schließen daher eine langfristige Perspektive ein und stellen die Entwicklung dieser Einstellungen seit dem Jahr 1981 bzw. 2000 dar. Zudem werden die Erklärungsfaktoren der beiden Einstellungen ausführlich untersucht und herausgearbeitet.

12.1 Einstellung zu den Verteidigungsausgaben

Die Bevölkerung positioniert sich 2021 wie in den Vorjahren eindeutig zur Höhe des Verteidigungsetats: 41 Prozent der Befragten sind für eine Erhöhung der Verteidigungsausgaben, etwas weniger (40 Prozent) stimmen dafür, die Ausgaben gleich zu halten und lediglich 13 Prozent plädieren für eine Verringerung des Verteidigungsbudgets (vgl. Abbildung 12.1). Im Vergleich zum Vorjahr hat der Anteil der Befürworter einer Ausgabenerhöhung um 1 Prozentpunkte abgenommen. Für die Option, die Ausgaben gleich zu halten, zeigt sich keine Veränderung. Ein Zuwachs um 1 Prozentpunkt findet sich für die Gruppe derjenigen, die die Verteidigungsausgaben senken möchten. Damit ist, wie in allen Jahren seit 2015, immer noch eine deutliche Mehrheit der Bürgerinnen und Bürger für eine Erhöhung der Ausgaben für Verteidigung oder wenigstens für die Erhaltung des Status quo. Blickt man auf längere zeitliche Entwicklungen mithilfe aller Bevölkerungsbefragungen des ZMSBw bzw. des Sozialwissenschaftlichen Instituts der Bundeswehr (SOWI) seit dem Jahr 2000, so ist über den gesamten Zeitraum im Jahr 2021 der sechsthöchste Zustimmungswert für eine Erhöhung der Verteidigungsausgaben zu verzeichnen.

Abbildung 12.1: Einstellung zu den Verteidigungsausgaben im Zeitvergleich 2000–2021

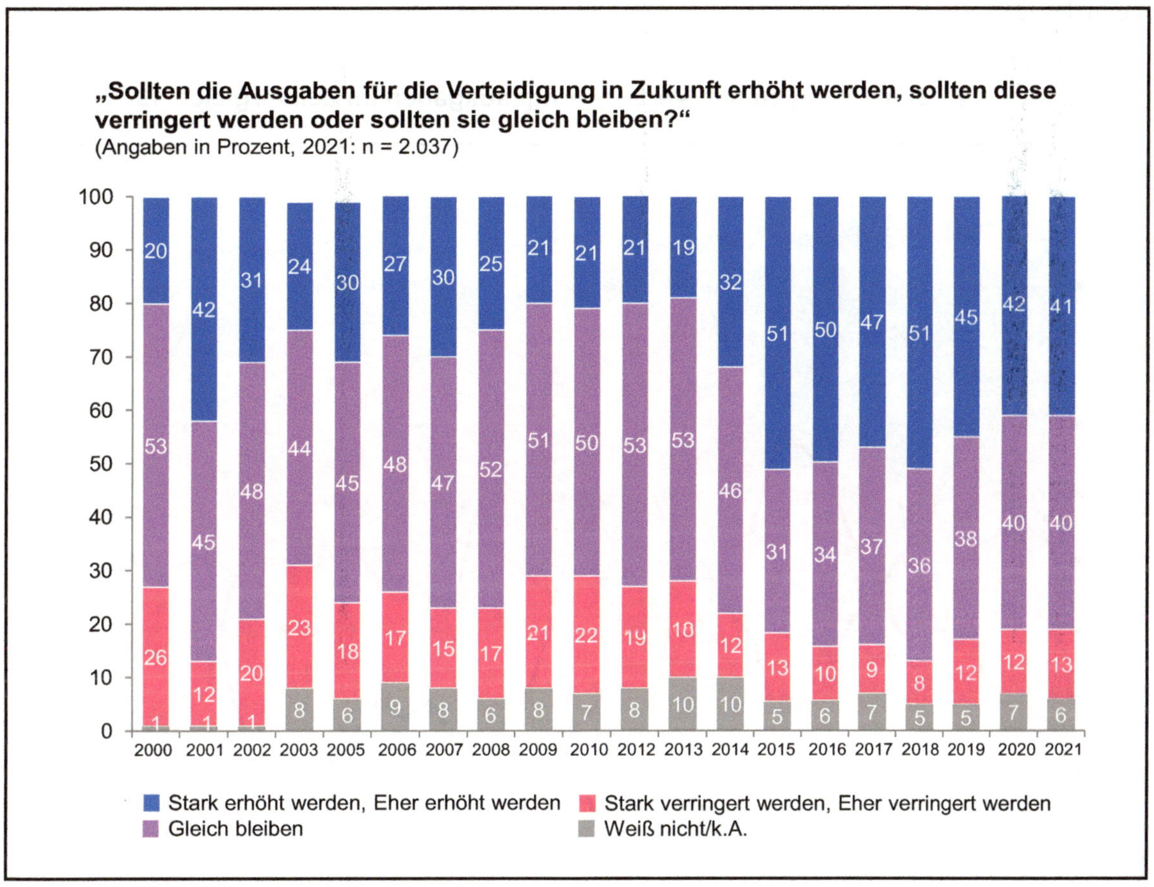

Anmerkungen: Nicht alle Prozentangaben ergeben in der Summe 100 Prozent, da die Einzelwerte gerundet wurden. 2004 und 2011 wurde die Frage nicht erhoben.

Datenbasis: Bevölkerungsbefragungen des ZMSBw 2000–2003, 2005–2010, 2012–2021.

Wählt man unter Verwendung anderer im Auftrag des Verteidigungsministeriums durchgeführter Umfragen eine längere zeitliche Perspektive ab dem Jahr 1981 (vgl. Abbildung 12.2), zeigt sich in stärkerem Maße der Meinungsumschwung zugunsten höherer Verteidigungsausgaben in der zweiten Hälfte der 2010er-Jahre. Die Haltung der Bevölkerung zu dieser Frage verläuft im Wesentlichen spiegelbildlich zur Entwicklung der sicherheitspolitischen Lage. Mit der Entspannung in den 1980er-Jahren zeigt sich ein Anstieg des Anteils derjenigen, die die Verteidigungsausgaben senken möchten, von 27 Prozent im Jahr 1981 auf 54 Prozent im Jahr 1989. Nach dem Ende des Kalten Krieges spricht sich mit 63 bzw. 67 Prozent in den Jahren 1990 bis 1992 eine deutliche Mehrheit der Bevölkerung für eine Verringerung der Ausgaben für das Militär aus und äußert somit den Willen, die sogenannte Friedensdividende einzufahren. Entsprechend nimmt der Anteil derjenigen, welche die Ausgaben erhöhen oder auf dem gleichen Niveau halten wollen, ab. Der jeweils niedrigste Wert für beide Optionen im gesamten Zeitraum wird Anfang der

1990er-Jahre erreicht (3 Prozent für Erhöhung im Jahr 1991, 28 Prozent für gleiches Niveau 1992).

Abbildung 12.2: Einstellung zu den Verteidigungsausgaben im Zeitvergleich 1981–2021

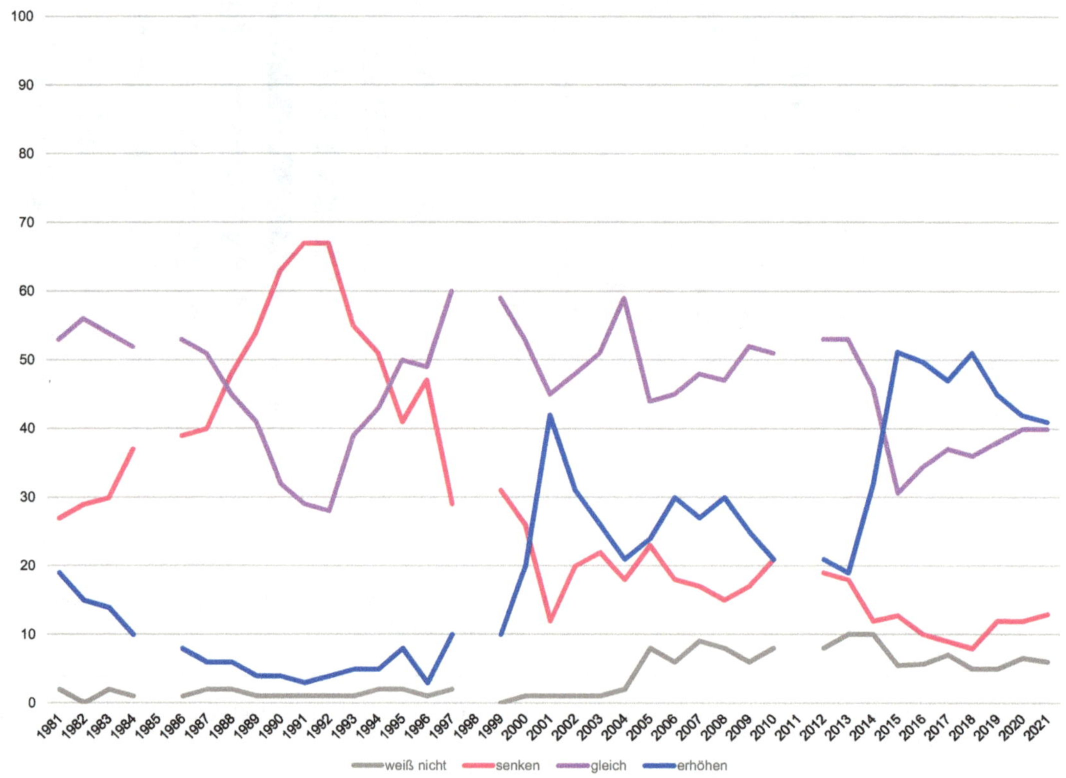

Anmerkungen: Für die Jahre 1985, 1998 und 2011 stehen keine Daten zur Verfügung. Die Fragestellungen und Antwortskalen variieren, sind aber über den gesamten Befragungszeitraum vergleichbar. In den Befragungen zur Wehrpolitischen Lage wurde die Frage nach der Höhe der Verteidigungsausgaben grundsätzlich mit einer 3er-Skala (senken, gleich bleiben, erhöhen) abgefragt. In den Bevölkerungsbefragungen des ZMSBw und des SOWI wurde die Frage stets mit einer 5er-Skala (siehe Abbildung 12.1) erhoben. Aus Vergleichbarkeitsgründen wurden jeweils die beiden positiven und negativen Antwortausprägungen zusammengefasst.

Datenbasis: Bevölkerungsbefragungen des ZMSBw 2000–2002, 2005–2010, 2012–2021, Wehrpolitische Lage 1981–1984, 1986–1997, 1999, 2003–2004.

Ab Mitte der 1990er-Jahre verschwindet die Mehrheit für eine Senkung des Verteidigungsetats. Stattdessen verschiebt sich die Position der Bevölkerung hin zu einem Erhalt des Niveaus der Verteidigungsausgaben. Zwischen 44 und 60 Prozent der Bürgerinnen und Bürger sprechen sich von 1995 bis 2013 für diese Position aus und stellen damit entweder eine relative oder sogar absolute Mehrheit dar. Nur 2001 zeigt sich als Reaktion auf die Anschläge in den USA am 11. September ein starker Anstieg des Anteils derjenigen, die mehr Verteidigungsausgaben befürworten, auf 42 Prozent – dies ist der höchste

Wert dieser Kurve zwischen 1981 und 2014. Das Jahr 2014 ist mit dem Beginn des Bürgerkrieges in der Ukraine, dem Erstarken des sogenannten Islamischen Staates in Syrien und im Irak sowie dem Fokus des Elitendiskurses in Deutschland auf die gewachsene Verantwortung des Landes (z.B. während der Münchener Sicherheitskonferenz 2014) ein Wendepunkt für die Einstellungen zur Entwicklung des Verteidigungsetats: 2014 sprechen sich 32 Prozent für erhöhte Ausgaben aus (+13 Prozentpunkte im Vergleich zu 2013), während mit 46 Prozent die relative Mehrheit immer noch für einen Erhalt des Ausgabenniveaus ist. Ab 2015 ist dann die relative bzw. absolute Mehrheit der Bürgerinnen und Bürger für mehr Ausgaben für die Streitkräfte – eine Rolle spielt dabei auch die schlechte Lage der Ausrüstung und Bewaffnung der Bundeswehr (Steinbrecher 2017b, 2018a, 2019a, 2020a).

Insgesamt offenbart sich also bei der Einstellung zu den Verteidigungsausgaben im Zeitverlauf eine beachtliche Volatilität des Meinungsbildes, die sich vor allem durch Ereignisse und Veränderungen der sicherheitspolitischen Lage erklären lässt – ein Beleg für das Konzept der „rationalen Öffentlichkeit“. Dieses besagt, dass die öffentliche Meinung auf der Aggregatebene rational und objektiv nachvollziehbar auf politische Ereignisse und Entscheidungen der Eliten reagiert („rational public“, z.B. Isernia et al. 2002; Page/Shapiro 1992; Shapiro/Page 1988).

Nachdem gezeigt werden konnte, dass es im Zeitverlauf deutliche Verschiebungen der öffentlichen Meinung zur Höhe der Verteidigungsausgaben gibt, bleibt die Frage, ob sich dabei bestimmte Gruppen der Bevölkerung voneinander unterscheiden. Tabelle 12.1 präsentiert die Meinung der Bürgerinnen und Bürger in den soziodemografischen Gruppen und nach ihrer Wahlabsicht in der Bevölkerungsbefragung 2021. Alle dargestellten Merkmale mit Ausnahme des Alters und des Migrationshintergrundes wirken sich statistisch signifikant auf die Position zu den Verteidigungsausgaben aus. Ungeachtet der Unterschiede sprechen sich aber fast alle betrachteten Gruppen mit teilweise eindeutigen Mehrheiten für eine Steigerung des Etats oder die Beibehaltung des aktuellen Ausgabenniveaus aus. Maximal 25 Prozent der Bürgerinnen und Bürger sind in einer Teilgruppe (Befragte mit Wahlabsicht für Bündnis 90/Die Grünen) dafür, die Verteidigungsausgaben zu senken. Männer befürworten (48 Prozent) in stärkerem Maße höhere Ausgaben für die Streitkräfte als Frauen (35 Prozent). Befragte mit niedrigem Bildungsniveau unterstützen eine Erhöhung der Verteidigungsausgaben stärker (43 Prozent) als die beiden anderen Bildungsgruppen (jeweils 40 Prozent). Bei den Einkommensgruppen steigt die Zustimmung zur Erhöhung des Verteidigungsetats mit steigendem Einkommen.

Tabelle 12.1: Einstellung zu den Verteidigungsausgaben in soziodemografischen Gruppen

„Sollten die Ausgaben für die Verteidigung in Zukunft erhöht werden, sollten diese verringert werden oder sollten sie gleich bleiben?“
(Angaben in Prozent)

	Erhöht werden[1]	Gleich bleiben	Verringert werden[2]	Weiß nicht/ k.A.
Insgesamt	41	40	13	6
Geschlecht ***				
Männer	48	39	9	(3)
Frauen	35	41	16	8
Alter n.s.				
16 bis 29 Jahre	37	41	14	(8)
30 bis 49 Jahre	43	40	12	(5)
50 bis 69 Jahre	43	39	14	(5)
70 Jahre und älter	38	44	(11)	(7)
Bildungsniveau **				
Hochschul- bzw. Fachhochschulreife	40	41	15	(4)
Realschulabschluss	40	37	15	8
Hauptschulabschluss	43	43	9	(5)
Haushaltsnettoeinkommen pro Monat **				
4.001 Euro und mehr	43	38	(13)	(6)
2.001 bis 4.000 Euro	42	43	11	(3)
Bis 2.000 Euro	38	40	15	(7)
Wahlabsicht Bundestagswahl ***				
CDU/CSU	48	41	(8)	(3)
SPD	47	42	(8)	(3)
AfD	59	(33)	(6)	(2)
FDP	(44)	(45)	(8)	(3)
Die Linke	(32)	(45)	(21)	(2)
Bündnis 90/Die Grünen	31	42	25	(2)
Keine Parteipräferenz, Nichtwähler, w.n./k.A.	34	38	15	14
Region ***				
Norddeutschland (SH, HH, HB, NI)	30	48	19	(3)
Ostdeutschland (MV, BB, BE, ST, SN, TH)	36	43	16	(5)
Süddeutschland (BW, BY)	45	39	(8)	(7)
Westdeutschland (NW, RP, HE, SL)	45	36	12	(7)
Migrationshintergrund n.s.				
Ja	45	36	(14)	(6)
Nein	41	41	13	6

Anmerkungen: 1) Anteile „Stark erhöht werden“ und „Eher erhöht werden“ wurden zusammengefasst; 2) Anteile „Stark verringert werden“ und „Eher verringert werden“ wurden zusammengefasst. Einzelne Prozentangaben ergeben mitunter in der Summe nicht 100 Prozent, da sie gerundet wurden. Analyseverfahren: Chi²-Unabhängigkeits-Test, Signifikanzniveau: *** $p < 0,001$; ** $p < 0,01$; * $p < 0,05$; n.s. = nicht signifikant ($p \geq 0,05$); Werte in Klammern: $n \leq 50$.

Datenbasis: Bevölkerungsbefragung des ZMSBw 2021.

Die Wahlabsicht wirkt sich in besonderem Maße auf die Einstellung zu den Verteidigungsausgaben aus: Besonders hoch ist die Unterstützung einer Erhöhung unter Anhängern der AfD (59 Prozentpunkte), gefolgt von denen der Union mit 48 Prozent und der SPD mit 47 Prozent. Bei Befürwortern der Grünen, der Linken sowie bei Befragten ohne Wahlabsicht liegt der Anteil derjenigen, die eine Etat-Steigerung unterstützen, zwischen 31 und 34 Prozent und erreicht damit unterdurchschnittliche Werte. Regional ist die Unterstützung für mehr Geld für die Verteidigung im Süden und Westen am höchsten (45 Prozent) und im Norden am niedrigsten (30 Prozent).

12.2 Einstellung zum Personalumfang der Bundeswehr

Neben den Budgetpräferenzen werden die Bürgerinnen und Bürger in der Bevölkerungsbefragung des ZMSBw stets dazu befragt, ob die Zahl der Soldatinnen und Soldaten in Zukunft erhöht, verringert werden oder gleich bleiben sollte (vgl. Abbildung 12.3). Im

Abbildung 12.3: Einstellung zum Personalumfang der Bundeswehr im Zeitvergleich

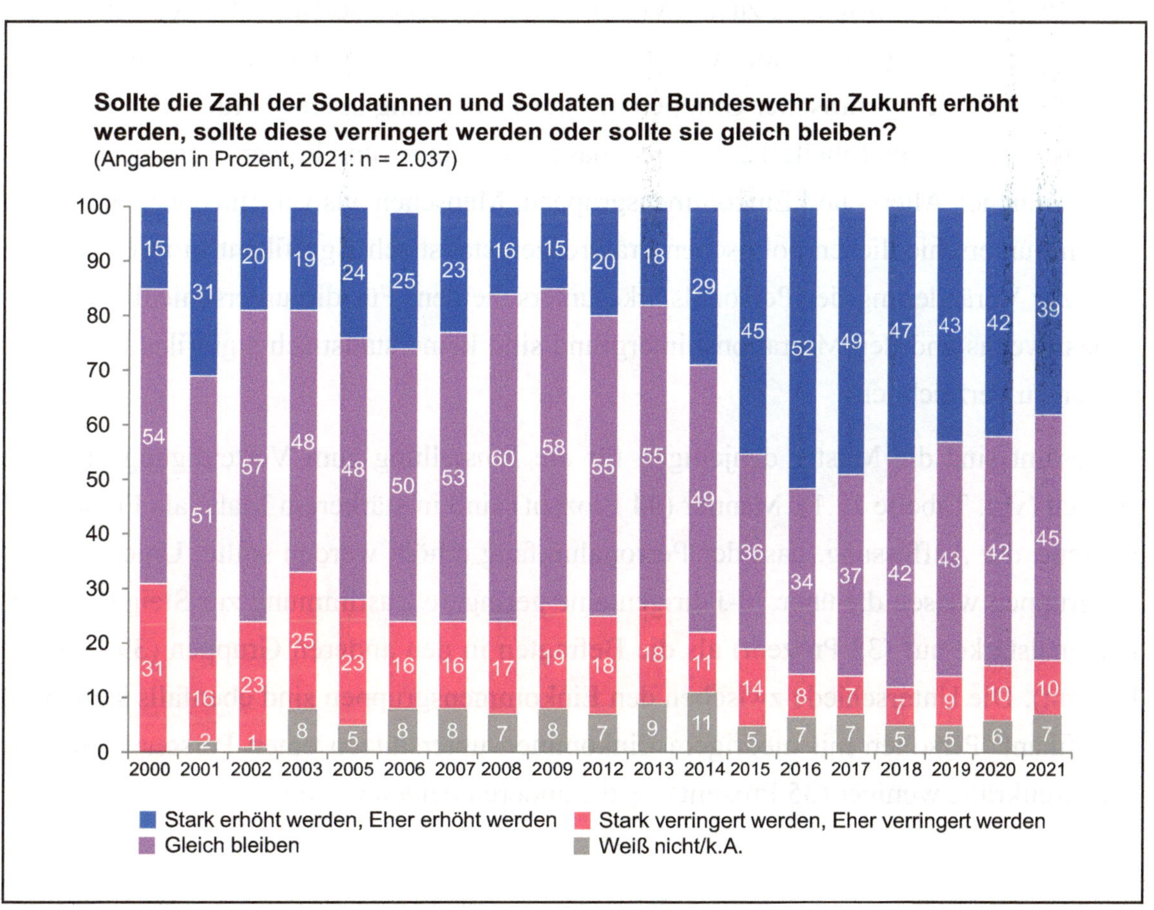

Anmerkung: Nicht alle Prozentangaben ergeben in der Summe 100 Prozent, da die Einzelwerte gerundet wurden. 2004, 2010 und 2011 wurde die Frage nicht erhoben.

Datenbasis: Bevölkerungsbefragungen des ZMSBw 2000–2003, 2005–2009, 2012–2021.

Jahr 2021 sprechen sich 39 Prozent der Befragten dafür aus, dass die Zahl der Soldatinnen und Soldaten der Bundeswehr erhöht werden sollte. 45 Prozent sind für eine gleichbleibende Personalstärke, während nur 10 Prozent für eine Reduzierung des Personalumfangs sind. Im Vergleich zum Vorjahr steigt der Anteil der Befürworter einer gleichbleibenden Personalstärke um 3 Prozentpunkte, genauso wie der Anteil der Befürworter einer Vergrößerung um 3 Prozentpunkte sinkt. Die Bürgerinnen und Bürger begrüßen also weiterhin mit großer Mehrheit einen personellen Aufwuchs der Streitkräfte oder eine Beibehaltung des aktuellen Niveaus. Zwischen 2000 und 2021 wird in diesem Jahr der siebthöchste Wert für die Erhöhung des Personalumfangs im gesamten Zeitverlauf erreicht. Von 2000 bis 2014 sprachen sich relative oder absolute Mehrheiten der Bevölkerung dafür aus, dass der Personalumfang der Bundeswehr gleich bleiben sollte. Zwischen 2015 und 2019 gab es mindestens eine relative Mehrheit für die Vergrößerung der Personalstärke. Die Betrachtung eines längeren Zeitraums, wie bei der Höhe der Verteidigungsausgaben, ist hier nicht möglich, da die Frage nach dem Personalumfang in den Befragungen vor dem Jahr 2000 nicht enthalten war.

Wie schon für die Einstellung zu den Verteidigungsausgaben soll auch für den gewünschten Personalumfang der Bundeswehr beschrieben werden, ob sich die Angehörigen bestimmter soziodemografischer Gruppen in ihrer Einstellung unterscheiden. Die Untersuchungsergebnisse in Tabelle 12.2 zeigen, dass sich Männer und Frauen, Personen aus unterschiedlichen Alters- und Einkommensgruppen, Menschen aus verschiedenen Regionen und mit unterschiedlichen politischen Präferenzen statistisch signifikant in ihrer Einstellung zur Veränderung der Personalstärke unterscheiden. Für die unterschiedlichen Bildungsniveaus und den Migrationshintergrund sind keine statistisch signifikanten Differenzen zu verzeichnen.

Insgesamt sind die Muster denjenigen für die Einstellung zum Verteidigungshaushalt ähnlich (vgl. Tabelle 12.1). Männer (44 Prozent) sind in stärkerem Maße als Frauen (34 Prozent) der Auffassung, dass der Personalumfang erhöht werden sollte. Unter den Altersgruppen weisen die über 70-Jährigen eine geringere Zustimmung zur Steigerung der Personalstärke auf (32 Prozent) als die Befragten in den anderen Gruppen (39 bzw. 41 Prozent). Die Unterschiede zwischen den Einkommensgruppen sind ebenfalls statistisch signifikant: Personen mit niedrigem Einkommen unterstützen einen Personalaufwuchs der Streitkräfte weniger (35 Prozent) als die anderen beiden Gruppen.

Tabelle 12.2: Einstellung zum Personalumfang der Bundeswehr in soziodemografischen Gruppen

„Sollte die Zahl der Soldatinnen und Soldaten der Bundeswehr in Zukunft erhöht werden, sollte diese verringert werden oder sollte sie gleich bleiben?" (Angaben in Prozent)				
	Erhöht werden[1]	**Gleich bleiben**	**Verringert werden[2]**	**Weiß nicht/ k.A.**
Insgesamt	39	45	10	7
Geschlecht ***				
Männer	44	44	8	(5)
Frauen	34	46	12	9
Alter *				
16 bis 29 Jahre	39	42	(11)	(8)
30 bis 49 Jahre	41	44	10	(5)
50 bis 69 Jahre	41	42	10	(7)
70 Jahre und älter	32	54	(8)	(7)
Bildungsniveau n.s.				
Hochschul- bzw. Fachhochschulreife	41	43	11	(6)
Realschulabschluss	39	43	11	8
Hauptschulabschluss	38	48	(7)	(6)
Haushaltsnettoeinkommen pro Monat ***				
4.001 Euro und mehr	44	37	(12)	(6)
2.001 bis 4.000 Euro	40	48	8	(4)
Bis 2.000 Euro	35	47	(10)	(8)
Wahlabsicht Bundestagswahl ***				
CDU/CSU	47	44	(6)	(3)
SPD	43	46	(8)	(3)
AfD	60	(32)	(6)	(2)
FDP	(46)	(43)	(9)	(2)
Die Linke	(28)	55	(14)	(3)
Bündnis 90/Die Grünen	30	48	(20)	(2)
Keine Parteipräferenz, Nichtwähler, w.n./k.A.	29	44	10	16
Region ***				
Norddeutschland (SH, HH, HB, NI)	31	51	(15)	(3)
Ostdeutschland (MV, BB, BE, ST, SN, TH)	34	49	(11)	(6)
Süddeutschland (BW, BY)	38	46	(8)	(8)
Westdeutschland (NW, RP, HE, SL)	46	38	9	8
Migrationshintergrund n.s.				
Ja	40	43	(10)	(8)
Nein	39	45	10	7

Anmerkungen: 1) Anteile „Stark erhöht werden" und „Eher erhöht werden" wurden zusammengefasst; 2) Anteile „Stark verringert werden" und „Eher verringert werden" wurden zusammengefasst. Einzelne Prozentangaben ergeben mitunter in der Summe nicht 100 Prozent, da sie gerundet wurden. Analyseverfahren: Chi²-Unabhängigkeits-Test, Signifikanzniveau: *** $p < 0,001$; ** $p < 0,01$; * $p < 0,05$; n.s.= nicht signifikant ($p \geq 0,05$); Werte in Klammern: $n \leq 50$.

Datenbasis: Bevölkerungsbefragung des ZMSBw 2021.

Unter den Parteianhängern liegen die Wählerinnen und Wähler von AfD (60 Prozent), CDU/CSU (47 Prozent), FDP (46 Prozent) und SPD (43 Prozent) mit ihrem Zustimmungsniveau zur Erhöhung über dem Gesamtmittelwert von 39 Prozent. Unterdurchschnittliche Unterstützung für einen größeren Personalumfang zeigt sich bei Befürwortern der Grünen (30 Prozent) und Befragten mit Wahlabsicht für Die Linke (28 Prozent). Personen ohne Wahlabsicht (29 Prozent) liegen ebenfalls unter der durchschnittlichen Zustimmung. Regional sind die Differenzen in der Unterstützung von mehr Soldatinnen und Soldaten für die Bundeswehr relativ stark: Während in Nord- und Ostdeutschland 31 bzw. 34 Prozent der Befragten der Auffassung sind, dass der Personalumfang der Bundeswehr vergrößert werden sollte, teilen in den beiden anderen Regionen 38 bzw. 46 Prozent diese Position.

12.3 Erklärung der Einstellungen zu den Verteidigungsausgaben und zum Personalumfang

In den Analysen dieses Unterabschnitts wurden mithilfe multivariater linearer Regressionen die Erklärungsfaktoren der beiden Einstellungen zu den Verteidigungsausgaben und zum Personalumfang untersucht. Grundlage für die Auswahl der Faktoren sind die weitestgehend auf die USA zentrierte Literatur zur Erklärung der Einstellung zu den Verteidigungsausgaben (z.B. Bartels 1994; Eichenberg/Stoll 2003, 2017; Wlezien 1995), die Analyseergebnisse der Bevölkerungsbefragungen 2017 bis 2020 (Steinbrecher 2017b, 2018a, 2019a, 2020a) sowie allgemeine deutsche Forschungsergebnisse für die Erklärung außen- und sicherheitspolitischer Einstellungen (z.B. Biehl/Schoen 2015; Rattinger et al. 2016). Die genauere Untersuchung der Determinanten ist vor allem deswegen relevant, weil politische Entscheidungen zur Höhe des Verteidigungshaushalts mit den Bevölkerungseinstellungen in einem Wechselverhältnis stehen und wie bei einem Thermostat aufeinander zu reagieren scheinen (Eichenberg/Stoll 2003; Wlezien 1995): Die Höhe der Verteidigungsausgaben ist also (auch) von der Position der Bürgerinnen und Bürger zu dieser Frage abhängig. Wird ein bestimmtes, von der Bevölkerung als angemessen betrachtetes Niveau erreicht, sinkt die Zustimmung für eine weitere Erhöhung der Verteidigungsausgaben. Entsprechendes gilt auch im umgekehrten Fall. Es ist davon auszugehen, dass sich diese Forschungsergebnisse auf die Einstellungen zum Personalumfang übertragen lassen. Daher wurden in beiden Analysen die gleichen Erklärungsfaktoren verwendet. Schrittweise wurden in sechs Modellen unterschiedliche Determinantengruppen und ihre Wirkung auf die beiden Einstellungen untersucht (vgl. Tabellen 12.3 und 12.4). Die Modelle entsprechen weitgehend den Analysen der Vorjahre. Einige Variablen sind nicht mehr Teil des Modells, weil sie entweder nicht in der Bevölkerungsbefragung 2021 erfasst wurden (Bewertung der nationalen wirtschaftlichen Lage), nicht relevant (politisches Interesse) oder aber redundant zu anderen in den Analysen enthaltenen Konstrukten sind (EU- und NATO-Multilateralismus). Die Operationalisierung der sicherheitspolitischen Grundorientierungen folgt den Analysen zur Skalenreliabilität in Abschnitt 5 (s. Fußnote 18) und verwendet im Gegensatz zu den Analysen der Vorjahre nur noch Einzelindikatoren. Die beiden Indizes, die Einstellungen zu Russland abbilden, folgen der Vorgehensweise in den Abschnitten 7 und 11.

In *Modell I* in Tabelle 12.3 liegt der Fokus auf Ressourcen bzw. soziodemografischen Eigenschaften: Männer oder Befragte, die Erfahrungen bei der Bundeswehr gesammelt haben (Ist/war bei der Bundeswehr), sprechen sich eher für die Erhöhung der *Verteidigungsausgaben* aus, Befragte aus Ostdeutschland oder mit einem geringeren Einkommen hingegen gegen die Erhöhung.

In *Modell II* zeigt sich der Einfluss spezifischer sicherheitspolitischer Einstellungen. Die Einschätzung der Sicherheitslage in Deutschland hat keinen Einfluss auf die abhängige Variable. Bürgerinnen und Bürger, die sich persönlich sicherer fühlen, sprechen sich stärker für eine Steigerung der Ausgaben aus. Die Einschätzung der weltweiten Sicherheitslage wirkt sich umgekehrt aus: Je größer die wahrgenommene Sicherheit, desto geringer die Neigung, die Verteidigungsausgaben zu erhöhen. Personen, die Russland kritisch gegenüberstehen, sind weniger dafür, die deutschen Streitkräfte finanziell besser auszustatten. Allerdings zeigt sich ein starker positiver Effekt der Bedrohungswahrnehmungen gegenüber Russland: Wer Russland eher als Bedrohung sieht, möchte auch mehr für die Verteidigung Deutschlands ausgeben. Diese Einstellung hat den stärksten Effekt in diesem Modell.

Mit *Modell III* wurden die Wirkungen bundeswehrspezifischer Einstellungen untersucht. Unter den fünf Modellen, die einzelne Determinantengruppen betrachten, ist es das Modell mit der größten Erklärungskraft: 20 Prozent der Varianz der abhängigen Variable werden durch die Merkmale im Modell erklärt. Mit deutlichem Abstand ist die Einstellung zur Bundeswehr die erklärungsstärkste Variable. Wer allgemein positiver gegenüber den Streitkräften eingestellt ist, möchte auch mehr Geld für diese ausgeben. Bewertungen der Ausrüstung und Bewaffnung sowie des Ausbildungsstandes der Soldatinnen und Soldaten spielen ebenfalls eine Rolle für die Einstellung zu den Verteidigungsausgaben. Personen, die den Ausbildungsstand positiv bewerten, möchten mehr Geld für die Bundeswehr ausgeben. Wird die Ausrüstung und Bewaffnung schlechter bewertet, führt dies dazu, dass man eher bereit ist, den Streitkräften mehr finanzielle Mittel zur Verfügung zu stellen. Die persönliche oder mediale Wahrnehmung der Bundeswehr ist jedoch statistisch nicht signifikant.

Außen- und sicherheitspolitische Grundorientierungen (*Modell IV*; vgl. Abschnitt 5) sind ebenfalls relevant für die Erklärung der Einstellung zu den Verteidigungsausgaben. Personen, die Krieg stärker als ein adäquates Mittel zur Konfliktlösung sehen (Militarismus), sind in größerem Maße für eine Erhöhung des Verteidigungsetats. Das gilt auch für Befragte, die sich für ein stärkeres Engagement Deutschlands in der internationalen Politik aussprechen (Internationalismus), für Befürworter der Zusammenarbeit mit Deutschlands Bündnispartnern (Multilateralismus) und für Befragte mit einem positiven Blick auf die USA (Atlantizismus).

Im *Modell V* liegt der Schwerpunkt auf allgemeinen politischen Einstellungen und Verhaltensweisen. Vor allem die Bewertung der eigenen wirtschaftlichen Lage und Wahlabsichten für die Regierungsparteien, die AfD und die FDP (im Vergleich zu Personen ohne Parteipräferenz) wirken sich positiv aus. Befragte, die sich generell ideologisch eher links orientieren, sind in geringerem Maße für eine Steigerung der Verteidigungsausgaben. Die Präferenz für Die Linke und Bündnis 90/Die Grünen hat keinen statistisch signifikanten Effekt.

Das *Gesamtmodell* (*Modell VI*) hat mit einer Erklärungsleistung von 28 Prozent der Varianz der abhängigen Variablen eine zufriedenstellende Erklärungskraft. Die Ergebnisse stimmen weitgehend mit denen aus den Jahren 2018 bis 2020 überein (Steinbrecher 2018a, 2019a, 2020a), sodass von einer großen Konstanz und Konsistenz der Erklärungsmechanismen über die Zeit hinweg gesprochen werden kann. Mit großem Abstand erklärungsstärkster Faktor ist die Einstellung zur Bundeswehr. Personen, die der Bundeswehr positiver gegenüberstehen, möchten ihr auch mehr Geld zur Verfügung stellen. Neben der affektiven Nähe spielen instrumentelle Erwägungen eine Rolle. In dieser Hinsicht können auch die Effekte für die zwei weiteren bundeswehrspezifischen Einstellungen interpretiert werden, die statistisch signifikant sind: Mehr Verteidigungsausgaben werden offensichtlich auch als Weg gesehen, die in den Augen der Befragten schlechte Situation der Ausrüstung und Bewaffnung der Bundeswehr (vgl. Abschnitt 9) zu verbessern bzw. den als relativ positiv bewerteten Ausbildungsstand des militärischen Personals zu erhalten (vgl. ebenfalls Abschnitt 9). Grundsätzliche außen- und sicherheitspolitische Überlegungen sind ebenfalls für die Erklärung der Einstellung zu den Verteidigungsausgaben im Gesamtmodell relevant. Die positiven Effekte von Militarismus, Multilateralismus, Internationalismus, Atlantizismus und einer negativen Einschätzung der weltweiten Sicherheitslage kann man folgendermaßen interpretieren: Den Bürgerinnen und Bürgern ist durchaus bewusst, dass für eine Erfüllung der deutschen Verpflichtungen gegenüber den Bündnispartnern und für ein stärkeres internationales Engagement finanziell besser ausgestattete Streitkräfte notwendig sind. Interessant ist die im Vergleich zum Vorjahr gestiegene Relevanz des Atlantizismus: Der Blick auf das deutsch-amerikanische Verhältnis spielt für die Haltung zur Erhöhung der Verteidigungsausgaben eine Rolle.[70] Im Gesamtmodell sind parteipolitische Überlegungen der Befragten nicht relevant für ihre Meinung zur Höhe der Verteidigungsausgaben. Größere Unterstützung kommt hingegen von Männern und Befragten, die nicht in Ostdeutschland leben.

Tabelle 12.4 zeigt die Analysen für die Determinanten der *Einstellung zum Personalumfang* der Bundeswehr. Da die Ergebnisse der einzelnen Modelle in Bezug auf Richtung, Stärke und statistische Signifikanz der Effekte den vorherigen Analysen zur Erklärung der Präferenz für die Verteidigungsausgaben sehr ähnlich sind, soll vor allem auf die Abweichungen in den Ergebnissen zwischen den beiden abhängigen Variablen eingegangen werden. Für die Einstellung zum Personalumfang spielt in *Modell I* der Wohnort keine Rolle. In den *Modellen II* und *VI* haben Bedrohungswahrnehmungen gegenüber Russland stärkere Effekte auf die Einstellung zum Personalumfang als auf die Haltung zu den Verteidigungsausgaben.

Blickt man auf das *Gesamtmodell* (*Modell VI*), ist auch für die Haltung zum Personalumfang die Einstellung zur Bundeswehr, und damit die affektive Nähe zu den Streitkräften, die mit Abstand erklärungsstärkste Variable. Zweitstärkster Erklärungsfaktor ist Militarismus, d.h. Personen, die sich in stärkerem Maße für militärische Gewalt als politisches Mittel aussprechen, möchten den Personalumfang eher vergrößern. Bedrohungswahrnehmungen gegenüber Russland sind die drittstärkste Determinante, d.h. Personen, die Russland stärker als Bedrohung sehen, sprechen sich in höherem Maße für eine Vergrößerung des Personalumfanges der Bundeswehr aus. Von größerer Bedeutung mit standardisierten Effektkoeffizienten größer +/-0,10 sind zudem die Einschätzung der weltweiten Sicherheitslage sowie die Bewertung von Ausrüstung und Bewaffnung der Bundeswehr.

[70] In Analysen zu den Erklärungsfaktoren der Höhe der Verteidigungsausgaben auf Staatenebene zeigt sich allerdings ein Zusammenhang zwischen der Einbindung in Allianzen und dem Verteidigungsbudget: Je enger die Verbindung eines Staates mit der stärksten Kraft im internationalen System (den USA), desto geringer sind die Ausgaben für die Verteidigung (Hunter/Robbins 2016).

Tabelle 12.3: Determinanten der Einstellung zu den Verteidigungsausgaben

	Einstellung zu den Verteidigungsausgaben					
	Modell I	Modell II	Modell III	Modell IV	Modell V	Modell VI
Ressourcen						
Frauen	-0,10***					-0,05*
Alter	0,01 n.s.					-0,03 n.s.
Niedrige Bildung	0,05 n.s.					0,03 n.s.
Hohe Bildung	-0,02 n.s.					-0,01 n.s.
Haushaltsnettoeinkommen (bis 2.000 Euro)	-0,06*					-0,01 n.s.
Haushaltsnettoeinkommen (4.001 Euro und mehr)	0,02 n.s.					0,01 n.s.
Ostdeutschland	-0,06*					-0,07**
Migrationshintergrund	0,01 n.s.					0,02 n.s.
Ist/war bei der Bundeswehr	0,07**					0,03 n.s.
Sicherheitspolitische Einstellungen						
Kritische Einstellungen zu Russland		-0,06*				0,01 n.s.
Bedrohungswahrnehmungen Russland		0,17***				0,05 n.s.
Sicherheitslage weltweit		-0,12***				-0,11***
Sicherheitslage Deutschland		0,05 n.s.				0,01 n.s.
Sicherheitslage persönlich		0,13***				0,05 n.s.
Bundeswehrspezifische Einstellungen						
Einstellung zur Bundeswehr			0,42***			0,27***
Ausrüstung und Bewaffnung Bw			-0,19***			-0,17***
Ausbildung der Soldaten			0,11***			0,10***
Index persönliche Wahrnehmung Bw			-0,03 n.s.			-0,01 n.s.
Index massenmediale Wahrnehmung Bw			0,00 n.s.			-0,03 n.s.
Außenpolitische Grundhaltungen						
Militarismus				0,17***		0,12***
Multilateralismus				0,20***		0,09**
Internationalismus				0,09***		0,08**
Atlantizismus				0,13***		0,09**
Politische Einstellungen						
Eigene wirtschaftliche Lage					0,14***	0,05 n.s.
Wahlabsicht CDU/CSU					0,13***	0,04 n.s.
Wahlabsicht SPD					0,13***	0,05 n.s.
Wahlabsicht AfD					0,12***	0,04 n.s.
Wahlabsicht FDP					0,06*	0,00 n.s.
Wahlabsicht Die Linke					-0,03 n.s.	0,01 n.s.
Wahlabsicht Bündnis 90/Die Grünen					-0,05 n.s.	-0,03 n.s.
Links-Rechts-Selbsteinstufung					0,06*	0,04 n.s.
Korrigiertes R^2	0,03	0,05	0,20	0,14	0,07	0,28
n	1.762	1.874	1.748	1.786	1.650	1.409

Anmerkungen: Wertebereich der abhängigen Variablen [0 – stark verringert werden; 1 – stark erhöht werden]. Alle erklärenden Variablen außer Alter [16; 99], Index persönliche Wahrnehmung Bw und Index massenmediale Wahrnehmung Bw [0; 4] haben einen Wertebereich von [0; 1]. Analyseverfahren: Multiple lineare Regressionen; standardisierte Regressionskoeffizienten (beta). Signifikanzniveau: *** p < 0,001; ** p < 0,01; * p < 0,05; n.s. = nicht signifikant (p ≥ 0,05).

Datenbasis: Bevölkerungsbefragung des ZMSBw 2021.

Tabelle 12.4: Determinanten der Einstellung zum Personalumfang der Bundeswehr

	Einstellung zum Personalumfang der Bundeswehr					
	Modell I	Modell II	Modell III	Modell IV	Modell V	Modell VI
Ressourcen						
Frauen	-0,05*					-0,01 n.s.
Alter	0,00 n.s.					-0,04 n.s.
Niedrige Bildung	0,00 n.s.					-0,03 n.s.
Hohe Bildung	0,01 n.s.					0,00 n.s.
Haushaltsnettoeinkommen (bis 2.000 Euro)	-0,03 n.s.					0,00 n.s.
Haushaltsnettoeinkommen (4.001 Euro und mehr)	0,00 n.s.					0,00 n.s.
Ostdeutschland	-0,05 n.s.					-0,07*
Migrationshintergrund	0,02 n.s.					0,02 n.s.
Ist/war bei der Bundeswehr	0,07**					0,04 n.s.
Sicherheitspolitische Einstellungen						
Kritische Einstellungen zu Russland		-0,05 n.s.				0,01 n.s.
Bedrohungswahrnehmungen Russland		0,21***				0,11***
Sicherheitslage weltweit		-0,09***				-0,10***
Sicherheitslage Deutschland		0,05 n.s.				0,05 n.s.
Sicherheitslage persönlich		0,07*				0,01 n.s.
Bundeswehrspezifische Einstellungen						
Einstellung zur Bundeswehr			0,40***			0,28***
Ausrüstung und Bewaffnung Bw			-0,10***			-0,10***
Ausbildung der Soldaten			0,06*			0,07*
Index persönliche Wahrnehmung Bw			0,00 n.s.			0,00 n.s.
Index massenmediale Wahrnehmung Bw			0,02 n.s.			0,00 n.s.
Außenpolitische Grundhaltungen						
Militarismus				0,20***		0,13***
Multilateralismus				0,15***		0,07*
Internationalismus				0,08**		0,04 n.s.
Atlantizismus				0,12***		0,07**
Politische Einstellungen						
Eigene wirtschaftliche Lage					0,11***	0,03 n.s.
Wahlabsicht CDU/CSU					0,06***	0,01 n.s.
Wahlabsicht SPD					0,05**	0,01 n.s.
Wahlabsicht AfD					0,10***	0,06*
Wahlabsicht FDP					0,05*	-0,03 n.s.
Wahlabsicht Die Linke					-0,02 n.s.	0,02 n.s.
Wahlabsicht Bündnis 90/Die Grünen					-0,03 n.s.	-0,03 n.s.
Links-Rechts-Selbsteinstufung					0,08*	0,05 n.s.
Korrigiertes R^2	0,01	0,05	0,17	0,12	0,06	0,25
n	1.753	1.863	1.744	1.776	1.638	1.405

Anmerkungen: Wertebereich der abhängigen Variablen [0 – stark verringert werden; 1 – stark erhöht werden]. Alle erklärenden Variablen außer Alter [16; 99], Index persönliche Wahrnehmung Bw und Index massenmediale Wahrnehmung Bw [0; 4] haben einen Wertebereich von [0; 1]. Analyseverfahren: Multiple lineare Regressionen; standardisierte Regressionskoeffizienten (beta). Signifikanzniveau: *** p < 0,001; ** p < 0,01; * p < 0,05; n.s. = nicht signifikant (p ≥ 0,05).

Datenbasis: Bevölkerungsbefragung des ZMSBw 2021.

12.4 Fazit

Die Analyseergebnisse offenbaren sowohl für die Einstellung zu den Verteidigungsausgaben als auch zum Personalumfang der Streitkräfte sehr ähnliche Muster in Bezug auf deskriptive Statistiken sowie Struktur und Stärke der Determinanten. Dies spricht dafür, dass die Befragten wie in den Vorjahren beide Fragen als zwei Seiten derselben Medaille sehen. Ersichtlich wird dies an einem starken positiven Zusammenhang zwischen beiden Einstellungen (Korrelationskoeffizient Pearsons $r = 0,69$, $p < 0,001$): Befragte, die sich für mehr Verteidigungsausgaben aussprechen, plädieren auch für eine Vergrößerung der Personalstärke der Bundeswehr. Die relative Stabilität der Einstellungen seit 2015 spricht im Sinne des Thermostat-Modells (Eichenberg/Stoll 2003; Wlezien 1995) dafür, dass aus Sicht der Bürgerinnen und Bürger die optimale Höhe für beide Kennzahlen noch nicht erreicht ist – trotz der Steigerungen des Verteidigungsetats und der geplanten Verstärkung der Bundeswehr auf 203.000 Soldatinnen und Soldaten bis 2025. Zudem scheint sich 2021 wie schon im Vorjahr die Corona-Pandemie nicht auf die Unterstützung zu diesen beiden Fragen auszuwirken.

Was die Erklärungsfaktoren betrifft, gibt es weitgehende Übereinstimmungen in den Determinanten beider Einstellungen. Die affektive Nähe zu den Streitkräften spielt eine besonders starke Rolle, genauso wie instrumentelle Erwägungen (Aufrechterhaltung des positiv bewerteten Ausbildungsstandes der Soldatinnen und Soldaten, Verbesserung von Ausrüstung und Bewaffnung sowie Bedrohungswahrnehmungen gegenüber Russland). Von Bedeutung sind auch außen- und sicherheitspolitische Grundorientierungen: Personen mit stärkeren militaristischen, multilateralistischen, internationalistischen und atlantizistischen Haltungen sprechen sich sowohl für mehr Ausgaben als auch für eine personelle Verstärkung der Streitkräfte aus.

Wie schon in den Vorjahren ist für die Einordnung der in diesem Abschnitt präsentierten Ergebnisse der Hinweis wichtig, dass die Befragten durch die verwendete Fragestellung nicht zu einer Abwägung von Ausgaben für verschiedene Politikbereiche gezwungen werden. Aufgrund haushaltsbezogener Restriktionen ist es aber für Parlament und Regierung selbst bei sehr guter Wirtschafts- und Arbeitsmarktlage notwendig, eine solche Abwägung und die Festlegung von Prioritäten für unterschiedliche Politikbereiche oder politische Programme vorzunehmen. Die Auswirkungen der Corona-Pandemie sind zwar noch nicht vollends abzusehen, aber aufgrund der umfangreichen Neuverschuldung des Bundes ist in den nächsten Jahren mit deutlichen finanziellen Restriktionen und verstärkten Einspar- und Kürzungsbemühungen zu rechnen. Diese könnten sich sowohl auf die politischen Entscheidungen im Hinblick auf Verteidigungsetat und Personalstärke als auch auf die gesellschaftlichen Haltungen zu diesen Fragen auswirken. Die entsprechende

Forschung belegt, dass Bürgerinnen und Bürger ebenfalls Abwägungen zwischen Politikfeldern durchführen (z.B. Wlezien 1995) und dann das Politikfeld Verteidigung und Sicherheit im Vergleich zu Sozial- oder Bildungspolitik geringere Prioritäten erhält. Dies spiegelt sich auch in den Ergebnissen zur Frage der Entwicklung des Etats für verschiedene Politikbereiche wider, die in der Bevölkerungsbefragung 2018 enthalten war (Steinbrecher 2018a). Allerdings sind die dort präsentierten Ergebnisse auch ein Beleg dafür, dass das üblicherweise in der Bevölkerungsbefragung genutzte Instrument die Haltungen der Bürgerinnen und Bürger zur Höhe der Verteidigungsausgaben adäquat wiedergibt.

13 Einstellungen zu den Aufgabenbereichen der Bundeswehr

Timo Graf und Markus Steinbrecher

Das Weißbuch 2016 zur Sicherheitspolitik und zur Zukunft der Bundeswehr benennt eine Reihe von Aufgaben für die Bundeswehr im Ausland wie im Inland (BMVg 2016a: 91–93): die Landes- und Bündnisverteidigung, die Verteidigung gegen terroristische Angriffe, das internationale Krisenmanagement, Evakuierungen oder Geiselbefreiungen im Ausland, den Heimatschutz und subsidiäre Unterstützungsleistungen in Deutschland (z.B. die Überwachung des deutschen Luft- und Seeraums oder Hilfeleistungen im Fall von Notlagen). Diese Aufgaben werden in der sogenannten Konzeption der Bundeswehr in noch größerem Detail weiter ausgeführt (BMVg 2018b: 21–34). Im Folgenden geht es darum, welche Vorstellungen die Bürgerinnen und Bürger in Deutschland von den Aufgabenbereichen der Bundeswehr außerhalb und innerhalb Deutschlands haben. Bezogen auf die auswärtigen Aufgaben der Bundeswehr wurden die Teilnehmerinnen und Teilnehmer der diesjährigen Bevölkerungsbefragung zum ersten Mal danach gefragt, inwieweit sie dem zweckgebundenen Einsatz von Waffengewalt durch die Bundeswehr zustimmen. Zusätzlich zur Beschreibung des Unterstützungsniveaus für die verschiedenen Aufgaben werden unterschiedliche Faktoren herausgearbeitet, die die Einstellungen der Bürgerinnen und Bürger zu den Aufgaben der Bundeswehr beeinflussen.

13.1 Einstellungen zu den generellen Aufgabenbereichen der Bundeswehr

Im Rahmen der Bevölkerungsbefragung 2021 wurde die Zustimmung der Bürgerinnen und Bürger zu unterschiedlichen Aufgabenbereichen der Bundeswehr erfragt (vgl. Abbildungen 13.1 und 13.2). Alle der genannten Aufgaben werden von einer absoluten Mehrheit der Befragten befürwortet, d.h. das im Weißbuch definierte auswärtige Aufgabenspektrum der Bundeswehr wird in seiner Gesamtheit von der Bevölkerung mehrheitlich akzeptiert. Nur wenige der Befragten sprechen sich gegen die Wahrnehmung der genannten Aufgaben durch die Bundeswehr aus (3–23 Prozent). Die höchsten Zustimmungswerte erhalten die Abwehr eines militärischen Angriffs auf Deutschland (86 Prozent), die Evakuierung deutscher Staatsbürgerinnen und Staatsbürger aus Krisengebieten (81 Prozent) und die Leistung humanitärer Hilfe in Krisensituationen (80 Prozent) (vgl. Abbildung 13.1). Den vergleichsweise geringsten Zuspruch erfahren die Stabilisierung von

Krisenregionen (63 Prozent), die Beteiligung am Kampf gegen die transnationale organisierte Kriminalität (61 Prozent), die Ausbildung der Sicherheitskräfte anderer Staaten (58 Prozent) sowie die Bekämpfung gegnerischer Kräfte in Auslandseinsätzen (53 Prozent) (vgl. Abbildung 13.2). Mit Ausnahme der Zustimmung zur Bekämpfung gegnerischer Kräfte in Auslandseinsätzen (+6 Prozentpunkte) haben sich die Zustimmungswerte im Vergleich zum Vorjahr nur geringfügig verändert; in den meisten Fällen sind sie leicht gestiegen.

Abbildung 13.1: Einstellungen zu den Aufgabenbereichen der Bundeswehr, Teil 1

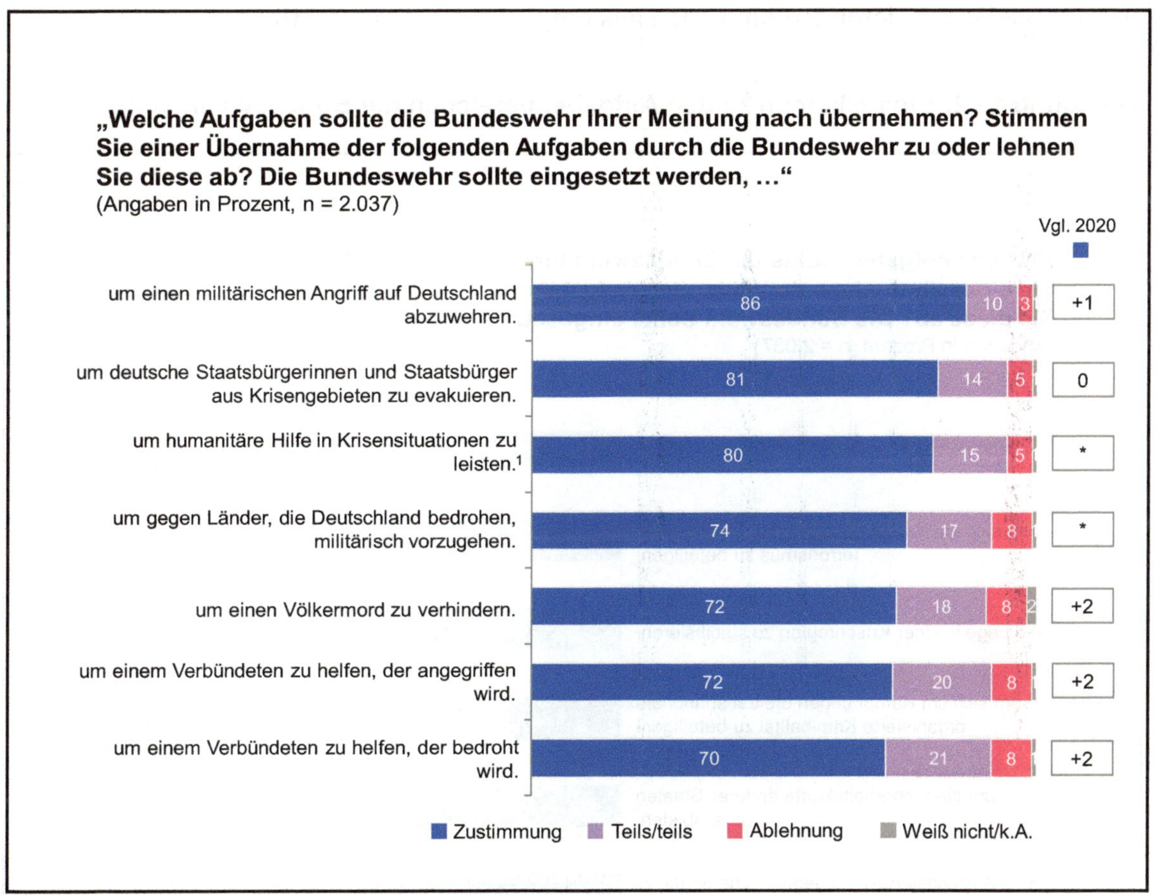

Anmerkungen: Nicht alle Prozentangaben ergeben in der Summe 100 Prozent, da die Einzelwerte gerundet wurden. Zustimmung: Anteile „Stimme völlig zu“ und „Stimme eher zu“ zusammengefasst; Ablehnung: Anteile „Lehne völlig ab“ und „Lehne eher ab“ zusammengefasst. Vgl. 2020: Differenz Zustimmung 2021 zu 2020. [1]Diese Frage wurde nur einem Teil der Befragten gestellt (n = 1.081). *Keine Vergleichbarkeit zum Vorjahr, weil die Frage nicht oder mit einem nicht vergleichbaren Instrument erhoben wurde.

Datenbasis: Bevölkerungsbefragungen des ZMSBw 2020 und 2021.

Die vielfältigen Aufgaben der Bundeswehr lassen sich auf Grundlage des Weißbuchs (BMVg 2016a) und der Konzeption der Bundeswehr (BMVg 2018b) in zwei Kategorien zusammenfassen (vgl. Tabelle 13.1): Landes- und Bündnisverteidigung (LV/BV) und internationales Krisenmanagement (IKM). Nachfolgend soll untersucht werden, ob zwischen den Wählergruppen und den soziodemografischen Gruppen in der deutschen Bevölkerung Unterschiede in der Einstellung zu diesen beiden Aufgabenfeldern bestehen. Um diese Vergleichsanalyse möglichst übersichtlich zu gestalten, wurden die jeweiligen Aufgabenbereiche in zwei Indexvariablen zusammengefasst. Beide Indexvariablen weisen eine gute Skalenreliabilität auf (LV/BV: Cronbachs alpha = 0,79; IKM: Cronbachs alpha = 0,84), was deren Bildung auch aus empirischer Sicht rechtfertigt.

Abbildung 13.2: Einstellungen zu den Aufgabenbereichen der Bundeswehr, Teil 2

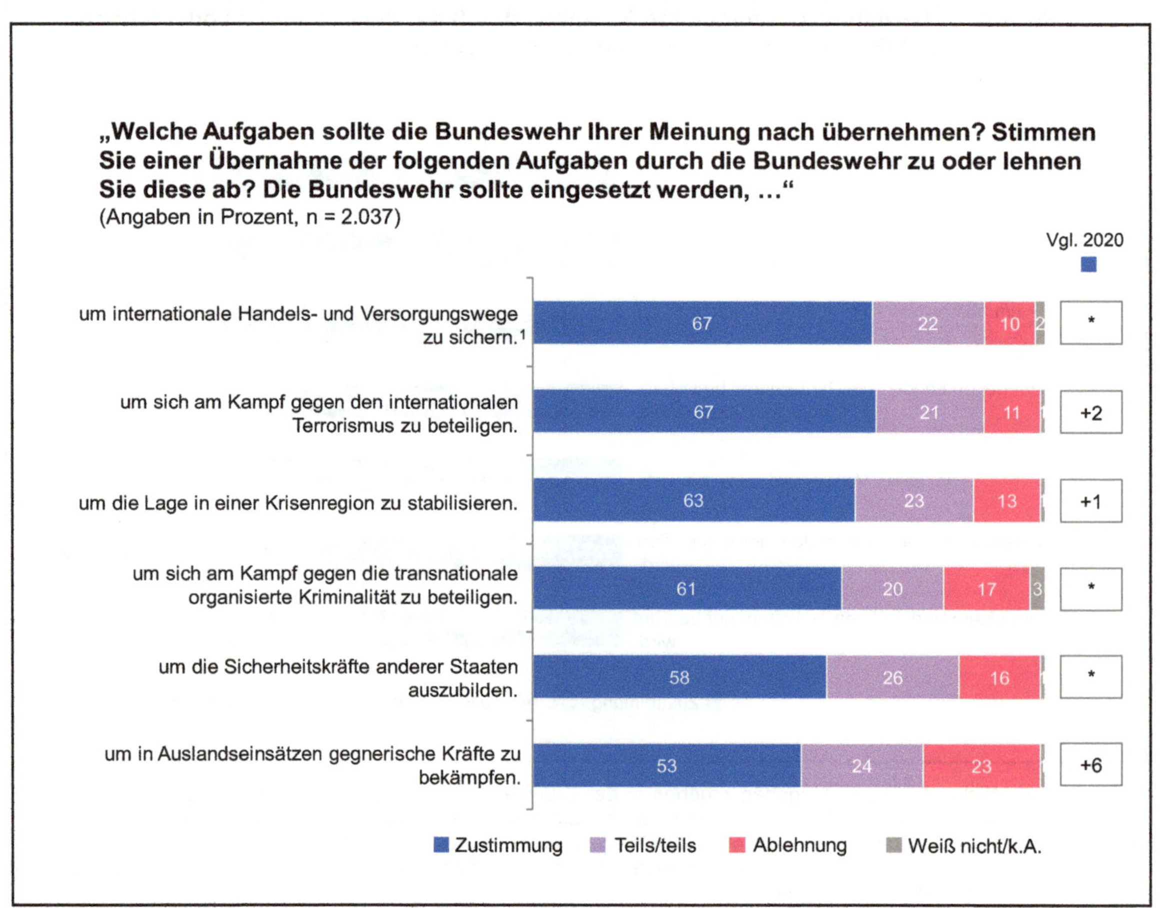

Anmerkungen: Nicht alle Prozentangaben ergeben in der Summe 100 Prozent, da die Einzelwerte gerundet wurden. Zustimmung: Anteile „Stimme völlig zu“ und „Stimme eher zu“ zusammengefasst; Ablehnung: Anteile „Lehne völlig ab“ und „Lehne eher ab“ zusammengefasst. Vgl. 2020: Differenz Zustimmung 2021 zu 2020. [1]Diese Frage wurde nur einem Teil der Befragten gestellt (n = 1.081). *Keine Vergleichbarkeit zum Vorjahr, weil die Frage nicht oder mit einem nicht vergleichbaren Instrument erhoben wurde.

Datenbasis: Bevölkerungsbefragungen des ZMSBw 2020 und 2021.

Tabelle 13.1: Kategorisierung der auswärtigen Aufgabenbereiche der Bundeswehr

Landes- und Bündnisverteidigung	Internationales Krisenmanagement
... um einen militärischen Angriff auf Deutschland abzuwehren. ... um gegen Länder, die Deutschland bedrohen, militärisch vorzugehen. ... um einem Verbündeten zu helfen, der angegriffen wird. ... um einem Verbündeten zu helfen, der bedroht wird.	... um sich am Kampf gegen den internationalen Terrorismus zu beteiligen. ... um einen Völkermord zu verhindern. ... um deutsche Staatsbürgerinnen und Staatsbürger aus Krisengebieten zu evakuieren. ... um die Lage in einer Krisenregion zu stabilisieren. ... um in Auslandseinsätzen gegnerische Kräfte zu bekämpfen. ... um die Sicherheitskräfte anderer Staaten auszubilden. ... um sich am Kampf gegen die transnationale organisierte Kriminalität zu beteiligen.

Die Aussagen zur Sicherung internationaler Handels- und Versorgungswege sowie zur Leistung humanitärer Hilfe in Krisensituationen konnten nicht in die Berechnung der Indexvariable für den Aufgabenbereich IKM einfließen, weil diese nur einem Teil der Befragten gestellt wurden (n = 1.081). Beide Indexvariablen haben einen Wertebereich von 0 (völlige Ablehnung) bis 1 (völlige Zustimmung). Ein Mittelwert von 0,5 repräsentiert eine ambivalente Haltung.

Die Ergebnisse in Tabelle 13.2 zeigen, dass der Aufgabenbereich der Landes- und Bündnisverteidigung (Mittelwert = 0,78) in der Bevölkerung einen im Durchschnitt höheren Zuspruch erfährt als der Aufgabenbereich des internationalen Krisenmanagements (Mittelwert = 0,70). Dieser Befund gilt für alle untersuchten Wählergruppen und soziodemografischen Gruppen. Auch wenn zwischen einigen der ausgewiesenen Mittelwerte statistisch signifikante Differenzen bestehen, so sind die Einstellungen in den untersuchten Gruppen ähnlich positiv ausgeprägt. Der Aufgabenbereich der Landes- und Bündnisverteidigung erhält von Männern, Befragten mit einem mittleren Haushaltseinkommen (2.001 bis 4.000 Euro), den Anhängern der FDP, CDU/CSU oder SPD sowie von den Bürgerinnen und Bürgern in Süddeutschland im Durchschnitt etwas mehr Zustimmung als von den entsprechenden Vergleichsgruppen. Diese Zusammenhänge treffen auch für die Aufgaben im Bereich des internationalen Krisenmanagements zu, jedoch besteht zwischen Männern und Frauen keine statistisch signifikante Einstellungsdifferenz. Zwischen den Gruppen unterschiedlichen Alters und Bildung sowie Befragten mit und ohne Migrationshintergrund gibt es keine statistisch signifikanten Unterschiede in den Einstellungen zu den beiden auswärtigen Aufgabenfeldern der Bundeswehr.

Tabelle 13.2: Einstellungen zu den auswärtigen Aufgabenbereichen der Bundeswehr in soziodemografischen Gruppen

(Mittelwerte)	**Landes- und Bündnisverteidigung**	**Internationales Krisenmanagement**
Insgesamt	0,78	0,70
Geschlecht	**	n.s.
Männer	0,79	0,71
Frauen	0,76	0,70
Alter	n.s.	n.s.
16 bis 29 Jahre	0,78	0,71
30 bis 49 Jahre	0,78	0,72
50 bis 69 Jahre	0,78	0,70
70 Jahre und älter	0,76	0,69
Bildungsniveau	n.s.	n.s.
Hochschul- bzw. Fachhochschulreife	0,77	0,70
Realschulabschluss	0,78	0,70
Hauptschulabschluss	0,79	0,71
Haushaltsnettoeinkommen pro Monat	***	**
4.001 Euro und mehr	0,77	0,69
2.001 bis 4.000 Euro	0,79	0,72
Bis 2.000 Euro	0,74	0,69
Wahlabsicht Bundestagswahl	***	***
CDU/CSU	0,80	0,73
SPD	0,80	0,73
AfD	0,79	0,70
FDP	0,82	0,75
Die Linke	0,76	0,72
Bündnis 90/Die Grünen	0,75	0,65
Keine Parteipräferenz, Nichtwähler, w.n./k.A.	0,76	0,68
Region	***	***
Norddeutschland (SH, HH, HB, NI)	0,73	0,66
Ostdeutschland (MV, BB, BE, ST, SN, TH)	0,77	0,69
Süddeutschland (BW, BY)	0,81	0,72
Westdeutschland (NW, RP, HE, SL)	0,78	0,73
Migrationshintergrund	n.s.	n.s.
Ja	0,80	0,70
Nein	0,78	0,70

Anmerkungen: Wertebereich der abhängigen Variablen [0 – völlige Ablehnung; 1 – völlige Zustimmung]. Analyseverfahren: Varianzanalysen, Signifikanzniveau: *** p < 0,001; ** p < 0,01; * p < 0,05; n.s. = nicht signifikant (p ≥ 0,05). Der Signifikanztest für die Varianzanalyse gibt an, ob sich der Mittelwert mindestens einer Gruppe von dem Mittelwert mindestens einer anderen Gruppe unterscheidet.

Datenbasis: Bevölkerungsbefragung des ZMSBw 2021.

Zwischen den Wählergruppen und den soziodemografischen Gruppen in der deutschen Bevölkerung bestehen folglich keine großen Unterschiede in der Haltung zu den beiden grundlegenden Aufgabenfeldern der Bundeswehr. Durch welche Faktoren werden diese beiden Einstellungen also beeinflusst? Die nachfolgend dargestellten Analysen gehen über die in Tabelle 13.2 dargestellten Ergebnisse hinaus.[71] In Anlehnung an die Analysen von Steinbrecher (Steinbrecher 2017c, 2018b, 2019b, 2020b) und Wanner (Steinbrecher/Wanner 2018) und die generelle Forschung zur Erklärung außen- und sicherheitspolitischer Einstellungen (z.B. Biehl/Schoen 2015) wird der Einfluss weiterer Determinanten betrachtet: das Interesse an Verteidigungspolitik, die Grundhaltung zur Bundeswehr und die Einschätzung der Performanz der Bundeswehr bei Auslandseinsätzen (vgl. Abschnitt 9), die außenpolitischen Grundhaltungen der Befragten (vgl. Abschnitt 5) sowie eine Reihe relevanter Sicherheits- und Bedrohungsperzeptionen (vgl. Abschnitt 4). Tabelle 13.3 präsentiert die Ergebnisse von linearen Regressionen für die Erklärung der Einstellungen zu den zwei auswärtigen Aufgabenbereichen der Bundeswehr. Für jede Erklärungsvariable (nachfolgend auch Prediktor oder Determinante genannt) wird der standardisierte Effektkoeffizient ausgewiesen, der die Stärke und Bedeutung des Einflusses auf die Einstellung zu dem jeweiligen Aufgabenbereich der Bundeswehr anzeigt.

Aus den Ergebnissen der Regressionsanalysen geht hervor, dass die Einstellungen zu den Aufgabenfeldern der Landes- und Bündnisverteidigung (LV/BV) und zum internationalen Krisenmanagement (IKM) weitgehend durch die selben Faktoren beeinflusst werden, wobei die Effektstärken der einzelnen Erklärungsvariablen unterschiedlich stark ausgeprägt sind (vgl. Tabelle 13.3). Das Interesse an Verteidigungspolitik erhöht die Zustimmung zu beiden Aufgabenbereichen nur geringfügig. Die Bewertung der Leistung der Bundeswehr bei ihren Auslandseinsätzen geht in beiden Fällen als die stärkste Determinante aus der Analyse hervor: Je positiver die Leistung der Bundeswehr in ihren Auslandseinsätzen bewertet wird, umso positiver ist die Einstellung zu den beiden auswärtigen Aufgabenbereichen. Eine positive Grundhaltung zur Bundeswehr geht ebenfalls mit einer positiveren Einstellung zu den beiden Aufgabenfeldern einher, allerdings steht die jeweilige Effektgröße deutlich hinter der der Performanzbewertung zurück.

Die außenpolitischen Grundhaltungen wirken sich dagegen unterschiedlich stark auf die Einstellungen zu den Aufgabenfeldern aus. Die Einstellung zum Aufgabenfeld LV/BV

---

[71] Alter, Geschlecht, Bildungsniveau, Haushaltseinkommen, Migrationshintergrund, Wohnort (Ostdeutschland) und Diensterfahrung in der Bundeswehr gehen als soziodemografische Kontrollvariablen in die Regressionsanalyse ein (vgl. Tabelle 13.3). Die entsprechenden Effektkoeffizienten werden jedoch nicht ausgewiesen, weil die soziodemografischen Kontrollvariablen keine starken Effekte haben und zusammen weniger als 2 Prozent der Varianz in den Einstellungen zu den grundlegenden Aufgabenfeldern der Bundeswehr erklären.

wird vergleichsweise am stärksten durch eine multilateralistische Grundhaltung beeinflusst, gefolgt von der Bereitschaft zum Einsatz militärischer Mittel in der Außenpolitik (Militarismus) und der Überzeugung, dass Deutschland eine aktive Rolle in der Weltpolitik spielen sollte (Internationalismus). Überraschenderweise hat die Auffassung, Deutschlands Außenpolitik sollte sich an der der USA orientieren (Atlantizismus), nur einen schwachen positiven Effekt auf die Einstellung zum Aufgabenbereich LV/BV, d.h. die hohen Zustimmungswerte zu diesem Aufgabenbereich sind nicht wesentlich auf eine atlantizistische Überzeugung der Bürgerinnen und Bürger zurückzuführen, sondern eher auf deren Haltung zum Multilateralismus. Die Einstellung zum Aufgabenfeld IKM ist umso positiver, je mehr die Befragten einer aktiven deutschen Außenpolitik, dem Einsatz militärischer Mittel in den internationalen Beziehungen und dem Prinzip des Multilateralismus zustimmen. Eine transatlantische Orientierung spielt hingegen keine Rolle.

Tabelle 13.3: Determinanten der Einstellungen zu den Aufgabenbereichen der Bundeswehr

	Landes- und Bündnisverteidigung	Internationales Krisenmanagement
Kognitive Aspekte		
Interesse an Verteidigungspolitik	0,05*	0,05*
Haltungen zur Bundeswehr		
Bewertung: Leistung Bundeswehr im Ausland	0,23***	0,35***
Haltung zur Bundeswehr	0,13***	0,11***
Außenpolitische Grundhaltungen		
Atlantizismus	0,06**	0,01 n.s.
Internationalismus	0,08***	0,19***
Militarismus	0,13***	0,18***
Multilateralismus	0,23***	0,14***
Sicherheits- und Bedrohungsperzeptionen		
Sicherheitsbewertung weltweit	-0,09***	-0,08***
Bedrohung der persönlichen Sicherheit durch Spannungen zwischen dem Westen und Russland	-0,07***	0,02 n.s.
Bedrohung der persönlichen Sicherheit durch Terroranschläge in Deutschland	0,04 n.s.	0,03 n.s.
Bedrohung der persönlichen Sicherheit durch Krieg in Europa	-0,17***	-0,08**
Bedrohung der Sicherheit Deutschlands durch Russlands Außen- und Sicherheitspolitik sowie die Aufrüstung der russischen Streitkräfte	0,07**	0,06**
Korrigiertes R^2	0,40	0,46
n	1.577	1.554

Anmerkungen: Wertebereich der abhängigen Variablen [0 – völlige Ablehnung; 1 – völlige Zustimmung]. Alle erklärenden Variablen haben einen Wertebereich von [0 – niedrige bzw. negative Ausprägung; 1 – hohe bzw. positive Ausprägung]. Alter, Geschlecht, Bildungsniveau, Haushaltseinkommen, Wohnort (Ostdeutschland), Migrationshintergrund und Diensterfahrung in der Bundeswehr gehen in beide Modelle als Kontrollvariablen ein. Analyseverfahren: Multiple lineare Regressionen; standardisierte Regressionskoeffizienten (beta). Signifikanzniveau: *** p < 0,001; ** p < 0,01; * p < 0,05; n.s. = nicht signifikant (p ≥ 0,05).

Datenbasis: Bevölkerungsbefragung des ZMSBw 2021.

Abschließend sind die Sicherheits- und Bedrohungsperzeptionen als Erklärungsfaktoren zu betrachten. Erneut bestehen zwischen den beiden Aufgabenbereichen Parallelen und einige Unterschiede. Die Bewertung der *weltweiten Sicherheitslage* beeinflusst die Einstellung zu beiden Aufgabenfeldern leicht negativ: Je unsicherer die Lage in der Welt wahrgenommen wird, desto weniger stimmt man der Übernahme der vielfältigen Aufgaben der Bundeswehr zu. Dieser negative Zusammenhang überrascht, zeigt sich aber auch bei den Bedrohungsperzeptionen. Je mehr sich die Befragten in ihrer *persönlichen Sicherheit* durch die Spannungen zwischen dem Westen und Russland bedroht fühlen, desto weniger unterstützen sie die Übernahme von Aufgaben im Bereich der Landes- und Bündnisverteidigung durch die Bundeswehr. Ebenfalls negativ und noch stärker wirkt sich die wahrgenommene Bedrohung der *persönlichen Sicherheit* durch Krieg in Europa auf die Einstellung zum Aufgabenbereich LV/BV aus. Gleichzeitig offenbart die Analyse: Je mehr man der Überzeugung ist, dass Russlands Außen- und Sicherheitspolitik sowie die Aufrüstung der russischen Streitkräfte die *Sicherheit Deutschlands* bedrohen, desto mehr stimmt man der Übernahme von Aufgaben im Bereich der Landes- und Bündnisverteidigung zu.

Zur Einordnung dieser widersprüchlichen Befunde sei darauf hingewiesen, dass die multivariate Analyse in Abschnitt 4 gezeigt hat, dass ein stärkeres persönliches Bedrohungsgefühl durch internationale sicherheitspolitische Risiken (wie z.B. Spannungen zwischen dem Westen und Russland) mit einer negativeren Bewertung der Wichtigkeit der Bundeswehr einhergeht. Dieser negative Zusammenhang wurde damit erklärt, dass die Befragten militärische Mittel nicht als Lösung derartiger Probleme auffassen könnten, sondern eher als Teil des Problems. Diese Argumentation ließe sich auch auf die Ergebnisse der vorliegenden Analyse übertragen, jedoch kann hierdurch der positive Effekt der wahrgenommenen Bedrohung der Sicherheit Deutschlands durch Russland nicht erklärt werden. An dieser Stelle wird auf die in Abschnitt 4 ausgeführte Unterscheidung zwischen soziotropen und persönlich-autonomen Sicherheits- bzw. Bedrohungsperzeptionen verwiesen. Denn während sich ein Gefühl der Bedrohung der *persönlichen Sicherheit* negativ auf die Übernahme der Aufgaben im Bereich LV/BV auswirkt, so hat die soziotrope Bedrohungsperzeption (die Sicherheit Deutschlands) einen positiven Einfluss: Je mehr Russland als *strategische Bedrohung* wahrgenommen wird, desto größer ist der Zuspruch zum Aufgabenbereich LV/BV. Je stärker sich die Befragten hingegen in ihrer *eigenen Sicherheit* bedroht fühlen, desto mehr lehnen sie das Engagement der Bundeswehr in der Landes- und Bündnisverteidigung ab. Will man in der Bevölkerung also um Zustimmung zu Aufgaben der Landes- und Bündnisverteidigung werben, gilt es, die strategische Dimension der Bedrohung durch Russland zu kommunizieren und ein Gefühl persönlicher Unsicherheit bzw. Betroffenheit zu vermeiden. Für die Einstellung zu den Aufgaben im Bereich des internationalen Krisenmanagements zeigen sich ähnliche Zusammenhänge, allerdings spielt das Gefühl der Bedrohung der persönlichen Sicherheit durch die Spannungen zwischen Russland und dem Westen keine Rolle. Auch die Wahrnehmung einer persönlichen Bedrohung durch Terroranschläge in Deutschland steht in keiner Beziehung zur Einstellung zum Aufgabenbereich IKM.

Die Prediktoren in der Analyse erklären einen hohen Anteil der Varianz in der Einstellung zum jeweiligen Aufgabenbereich (LV/BV: 40 Prozent; IKM: 46 Prozent) und sind somit als erklärungsstark zu bewerten. Die Bewertung der Leistungen der Bundeswehr bei ihren Auslandseinsätzen geht in beiden Fällen als der stärkste Erklärungsfaktor aus der Analyse hervor. Im Fall der Landes- und Bündnisverteidigung spielt auch die Haltung zum Multilateralismus eine wichtige Rolle. Die Ergebnisse offenbaren insgesamt die Komplexität der Erklärungsmuster und Determinanten der Einstellungen zu den Aufgaben der Streitkräfte und machen deutlich, dass es die Bundeswehr zum Teil selbst in der Hand hat, Unterstützung für ihre Arbeit, ihre Aufgaben und Einsätze zu generieren. Eine intensivere Kommunikation insbesondere der Leistungen der Bundeswehr in den Auslandseinsätzen könnte den öffentlichen Zuspruch zu den grundlegenden Aufgaben der Bundeswehr erhöhen und zwar unabhängig davon, wie man der Bundeswehr gegenübersteht oder ob man sich für Verteidigungspolitik interessiert (siehe auch Abschnitt 14).

13.2 Einstellungen zur zweckgebundenen Anwendung von Waffengewalt durch die Bundeswehr

Die Ergebnisse in Abschnitt 5 ließen erkennen, dass die Mehrheit der Bürgerinnen und Bürger eine insgesamt anti-militaristische Grundhaltung aufweist, also den Einsatz militärischer Mittel zur Erreichung außenpolitischer Ziele skeptisch sieht. Dementsprechend hat auch die Mehrheit der Bürgerinnen und Bürger eine klare Präferenz für den Einsatz „weicherer“ Mittel in der deutschen Außenpolitik (z.B. Diplomatie und Entwicklungszusammenarbeit), während explizit gewaltsame Mittel (z.B. Waffenlieferungen an befreundete Staaten) eher auf Ablehnung stoßen. Vor diesem Hintergrund erfolgt auch eine klare Differenzierung mit Blick auf die Einsätze der Bundeswehr: Ausbildungs- und Stabilisierungseinsätze der Bundeswehr werden von einer absoluten Mehrheit befürwortet, nicht jedoch Kampfeinsätze (vgl. Abschnitt 5). Die Streitkräfte werden also nicht prinzipiell als Mittel der deutschen Außenpolitik abgelehnt, sondern lediglich der Einsatz von Gewalt durch die Bundeswehr wird skeptisch betrachtet. Diese Haltung ist seit Jahren stabil (Graf 2019c, 2021i: 8).

Die Ergebnisse in Abschnitt 5 basieren jedoch auf Daten, die mit äußerst abstrakten Instrumenten erhoben wurden. Die Einstellung der deutschen Bevölkerung zum Einsatz von

Waffengewalt durch die Bundeswehr wurde nie zweckgebunden abgefragt. Die Formulierungen der bisher verwendeten Aussagen bzw. Instrumente greifen insofern zu kurz, als dass diese keine konkreten Einsatzziele oder konkrete Szenarien benennen. Somit werden die Befragten aufgefordert, der Beteiligung der Bundeswehr an Kampfeinsätzen zuzustimmen oder diese abzulehnen, ohne zu wissen, welchem Ziel diese Einsätze eigentlich dienen. Der Einsatz militärischer Gewalt ist aber immer zweckgebunden und niemals Selbstzweck, weil er mit erheblichem Risiko für Mensch und Material einhergeht.[72] Es stellt sich also immer die Frage: Wozu kämpfen? Die Nennung eines Einsatzziels könnte den Befragten als kognitive Heuristik dienen, um eine grobe Kosten-Nutzen-Kalkulation durchzuführen. Da die empirischen Befunde zur öffentlichen Ablehnung der Beteiligung der Bundeswehr an Kampfeinsätzen jedoch auf abstrakten Aussagen basieren, die eine solche Kosten-Nutzen-Kalkulation nicht ermöglichen, sollten diese nicht überbewertet werden (vgl. Graf 2021h; Keller 2021).

Aus diesem Grund wurde in der diesjährigen Bevölkerungsbefragung zusätzlich die Einstellung der Befragten zum *zweckgebundenen Einsatz von Waffengewalt* durch die Bundeswehr erhoben. Die Abfrage erfolgte in Anlehnung und unmittelbar im Anschluss an die Fragebatterie zu den grundlegenden Aufgaben der Bundeswehr (vgl. Abbildungen 13.1 und 13.2). Nicht abgefragt wurden Aufgaben, zu deren Erfüllung der Einsatz von Waffengewalt weitgehend ausgeschlossen werden kann, wie z.B. die Leistung humanitärer Hilfe in Krisensituationen.

Wie Abbildung 13.3. veranschaulicht, ist die Mehrheit (57 bis 84 Prozent) der Bürgerinnen und Bürger der Auffassung, dass die Bundeswehr zur Erfüllung ihrer grundlegenden Aufgaben in den Bereichen der Landes- und Bündnisverteidigung sowie des internationalen Krisenmanagements Waffengewalt als äußerstes Mittel einsetzen dürfen sollte – und zwar im gesamten Aufgabenspektrum. Nur ein geringer Teil der deutschen Bevölkerung lehnt den zweckgebundenen Einsatz von Waffengewalt als äußerstes Mittel ab (5 bis 17 Prozent). Die höchsten Zustimmungswerte erhalten die Abwehr eines militärischen Angriffs auf Deutschland (84 Prozent), die Evakuierung deutscher Staatsbürgerinnen und Staatsbürger aus Krisengebieten (73 Prozent) und die Verhinderung eines Völkermords (73 Prozent). Eine absolute Mehrheit akzeptiert den Einsatz von Waffengewalt als äußerstes Mittel auch, um einem Verbündeten zu helfen, der angegriffen wird (69 Prozent)

[72] Die Mandate für die Auslandseinsätze der Bundeswehr enthalten deshalb Regelungen, unter welchen Umständen der Einsatz von Waffengewalt durch die Bundeswehr zulässig ist. Die Anwendung von Waffengewalt wird im Einsatz durch die Einsatzregeln (englisch: Rules of Engagement) geregelt, die den Soldatinnen und Soldaten in Form sogenannter Taschenkarten übermittelt werden.

oder um sich am Kampf gegen den internationalen Terrorismus zu beteiligen (67 Prozent). Etwas geringer fällt der Zuspruch zur Anwendung von Waffengewalt aus, um internationale Handels- und Versorgungswege zu sichern (60 Prozent), um sich am Kampf gegen die transnationale organisierte Kriminalität zu beteiligen (59 Prozent) und um die Lage in einer Krisenregion zu stabilisieren (57 Prozent).

Abbildung 13.3: Einstellungen zum zweckgebundenen Einsatz von Waffengewalt durch die Bundeswehr

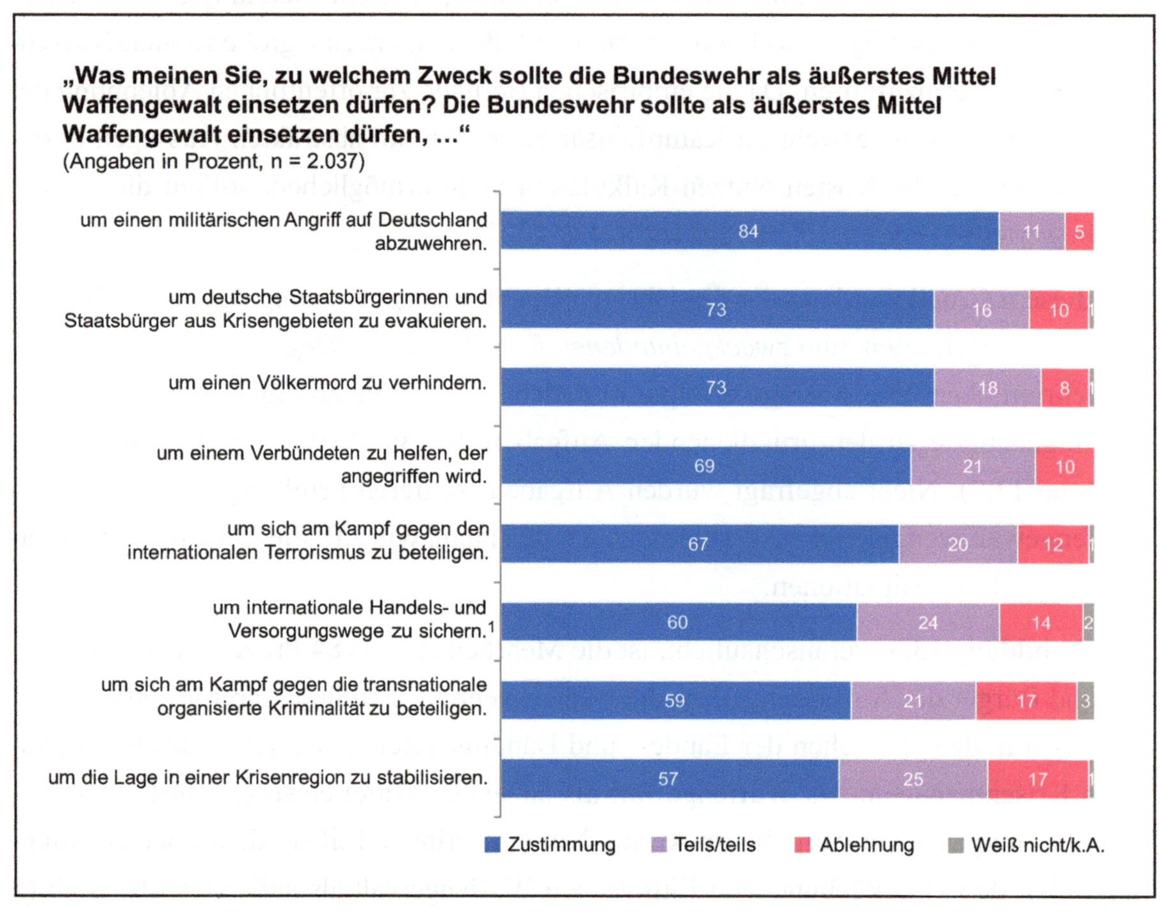

Anmerkungen: Nicht alle Prozentangaben ergeben in der Summe 100 Prozent, da die Einzelwerte gerundet wurden. Zustimmung: Anteile „Stimme völlig zu" und „Stimme eher zu" zusammengefasst; Ablehnung: Anteile „Lehne völlig ab" und „Lehne eher ab" zusammengefasst. [1]Diese Frage wurde nur einem Teil der Befragten gestellt (n = 1.081).

Datenbasis: Bevölkerungsbefragung des ZMSBw 2021.

Insgesamt betrachtet stellen die hohen Zustimmungswerte die in Politik und Wissenschaft verbreitete Annahme infrage, der zufolge die Mehrheit der Deutschen überzeugte Pazifisten seien. Tatsächlich zeigen die Ergebnisse in Abschnitt 5, dass der überwiegende Teil der deutschen Bevölkerung dem Einsatz gewaltsamer Mittel in der internationalen Politik skeptisch gegenübersteht. Wie bereits erwähnt basieren diese Erkenntnisse allerdings auf Daten, die mit äußerst abstrakten Instrumenten erhoben wurden, d.h. ohne Sinn und Zweck des Einsatzes von Waffengewalt zu benennen. Wird die Einstellung zum Einsatz von Waffengewalt jedoch zweckgebunden abgefragt und den Befragten damit Informationen für eine rudimentäre Kosten-Nutzen-Kalkulation zur Verfügung gestellt, so zeigen die Ergebnisse in Abbildung 13.3 eindrücklich, dass eine große Mehrheit der Bürgerinnen und Bürger den Einsatz von Waffengewalt durch die Bundeswehr als äußerstes Mittel durchaus akzeptiert.

Damit scheint sich die Vermutung des Präsidenten der Bundesakademie für Sicherheitspolitik, Patrick Keller, zu bestätigen, der zufolge Politiker und Fachleute die „pazifistische Strömung" in Deutschland überschätzten und die Deutschen sehr wohl „bereit sind, sich überzeugen zu lassen – und gegebenenfalls die Notwendigkeit des äußersten Mittels zu akzeptieren" (Keller 2021). Einschränkend ist hinzuzufügen, dass der Einsatz von Waffengewalt in der ZMSBw-Bevölkerungsbefragung explizit als „äußerstes" Mittel benannt wird. Es ist folglich nicht zulässig, aus den Befunden zu schließen, die Mehrheit der Bürgerinnen und Bürger betrachte die Anwendung von Waffengewalt grundsätzlich als „Mittel der Wahl". Dieser Interpretation stehen ebenfalls die Befunde aus Abschnitt 5 entgegen: Die Deutschen stehen dem Einsatz von Waffengewalt als Mittel in der Außenpolitik *prinzipiell* skeptisch gegenüber. Die vorstehenden Befunde offenbaren aber, dass der *zweckgebundene* Einsatz von Waffengewalt als äußerstes Mittel von der Mehrheit akzeptiert wird.

Bemerkenswert ist auch die Tatsache, dass sich die Zustimmungswerte zum zweckgebundenen Einsatz von Waffengewalt (vgl. Abbildung 13.3) ungefähr an den jeweiligen Zustimmungswerten zur Übernahme der verschiedenen Aufgaben orientieren (vgl. Abbildungen 13.1 und 13.2). Zwischen der Zustimmung zur Übernahme der jeweiligen Aufgabe und der entsprechenden Bereitschaft zum Einsatz von Waffengewalt im Rahmen der Aufgabenerfüllung besteht tatsächlich für alle Aufgaben ein statistisch signifikanter, positiver und starker Zusammenhang (Korrelationskoeffizient nach Pearson: $r = 0{,}52$ bis $0{,}62$; $p < 0{,}001$). Dieser Befund legt nahe, dass die Bereitschaft zum Einsatz von Waffengewalt zu einem gewissen Grad aus der grundsätzlichen Bereitschaft zum Einsatz der Bundeswehr in den genannten Szenarien abgeleitet werden kann: Je mehr die Übernahme einer bestimmten Aufgabe durch die Bundeswehr befürwortet wird, desto größer ist auch die Akzeptanz für den zweckgebundenen Einsatz von Waffengewalt als äußerstes Mittel. Aus dieser Beobachtung lässt sich folgern, dass immer dann, wenn der Einsatz der Streitkräfte befürwortet wird, auch der (potenzielle) Einsatz von Waffengewalt als äußerstes Mittel „mitgedacht" wird.

Tabelle 13.4: Einstellungen zum zweckgebundenen Einsatz von Waffengewalt durch die Bundeswehr in soziodemografischen Gruppen

(Mittelwerte)	**Einstellung zum zweckgebundenen Einsatz von Waffengewalt durch die Bundeswehr**
Insgesamt	0,73
Geschlecht n.s.	
Männer	0,74
Frauen	0,72
Alter n.s.	
16 bis 29 Jahre	0,73
30 bis 49 Jahre	0,74
50 bis 69 Jahre	0,72
70 Jahre und älter	0,71
Bildungsniveau n.s.	
Hochschul- bzw. Fachhochschulreife	0,72
Realschulabschluss	0,74
Hauptschulabschluss	0,73
Haushaltsnettoeinkommen pro Monat ***	
4.001 Euro und mehr	0,71
2.001 bis 4.000 Euro	0,74
Bis 2.000 Euro	0,70
Wahlabsicht Bundestagswahl ***	
CDU/CSU	0,74
SPD	0,74
AfD	0,76
FDP	0,77
Die Linke	0,71
Bündnis 90/Die Grünen	0,69
Keine Parteipräferenz, Nichtwähler, w.n./k.A.	0,70
Region ***	
Norddeutschland (SH, HH, HB, NI)	0,67
Ostdeutschland (MV, BB, BE, ST, SN, TH)	0,72
Süddeutschland (BW, BY)	0,76
Westdeutschland (NW, RP, HE, SL)	0,73
Migrationshintergrund n.s.	
Ja	0,73
Nein	0,73

Anmerkungen: Wertebereich der abhängigen Variablen [0 – völlige Ablehnung; 1 – völlige Zustimmung]. Analyseverfahren: Varianzanalysen, Signifikanzniveau: *** $p < 0,001$; ** $p < 0,01$; * $p < 0,05$; n.s. = nicht signifikant ($p \geq 0,05$). Der Signifikanztest für die Varianzanalyse gibt an, ob sich der Mittelwert mindestens einer Gruppe von dem Mittelwert mindestens einer anderen Gruppe unterscheidet. Die Indexvariable hat eine sehr gute Skalenreliabilität (Cronbachs alpha = 0,85).

Datenbasis: Bevölkerungsbefragung des ZMSBw 2021.

Bildet man aus den einzelnen Aussagen zur Anwendung zweckgebundener Gewalt durch die Bundeswehr eine Indexvariable (Wertebereich von 0 völlige Ablehnung bis 1 völlige Zustimmung) und vergleicht die Mittelwerte der Wählergruppen und soziodemografischen Teilgruppen in der deutschen Bevölkerung, ergibt sich folgendes Bild (vgl. Tabelle 13.4): Die Einstellung der Befragten mit mittlerem Haushaltseinkommen (2.001 bis 4.000 Euro), der Anhänger von FDP oder AfD sowie der Bürgerinnen und Bürger in Süddeutschland ist im Durchschnitt positiver als in den entsprechenden Vergleichsgruppen. Vergleichsweise am kritischsten stehen die Anhänger der Grünen sowie Befragte in Norddeutschland dem zweckgebundenen Einsatz von Waffengewalt durch die Bundeswehr gegenüber.

13.3 Einstellungen zu den Aufgaben der Bundeswehr innerhalb Deutschlands[73]

Während die innere Sicherheit grundsätzlich in den Aufgabenbereich der Polizei fällt, obliegt es den deutschen Streitkräften, die äußere Sicherheit zu gewährleisten, worunter die Landesverteidigung, das militärische Vorgehen gegen einen Angreifer von außen, zu verstehen ist (Artikel 87a Absatz 1 GG; Knelangen 2006: 253–256; vgl. Tabelle 13.5). Im Rahmen des Verteidigungsfalls oder seiner „Vorstufe", dem sogenannten Spannungsfall (Artikel 80a Absatz 1 GG), der mit einer Erhöhung der militärischen Alarmstufe einhergeht, sind die Streitkräfte berechtigt, soweit dies zur Erfüllung ihres Verteidigungsauftrages erforderlich ist, zivile Objekte zu schützen, Aufgaben der Verkehrsregelung wahrzunehmen sowie polizeiliche Maßnahmen zu unterstützen (Artikel 87a Absatz 3 GG).

Wie in der Einleitung zu diesem Abschnitt dargestellt, benennt das Weißbuch 2016 zahlreiche Aufgaben der Bundeswehr im Inland. Der Einsatz der Bundeswehr im Inneren jenseits der Landesverteidigung ist in Artikel 87a Absatz 2 GG geregelt: „Außer zur Verteidigung dürfen die Streitkräfte nur eingesetzt werden, soweit dieses Grundgesetz es ausdrücklich zulässt." Die Notstandsgesetze des Jahres 1968, die das Grundgesetz um Regelungen ergänzten, um die staatliche Handlungsfähigkeit in Krisensituationen zu ermöglichen, präzisierten in Artikel 35 GG mögliche Einsatzszenarien der Bundeswehr im Inneren: die Amtshilfe bei Naturkatastrophen oder besonders schweren Unglücksfällen (Artikel 35 Absatz 2 und 3 GG).

[73] Teile der Einleitung zu diesem Unterabschnitt sind dem Beitrag von Steinbrecher und Wanner (2018) zur Erklärung von Einstellungen zum Einsatz der Bundeswehr im Inneren entnommen.

Tabelle 13.5: Verfassungsrechtliche und gesetzliche Regeln zum Einsatz der Bundeswehr im Inneren

Grundlage	Zweck	Aufgabenbereiche der Bundeswehr
Art. 87a (1) GG	Landesverteidigung	Abwehr eines bewaffneten Angriffs auf das Bundes- oder Bündnisgebiet
Art. 87a (3) GG	Landesverteidigung im Spannungs- oder Verteidigungsfall	Schutz ziviler Objekte, Wahrnehmung von Aufgaben der Verkehrsregelung, Unterstützung polizeilicher Maßnahmen
Art. 87a (4) GG	Sicherung der freiheitlich-demokratischen Grundordnung	Unterstützung von Polizei und Bundesgrenzschutz beim Schutz von zivilen Objekten und zur Bekämpfung organisierter und militärisch bewaffneter Aufständischer
Art. 35 (2) GG	Hilfe im Fall von Naturkatastrophen oder besonders schweren Unglücksfällen (in einem Bundesland)	Aufrechterhaltung und Wiederherstellung öffentlicher Sicherheit und Ordnung, Unterstützung der Polizei
Art. 35 (3) GG	Hilfe im Fall von Naturkatastrophen oder besonders schweren Unglücksfällen (in mehr als einem Bundesland)	Aufrechterhaltung und Wiederherstellung öffentlicher Sicherheit und Ordnung, Unterstützung der Polizei
§14 (1) LuftSiG	Schutz vor Angriffen auf die Sicherheit des Luftverkehrs, Flugzeugentführungen, Sabotageakten und terroristischen Anschlägen	Einsatz von Kampfflugzeugen, um entführte Flugzeuge mit Warnschüssen zur Landung zu zwingen oder abzudrängen

Anmerkung: Eigene Darstellung in Anlehnung an Knelangen (2006: 259).

Dabei ist Voraussetzung, dass die zivilen Kräfte ohne die Unterstützung durch die Streitkräfte die Aufgabe nicht oder nur unter erheblichen Schwierigkeiten erfüllen könnten. Das Grundgesetz sieht folglich nur eng begrenzte Möglichkeiten für Bundeswehreinsätze im Inneren vor und besagt in der derzeitigen Form, dass ein Einsatz von Soldatinnen und Soldaten als „Hilfspolizisten" oder Helfer lediglich bei einer Naturkatastrophe (z.B. während des Elbehochwassers im Jahr 2002) oder bei besonders schweren Unglücksfällen (z.B. beim Bahnunglück in Eschede im Jahr 1998) rechtlich abgesichert ist. Weitere Handlungsmöglichkeiten der Bundeswehr im Inneren sieht das Grundgesetz für den Fall vor, dass die freiheitlich-demokratische Grundordnung des Bundes oder eines Landes gefährdet ist (innerer Notstand). In diesem Fall werden den deutschen Streitkräften Handlungsoptionen im Bereich der Unterstützung von Polizei und Bundespolizei beim Schutz von zivilen Objekten und bei der Bekämpfung organisierter und militärisch bewaffneter Aufständischer zugesprochen (Artikel 87a Absatz 4 GG).

Neben der Frage, in welchen Situationen und zu welchem Zweck die Streitkräfte im Inneren zum Einsatz kommen dürfen, ist auch der potenzielle Einsatz militärischer Kampfmittel auf deutschem Territorium gesetzlich geregelt. Als eine Konsequenz aus den Terroranschlägen am 11. September 2001 und einem Zwischenfall im Jahr 2003 im Luftraum von Frankfurt am Main, bei dem ein geistig verwirrter Mann mit einem Motorsegler über dem Bankenviertel kreiste und drohte, sich mit seinem Flugzeug in eines der Hochhäuser zu stürzen (FAZ 2003), bündelte der Deutsche Bundestag am 11. Januar 2005 wesentliche Sicherheitsvorschriften im sogenannten Luftsicherheitsgesetz (LuftSiG). Dieses dient vorrangig dem Zweck, Attentate wie die Terroranschläge am 11. September durch entführte Flugzeuge zu verhindern. Dazu ermächtigte und verpflichtete das Gesetz die Luftsicherheitsbehörden, die Fluggesellschaften und die Flughafenbetreiber, bestimmte Sicherheitsmaßnahmen zu ergreifen. Ferner wurde geregelt, wie im Falle einer Flugzeugentführung ein möglicher Einsatz der Streitkräfte erfolgen sollte. In § 14 (1) wurde festgehalten, dass die Streitkräfte in einem solchen Fall zum Einsatz kommen können, um den Eintritt eines besonders schweren Unglücksfalls zu verhindern und, dass sie ein entführtes Flugzeug mit Warnschüssen zur Landung zwingen oder abdrängen dürfen. Der mögliche Einsatz militärischer Kampfmittel in einem solchen Szenario wurde ursprünglich ebenfalls im Rahmen des Luftsicherheitsgesetzes geregelt: „Die unmittelbare Einwirkung mit Waffengewalt ist nur zulässig, wenn nach den Umständen davon auszugehen ist, dass das Luftfahrzeug gegen das Leben von Menschen eingesetzt werden soll, und sie das einzige Mittel zur Abwehr dieser gegenwärtigen Gefahr ist“ (LuftSiG § 14 Abs. 3). Dieser Absatz wurde jedoch in einem Urteil des Bundesverfassungsgerichts am 15. Februar 2006 für verfassungswidrig und nichtig erklärt, da der damit ermöglichte Einsatz gegen das Leben von Menschen gegen die Menschenwürde verstößt. Auch in anderen möglichen Einsatzszenarien der Bundeswehr im Inneren wurde die Verwendung spezifisch militärischer Waffen bis zu einem Beschluss des Bundesverfassungsgerichts im Jahr 2012 generell ausgeschlossen. Dieser besagt, dass die Bundeswehr bei Einsätzen im Inneren in Ausnahmefällen militärische Mittel zur Abwehr von Gefahren katastrophalen Ausmaßes einsetzen darf. Allerdings muss stets die gesamte Bundesregierung über einen solchen Inlandseinsatz der Bundeswehr entscheiden (Klasen 2012). Insgesamt setzen die gesetzlichen Regelungen also enge Grenzen für den Einsatz der Bundeswehr innerhalb Deutschlands.

Auch 2021 wurde die Bundeswehr im Rahmen der Amtshilfe im Inland eingesetzt: bei der andauernden Bekämpfung der Corona-Pandemie, bei der Flutkatastrophe im Juli in Nordrhein-Westfalen und Rheinland-Pfalz und – zum ersten Mal in ihrer Geschichte – bei einem Hackerangriff auf die IT-Infrastruktur einer öffentlichen Einrichtung in Deutschland. Vom 3. bis zum 27. August 2021 unterstützten Kräfte des Kommando Cyber- und Informationsraum (CIR) den Landkreis Anhalt-Bitterfeld im Rahmen der Amtshilfe bei der Wiederherstellung der IT-Infrastruktur, nachdem diese infolge eines Hackerangriffs ausgefallen war.

Abbildung 13.4: Einstellungen zu den Aufgabenbereichen der Bundeswehr im Inland

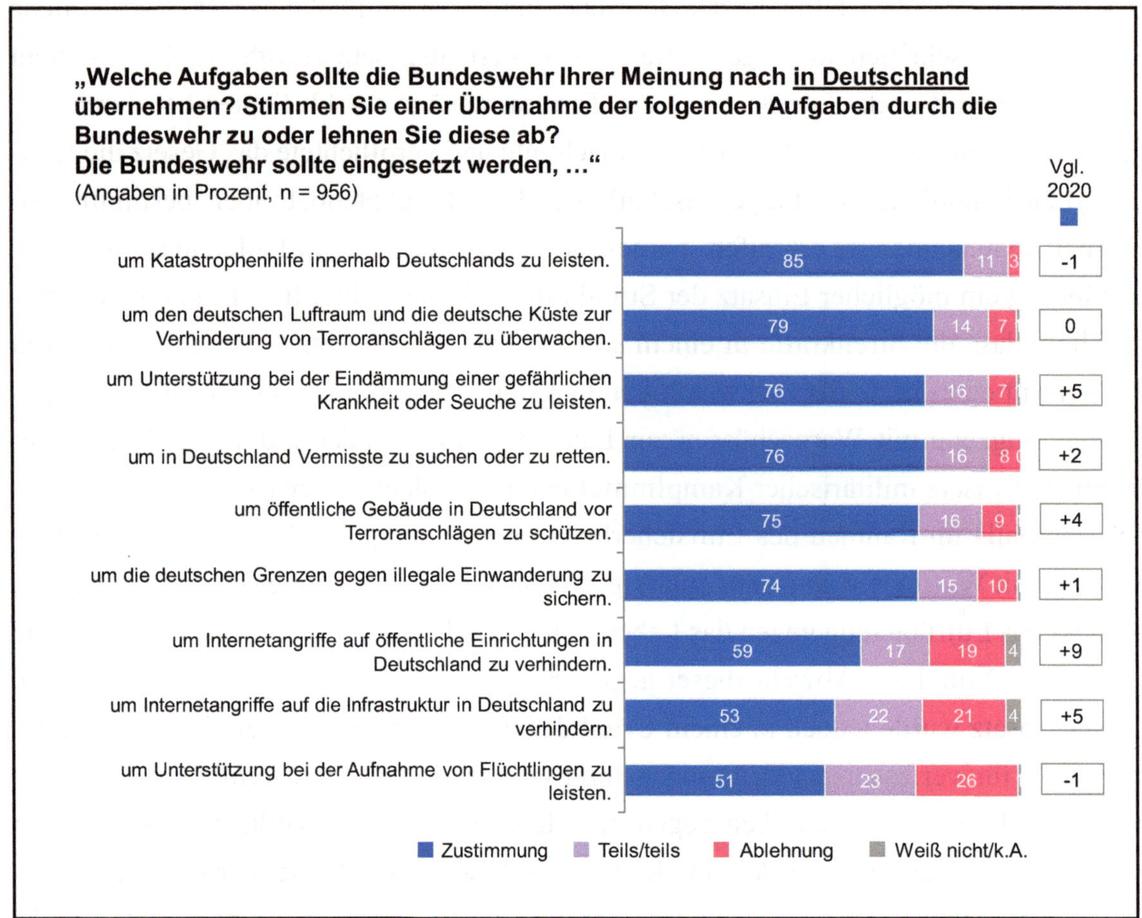

Anmerkungen: Nicht alle Prozentangaben ergeben in der Summe 100 Prozent, da die Einzelwerte gerundet wurden. Zustimmung: Anteile „Stimme völlig zu“ und „Stimme eher zu“ zusammengefasst; Ablehnung: Anteile „Lehne völlig ab“ und „Lehne eher ab“ zusammengefasst. Vgl. 2020: Differenz Zustimmung 2021 zu 2020. Die Frage wurde nur einem Teil der Befragten gestellt (n = 956).

Datenbasis: Bevölkerungsbefragungen des ZMSBw 2020 und 2021.

Wie im Vorjahr enthielt die Bevölkerungsbefragung 2021 einen Satz von Fragen, der die Einstellung der Befragten zu möglichen Einsatzszenarien der Bundeswehr im Inneren beleuchtet (vgl. Abbildung 13.4). Die Ergebnisse zeigen, dass der Einsatz der Bundeswehr innerhalb Deutschlands im gesamten Aufgabenspektrum von einer absoluten Mehrheit (51 bis 85 Prozent) begrüßt wird.[74] Wie bereits im Vorjahr erhalten der Einsatz der Bundeswehr zur Katastrophenhilfe (85 Prozent; -1 Prozentpunkt im Vergleich zu 2020) und zum Schutz des deutschen Luftraums und der deutschen Küsten vor Terroranschlägen

[74] Laut einer repräsentativen Bevölkerungsbefragung durch das Institut für Demoskopie Allensbach (2021) sprechen sich 81 Prozent der Befragten dafür aus, mehr Möglichkeiten zu schaffen, die Bundeswehr in Krisenzeiten für Hilfsdienste einzusetzen, 10 Prozent sprechen sich dagegen aus und 9 Prozent sind unentschieden.

(79 Prozent; keine Veränderung) den größten Zuspruch der Befragten. Den vergleichsweise geringsten Zuspruch erfahren der Einsatz der Bundeswehr bei der Aufnahme von Flüchtlingen (51 Prozent; -1 Prozentpunkt) und zur Verhinderung von Internetangriffen auf die Infrastruktur (53 Prozent; +5 Prozentpunkte) sowie auf öffentliche Einrichtungen in Deutschland (59 Prozent; +9 Prozentpunkte). Der Einsatz der Bundeswehr zur Abwehr von Cyberangriffen wird von den Bürgerinnen und Bürgern somit deutlich stärker begrüßt als im Vorjahr. Auch der Einsatz der Bundeswehr zur Eindämmung einer gefährlichen Krankheit oder Seuche erfährt aktuell eine größere Zustimmung als 2020 (76 Prozent; +5 Prozentpunkte). Insgesamt ist die Bereitschaft der Bürgerinnen und Bürger, die Bundeswehr innerhalb Deutschlands einzusetzen, im Vergleich zum Vorjahr gestiegen.

Im Folgenden soll es wie bei den Analysen zu den generellen Aufgaben der Streitkräfte darum gehen, Erklärungsfaktoren für die Einstellungen zum Einsatz der Bundeswehr im Inneren herauszuarbeiten. Dafür werden die abgefragten Einsatzmöglichkeiten zu drei theoretisch begründbaren Gruppen zusammengefasst: *Schutzaufgaben* („um den deutschen Luftraum und die deutsche Küste zur Verhinderung von Terroranschlägen zu überwachen", „um öffentliche Gebäude in Deutschland vor Terroranschlägen zu schützen" und „um die deutschen Grenzen gegen illegale Einwanderung zu sichern"), *Hilfsaufgaben* („um Katastrophenhilfe innerhalb Deutschlands zu leisten", „um in Deutschland Vermisste zu suchen oder zu retten", „um Unterstützung bei der Aufnahme von Flüchtlingen zu leisten" und „um Unterstützung bei der Eindämmung einer gefährlichen Krankheit oder Seuche zu leisten") sowie *Cyberaufgaben* („um Internetangriffe auf die Infrastruktur in Deutschland zu verhindern" und „um Internetangriffe auf öffentliche Einrichtungen in Deutschland zu verhindern"). Die Reliabilität der Indizes ist durchweg zufriedenstellend (Hilfsaufgaben: Cronbachs alpha = 0,68; Schutzaufgaben: Cronbachs alpha = 0,78; Cyberaufgaben: Cronbachs alpha = 0,71), was deren Bildung auch empirisch rechtfertigt. Die drei Indizes haben einen Wertebereich von 0 (völlige Ablehnung) bis 1 (völlige Zustimmung). Ein Wert von 0,5 repräsentiert eine ambivalente Haltung. Tabelle 13.6 präsentiert die Unterschiede in den Vorstellungen von den Aufgabenbereichen der Bundeswehr im Inland in den bekannten soziodemografischen Gruppen.

Tabelle 13.6: Einstellungen zu den Aufgabenbereichen der Bundeswehr im Inland in soziodemografischen Gruppen

(Mittelwerte)	Hilfsaufgaben	Schutzaufgaben	Cyberaufgaben
Insgesamt	0,75	0,78	0,66
Geschlecht	n.s.	n.s.	n.s.
Männer	0,74	0,78	0,66
Frauen	0,76	0,78	0,65
Alter	n.s.	n.s.	n.s.
16 bis 29 Jahre	0,74	0,78	0,66
30 bis 49 Jahre	0,75	0,77	0,64
50 bis 69 Jahre	0,75	0,79	0,67
70 Jahre und älter	0,77	0,77	0,65
Bildungsniveau	n.s.	n.s.	n.s.
Hochschul- bzw. Fachhochschulreife	0,74	0,77	0,64
Realschulabschluss	0,75	0,78	0,65
Hauptschulabschluss	0,76	0,78	0,67
Haushaltsnettoeinkommen pro Monat	n.s.	n.s.	n.s.
4.001 Euro und mehr	0,73	0,76	0,64
2.001 bis 4.000 Euro	0,75	0,78	0,65
Bis 2.000 Euro	0,75	0,76	0,68
Wahlabsicht Bundestagswahl	**	**	*
CDU/CSU	0,76	0,80	0,66
SPD	0,77	0,78	0,65
AfD	0,67	0,80	0,66
FDP	0,80	0,86	0,72
Die Linke	0,76	0,75	0,70
Bündnis 90/Die Grünen	0,76	0,73	0,56
Keine Parteipräferenz, Nichtwähler, w.n./k.A.	0,73	0,76	0,67
Region	***	***	***
Norddeutschland (SH, HH, HB, NI)	0,70	0,72	0,58
Ostdeutschland (MV, BB, BE, ST, SN, TH)	0,71	0,76	0,63
Süddeutschland (BW, BY)	0,78	0,82	0,67
Westdeutschland (NW, RP, HE, SL)	0,77	0,79	0,69
Migrationshintergrund	n.s.	n.s.	n.s.
Ja	0,77	0,81	0,65
Nein	0,75	0,77	0,66

Anmerkungen: Wertebereich [0 – völlige Ablehnung; 1 – völlige Zustimmung]. Analyseverfahren: Varianzanalysen, Signifikanzniveau: *** $p < 0{,}001$; ** $p < 0{,}01$; * $p < 0{,}05$; n.s. = nicht signifikant ($p \geq 0{,}05$). Der Signifikanztest für die Varianzanalyse gibt an, ob sich der Mittelwert mindestens einer Gruppe von dem Mittelwert mindestens einer anderen Gruppe unterscheidet.

Datenbasis: Bevölkerungsbefragung des ZMSBw 2021.

Insgesamt wird deutlich, dass die Übernahme von Schutzaufgaben mit einem Mittelwert von 0,78 am stärksten unterstützt wird. Dass die Bundeswehr Hilfsaufgaben erledigt, wird in fast ähnlichem Maße befürwortet (0,75). Etwas geringer ist der Rückhalt für die Erledigung von Aufgaben im Cyber- und Informationsraum (0,66). Geschlecht, Alter, Bildungsniveau, Haushaltseinkommen und Migrationshintergrund der Befragten haben keine statistisch signifikanten Effekte auf die Bewertung der betrachteten Formen des Einsatzes im Inneren. Signifikante Einstellungsunterschiede bestehen nur zwischen den Wählergruppen sowie den Regionen. Bei der Übernahme von Hilfsaufgaben durch die Bundeswehr fällt die im Vergleich zu den übrigen Wählergruppen geringere Zustimmung der AfD-Anhänger ins Auge. Die Ausführung von Schutzaufgaben durch die Bundeswehr erhält dagegen von den Anhängern der Grünen, Linken und der Gruppe der Nichtwähler etwas weniger Zuspruch als von den anderen Wählergruppen. Die Erledigung von Cyberaufgaben wird vergleichsweise am stärksten von Befragten mit einer Wahlpräferenz für die FDP und Die Linke befürwortet und von den Anhängern der Grünen vergleichsweise am kritischsten gesehen. Der Vergleich der Regionen zeigt, dass die Bürgerinnen und Bürger in Süd- und Westdeutschland dem Einsatz der Bundeswehr innerhalb Deutschlands positiver gegenüberstehen als jene in Nord- und Ostdeutschland – und zwar in allen drei Aufgabenbereichen.

Zwischen den soziodemografischen Gruppen in der deutschen Bevölkerung gibt es folglich insgesamt nur wenige statistisch signifikante Unterschiede in der Einstellung zum Einsatz der Bundeswehr in den drei genannten Aufgabenfeldern innerhalb Deutschlands. Nachfolgend wird der Einfluss einer Reihe von alternativen Erklärungsfaktoren überprüft: performanzbezogene Aspekte, die Grundhaltung zur Bundeswehr sowie eine Reihe von Sicherheits- und Bedrohungsperzeptionen. Hierzu wurde für jeden der drei Aufgabenbereiche eine multiple Regression berechnet (vgl. Tabelle 13.7). Ausgewiesen werden die standardisierten Effektkoeffizienten für die Erklärungsvariablen. Alter, Geschlecht, Bildungsniveau, Haushaltseinkommen, Wohnort (Ostdeutschland), Migrationshintergrund und persönliche Diensterfahrung in der Bundeswehr gehen zwar als Kontrollvariablen in die drei Modelle ein, aber deren Effektkoeffizienten werden nicht dargestellt, da keine der Variablen einen statistisch signifikanten Einfluss auf die Einstellung zum Einsatz der Bundeswehr innerhalb Deutschlands hat.

Tabelle 13.7: Determinanten der Vorstellungen von den Aufgabenbereichen der Bundeswehr im Inland

	Hilfsaufgaben	Schutzaufgaben	Cyberaufgaben
Performanzbezogene Aspekte			
Bundeswehr hat in der Nähe Katastrophenhilfe geleistet	0,06*	0,07*	0,04n.s.
Leistungsbewertung Bundeswehr im Inland	0,29***	0,30***	0,06n.s.
Einstellung zur Bundeswehr			
Einstellung zur Bundeswehr	0,13***	0,14***	0,21***
Sicherheits- und Bedrohungsperzeptionen			
Bewertung der nationalen Sicherheitslage	0,10*	0,08*	0,09*
Bewertung der persönlichen Sicherheitslage	0,10*	0,09*	0,00n.s.
Bedrohungswahrnehmung Naturkatastrophe	0,05n.s.	0,05n.s.	0,01n.s.
Bedrohungswahrnehmung Terrorismus	-0,02n.s.	0,09*	-0,02n.s.
Bedrohungswahrnehmung Zuwanderung	0,01n.s.	0,18***	-0,03n.s.
Bedrohungswahrnehmung Pandemie	0,09*	0,02n.s.	0,01n.s.
Bedrohungswahrnehmung Internetangriff auf Infrastruktur	0,04n.s.	-0,01n.s.	0,26***
Korrigiertes R^2	0,21	0,23	0,11
n	808	805	776

Anmerkungen: Wertebereich der abhängigen Variablen [0 – völlige Ablehnung; 1 – völlige Zustimmung]. Alle erklärenden Variablen haben einen Wertebereich von [0 – niedrige bzw. negative Ausprägung; 1 – hohe bzw. positive Ausprägung]. Alter, Geschlecht, Bildungsniveau, Haushaltseinkommen, Region (Ostdeutschland), Migrationshintergrund und Diensterfahrung in der Bundeswehr gehen in alle drei Modelle als Kontrollvariablen ein. Analyseverfahren: Multiple lineare Regressionen; standardisierte Regressionskoeffizienten (beta). Signifikanzniveau: *** $p < 0,001$; ** $p < 0,01$; * $p < 0,05$; n.s. = nicht signifikant ($p \geq 0,05$).

Datenbasis: Bevölkerungsbefragung des ZMSBw 2021.

Die Übernahme von Hilfsaufgaben innerhalb Deutschlands, wie z.B. die Beteiligung der Bundeswehr an der Bekämpfung des Coronavirus oder an der Katastrophenhilfe, wird stärker befürwortet, wenn die Bundeswehr in der Nähe der Befragten tatsächlich Katastrophenhilfe geleistet hat und je positiver die Leistung der Bundeswehr bei ihren Einsätzen im Inland insgesamt bewertet wird. Der Einfluss der allgemeinen Performanzbewertung ist jedoch sehr viel stärker als der der Katastrophenhilfe in Wohnortnähe. Dieser Befund bedeutet aber nicht, dass sich Hilfseinsätze der Bundeswehr nicht positiv auf die Wahrnehmung der Bundeswehr in der Bevölkerung auswirken. Aus den Ergebnissen in Abschnitt 10 geht hervor, dass der persönliche Eindruck von der Bundeswehr bei Hilfseinsätzen am positivsten ist. Der relativ schwache Effekt in der Regressionsanalyse zeigt lediglich an, dass die in der Nähe der Befragten geleistete Katastrophenhilfe die im Durchschnitt ohnehin positive Einstellung zur Übernahme von Hilfsaufgaben durch die Bundeswehr nur leicht erhöht. Die performanzbezogenen Aspekte wirken sich ebenso auf die Einstellung zu den Schutzaufgaben aus, nicht aber auf den Zuspruch zu den Cyberaufgaben. Es steht zu vermuten, dass die Performanzbewertung für die Einstellung zur Übernahme von Cyberaufgaben durch die Bundeswehr keine Rolle spielt, weil der Bevölkerung zu diesem Einsatzgebiet keine Erfahrungswerte vorliegen. Im August 2021 führte die Bundeswehr zum ersten Mal einen Cybereinsatz im Rahmen der Amtshilfe durch.

Sollten sich derartige Einsätze in Zukunft wiederholen, ist nicht auszuschließen, dass die Performanzbewertung auch für die öffentliche Zustimmung zur Wahrnehmung von Cyberaufgaben durch die Bundeswehr zu einer signifikanten Erklärungsgröße wird.

Die Grundhaltung der Befragten zur Bundeswehr ist für deren Einstellung zur Ausführung von Hilf- und Schutzaufgaben durch die Bundeswehr ebenfalls von Bedeutung: Je positiver die Grundhaltung der Befragten zur Bundeswehr ist, desto stärker wird deren Einsatz in allen drei Aufgabenbereichen innerhalb Deutschlands befürwortet. Am größten wirkt sich der Einfluss der Grundhaltung auf die Übernahme von Cyberaufgaben aus. Wo also Erfahrungswerte zur Beurteilung der Performanz der Bundeswehr fehlen, wird die Einstellung zur Aufgabenübernahme aus der allgemeinen Haltung zu den Streitkräften abgeleitet.

Eine positivere Bewertung der persönlichen und der nationalen Sicherheitslage geht mit einer positiveren Einstellung zum Einsatz der Bundeswehr innerhalb Deutschlands einher. Dieser Befund erscheint zunächst kontraintuitiv, allerdings lässt sich die beobachtete Beziehung auch „umgekehrt" interpretieren: Je mehr man den Einsatz der Bundeswehr im Inland bei außergewöhnlichen Not- und Katastrophenlagen befürwortet, desto positiver schätzt man die persönliche und die nationale Sicherheitslage ein.

Die Bedrohungsperzeptionen beeinflussen die Haltung zu allen drei Aufgabenfeldern, wirken aber aufgabenspezifisch, d.h. sie erhöhen die Zustimmung zu jenem Aufgabenbereich, in dem die Abwehr bzw. Bekämpfung der jeweiligen Bedrohung anzusiedeln ist: Das Gefühl der Bedrohung durch eine Pandemie erhöht den Zuspruch zum Einsatz der Bundeswehr im Rahmen von Hilfseinsätzen; je mehr man sich durch Terroranschläge in Deutschland oder Zuwanderung nach Deutschland in seiner persönlichen Sicherheit bedroht fühlt, desto eher spricht man sich für die Übernahme von Schutzaufgaben durch die Bundeswehr aus; und je mehr man sich durch einen Internetangriff auf die Infrastruktur in Deutschland bedroht fühlt, desto mehr befürwortet man den Einsatz der Bundeswehr im Cyber- und Informationsraum.

13.4 Fazit

Die Bundeswehr hat ein sehr breites Aufgabenspektrum: von der Landes- und Bündnisverteidigung über das internationale Krisenmanagement bis hin zur Leistung vielfältiger Unterstützungsaufgaben innerhalb Deutschlands (z.B. Fluthilfe oder Pandemiebekämpfung). Die Mehrheit der deutschen Bevölkerung steht der Erfüllung des gesamten Aufgabenspektrums positiv gegenüber, jedoch erfahren einige Aufgaben mehr Zuspruch als andere. Große Zustimmung findet insbesondere der Aufgabenbereich der Landes- und

Bündnisverteidigung. Dieser Befund steht jedoch im Widerspruch zur ambivalenten Einstellung der Bürgerinnen und Bürger zur Unterstützung der NATO-Partner im Baltikum und der entsprechenden anerkannten Missionen (vgl. Abschnitte 7 und 14). Eine Schlussfolgerung ist, dass die Bürgerinnen und Bürger dem Aufgabenbereich Landes- und Bündnisverteidigung (wie auch der NATO) prinzipiell sehr positiv gegenüberstehen, konkrete Missionen zur Bündnissicherung aber deutlich kritischer beurteilen (vgl. Abschnitt 7).[75]

Der Aufgabenbereich des internationalen Krisenmanagements erfährt im Vergleich zur Landes- und Bündnisverteidigung im Durchschnitt etwas weniger Zustimmung. Insbesondere die Ausbildung der Sicherheitskräfte anderer Länder wird von einem größeren Teil der Befragten kritisch gesehen, ebenso wie die Bekämpfung gegnerischer Kräfte in den Auslandseinsätzen. Allerdings ist im Vergleich zum Vorjahr gerade die Zustimmung zur Bekämpfung gegnerischer Kräfte in den Auslandseinsätzen deutlich gestiegen (+6 Prozentpunkte). Die vergleichsweise verhaltene Zustimmung zu den „Kampfaufgaben" scheint sich mit den Ergebnissen aus Abschnitt 5 zu decken, die belegen, dass die deutsche Bevölkerung eine eher anti-militaristische Grundhaltung hat, also der Anwendung militärischer Gewalt in den internationalen Beziehungen skeptisch gegenübersteht, und den Einsatz „weicherer" Mittel wie Diplomatie und Entwicklungszusammenarbeit in der Außenpolitik präferiert.

Die Einstellung der Bevölkerung zur Beteiligung der Bundeswehr an Kampfeinsätzen wurde bisher nur mit äußerst abstrakten Instrumenten erhoben, deshalb wurde in der diesjährigen Bevölkerungsbefragung zusätzlich die Einstellung zum *zweckgebundenen* Einsatz von Waffengewalt durch die Bundeswehr abgefragt. Die vorherigen Analysen haben gezeigt, dass eine absolute Mehrheit der Bürgerinnen und Bürger die zweckgebundene Anwendung von Waffengewalt durch die Bundeswehr akzeptiert – und zwar im gesamten Aufgabenspektrum. Einschränkend ist hinzuzufügen, dass der Einsatz von Waffengewalt in der ZMSBw-Bevölkerungsbefragung explizit als „äußerstes Mittel" benannt wurde. Es ist folglich nicht zulässig, aus den Befunden zu folgern, die Mehrheit der Bürgerinnen und Bürger betrachte die Anwendung von Waffengewalt grundsätzlich als „Mittel der Wahl". Dem widersprechen, wie bereits erwähnt, die Befunde aus Abschnitt 5. Die Mehrheit der Bevölkerung akzeptiert den Einsatz von Waffengewalt durchaus, wenn dieser der Erfüllung einer legitimen Aufgabe dient. Darüber hinaus geht aus der Analyse hervor, dass

---

75 Der 2018 erschienene Sammelband „Freiheit oder Sicherheit? Ein Spannungsverhältnis aus Sicht der Bürgerinnen und Bürger" (Steinbrecher et al. 2018a) sowie Biehl et al. (2017) liefern hierzu weitergehende Befunde und Schlussfolgerungen. Siehe auch Graf (2021f) zur ambivalenten Haltung der Deutschen zur Verteidigung der NATO-Ostflanke.

die grundsätzliche Einstellung zu den auswärtigen Aufgaben der Bundeswehr und die Einstellung zur Anwendung von Waffengewalt als äußerstes Mittel in einer positiven und relativ starken Beziehung zueinander stehen – und zwar für alle Aufgaben: Je mehr also die Übernahme einer bestimmten Aufgabe durch die Bundeswehr befürwortet wird, desto größer ist auch die Akzeptanz für den zweckgebundenen Einsatz von Waffengewalt. Daraus lässt sich schließen, dass immer dann, wenn der Einsatz der Streitkräfte befürwortet wird, auch der (potenzielle) Einsatz von Waffengewalt als äußerstes Mittel zur Auftragserfüllung „mitgedacht" und akzeptiert wird.

Für die verschiedenen Szenarien des Einsatzes der Bundeswehr im Inland gibt es durchweg hohe Zustimmungswerte. Unabhängig von der verfassungsmäßigen Zulässigkeit befürwortet eine absolute Mehrheit der Bevölkerung den Einsatz der Streitkräfte im Inneren in fast allen abgefragten Aufgabenszenarien. Dabei werden Hilfs- und Schutzaufgaben stärker unterstützt als Cyberaufgaben wie die Abwehr eines Hackerangriffs auf die Infrastruktur in Deutschland. Gleichwohl ist festzustellen, dass der Einsatz der Bundeswehr zur Abwehr von Cyberangriffen im Vergleich zum Vorjahr den größten Anstieg in der öffentlichen Zustimmung erfährt. Auch der Einsatz der Bundeswehr zur Eindämmung einer gefährlichen Krankheit oder Seuche wird aktuell stärker unterstützt als 2020. Insgesamt ist die Bereitschaft der Bürgerinnen und Bürger, die Bundeswehr innerhalb Deutschlands einzusetzen, im Vergleich zum Vorjahr gestiegen.

Die Einstellung zu den Aufgaben der Bundeswehr ist zwischen den soziodemografischen Gruppen in der deutschen Bevölkerung insgesamt sehr ähnlich ausgeprägt, d.h. es gibt nur wenige statistisch signifikante Differenzen. Parteipolitische Orientierungen und soziodemografische Ressourcen spielen demzufolge keine wesentliche Rolle für die Einstellung zu den Aufgaben der Bundeswehr. Als insgesamt wichtigste Determinante erweist sich die Performanzbewertung der Bundeswehr bei ihren Einsätzen im In- und Ausland. Damit haben es die Streitkräfte weitgehend selbst in der Hand, für ihre aktuellen wie potenziellen Aufgaben Rückhalt in der Bevölkerung zu schaffen. Insbesondere die Kommunikation der erbrachten Leistungen in den vielfältigen Einsätzen im In- und Ausland kann die öffentliche Zustimmung zu den Aufgaben und Einsätzen der Bundeswehr erhöhen (siehe auch Abschnitt 14). Für die Einstellung zu den auswärtigen Aufgaben sind zudem die außen- und sicherheitspolitischen Grundorientierungen von Bedeutung: Die Einstellung zum Aufgabenfeld der Landes- und Bündnisverteidigung wird maßgeblich von einer multilateralistischen Grundhaltung beeinflusst, während der Zuspruch zum Aufgabenbereich des internationalen Krisenmanagements mit einer eher internationalistischen Überzeugung steigt.

Abschließend ist festzustellen, dass sich die wahrgenommene Bedrohung der eigenen Sicherheit durch verschiedene Risikofaktoren sehr unterschiedlich auf die Einstellung zu den auswärtigen Aufgaben und den Aufgaben innerhalb Deutschlands auswirkt: Je mehr sich die Befragten in ihrer persönlichen Sicherheit durch die Spannungen zwischen dem Westen und Russland oder Krieg in Europa bedroht fühlen, desto weniger unterstützen sie den Aufgabenbereich der Landes- und Bündnisverteidigung. Es liegt die Vermutung nahe, dass die Befragten die Streitkräfte nicht als Lösung komplexer internationaler Krisen begreifen, sondern vielleicht eher als Teil des Problems. Ein ähnlicher Zusammenhang hat sich auch in Abschnitt 4 gezeigt: Je mehr sich die Befragten durch komplexe internationale Risikofaktoren persönlich bedroht fühlen, desto weniger sind sie der Überzeugung, dass die Bundeswehr für Deutschland wichtig ist. Der „Mehrwert" der Bundeswehr bei Hilfseinsätzen im Inland scheint sich den Bürgerinnen und Bürgern dagegen eher zu erschließen: Je mehr die Befragten sich durch Gefahren wie Naturkatastrophen oder Pandemien persönlich bedroht fühlen, desto mehr befürworten sie den Hilfseinsatz der Bundeswehr innerhalb Deutschlands.

14 Einstellungen zu den Auslandseinsätzen der Bundeswehr

Heiko Biehl und Timo Graf

Die Bundeswehr ist seit Jahrzehnten weltweit in Auslandseinsätzen engagiert. Neben einer Vielzahl andauernder Ausbildungs-, Stabilisierungs- und Überwachungsmissionen wie in Mali und im Mittelmeer binden seit der gewaltsamen Annexion der Krim durch Russland im Jahr 2014 die Missionen im Rahmen der Bündnisverteidigung verstärkt die Aufmerksamkeit und Ressourcen der Bundeswehr (BMVg 2016a: 90–93). Derzeit sind ca. 2.300 Soldatinnen und Soldaten in den Einsätzen und anerkannten Missionen der Bundeswehr im Ausland (Stand: Juli 2021). Wurde den Auslandseinsätzen in den vergangenen Jahren eher weniger Beachtung in der Öffentlichkeit geschenkt, so waren die beiden Einsätze in Mali und insbesondere die Mission in Afghanistan vor, während und nach der ZMSBw-Bevölkerung Gegenstand öffentlicher Debatten und einer intensiven Medienberichterstattung. Während es in Mali zu einem Putsch kam und sich die Sicherheitslage sukzessive verschlechterte, zog die Bundeswehr am 29. Juni 2021 ihre letzten Kräfte aus Afghanistan ab – nach annähernd 20 Jahren im Einsatz.

Der Einsatz in Afghanistan war der verlustreichste in der Geschichte der Bundeswehr und diese Erfahrung hat Spuren hinterlassen: „Der Einsatz hat die Bundeswehr fundamental verändert. Sie ist erwachsener geworden. Sie wurde erstmals mit einer größeren Zahl an Gefallenen konfrontiert und hat an der Seite vieler alliierter Nationen erlebt, was Krieg wirklich ist“, so das Resümee von Brigadegeneral Ansgar Meyer, Kommandeur des letzten Bundeswehr-Kontingents in Afghanistan (zit. n. Carstens 2021). Darüber hinaus hat der Einsatz die deutsche Gesellschaft (erneut) mit der Frage konfrontiert, wie vor dem Hintergrund ihrer historischen und internationalen Verantwortung mit „kriegsähnlichen Zuständen“ fernab der Heimat umgegangen werden sollte und welche Rolle dabei die Bundeswehr als Instrument der deutschen Außen- und Sicherheitspolitik spielen sollte (Chauvistré 2009; Naumann 2010; Robotham/Röder 2012).

Die schnelle Machtergreifung der Taliban in Afghanistan machte es erforderlich, nach dem offiziellen Abzug der Truppe die Bundeswehr zur Evakuierung deutscher Staatsbürgerinnen und Staatsbürger und anderer Schutzbefohlener in der Hauptstadt Kabul einzusetzen: Vom 16. bis zum 26. August konnten 5.347 Personen in Sicherheit gebracht werden. Der Abzug aus Afghanistan und die Evakuierungsmission in Kabul haben eine öffentliche Debatte darüber angestoßen, welche „Lehren aus Afghanistan“ für Deutschlands zukünftige Bereitschaft zur militärischen Interventionsfähigkeit zu ziehen sind (Jäger 2020; Keller 2021). Die Bundesministerin der Verteidigung, Annegret Kramp-Karrenbauer, wünschte sich „jetzt so bald wie möglich eine breite öffentliche Debatte zum Afghanistan-Einsatz“ (BMVg 2021e). In der grundsätzlichen Diskussion über Sinn und Zweck der Auslandseinsätze der Bundeswehr sollte auch die Bevölkerungsmeinung kritisch reflektiert werden, weil sie für die Auslandseinsätze von großer Bedeutung ist.[76]

Seit 2005 bedürfen gemäß Parlamentsbeteiligungsgesetz alle Auslandseinsätze der Bundeswehr der konstitutiven Zustimmung des Deutschen Bundestags, sofern militärische Auseinandersetzungen zu erwarten sind und die Anwendung militärischer Gewalt durch die Bundeswehr im Rahmen ihres Auftrags gestattet ist. Aus demokratietheoretischer Perspektive gewährleistet die Parlamentsbeteiligung die Legitimierung der Einsätze durch den Souverän. Um die Zustimmung des Parlaments zu gewinnen, muss die Bundesregierung für den Auslandseinsatz werben und sich gegebenenfalls einer kritischen Debatte stellen (Dembinski/Gromes 2018). Doch auch unabhängig vom Parlamentsbeteiligungsgesetz ist die kontinuierliche Erhebung der Bevölkerungsmeinung zu den Auslandseinsätzen der Bundeswehr unerlässlich, um diese im Sinne der responsiven Demokratie (Brettschneider 1995; Uppendahl 1981) legitimieren zu können (Rattinger 2007). Die Bevölkerungsmeinung kann aber nicht nur „legitimieren“, sondern bisweilen auch „limitieren“, indem sie den (wahrgenommenen) Handlungsspielraum der politischen Entscheidungsträger einschränkt (Biehl 2012b: 172–173; Viehrig 2010). Grundsätzlich attestieren sozialwissenschaftliche Untersuchungen der öffentlichen Meinung in westlichen Demokratien einen signifikanten Einfluss auf die Außen-, Sicherheits- und Verteidigungspolitik (Page/Shapiro 1983; Risse-Kappen 1991).

Die in Politik und Medien weitverbreitete Vermutung, dass es erhebliche Vorbehalte gegenüber den Auslandseinsätzen der Bundeswehr gebe, lässt sich jedoch mit einem Befund konfrontieren, der sich in den Bevölkerungsbefragungen des ZMSBw seit Jahren zeigt: Die Zustimmung der Bürgerinnen und Bürger zu den Einsätzen der Bundeswehr ist abhängig von deren Kenntnisstand über diese Missionen. Je mehr jemand über die Einsätze weiß, desto stärker stimmt er diesen zu. Im Folgenden wird geklärt, ob dieser Befund erneut zutrifft. Dazu wird zunächst die Bekanntheit der unterschiedlichen Engagements

---

[76] Politischen Debatten in der Bundesrepublik Deutschland liegt ein positivistisches Verständnis der öffentlichen Meinung zugrunde, das sich auf die Bevölkerungsmeinung in Form aggregierter Einzelmeinungen bezieht, die mithilfe der Demoskopie erhoben werden (Weller 2000). Dieses Verständnis von „öffentlicher Meinung“ liegt auch dem vorliegenden Forschungsbericht zugrunde, weshalb der Begriff synonym zu „Bevölkerungsmeinung“ verwendet wird.

der Bundeswehr betrachtet und daran anknüpfend dargestellt, wie die Befragten zu diesen Einsätzen stehen: Unterstützen sie die Missionen oder lehnen sie diese eher ab? Des Weiteren wurde untersucht, ob hinsichtlich des Wissensstandes und der Meinung über die Auslandseinsätze der Bundeswehr statistisch signifikante Unterschiede zwischen soziodemografischen Gruppen in der deutschen Bevölkerung bestehen. Im letzten Schritt wurden diese beiden Perspektiven zusammengeführt und – zunächst bivariat und anschließend multivariat – geprüft, inwiefern die Bekanntheit eines Einsatzes Einfluss auf die Einstellung der Befragten zu diesem Einsatz nimmt. Vor dem Hintergrund des Endes des Afghanistaneinsatzes der Bundeswehr enthielt die ZMSBw-Bevölkerungsbefragung 2021 zudem dezidierte Fragen zu dessen Auswirkungen und Erfolg.

14.1 Bekanntheit der Auslandseinsätze der Bundeswehr

Die Befragten sollten zunächst einschätzen, wie gut sie über die einzelnen Auslandseinsätze der Bundeswehr Bescheid wissen. In den nachfolgenden Ausführungen wurden die Antwortmöglichkeiten „Ich habe mich intensiv damit beschäftigt und kenne alle wesentlichen Fakten und Zusammenhänge“ sowie „Ich habe davon gehört bzw. gelesen und kenne einige Fakten und Zusammenhänge“ zusammengefasst.[77] Dahinter steht die Annahme, dass Personen, die eine der beiden Antworten wählen, zumindest über einen grundlegenden Kenntnisstand zu den jeweiligen Einsätzen verfügen.

[77] Zur Beantwortung dieser Frage erhielt ungefähr die Hälfte (n = 1.065) der Teilnehmerinnen und Teilnehmer folgende Antwortskala (Split A): (1) „Ich habe mich intensiv damit beschäftigt und kenne alle wesentlichen Fakten und Zusammenhänge“, (2) „Ich habe davon gehört bzw. gelesen und kenne einige Fakten und Zusammenhänge“, (3) „Ich habe davon gehört bzw. gelesen, weiß aber nichts Konkretes“ und (4) „Ich habe noch nie davon gehört bzw. gelesen“. Diese Antwortskala wurde auch in den Vorjahren verwendet. Jedoch haben die Studio-Pretests in diesem Jahr und in den Vorjahren gezeigt, dass diese Antwortskala den Interviewfluss stark beeinträchtigt: Die Komplexität der Antwortoptionen erfordert eine häufige Wiederholung durch den Interviewer, wodurch es zu erheblichen Verzögerungen im Befragungsablauf kommt. Aus diesem Grund wurde in der diesjährigen Bevölkerungsbefragung zusätzlich eine alternative Antwortskala getestet. Hierzu erhielt der andere Teil der Befragten (n = 972) folgende Antwortskala (Split B): (1) „Weiß sehr viel“, (2) „Weiß eher viel“, (3) „Weiß eher wenig“ und (4) „Weiß gar nichts“. Ein Vergleich der Antworten der beiden Befragungsgruppen zeigt, dass sich die Bekanntheitswerte im Mittel für fast alle Einsätze statistisch signifikant unterscheiden: Die Bekanntheitswerte mit der neuen Antwortskala (Split B) sind für fast alle Einsätze höher als mit der alten Antwortskala (Split A). Um die Vergleichbarkeit zum Vorjahr zu gewährleisten, werden in Abbildung 14.1 deshalb nur die Befragungsergebnisse aus Split A (alte Antwortskala) berichtet. Weiterführende Untersuchungen müssen klären, ob die systematisch höheren Bekanntheitswerte tatsächlich eine kausale Folge der veränderten Antwortskala sind.

Abbildung 14.1: Bekanntheit der Auslandseinsätze der Bundeswehr

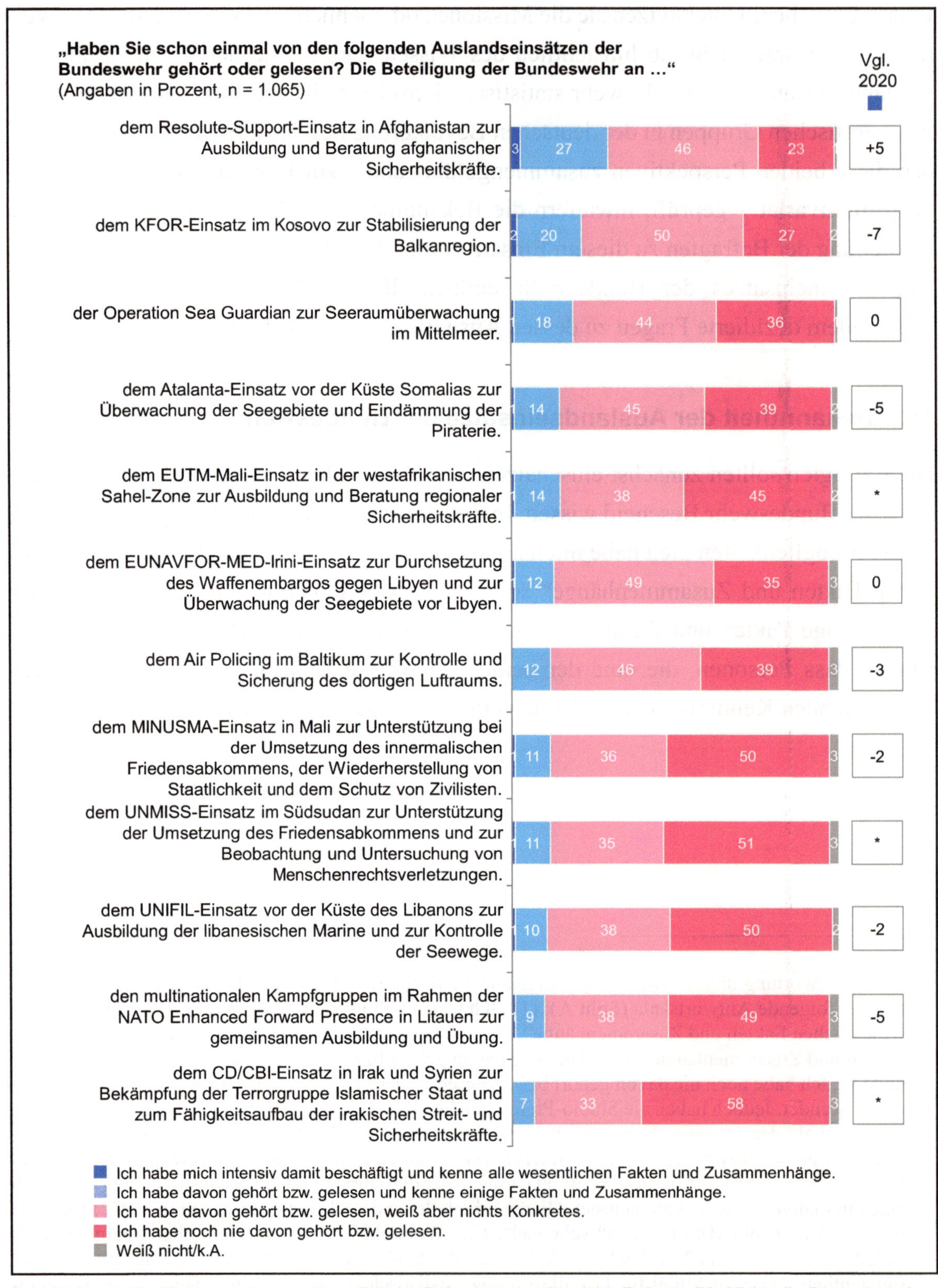

Anmerkungen: Die Frage wurde nur einem Teil der Befragten gestellt, siehe Fußnote 76. Nicht alle Prozentangaben ergeben in der Summe 100 Prozent, da die Einzelwerte gerundet wurden. Vgl. 2020: Differenz „Ich habe mich intensiv damit beschäftigt und kenne alle wesentlichen Fakten und Zusammenhänge“ und „Ich habe davon gehört bzw. gelesen und kenne einige Fakten und Zusammenhänge“ 2021 zu 2020. *Hinweis: Keine Vergleichbarkeit zum Vorjahr, weil die Frage nicht oder mit einem nicht vergleichbaren Instrument erhoben wurde.

Datenbasis: Bevölkerungsbefragungen des ZMSBw 2020 und 2021.

Wie Abbildung 14.1 zeigt, ist der seit annähernd 20 Jahren laufende und zu Beginn des Befragungszeitraums beendete Afghanistaneinsatz der in der Bevölkerung bekannteste Auslandseinsatz der Bundeswehr: Etwas weniger als ein Drittel der Bürgerinnen und Bürger gibt an, elementare Kenntnisse über diesen Einsatz zu haben. Weiterführende Untersuchungen offenbaren, dass dies auch in der Vergangenheit der Fall war (vgl. Graf 2021g, 2021h, 2021i). Im Vergleich zum Vorjahr hat sich die Bekanntheit der Mission in Afghanistan um 5 Prozentpunkte erhöht, was auf die verstärkte Medienberichterstattung über den Abzug der Bundeswehr aus Afghanistan zurückzuführen sein dürfte, der zu Beginn der Bevölkerungsbefragung abgeschlossen wurde. Während die Bekanntheit des Afghanistaneinsatzes stieg, sind die Bekanntheitswerte der übrigen Einsätze entweder gesunken oder stagnieren auf dem Niveau des Vorjahres.

Der seit 1999 andauernde KFOR-Einsatz im Kosovo (22 Prozent) ist der in der Bevölkerung zweitbekannteste Auslandseinsatz der Bundeswehr, hat aber im Vergleich zum Vorjahr deutlich an Bekanntheit verloren (-7 Prozentpunkte). Es folgen die Marine-Missionen Sea Guardian im Mittelmeer (19 Prozent; keine Veränderung im Vergleich zu 2020) und Atalanta vor der Küste Somalias (15 Prozent; -5 Prozentpunkte) sowie der EUTM-Einsatz in Mali (15 Prozent). Alle übrigen Auslandseinsätze sind 7–12 Prozent der Bürgerinnen und Bürger bekannt. Dies gilt auch für den aktuell größten und gefährlichsten Auslandseinsatz der Bundeswehr: MINUSMA in Mali (12 Prozent; -2 Prozentpunkte). Wenig bekannt sind den Bürgerinnen und Bürgern auch die Verpflichtungen im Rahmen der Bündnisverteidigung: Die Aktivitäten in Litauen im Rahmen der NATO Enhanced Forward Presence (verstärkte Vornepräsenz) und das Air Policing (Luftraumüberwachung) im Baltikum sind nur 10 bzw. 12 Prozent der Befragten vertraut. Die Mission, über die die Befragten am wenigsten wissen, ist der CD/CBI-Einsatz im Irak und in Syrien zur Bekämpfung der Terrorgruppe „Islamischer Staat“ und zum Fähigkeitsaufbau der irakischen Streit- und Sicherheitskräfte: Nur 7 Prozent geben an, wenigstens einige Fakten und Zusammenhänge zu kennen.

Im Vergleich zum Vorjahr ist insgesamt ein geringerer (oder allenfalls gleichbleibender) Informationsgrad festzustellen. Dabei ist das Wissen der Bevölkerung rund um die unterschiedlichen internationalen Missionen der Bundeswehr ohnehin begrenzt. Dies bestätigt der subjektive Grad der Informiertheit (Abbildung 14.2). Die Teilnehmerinnen und Teilnehmer wurden gefragt, wie gut sie sich im Allgemeinen über die Auslandseinsätze der Bundeswehr informiert fühlen. Nur etwa jede/r zehnte (12 Prozent) Befragte fühlt sich sehr gut oder eher gut über die Einsätze informiert. Ein gutes Drittel (36 Prozent) fühlt sich teils gut, teils schlecht informiert und 49 Prozent der Bürgerinnen und Bürger fühlen sich eher schlecht oder sehr schlecht informiert. Betrachtet man die Entwicklung der subjektiven Informiertheit über die Auslandseinsätze der Bundeswehr im Zeitverlauf, ist ein negativer Trend zu erkennen (siehe auch Graf 2021i: 27): Der Anteil der Bundesbürger, die sich sehr gut oder eher gut informiert fühlen, ist von 40 Prozent im Jahr 2015 kontinuierlich auf 12 Prozent im Jahr 2021 gesunken, während parallel dazu der Anteil derjenigen, die sich sehr schlecht oder eher schlecht informiert fühlen, von 27 auf 49 Prozent angestiegen ist.

Abbildung 14.2: Subjektive Informiertheit über Auslandseinsätze im Zeitvergleich

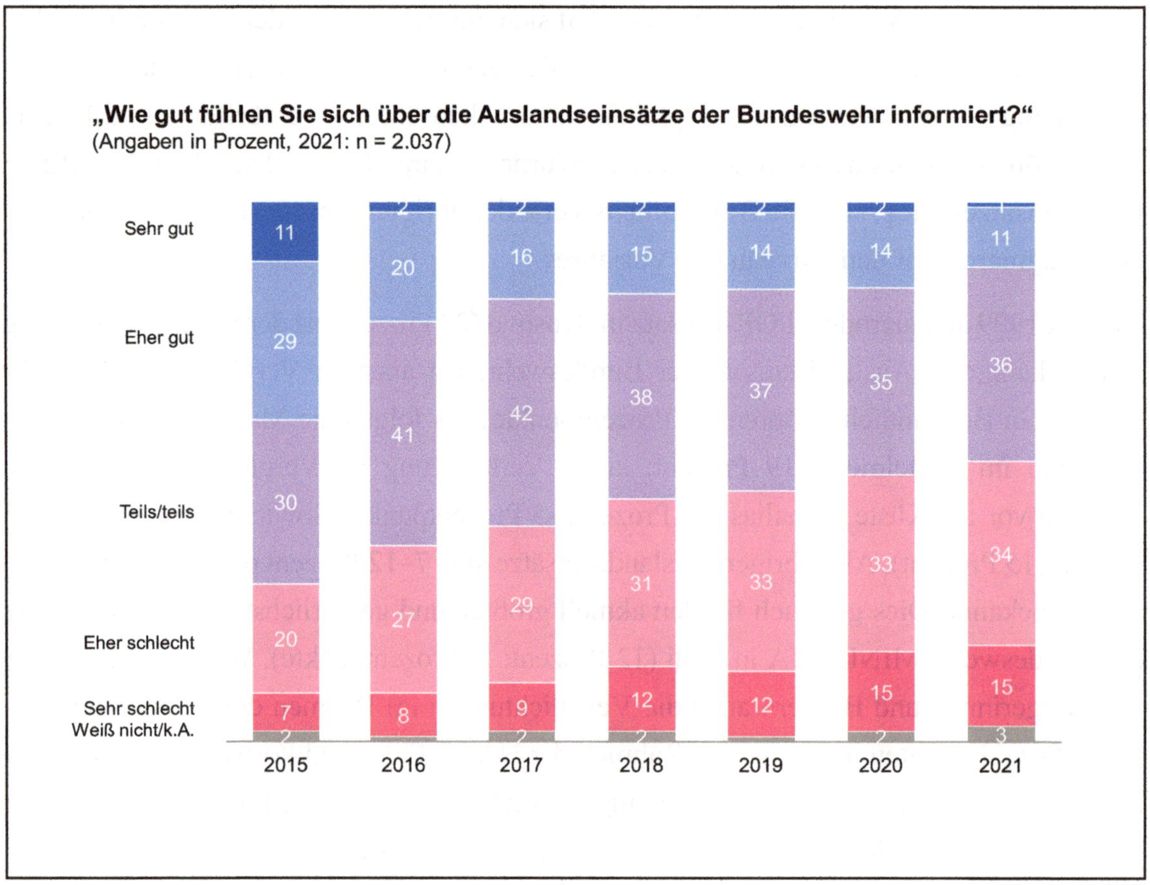

„Wie gut fühlen Sie sich über die Auslandseinsätze der Bundeswehr informiert?"
(Angaben in Prozent, 2021: n = 2.037)

Sehr gut
Eher gut
Teils/teils
Eher schlecht
Sehr schlecht
Weiß nicht/k.A.

2015 2016 2017 2018 2019 2020 2021

Anmerkungen: Nicht alle Prozentangaben ergeben in der Summe 100 Prozent, da die Einzelwerte gerundet wurden.
Datenbasis: Bevölkerungsbefragungen des ZMSBw 2015–2021.

14.2 Zustimmung zu den Auslandseinsätzen der Bundeswehr

Neben dem subjektiven Wissensstand zu den Auslandseinsätzen der Bundeswehr wurde wie in den Vorjahren auch die Einstellung zu diesen Einsätzen erhoben:[78] Die Einstellung der Bürgerinnen und Bürger zu den Auslandseinsätzen und anerkannten Missionen der Bundeswehr ist insgesamt als ambivalent zu charakterisieren (vgl. Abbildung 14.3).

[78] Die Hälfte der Befragten (Split A) erhielt die Aussagen zu den Auslandseinsätzen mit Nennung der Einsatzabkürzungen (z.B. MINUSMA) und die andere Hälfte (Split B) ohne Abkürzungen. Die Einstellungen zu den Einsätzen unterscheiden sich nicht statistisch signifikant zwischen den beiden Gruppen (Split A und B) und werden daher zusammengefasst in Abbildung 14.3 dargestellt.

Abbildung 14.3: Zustimmung zu den Auslandseinsätzen der Bundeswehr

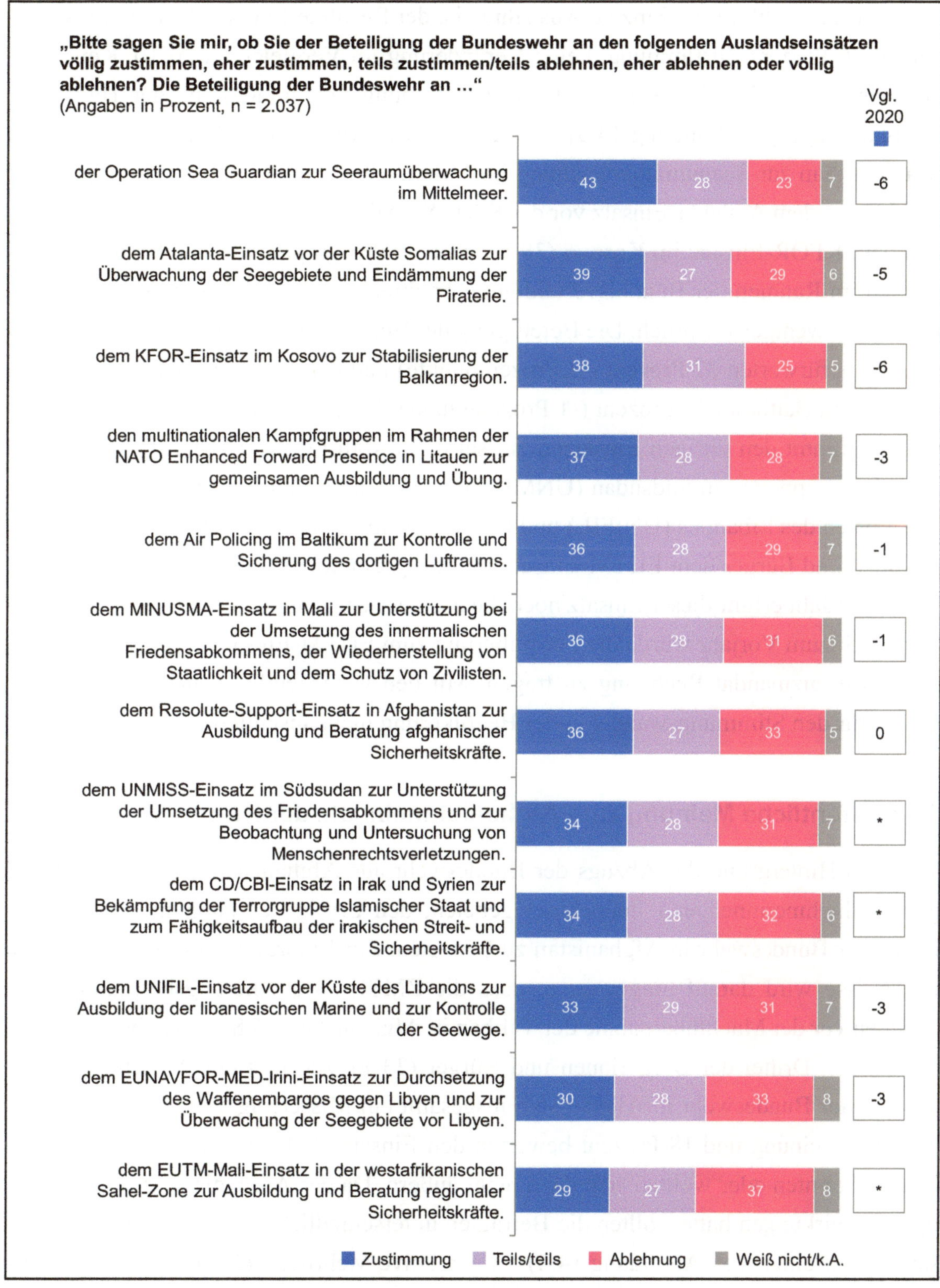

Anmerkungen: Nicht alle Prozentangaben ergeben in der Summe 100 Prozent, da die Einzelwerte gerundet wurden. Vgl. 2020: Differenz „stimme völlig zu" und „stimme eher zu" 2021 zu 2020. *Hinweis: Keine Vergleichbarkeit zum Vorjahr, weil die Frage nicht oder mit einem nicht vergleichbaren Instrument erhoben wurde.

Datenbasis: Bevölkerungsbefragungen des ZMSBw 2020 und 2021.

Im Vergleich zum Vorjahr ist die öffentliche Zustimmung zu fast allen Einsätzen gesunken (vgl. Biehl 2021). Einzige Ausnahme ist der Resolute-Support-Einsatz in Afghanistan (36 Prozent Zustimmung; keine Veränderung im Vergleich zu 2020). Kein Auslandseinsatz der Bundeswehr erhält die Zustimmung von mindestens der Hälfte der Bevölkerung (vgl. Abbildung 14.3). Den größten Zuspruch erhält aktuell die Operation Sea Guardian zur Seeraumüberwachung im Mittelmeer (43 Prozent; -6 Prozentpunkte), gefolgt von dem Atalanta-Einsatz vor der Küste Somalias (39 Prozent; -5 Prozentpunkte) und dem KFOR-Einsatz im Kosovo (38 Prozent; -6 Prozentpunkte). Die beiden Beteiligungen im Rahmen der Bündnisverteidigung erfahren im Vergleich zum Vorjahr ebenfalls etwas weniger Zuspruch: Die Beteiligung der Bundeswehr an der NATO-Mission in Litauen befürworten 37 Prozent (-3 Prozentpunkte) und den Luftwaffeneinsatz zum Air Policing im Baltikum 36 Prozent (-1 Prozentpunkt). Jeweils nur rund ein Drittel der Befragten stimmt den übrigen Einsätzen zu, sei es in Mali (MINUSMA), in Afghanistan (Resolute Support), im Südsudan (UNMISS), in Syrien und im Irak (CD/CBI) oder vor den Küsten des Libanons (UNIFIL) und Libyens (Irini). Am kritischsten stehen die Bürgerinnen und Bürger dem EUTM-Einsatz in Mali gegenüber (29 Prozent Zustimmung). Im letzten Jahr erfuhr dieser Einsatz noch die größte Zustimmung in der Bevölkerung. Im Vergleich zum Vorjahr wurde die Formulierung zum EUTM-Einsatz verändert, um dem neuen Einsatzmandat Rechnung zu tragen. Mit den vorliegenden Daten lässt sich der Grund für den Stimmungswandel in der Bevölkerung nicht abschließend klären.

14.3 Öffentliche Meinung zum Afghanistaneinsatz der Bundeswehr

Vor dem Hintergrund des Abzugs der Bundeswehr aus Afghanistan wurden die Befragungsteilnehmerinnen und -teilnehmer gebeten, den Erfolg des langjährigen Engagements der Bundeswehr in Afghanistan zu bewerten. Zur Einordnung der nachfolgenden Ergebnisse wird darauf hingewiesen, dass die ZMSBw-Bevölkerungsbefragung zwei Wochen vor der Machtübernahme der Taliban in Afghanistan (15.8.2021) abgeschlossen wurde. Ein Drittel der Bürgerinnen und Bürger (33 Prozent) ist der Ansicht, dass der Einsatz der Bundeswehr in Afghanistan insgesamt ein Misserfolg war, 37 Prozent sind geteilter Meinung und 18 Prozent bewerten den Einsatz als Erfolg. 12 Prozent der Befragten konnten oder wollten sich dazu nicht äußern. Da der Afghanistaneinsatz vielfältige Auswirkungen hatte, sollten die Befragten unterschiedliche Auswirkungen des Einsatzes beurteilen (vgl. Abbildung 14.4). Eine relative Mehrheit (42 Prozent) ist der Auffassung, dass sich der Einsatz der Bundeswehr in Afghanistan positiv auf das Ansehen Deutschlands in der westlichen Welt ausgewirkt hat (35 Prozent „keine Auswirkung“; 12 Prozent „negativ“).

Abbildung 14.4: Bewertung der Auswirkungen des Afghanistaneinsatzes der Bundeswehr

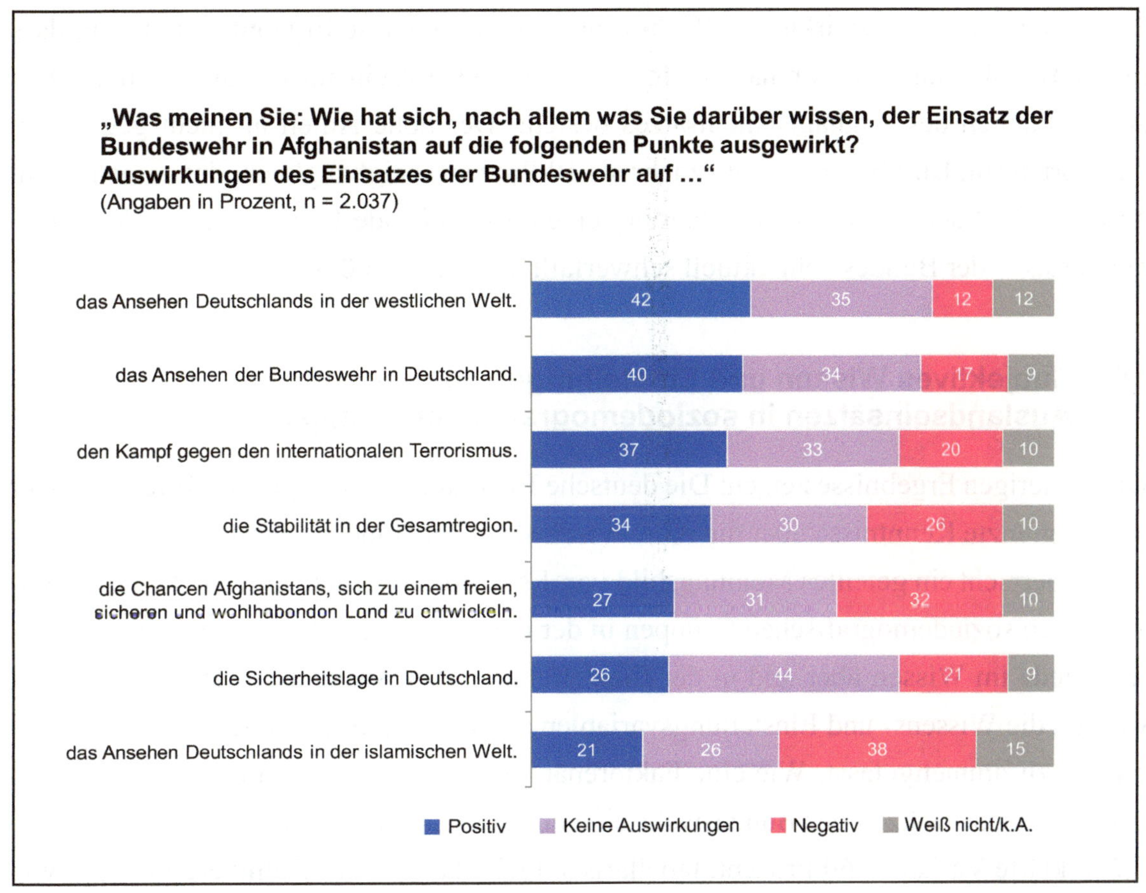

Anmerkungen: Nicht alle Prozentangaben ergeben in der Summe 100 Prozent, da die Einzelwerte gerundet wurden. Positiv: Anteile „Sehr positiv" und „Eher positiv" zusammengefasst; Negativ: Anteile „Sehr negativ" und „Eher negativ" zusammengefasst.

Datenbasis: Bevölkerungsbefragung des ZMSBw 2021.

Fast ebenso viele Befragte (40 Prozent) glauben, dass der Einsatz eine positive Auswirkung auf das Ansehen der Bundeswehr in Deutschland hatte (34 Prozent „keine Auswirkung"; 17 Prozent „negativ"), was der These einer einsatzbedingten Entfremdung zwischen Bevölkerung und „Einsatzarmee" zuwiderläuft. Etwas mehr als ein Drittel (37 Prozent) der Bürgerinnen und Bürger attestiert dem Einsatz eine positive Auswirkung auf den Kampf gegen den internationalen Terrorismus (33 Prozent „keine Auswirkung"; 20 Prozent „negativ"). Ein Drittel der Befragten (34 Prozent) ist der Ansicht, dass sich der Bundeswehreinsatz in Afghanistan positiv auf die Stabilität in der Gesamtregion ausgewirkt hat (30 Prozent „keine Auswirkung"; 26 Prozent „negativ"). Kritischer beurteilt werden die Auswirkungen auf die Chancen Afghanistans, sich zu einem freien, sicheren und wohlhabenden Land zu entwickeln (27 Prozent „positiv"; 31 Prozent „keine Auswirkung"; 32 Prozent „negativ"), sowie die Auswirkungen auf die Sicherheitslage in

Deutschland (26 Prozent „positiv“; 44 Prozent „keine Auswirkung“; 21 Prozent „negativ“) und auf das Ansehen Deutschlands in der islamischen Welt (21 Prozent „positiv“; 26 Prozent „keine Auswirkung“; 38 Prozent „negativ“). Diese Ergebnisse belegen, dass in der Bevölkerung ein durchaus differenziertes Bewusstsein für die unterschiedlichen Auswirkungen des Afghanistaneinsatzes besteht. Der hohe Anteil an nicht gegebenen Antworten (im Durchschnitt etwas mehr als 10 Prozent) zeigt zugleich, dass einem nicht geringen Teil der deutschen Bevölkerung eine abschließende Bewertung des Afghanistaneinsatzes der Bundeswehr aktuell schwerfällt bzw. nicht möglich ist.

14.4 Subjektives Wissen und Einstellungen zu den Auslandseinsätzen in soziodemografischen Gruppen

Die bisherigen Ergebnisse zeigen: Die deutsche Bevölkerung verfügt (im Mittel) nur über sehr begrenzte Kenntnisse über die Auslandseinsätze der Bundeswehr und zu vielen Einsätzen herrscht ein geteiltes Meinungsbild vor. Es wurde außerdem untersucht, ob es zwischen den soziodemografischen Gruppen in der deutschen Bevölkerung signifikante Unterschiede im Wissen über und in der Einstellung zu den Auslandseinsätzen gibt. Dazu wurden die Wissens- und Einstellungsvariablen zu den jeweiligen Einsätzen zu Indexvariablen zusammengefasst. Wie eine Faktorenanalyse offenbart, weist die Einstellung zu den Auslandseinsätzen der Bundeswehr eine eindimensionale Struktur auf (Eigenwert = 7,2; erklärte Varianz = 60 Prozent; tabellarisch nicht dargestellt). Damit ergibt sich – wie in den Vorjahren – kein Unterschied zwischen den klassischen Auslandseinsätzen und den anerkannten Missionen im Rahmen der Bündnisverteidigung. Die Skala auf Basis der einzelnen Einstellungsfragen weist zudem eine sehr hohe Reliabilität auf (Cronbachs alpha = 0,94). Vor diesem Hintergrund ist es empirisch gerechtfertigt und analytisch sinnvoll, aus den einzelnen Einstellungsvariablen eine einzige Indexvariable zu bilden, die die Einstellung zu den Auslandseinsätzen der Bundeswehr in einem globalen Messwert abbildet. Die Indexvariable hat einen Wertebereich von 0 (völlige Ablehnung) bis 1 (völlige Zustimmung). Der Wert von 0,5 entspricht der Antwortoption „teils/teils“ und definiert somit eine ambivalente Einstellung zu den Einsätzen. Das subjektive Informationsniveau weist ebenfalls eine eindimensionale Struktur (Eigenwert = 5,9; erklärte Varianz = 49 Prozent; tabellarisch nicht dargestellt) und eine sehr hohe Skalenreliabilität (Cronbachs alpha = 0,90) auf. Daher ist es empirisch gerechtfertigt und analytisch ratsam, eine Indexvariable auf der Grundlage der einzelnen Wissensfragen zu bilden. Der Wertebereich der Indexvariable reicht von 0 (kein Wissen) bis 1 (umfassendes Wissen). Ausgewiesen werden die Mittelwerte für die untersuchten Gruppen.

Tabelle 14.1: Wissen und Einstellung zu den Auslandseinsätzen in soziodemografischen Gruppen

„Haben Sie schon einmal von den folgenden Auslandseinsätzen der Bundeswehr gehört oder gelesen?"
„Bitte sagen Sie mir, ob Sie der Beteiligung der Bundeswehr an den folgenden Auslandseinsätzen zustimmen oder ob Sie diese ablehnen."
(Mittelwerte)

	Wissen	Einstellung
Insgesamt	0,26	0,51
Geschlecht	***	n.s.
Männer	0,31	0,52
Frauen	0,20	0,50
Alter	***	*
16 bis 29 Jahre	0,20	0,49
30 bis 49 Jahre	0,27	0,52
50 bis 69 Jahre	0,29	0,53
70 Jahre und älter	0,24	0,50
Bildungsniveau	***	n.s.
Hochschul- bzw. Fachhochschulreife	0,28	0,52
Realschulabschluss	0,26	0,51
Hauptschulabschluss	0,24	0,52
Haushaltsnettoeinkommen pro Monat	n.s.	n.s.
4.001 Euro und mehr	0,27	0,53
2.001 bis 4.000 Euro	0,27	0,52
Bis 2.000 Euro	0,24	0,49
Wahlabsicht Bundestagswahl	***	***
CDU/CSU	0,29	0,55
SPD	0,27	0,56
AfD	0,31	0,49
FDP	0,23	0,53
Die Linke	0,29	0,47
Bündnis 90/Die Grünen	0,22	0,47
Keine Parteipräferenz, Nichtwähler, w.n./k.A.	0,22	0,49
Region	**	***
Norddeutschland (SH, HH, HB, NI)	0,23	0,47
Ostdeutschland (MV, BB, BE, ST, SN, TH)	0,28	0,49
Süddeutschland (BW, BY)	0,25	0,54
Westdeutschland (NW, RP, HE, SL)	0,26	0,53
Migrationshintergrund	n.s.	*
Ja	0,24	0,56
Nein	0,26	0,51

Anmerkungen: Alle Variablen haben einen Wertebereich von [0; 1]. Analyseverfahren: Varianzanalysen, Signifikanzniveau: *** $p < 0,001$; ** $p < 0,01$; * $p < 0,05$; n.s. = nicht signifikant ($p \geq 0,05$). Der Signifikanztest für die Varianzanalyse gibt an, ob sich der Mittelwert mindestens einer Gruppe von dem Mittelwert mindestens einer anderen Gruppe unterscheidet.

Datenbasis: Bevölkerungsbefragung des ZMSBw 2021.

Die Ergebnisse in Tabelle 14.1 lassen zwischen den soziodemografischen Teilgruppen statistisch signifikante Unterschiede im Wissensstand und in der Einstellung zu den Auslandsmissionen der Bundeswehr erkennen. Der *subjektive Kenntnisstand über die Auslandseinsätze* der Bundeswehr ist im Durchschnitt bei Männern höher als bei Frauen und steigt mit dem Alter und Bildungsniveau der Befragten an. Das subjektive Informationsniveau der Anhänger von FDP, Bündnis 90/Die Grünen sowie der Gruppe der Nichtwähler ist signifikant geringer als das der Anhänger von AfD, CDU/CSU, Die Linke oder SPD. Der Vergleich der Regionen zeigt, dass die Bürgerinnen und Bürger in Norddeutschland im Durchschnitt weniger über die Auslandsmissionen der Bundeswehr wissen als jene in den übrigen Regionen. Zwischen den Einkommensgruppen sowie Befragten mit und ohne Migrationshintergrund gibt es keine signifikanten Unterschiede.

In der *Einstellung zu den Auslandsmissionen der Bundeswehr* bestehen weniger statistisch signifikante Unterschiede zwischen den untersuchten Gruppen. Befragte mit einer Wahlpräferenz für die SPD, CDU/CSU oder FDP haben eine im Durchschnitt positivere Haltung zu den Auslandseinsätzen als die übrigen Parteianhänger und die Gruppe der Nichtwähler. Die Auslandsengagements der Bundeswehr werden zudem von den Bürgerinnen und Bürgern in Süd- und Westdeutschland stärker unterstützt als von jenen in Nord- und Ostdeutschland. Die Haltung zu den Auslandseinsätzen wird außerdem mit zunehmendem Alter leicht positiver, ist in der ältesten Gruppe aber wieder negativer. Befragte mit Migrationshintergrund sprechen sich eher für die Einsätze der Bundeswehr im Ausland aus als jene ohne Migrationshintergrund. Die Einstellungsunterschiede zwischen Männern und Frauen sowie den Bildungs- und Einkommensgruppen sind nicht statistisch signifikant. Insgesamt fällt auf, dass in den meisten der untersuchten Gruppen eine eher ambivalente Haltung zu den Auslandseinsätzen der Bundeswehr besteht.

14.5 Der Einfluss des subjektiven Wissens auf die Einstellungen zu den Auslandseinsätzen

Im Folgenden werden das Wissen über und die Haltung zu den Einsätzen zueinander in Bezug gesetzt (vgl. Tabelle 14.2). Wie in den Vorjahren fällt dabei der immense Einfluss auf, den das subjektive Informationsniveau über die Auslandseinsätze der Bundeswehr auf die Einstellung zu diesen hat. Befragte, die über grundlegende Kenntnisse zu den Auslandseinsätzen verfügen, stimmen diesen deutlich stärker zu als jene Befragten, die über wenige oder keine Kenntnisse verfügen. Dieser Zusammenhang ergibt sich gleichermaßen für die klassischen Auslandseinsätze wie für die Bündnismaßnahmen im Baltikum.

Tabelle 14.2: Einstellungen zu den Auslandseinsätzen der Bundeswehr – Bedeutung des Wissens

„Bitte sagen Sie mir, ob Sie der Beteiligung der Bundeswehr an den folgenden Auslandseinsätzen zustimmen oder ob Sie diese ablehnen."
(Angaben in Prozent)

	Stimme zu[1]	Teils/teils	Lehne ab[2]	Weiß nicht/ k.A.
EUTM (Mali) ***				
Wissen vorhanden[3]	45	25	29	(1)
Wissen nicht vorhanden[4]	27	27	38	8
Operation Sea Guardian (Mittelmeer) ***				
Wissen vorhanden	61	23	16	(1)
Wissen nicht vorhanden	40	29	25	7
KFOR (Kosovo) ***				
Wissen vorhanden	61	23	16	(1)
Wissen nicht vorhanden	33	34	28	6
Atalanta (Somalia) ***				
Wissen vorhanden	62	18	20	0
Wissen nicht vorhanden	35	28	31	6
Enhanced Forward Presence (Litauen) ***				
Wissen vorhanden	56	21	22	(1)
Wissen nicht vorhanden	35	30	29	7
UNMISS (Südsudan) ***				
Wissen vorhanden	56	24	19	(1)
Wissen nicht vorhanden	32	29	33	7
Air Policing (Baltikum) ***				
Wissen vorhanden	60	22	18	(1)
Wissen nicht vorhanden	32	30	31	7
MINUSMA (Mali) ***				
Wissen vorhanden	48	27	25	0
Wissen nicht vorhanden	34	28	32	6
Resolute Support (Afghanistan) ***				
Wissen vorhanden	47	24	29	0
Wissen nicht vorhanden	31	28	35	5
UNIFIL (Libanon) ***				
Wissen vorhanden	54	23	22	(1)
Wissen nicht vorhanden	30	31	33	7
EUNAFVOR MED Irini (Mittelmeer) ***				
Wissen vorhanden	51	28	21	0
Wissen nicht vorhanden	28	29	35	8
CD/CBI (Irak) ***				
Wissen vorhanden	54	28	18	(1)
Wissen nicht vorhanden	30	28	36	7

Anmerkungen: 1) Anteile „Stimme völlig zu" und „Stimme eher zu" zusammengefasst; 2) Anteile „Lehne völlig ab" und „Lehne eher ab" zusammengefasst; 3) Anteile „Kenne alle wesentlichen Fakten und Zusammenhänge/Weiß sehr viel" und „Kenne einige Fakten und Zusammenhänge/Weiß eher viel" zusammengefasst; 4) Anteile „Habe noch nie davon gehört oder gelesen/Weiß eher wenig" und „Habe davon gehört oder gelesen, weiß aber nichts Konkretes/Weiß gar nichts" zusammengefasst. Einzelne Prozentangaben ergeben mitunter in der Summe nicht 100 Prozent, da sie gerundet wurden. Analyseverfahren: Chi²-Unabhängigkeits-Test, Signifikanzniveau: *** $p < 0{,}001$; ** $p < 0{,}01$; * $p < 0{,}05$; n.s. = nicht signifikant ($p \geq 0{,}05$); Werte in Klammern: $n \leq 50$.

Datenbasis: Bevölkerungsbefragung des ZMSBw 2021.

Die Zustimmungswerte von mehr und weniger informierten Bürgerinnen und Bürgern unterscheiden sich erheblich: Die Unterschiede variieren zwischen 14 und 28 Prozentpunkten. Die Befragten, die über ein gewisses Maß an Kenntnissen über die Missionen verfügen, unterstützen diese auch mehrheitlich. Umgekehrt erfährt bei Befragten mit geringeren Kenntnissen keine Mission eine mehrheitliche Zustimmung (Zustimmung zwischen 27 und 40 Prozent). Damit konzentriert sich ein Großteil der Vorbehalte und Ablehnung bei den Bevölkerungsteilen, die weniger über die Bundeswehrengagements wissen, – und dies trifft ausweislich der vorangegangenen Auswertung (vgl. Abbildung 14.1) auf die meisten Bundesbürgerinnen und Bundesbürger zu. Damit erweist sich der Wissensstand durchweg als eine entscheidende Größe für die Haltung zu den Auslandseinsätzen der Bundeswehr.

14.6 Determinanten der Einstellungen zu den Auslandseinsätzen der Bundeswehr

Welche Faktoren beeinflussen die Einstellung zu den Auslandseinsätzen der Bundeswehr und welche Rolle kommt in diesem Zusammenhang dem subjektiven Wissensstand zu? Ein Einwand gegen die Relevanz des subjektiven Wissensstands könnte lauten, dass er kein geeigneter Erklärungsfaktor für die Einstellung zu den Einsätzen ist, da sich nur diejenigen über die Auslandsengagements informieren, die den Streitkräften ohnehin wohlwollender begegnen und in der Folge eine positivere Einstellung zu den Auslandseinsätzen haben. Der in Tabelle 14.2 gezeigte Zusammenhang zwischen dem subjektiven Wissensstand und der Einstellung zu den Auslandseinsätzen sollte demnach verschwinden, wenn man ihn auf die Haltung zu den Streitkräften und weitere sicherheitspolitische Orientierungen kontrolliert. Deshalb wurde geprüft, ob diese Vermutung zutrifft oder ob der subjektive Wissensstand über die Auslandseinsätze einen eigenständigen Einfluss auf die Haltung zu ihnen ausübt. Dazu wurden insgesamt vier multiple lineare Regressionsanalysen berechnet, in die die zusammengefasste Einstellung zu allen Einsätzen als abhängige Variable einging (vgl. Tabelle 14.3). Die Variablen Alter, Geschlecht, Bildungsniveau, Haushaltseinkommen, Migrationshintergrund und Wohnsitz in Ostdeutschland gehen als Kontrollvariablen in alle vier Modelle ein. Die Effektkoeffizienten der soziodemografischen Kontrollvariablen werden jedoch nicht gesondert ausgewiesen, weil diese keine starken Effekte haben und zusammen weniger als 1 Prozent der Varianz in der Einstellung zu den Auslandseinsätzen erklären.

Tabelle 14.3: Determinanten der Einstellung zu den Auslandseinsätzen der Bundeswehr

	Modell I	Modell II	Modell III	Modell IV
Kenntnisstand über die Auslandseinsätze der Bundeswehr	0,38***			0,29***
Kontakte und Erfahrungen mit der Bundeswehr				
Positive Wahrnehmung Bundeswehr persönlich		0,11***		0,02^n.s.^
Positive Wahrnehmung Bundeswehr in den Medien		0,19***		0,01^n.s.^
Ist/war bei der Bundeswehr		0,00^n.s.^		-0,05^n.s.^
Verwandter/Bekannter ist/war bei der Bundeswehr		-0,08**		-0,07**
Sicherheitspolitische Einstellungen				
Atlantizismus			0,16***	0,15***
Internationalismus			0,11***	0,11***
Militarismus			0,08***	0,10***
Multilateralismus			0,09***	0,09***
Haltung zur Bundeswehr			0,11***	0,09***
Leistungen Bundeswehr im Ausland			0,30***	0,29***
Interesse an Verteidigungspolitik			0,09***	-0,01^n.s.^
Korrigiertes R^2	0,14	0,06	0,34	0,41
n	1.451	1.451	1.451	1.451

Anmerkungen: Die abhängige Variable sind Mittelwerte des Indexes für die Einstellungen zu den Einsätzen der Bundeswehr. Wertebereich der abhängigen Variable [0 – völlige Ablehnung; 1 – völlige Zustimmung]. Alle erklärenden Variablen haben einen Wertebereich von [0 – geringe bzw. negative Ausprägung; 1 – hohe bzw. positive Ausprägung]. Die soziodemografischen Variablen Alter, Geschlecht, Bildungsniveau, Haushaltseinkommen, Migrationshintergrund und Wohnsitz in Ostdeutschland gehen als Kontrollvariablen in die Modelle I–IV ein. Siehe hierzu auch die Anmerkungen im Text. Analyseverfahren: Multiple lineare Regressionen; standardisierte Regressionskoeffizienten (beta). Signifikanzniveau: *** $p < 0,001$; ** $p < 0,01$; * $p < 0,05$; n.s. = nicht signifikant ($p \geq 0,05$).

Datenbasis: Bevölkerungsbefragung des ZMSBw 2021.

Als mögliche Erklärungsvariable wurde im ersten Schritt allein der Kenntnisstand bzw. das subjektive Wissen über die Einsätze herangezogen (vgl. Modell I, Tabelle 14.3). In weiteren Schritten wurden Erfahrungen bzw. Kontakte mit der Bundeswehr berücksichtigt (Modell II). Der Einfluss sicherheitspolitischer Einstellungen wurde im dritten Modell geschätzt. Dieses Vorgehen ermöglicht es, den Effekt der jeweiligen Indikatoren auf die Haltung zu den Einsätzen zu schätzen (Fiebig 2012; Mader 2017). Abschließend wurde in Modell IV getestet, inwieweit das subjektive Wissen zu den Auslandseinsätzen der Bundeswehr einen eigenständigen Einfluss auf die Haltung zu den Einsätzen ausübt, wenn die anderen relevanten Größen zugleich betrachtet werden.

In der Einzelbetrachtung bestätigt sich die Einsicht, dass der subjektive Kenntnisstand zu den Auslandseinsätzen der Bundeswehr einen wesentlichen Einfluss auf die Haltung zu ihnen nimmt (vgl. Modell I). Allein durch diese Größe sind immerhin 14 Prozent der vorhandenen Varianz in der Einstellung zu den Auslandseinsätzen der Bundeswehr zu erklären. Entgegen einer verbreiteten Position, die die Relevanz eigener Erfahrungen in den und mit den Streitkräften betont (z.B. Feaver/Kohn 2001; Franke 2012; Pfaffenzeller 2010), kommt diesen Erklärungsvariablen nur eine eingeschränkte Bedeutung zu (vgl. Modell II). Während die persönliche Diensterfahrung in der Bundeswehr keinen Einfluss auf die Haltung zu den Auslandseinsätzen der Bundeswehr hat, werden die Einsätze von Befragten, die jemanden bei der Bundeswehr kennen, etwas kritischer gesehen. Zugleich gilt: Je öfter man die Bundeswehr bei persönlichen oder medialen Gelegenheiten positiv wahrgenommen hat, desto höher ist die Zustimmung zu deren Auslandsmissionen. Dabei ist der Einfluss der medialen Wahrnehmung der Bundeswehr nahezu doppelt so groß wie der Effekt der Wahrnehmung bei persönlichen Gelegenheiten. Die Haltung der Bürgerinnen und Bürger zu den Bundeswehreinsätzen im Ausland wird also sehr viel stärker durch die Medienberichterstattung über die Bundeswehr beeinflusst und weniger durch persönliche Begegnungen mit der Bundeswehr. Insgesamt erklären die Kontakt- und Erfahrungsvariablen aber nur 6 Prozent der Varianz in der Haltung zu den Einsätzen. Einen sehr viel stärkeren Einfluss üben die sicherheitspolitischen Einstellungen der Befragten aus: Wer eine aktive, transatlantisch, militärisch und multilateral geprägte Außen- und Sicherheitspolitik unterstützt, hat eine positivere Haltung zu den Auslandseinsätzen der Bundeswehr. Darüber hinaus zeigt sich, dass eine positive Haltung zur Bundeswehr im Allgemeinen, eine wohlwollende Beurteilung der Leistung der Bundeswehr bei ihren Auslandseinsätzen sowie ein Interesse an Verteidigungspolitik ebenfalls mit einer stärkeren Unterstützung für die Auslandseinsätze der Bundeswehr einhergehen. Insgesamt erklären die sicherheitspolitischen Einstellungen 34 Prozent der Varianz in der Haltung zu den Auslandseinsätzen, wobei der größte Anteil auf den starken Effekt der Performanzbewertung zurückzuführen ist.

In der Gesamtschau aller Einflussgrößen (vgl. Modell IV) bleiben die in der Einzelbetrachtung zutage tretenden Muster weitgehend bestehen. Die Kontakte und Erfahrungen mit der Bundeswehr üben unter Berücksichtigung der übrigen Erklärungsvariablen nahezu keinen Einfluss mehr auf die Haltung zu den Auslandseinsätzen aus. Hingegen bestätigt sich der zentrale Stellenwert der außen- und sicherheitspolitischen Grundorientierungen und des subjektiven Wissensstandes über die Einsätze der Bundeswehr. Wichtig ist zudem, dass der Einfluss des subjektiven Wissens stark und statistisch signifikant bleibt, selbst wenn die Haltung der Befragten zur Bundeswehr und die Bewertung ihrer Leistungen in den Einsätzen kontrolliert werden. Damit wird deutlich: Wissen führt zu Unterstützung – unabhängig von der Haltung zur Bundeswehr und zur Außen- und Sicherheitspolitik.

14.7 Fazit

Wie in den Vorjahren bestehen nur bei einem geringen Teil der Bürgerinnen und Bürger Kenntnisse über die Auslandsmissionen der Bundeswehr. Zugleich ist die Zustimmung zu den Einsätzen überschaubar – gerade im Vergleich zum Zuspruch, den die Bundeswehr in vielen anderen Bereichen erfährt (vgl. Abschnitt 9). Keiner der zwölf durch die

Befragung erfassten Einsätze erfährt einen mehrheitlichen Zuspruch in der deutschen Bevölkerung. Im Vergleich zum Vorjahr sind der Kenntnisstand und die Zustimmung zu den Einsätzen insgesamt gesunken, vereinzelt sogar sehr deutlich.

Die Auswertungen unterstreichen erneut den Zusammenhang von Wissen und Unterstützung sowie die Relevanz von Information und Kommunikation. Der subjektive Kenntnisstand zu den Auslandseinsätzen der Bundeswehr hat einen deutlich stärkeren Einfluss auf die Zustimmung zu selbigen als die außen- und sicherheitspolitischen Grundhaltungen der Bürgerinnen und Bürger. Allerdings hat der Anteil derjenigen, die sich sehr gut oder eher gut über die Auslandseinsätze der Bundeswehr informiert fühlen, seit 2015 um mehr als die Hälfte abgenommen. Die Mehrheit der Befragten gibt inzwischen an, schlecht über die Auslandseinsätze informiert zu sein. Ist es gewollt, dass die Engagements der Bundeswehr – seien es die mandatierten Auslandseinsätze oder die Verpflichtungen im Rahmen der Bündnisverteidigung – auf breiten gesellschaftlichen Zuspruch treffen, dann sollte über diese stärker und besser informiert werden.

In diesem Jahr stand der Afghanistaneinsatz der Bundeswehr im Fokus des öffentlichen Interesses. Nach annähernd 20 Jahren beendete die Bundeswehr ihr Engagement in Afghanistan am 29. Juni 2021 und musste kurz darauf wieder in Afghanistan eingesetzt werden, um deutsche Staatsbürger und Schutzbefohlene aus der afghanischen Hauptstadt Kabul vor den Taliban zu retten. Während der reguläre Abzug der Bundeswehr zu Beginn der Bevölkerungsbefragung beendet wurde, ereignete sich die Evakuierungsmission (16. bis 26. August 2021) zwei Wochen nach dem Befragungsende. Ein Drittel der Bürgerinnen und Bürger (33 Prozent) war zum Zeitpunkt der Befragung der Ansicht, dass der Einsatz der Bundeswehr in Afghanistan insgesamt ein Misserfolg war, 37 Prozent waren geteilter Meinung und 18 Prozent bewerteten den Einsatz als Erfolg. Dabei stellt sich jedoch die Frage, wie sinnvoll eine solche globale Erfolgsbewertung sein kann, wenn doch der Afghanistaneinsatz vielfältige Auswirkungen hatte – sowohl intendierte als auch nicht intendierte (vgl. Graf 2021h). Die Ergebnisse der Auswertung belegen, dass in der Bevölkerung ein durchaus differenziertes Bewusstsein für die unterschiedlichen Auswirkungen des Afghanistaneinsatzes besteht. So attestieren die Bürgerinnen und Bürger dem Afghanistaneinsatz auch durchaus positive Auswirkungen, z.B. auf das Ansehen Deutschlands in der westlichen Welt oder auf das Ansehen der Bundeswehr in Deutschland. Der letztgenannte Befund ist von besonderer Bedeutung, widerlegt er doch die oftmals geäußerte Behauptung einer „einsatzbedingten Entfremdung“ zwischen Bevölkerung und Bundeswehr (vgl. Stöhr 2012; Bohnert 2019).

Literaturverzeichnis

Alderman, Liz (2015): Paris Attacks Have Many in France Eager to Join the Fight. New York Times, 26. November 2015.

Alexander, Michele G./Brewer, Marilynn B./Livingston, Robert W. (2005a): Putting Stereotype Content in Context: Image Theory and Interethnic Stereotypes. In: Personality and Social Psychology Bulletin 31: 6, 781–794.

Alexander, Michele G./Levin, Shana/Henry, P.J. (2005b): Image Theory, Social Identity, and Social Dominance: Structural Characteristics and Individual Motives Underlying International Images. In: Political Psychology 26: 1, 27–45.

Allensbach (2021): Sicherheitsreport 2021 <https://www.sicherheitsreport.net/sicherheitsreport-2021> [19.8.2021].

Altheide, David L. (1997): The News Media, the Problem Frame, and the Production of Fear. In: The Sociological Quarterly 38: 4, 647–668.

Altheide, David L. (2002): Creating Fear: News and the Construction of Crisis. New York: Routledge.

Anderson, Christopher J./Getmansky, Anna/Hirsch-Hoefler, Sivan (2020): Burden Sharing: Income, Inequality and Willingness to Fight. In: British Journal of Political Science 50: 1, 363–379.

Argus Data Insights (2021): Bundeswehr. Social Media & Onlinemedien Jahresanalyse 2020. Unveröffentlichte Powerpoint-Präsentation vom 11.2.2021.

Asmus, Ronald D./Everts, Philip P./Isernia, Pierangelo (2005): The Transatlantic Gap in Public Opinion. In: Jäger, Thomas/Höse, Alexander/Oppermann, Kai (Hrsg.): Transatlantische Beziehungen. Sicherheit – Wirtschaft – Öffentlichkeit. Wiesbaden: VS Verlag für Sozialwissenschaften, 397–424.

Auswärtiges Amt (2020): Leitlinien zum Indo-Pazifik. Deutschland – Europa – Asien: Das 21. Jahrhundert gemeinsam gestalten <https://www.auswaertiges-amt.de/blob/2380500/33f978a9d4f511942c241eb4602086c1/200901-indo-pazifik-leitlinien--1--data.pdf> [8.9.2020].

Balmas, Meital (2018): Tell Me Who Is Your Leader, and I Will Tell You Who You Are: Foreign Leaders' Perceived Personality and Public Attitudes toward Their Countries and Citizenry. In: American Journal of Political Science 62: 2, 499–514.

Bardes, Barbara A./Oldendick, Robert W. (1990): Public Opinion and Foreign Policy. A Field in Search of Theory. In: Long, Samuel (Hrsg.): Research in Micropolitics. A Research Annual. Public Opinion. London: Jai Press, 227–247.

Bartels, Hans-Peter (2017): Große Verantwortung, große Möglichkeiten. In: Bartels, Hans-Peter/Kellner, Anna Maria/Optenhögel, Uwe (Hrsg.): Strategische Autonomie und die Verteidigung Europas: Auf dem Weg zur Europäischen Armee? Bonn: Dietz, 38–48.

Bartels, Larry M. (1994): The American Public's Defense Spending Preferences in the Post-Cold War Era. In: The Public Opinion Quarterly 58: 4, 479–508.

Baur, Nina/Blasius, Jörg (Hrsg.) (2014): Handbuch Methoden der empirischen Sozialforschung. Wiesbaden: Springer Fachmedien.

Biehl, Heiko (2012a): Einsatzmotivation und Kampfmoral. In: Leonhard, Nina/Werkner, Ines-Jacqueline (Hrsg.), Militärsoziologie. Eine Einführung. 2. Auflage. Wiesbaden: VS Verlag für Sozialwissenschaften, 447–474.

Biehl, Heiko (2012b): United We Stand, Divided We Fall? Die Haltungen europäischer Bevölkerungen zum ISAF-Einsatz. In: Langer, Phil C./Pietsch, Carsten/Seiffert, Anja (Hrsg.): Der Einsatz der Bundeswehr in Afghanistan: Sozial- und politikwissenschaftliche Perspektiven. Wiesbaden: VS Verlag für Sozialwissenschaften, 169–186.

Biehl, Heiko (2021): Einstellungen zu den Auslandseinsätzen der Bundeswehr. In: Steinbrecher, Markus/Graf, Timo/Biehl, Heiko/Irrgang, Christina: Sicherheits- und verteidigungspolitisches Meinungsbild in der Bundesrepublik Deutschland. Ergebnisse und Analysen der Bevölkerungsbefragung 2020. Forschungsbericht 128. Potsdam: Zentrum für Militärgeschichte und Sozialwissenschaften der Bundeswehr, 247–261.

Biehl, Heiko/Keller, Jörg (2009): Hohe Identifikation und nüchterner Blick – Die Sicht der Bundeswehrsoldaten auf ihre Einsätze. In: Jaberg, Sabine/Biehl, Heiko/Mohrmann, Günter/Tomforde, Maren (Hrsg.): Auslandseinsätze der Bundeswehr. Sozialwissenschaftliche Analysen, Diagnosen und Perspektiven. Berlin: Duncker & Humblot, 121–141.

Biehl, Heiko/Keller, Jörg (2016): Ein anderer Blick auf den Einsatz. Die Forschung des SOWI zu Auslandseinsätzen. In: Dörfler-Dierken, Angelika/Kümmel, Gerhard (Hrsg.): Am Puls der Bundeswehr. Militärsoziologie in Deutschland zwischen Wissenschaft, Politik, Bundeswehr und Gesellschaft. Wiesbaden: Springer VS, 189–205.

Biehl, Heiko/Rothbart, Chariklia/Steinbrecher, Markus (2017): Cold War Revisited? Die deutsche Bevölkerung und die Renaissance der Bündnisverteidigung. In: Hartmann, Uwe/von Rosen, Claus (Hrsg.): Jahrbuch Innere Führung 2017. Die Wiederkehr der Verteidigung in Europa und die Zukunft der Bundeswehr. Berlin: Carola Hartmann Miles-Verlag, 137–154.

Biehl, Heiko/Schoen, Harald (Hrsg.) (2015): Sicherheitspolitik und Streitkräfte im Urteil der Bürger. Theorien, Methoden, Befunde. Wiesbaden: Springer VS.

BMF – Bundesministerium der Finanzen (2021): Bundeshaushalt 2020 <https://www.bundeshaushalt.de/#/2020/soll/ausgaben/einzelplan.html> [23.9.2021].

BMVg – Bundesministerium der Verteidigung (2008): Selbstverständnis und Führungskultur. Zentrale Dienstvorschrift A-2600/1 Innere Führung. Berlin.

BMVg (2016a): Weißbuch 2016. Zur Sicherheitspolitik und zur Zukunft der Bundeswehr. Berlin.

BMVg (2016b): Personalstrategie der Bundeswehr. Berlin.

BMVg (2017): Arbeitgeber Bundeswehr im Visier. Ausgabe 5, Sommer 2017. Berlin.

BMVg (2018a): Bundeswehr soll weiter wachsen – Personalboard 2018 hat getagt, 29.11.2018 <https://www.bmvg.de/de/aktuelles/bundeswehr-soll-weiter-wachsen-29414> [2.7.2019].

BMVg (2018b): Konzeption der Bundeswehr. Berlin.

BMVg (2018c): Tagesbefehl zum Veteranenbegriff, 26.11.2008 <https://www.bmvg.de/de/aktuelles/tagesbefehl-zum-veteranenbegriff-29316> [1.11.2021].

BMVg (2020): Auftrag Landes- und Bündnisverteidigung. Berlin: Bundesministerium der Verteidigung. Berlin.

BMVg (2021a): Personalzahlen der Bundeswehr. Stand: Juli 2021 <https://www.bundeswehr.de/de/ueber-die-bundeswehr/zahlen-daten-fakten/personalzahlen-bundeswehr> [13.9.2021].

BMVg (2021b): Verteidigungshaushalt 2021 <https://www.bmvg.de/de/themen/verteidigungshaushalt> [23.9.2021].

BMVg (2021c): Heimatschutz: Neuer freiwilliger Wehrdienst gestartet, 6.4.2021 <https://www.bmvg.de/de/aktuelles/heimatschutz-neuer-freiwilliger-wehrdienst-gestartet-5050270> [13.9.2021].

BMVg (2021d): Eckpunkte für die Bundeswehr der Zukunft. Berlin.

BMVg (2021e): Ministerin im Interview, 18.3.2021. <https://www.bmvg.de/de/aktuelles/ministerin-im-interview-5041976> [23.6.2021].

Bohnert, Marcel (2019): Die deutsche Bundeswehr und der Krieg in Afghanistan. Österreichische Militärische Zeitschrift 57: 3, 291–299.

Brettschneider, Frank (1995): Öffentliche Meinung und Politik. Wiesbaden: VS Verlag für Sozialwissenschaften.

Breunig, Christian/van Eimeren, Birgit (2015): 50 Jahre „Massenkommunikation“: Trends in der Nutzung und Bewertung der Medien. In: Media Perspektiven 11/2015, 505–525.

Brunner, Otto (Hrsg.) (1984): Geschichtliche Grundbegriffe: Historisches Lexikon zur politisch-sozialen Sprache in Deutschland. Band 5: Pro – Soz. Stuttgart: Klett Cotta.

Bulmahn, Thomas/Höfig, Chariklia (2013): Ergebnisse der repräsentativen Bundeswehrumfrage zur Attraktivität des Arbeitgebers Bundeswehr. Ergebnispräsentation am 22. Oktober 2013 im BMVg. Berlin (Powerpoint-Präsentation).

Bunde, Tobias/Hartmann, Laura/Stärk, Franziska/Carr, Randolf/Erber, Christoph/Hammelehle, Julia/Kabus, Juliane (2020): Zeitenwende, Wendezeiten. Sonderausgabe des Munich Security Report zur deutschen Außen- und Sicherheitspolitik. München: Stiftung Münchner Sicherheitskonferenz.

Bundeswehr (2020): Dein Jahr für Deutschland <https://www.bundeswehrkarriere.de/deinjahrfuerdeutschland> [13.9.2021].

Burstein, Paul (2006): Why Estimates of the Impact of Public Opinion on Public Policy Are Too High: Empirical and Theoretical Implications. In: Social Forces 84: 4, 2273–2289.

Buzan, Barry/Waever, Ole/Wilde, Jaap de (1998): Security. A New Framework for Analysis. Boulder, CO: Lynne Rienner.

Carstens, Peter (2021): Wo die Bundeswehr lernte, was Krieg wirklich ist, 14.4.2021 <https://www.faz.net/aktuell/politik/inland/einsatz-in-afghanistan-wo-die-bundeswehr-krieg-lernte-17293670.html> [12.6.2021].

Chauvistré, Eric (2009): Robuste Illusionen. In: Internationale Politik 64: 3, 84–95.

Chittick, William O./Billingsley, Keith R./Travis, Rick (1995): A Three-Dimensional Model of American Foreign Policy Beliefs. In: International Studies Quarterly 39: 3, 313–331.

Cognita Deutschland (2021): Medienresonanzanalyse 2020. Zeitraum: 1.1. bis 31.12.2020. Unveröffentlichte Powerpoint-Präsentation vom 11.02.2021.

Cottam, Richard W. (1977): Foreign Policy Motivation: A General Theory and a Case Study. Pittsburgh: University of Pittsburgh Press.

Daase, Christopher (2010): National, Societal, and Human Security: On the Transformation of Political Language. In: Historical Social Research 35: 4, 22–37.

Daase, Christopher (2012): Sicherheitskultur als interdisziplinäres Forschungsprogramm. In: Daase, Christopher/Offermann, Philipp/Rauer, Valentin (Hrsg.): Sicherheitskultur: Soziale und politische Praktiken der Gefahrenabwehr. Frankfurt a. M.: Campus, 23–44.

Daehnhardt, Patricia (2018): German Foreign Policy, the Ukraine Crisis and the Euro-Atlantic Order: Assessing the Dynamics of Change. In: German Politics 27: 4, 516–538.

Dake, Karl (1992): Myths of Nature: Culture and the Social Construction of Risk. In: Journal of Social Issues 48: 4, 21–37.

Dal Bó, Ernesto/Hernández, Pablo/Mazzuca, Sebastián (2016): The Paradox of Civilization: Pre-Institutional Sources of Security and Prosperity. National Bureau of Economic Research Working Paper No. 21829. Cambridge, MA: National Bureau of Economic Research.

Dembinski, Matthias/Peters, Dirk (2018): Eine Armee für die Europäische Union? Europapolitische Konzeptionen und verteidigungspolitische Strukturen. PRIF-Report 1/2018. Frankfurt am Main: Hessische Stiftung Friedens- und Konfliktforschung.

Dembinski, Matthias/Gromes, Thorsten (2018): Legalität und Legitimität von Auslandseinsätzen. Bundeszentrale für politische Bildung, 29.6.2018 <https://www.bpb.de/politik/grundfragen/deutsche-verteidigungspolitik/269191/legitimitaet-von-auslands einsaetzen> [6.6.2021].

Der Spiegel (2018): Russland lässt „Iskander-Raketen" in Kaliningrad auffahren, 4.5.2018 <https://www.spiegel.de/politik/ausland/russland-laesst-iskander-raketen-in-kaliningrad-auffahren-a-1206355.html> [24.6.2021].

Deutscher Bundestag (2020): Stenografischer Bericht 159. Sitzung, Berlin, 13.5.2020. Plenarprotokoll 19/159 <https://dipbt.bundestag.de/dip21/btp/19/19159.pdf> [7.10.2020].

Die Welt (2013): Diesen Institutionen vertrauen die Deutschen, 6.2.2013 <https://www.welt.de/wirtschaft/article113432065/Diesen-Institutionen-vertrauen-die-Deutschen.html> [2.7.2019].

Diekmann, Andreas (2016): Empirische Sozialforschung. Grundlagen, Methoden, Anwendungen. Reinbek bei Hamburg: Rowohlt.

Dowler, Ken/Fleming, Thomas/Muzzatti, Stephen L. (2006): Constructing Crime: Media, Crime, and Popular Culture. In: Canadian Journal of Criminology and Criminal Justice 48: 6, 837–865.

EAD – Europäischer Auswärtiger Dienst (2021): Vilifying Germany, Wooing Germany, 9.3.2021 <https://euvsdisinfo.eu/vilifying-germany-wooing-germany2> [12.5.2021].

Ehle, Jürgen (2018): Die Implementierung der Ständigen Strukturierten Zusammenarbeit (PESCO) – Sachstand und weiteres Vorgehen. In: Sirius 2: 3, 261–264.

Eichenberg, Richard C./Stoll, Richard J. (2003): Representing Defense: Democratic Control of the Defense Budget in the United States and Western Europe. In: Journal of Conflict Resolution 47: 4, 399–422.

Eichenberg, Richard C./Stoll, Richard J. (2017): The Acceptability of War and Support for Defense Spending: Evidence from Fourteen Democracies, 2004–2013. In: Journal of Conflict Resolution 61: 4, 788–813.

Eisenman, David P./Glik, Deborah/Ong, Michael/Zhou, Qiong/Tseng, Chi-Hong/Long, Anna/Fielding, Jonathan/Asch, Steven (2009): Terrorism-Related Fear and Avoidance Behavior in a Multiethnic Urban Population. In: American Journal of Public Health 99: 1, 168–174.

Elektroniknet.de (2021): Trendence Arbeitgeber-Ranking. Die Bundeswehr zieht am meisten, 8.6.2021 <https://www.elektroniknet.de/karriere/arbeitswelt/die-bundeswehr-zieht-am-meisten.187022.html> [13.9.2021].

Endres, Fabian (2018): Öffentliche Meinung und strategische Kulturen. Außenpolitische Überzeugungen in Deutschland, Frankreich und Großbritannien. Wiesbaden: Springer VS.

Endreß, Christian/Petersen, Nils (2012): Die Dimensionen des Sicherheitsbegriffs. In: Bundeszentrale für Politische Bildung (Hrsg.): Dossier Innere Sicherheit, 14.6.2012 <http://www.bpb.de/politik/innenpolitik/innere-sicherheit/76634/dimensionen-des-sicherheitsbegriffs?p=all> [24.1.2019].

Endreß, Christian/Schattschneider, Leonard (2010): Was ist Sicherheit? Interdisziplinäre Betrachtung einer unklaren Begrifflichkeit. In: Notfallvorsorge 2, 8–9.

Eschholz, Sarah (1997): The Media and Fear of Crime: A Survey of the Research. In: Journal of Law and Public Policy 9: 1, 37–59.

European Commission (2019): Standard Eurobarometer 91, Wave EB91.5. Public Opinion in the European Union. Annex. Brüssel.

European Union (2016): Shared Vision, Common Action: A Stronger Europe. A Global Strategy for the European Union's Foreign and Security Policy. Brüssel.

Fagan, Moira/Poushter, Jacob (2020): NATO Seen Favorably Across Member States. Washington, DC: Pew Research Center.

Fantapié Altobelli, Claudia/Hensel, David/Langhinrichs, Birthe/Mühlbach, Cordelia/Znanewitz, Judith (2015): Trendforschung zur Optimierung und Sicherstellung der externen Personalbedarfsdeckung der Bundeswehr. 1. Zwischenbericht: Ergebnisse der Referenzstudie. Hamburg: Helmut-Schmidt-Universität.

FAZ – Frankfurter Allgemeine Zeitung (2003): Irrflug versetzt Frankfurt in Angst und Schrecken, 5.1.2003 <https://www.faz.net/-gum-4215> [12.7.2016].

Feaver, Peter D./Kohn, Richard H. (Hrsg.) (2001): Soldiers and Civilians. The Civil-Military Gap and American National Security. Cambridge, MA: MIT Press.

Feldman, Stanley (1988): Structure and Consistency in Public Opinion: The Role of Core Beliefs and Values. In: American Journal of Political Science 32: 2, 416–440.

Fiebig, Rüdiger (2012): Die Deutschen und ihr Einsatz. Einstellungen der Bevölkerung zum ISAF-Einsatz. In: Langer, Phil C./Pietsch, Carsten/Seiffert, Anja (Hrsg.): Der Einsatz der Bundeswehr in Afghanistan: Sozial- und politikwissenschaftliche Perspektiven. Wiesbaden: VS Verlag für Sozialwissenschaften, 187–204.

Franke, Jürgen (2012): Wie integriert ist die Bundeswehr? Eine Untersuchung zur Integrationssituation der Bundeswehr als Verteidigungs- und Einsatzarmee. Baden-Baden: Nomos.

Glatz, Rainer L./Zapfe, Martin (2017): Ambitionierte Rahmennation: Deutschland in der NATO. In: SWP-Aktuell 62, 1–8.

Goodwin, Robin/Willson, Michelle/Stanley, Gaines (2005): Terror Threat Perception and Its Consequences in Contemporary Britain. In: British Journal of Psychology 96: 4, 389–406.

Graf, Timo (2018): Einstellungen zum außen- und sicherheitspolitischen Engagement Deutschlands. In: Steinbrecher, Markus/Biehl, Heiko/Graf, Timo: Sicherheits- und verteidigungspolitisches Meinungsbild in der Bundesrepublik Deutschland. Ergebnisse und Analysen der Bevölkerungsbefragung 2018. Forschungsbericht 118. Potsdam: Zentrum für Militärgeschichte und Sozialwissenschaften der Bundeswehr, 37–71.

Graf, Timo (2019a): Einstellungen zum außen- und sicherheitspolitischen Engagement Deutschlands. In: Steinbrecher, Markus/Graf, Timo/Biehl, Heiko: Sicherheits- und verteidigungspolitisches Meinungsbild in der Bundesrepublik Deutschland. Ergebnisse und Analysen der Bevölkerungsbefragung 2019. Forschungsbericht 122. Potsdam: Zentrum für Militärgeschichte und Sozialwissenschaften der Bundeswehr, 38–81.

Graf, Timo (2019b): Wie die Deutschen zu einer europäischen Armee stehen: Positive Bilanz, aber erstmal kein Ersatz für die NATO. In: IF – Zeitschrift für Innere Führung 4, 61–67.

Graf, Timo (2019c): Die Bundeswehr als Mittel deutscher Außenpolitik aus Sicht der Bevölkerung: „Brunnenbohrer" oder „Kampftruppe"? In: Hartmann, Uwe/von Rosen, Claus (Hrsg.): Jahrbuch Innere Führung 2019. Bundeswehr im Aufbruch. Hindernisse von den verteidigungspolitischen Vorstellungen der AfD bis zu den sicherheitspolitischen Meinungen in der Zivilgesellschaft. Berlin: Miles-Verlag, 80–100.

Graf, Timo (2020a): Unity in the Face of Threat? Exploring the Empirical Relationship between Strategic Threat Perceptions and Public Support for a Common European Army in Germany. In: European Security 29: 1, 55–73.

Graf, Timo (2020b): Die öffentliche Meinung in der Bundesrepublik Deutschland zur Verteidigungszusammenarbeit in der Europäischen Union. Forschungsbericht 123. Potsdam: Zentrum für Militärgeschichte und Sozialwissenschaften der Bundeswehr.

Graf, Timo (2020c): The Clash of Perceptions: Testing the „Clash of Civilizations" with Global Survey Data. Berlin: Berliner Wissenschafts-Verlag.

Graf, Timo (2020d): Zur Integrationsdimension der Inneren Führung: Eine empirische Betrachtung der öffentlichen Meinung zur gesellschaftlichen Einbindung der Bundeswehr von 2005 bis 2019. In: Hartmann, Uwe/Janke, Reinhold/von Rosen, Claus (Hrsg.): Jahrbuch Innere Führung 2020. Zur Weiterentwicklung der Inneren Führung: Themen und Inhalte. Berlin: Miles-Verlag, 105–122.

Graf, Timo (2021a): Subjektive Sicherheit und Bedrohungswahrnehmungen. In: Steinbrecher, Markus/Graf, Timo/Biehl, Heiko/Irrgang, Christina: Sicherheits- und verteidigungspolitisches Meinungsbild in der Bundesrepublik Deutschland. Ergebnisse und Analysen der Bevölkerungsbefragung 2020. Forschungsbericht 128. Potsdam: Zentrum für Militärgeschichte und Sozialwissenschaften der Bundeswehr, 22–47.

Graf, Timo (2021b): Einstellungen zum außen- und sicherheitspolitischen Engagement Deutschlands. In: Steinbrecher, Markus/Graf, Timo/Biehl, Heiko/Irrgang, Christina: Sicherheits- und verteidigungspolitisches Meinungsbild in der Bundesrepublik Deutschland. Ergebnisse und Analysen der Bevölkerungsbefragung 2020. Forschungsbericht 128. Potsdam: Zentrum für Militärgeschichte und Sozialwissenschaften der Bundeswehr, 48–73.

Graf, Timo (2021c): Wahrnehmung der bilateralen Beziehungen zu China, Russland und den USA. In: Steinbrecher, Markus/Graf, Timo/Biehl, Heiko/Irrgang, Christina: Sicherheits- und verteidigungspolitisches Meinungsbild in der Bundesrepublik Deutschland. Ergebnisse und Analysen der Bevölkerungsbefragung 2020. Forschungsbericht 128. Potsdam: Zentrum für Militärgeschichte und Sozialwissenschaften der Bundeswehr, 74–89.

Graf, Timo (2021d): Einstellungen zur EU-Verteidigungszusammenarbeit. In: Steinbrecher, Markus/Graf, Timo/Biehl, Heiko/Irrgang, Christina: Sicherheits- und verteidigungspolitisches Meinungsbild in der Bundesrepublik Deutschland. Ergebnisse und Analysen der Bevölkerungsbefragung 2020. Forschungsbericht 128. Potsdam: Zentrum für Militärgeschichte und Sozialwissenschaften der Bundeswehr, 90–122.

Graf, Timo (2021e): Aus den Augen, aus dem Sinn? Die gesellschaftliche Einbindung der Bundeswehr 2005–2019. In: IF – Zeitschrift für Innere Führung 2, 66–67.

Graf, Timo (2021f): Offene Flanke: Zur Bündnistreue der Deutschen. In: IF – Zeitschrift für Innere Führung 3, 32–35.

Graf, Timo (2021g): Mehr als „freundliches Desinteresse“: Die öffentliche Meinung zum Afghanistan-Einsatz der Bundeswehr. In: IF – Zeitschrift für Innere Führung 4, 74–75.

Graf, Timo (2021h): Freundliches Desinteresse als Bilanz? Die Einstellung der Deutschen zum Bundeswehreinsatz in Afghanistan auf dem Prüfstand. In: Zeitschrift für Außen- und Sicherheitspolitik 14: 4, 411–436.

Graf, Timo (2021i): Trendradar 2021. Die öffentliche Meinung zur Sicherheits- und Verteidigungspolitik in der Bundesrepublik Deutschland 2010–2020. Forschungsbericht 129. Potsdam: Zentrum für Militärgeschichte und Sozialwissenschaften der Bundeswehr.

Graf, Timo (2022): Zwischen Anspruch und Wirklichkeit: Wie steht es um die Bündnistreue in der Bevölkerung? In: Hartmann, Uwe/Janke, Reinhold/von Rosen, Claus (Hrsg.): Jahrbuch Innere Führung 2021/22. Ein neues Mindset Landes- und Bündnisverteidigung? Berlin: Miles-Verlag, 129–155.

Graf, Timo/Biehl, Heiko (2019): Einstellungen zu den Auslandseinsätzen der Bundeswehr. In: Steinbrecher, Markus/Graf, Timo/Biehl, Heiko: Sicherheits- und verteidigungspolitisches Meinungsbild in der Bundesrepublik Deutschland. Ergebnisse und Analysen der Bevölkerungsbefragung 2019. Forschungsbericht 122. Potsdam: Zentrum für Militärgeschichte und Sozialwissenschaften der Bundeswehr, 176–190.

Graf, Timo/Kümmel, Gerhard (2021): The Achilles Heel of Recruiting Women: Perceived Gender Equality as a Key Determinant of the Military's Employer Attractivenes among Women. In: Armed Forces & Society. Online First: https://doi.org/10.1177/0095327X211035818.

Haverkamp, Rita (2014): Grundzüge eines Sicherheitsbarometers in Deutschland. In: Hoch, Hans/Zoche, Peter (Hrsg.): Sicherheiten und Unsicherheiten. Münster: Lit Verlag, 15–30.

Heath, Linda/Gilbert, Kevin (1996): Mass Media and Fear of Crime. American Behavioral Scientist 39: 4, 379–386.

Hentschel, Katrin (2013): Ergebnisse der Jugendstudie 2011. Berufswahl Jugendlicher und Einstellungen zum Arbeitgeber Bundeswehr. Forschungsbericht 100. Potsdam: Zentrum für Militärgeschichte und Sozialwissenschaften der Bundeswehr.

Herrmann, Richard K. (1986): The Power of Perceptions in Foreign-Policy Decision Making: Do Views of the Soviet Union Determine the Policy Choices of American Leaders? In: American Journal of Political Science 30: 4, 841–875.

Herrmann, Richard K. (2003): Image Theory and Strategic Interaction in International Relations. In: Sears, David O./Huddy, Leonie/Jervis, Robert (Hrsg.): Oxford Handbook of Political Psychology. Oxford: Oxford University Press, 285–314.

Herrmann, Richard K./Fischerkeller, Michael P. (1995): Beyond the Enemy Image and Spiral Model: Cognitive-Strategic Research after the Cold War. In: International Organization 49: 3, 415–450.

Herrmann, Richard K./Voss, James F./Schooler, Tonya Y.E./Ciarrochi, Joseph (1997): Images in International Relations: An Experimental Test of Cognitive Schemata. In: International Studies Quarterly 41: 3, 403–433.

Holsti, Ole R. (1992): Public Opinion and Foreign Policy: Challenges to the Almond-Lippmann Consensus. In: International Studies Quarterly 36: 4, 439–466.

Holsti, Ole R. (1996): Public Opinion and American Foreign Policy. Ann Arbor: University of Michigan Press.

Huddy, Leonie/Feldman, Stanley/Capelos, Theresa/Provost, Colin (2002): The Consequences of Terrorism: Disentangling the Effects of Personal and National Threat. In: Political Psychology 23: 3, 485–509.

Huddy, Leonie/Feldman, Stanley/Taber, Charles/Lahav, Gallya (2005): Threat, Anxiety, and Support of Antiterrorism Policies. In: American Journal of Political Science 49: 3, 593–608.

Hummelsheim-Doss, Dina (2017): Objektive und subjektive Sicherheit in Deutschland. Eine wissenschaftliche Annäherung an das Sicherheitsgefühl. In: Aus Politik und Zeitgeschichte 67: 32–33, 34–39.

Hunter, Lance Y./Robbins, Joseph W. (2016): Military Spending and Electoral Systems: A Reconsideration. In: Armed Forces & Society 42: 1, 51–74.

Hurwitz, Jon/Peffley, Mark (1987): How Are Foreign Policy Attitudes Structured? A Hierarchical Model. In: American Political Science Review 81: 4, 1099–1119.

Hurwitz, Jon/Peffley, Mark/Seligson, Mitchell A. (1993): Foreign Policy Belief Systems in Comparative Perspective: The United States and Costa Rica. In: International Studies Quarterly 37: 3, 245–270.

Infratest dimap (2016): ARD-DeutschlandTREND Januar 2016. Eine Studie im Auftrag der tagesthemen <https://www.tagesschau.de/inland/deutschlandtrend-469.pdf> [2.7.2019].

Inglehart, Ronald F. (1990): Culture Shift in Advanced Industrial Society. Princeton, NJ: Princeton University Press.

Inglehart, Ronald F./Puranen, Bi/Welzel, Christian (2015): Declining Willingness to Fight for One's Country: The Individual-Level Basis of the Long Peace. In: Journal of Peace Research 52: 4, 418–434.

Ipsos (2021): Sicherheitspolitisches Meinungsbild 2021. Methodenbericht. 9. September 2021. Berlin.

Irondelle, Bastien/Mérand, Frédéric/Foucault, Martial (2015): Public Support for European Defence: Does Strategic Culture Matter? In: European Journal of Political Research 54: 2, 363–383.

Isernia, Pierangelo/Juhász, Zoltán/Rattinger, Hans (2002): Foreign Policy and the Rational Public in Comparative Perspective. In: Journal of Conflict Resolution 46: 2, 201–224.

Jacobs, Lawrence R./Page, Benjamin I. (2005): Who Influences U.S. Foreign Policy? In: American Political Science Review 99: 1, 107–123.

Jäger, Martin (2020): Deutschland sollte interventionsfähig sein. Frankfurter Allgemeine Zeitung, 6.9.2020 <https://www.faz.net/aktuell/politik/inland/deutschland-sollte-interventionsfaehig-sein-neuestrategische-lage-16938806.html> [12.5.2021].

Jakobsen, Jo/Jakobsen, Tor G. (2019): Tripwires and Free-Riders: Do Forward-Deployed U.S. Troops Reduce the Willingness of Host-Country Citizens to Fight for their Country? In: Contemporary Security Policy 40: 2, 135–164.

Joslyn, Mark/Haider-Markel, Donald (2007): Sociotropic Concerns and Support for Counterterrorism Policies. In: Social Science Quarterly 88: 2, 306–319.

Kamp, Karl-Heinz (2015): Die Europa-Armee: Pro und Kontra. Arbeitspapier Sicherheitspolitik, Nr. 4/2015. Berlin: Bundesakademie für Sicherheitspolitik.

Kantar (2021): Körber Stiftung: Berlin Pulse Mai 2021. Tabellenbericht. <https://www.koerber-stiftung.de/fileadmin/user_upload/koerber-stiftung/redaktion/the-berlin-pulse/pdf/2021/Special_survey_The_Berlin_Pulse_2021_Tabellenbericht.pdf> [10.7.2021].

Karp, Jeffrey A./Bowler, Shaun (2006): Broadening and Deepening or Broadening versus Deepening: The Question of Enlargement and Europe's "Hesitant Europeans". In: European Journal of Political Research 45: 3, 369–390.

Keller, Patrick (2021): Was Afghanistan uns lehrt. In: Internationale Politik 76: 1, 92–96.

Kellner, Anna Maria/Optenhögel, Uwe (2017): Strategische Autonomie für Europa als Friedensmacht. In: Bartels, Hans-Peter/Kellner, Anna Maria/Optenhögel, Uwe (Hrsg.): Strategische Autonomie und die Verteidigung Europas: Auf dem Weg zur Europäischen Armee? Bonn: Dietz, 13–37.

Kentmen, Cigdem (2010): Bases of Support for the EU's Common Foreign and Security Policy: Gender, Attitudes toward Economic Integration, and Attachment to Europe. In: International Political Science Review 31: 3, 285–299.

Kim, Nam Kyu (2019): Territorial Disputes and Individual Willingness to Fight. In: Journal of Peace Research 57: 3, 406–421.

Klasen, Oliver (2012): Was sich mit der Karlsruher Entscheidung ändert. In: Süddeutsche Zeitung, 17.8.2012 <https://sz.de/1.1443366> [7.10.2020].

Knelangen, Wilhelm (2006): Innere Sicherheit als neue Aufgabe für die Bundeswehr? In: Krause, Joachim/Irlenkäuser, Jan C. (Hrsg.): Bundeswehr – Die nächsten 50 Jahre: Anforderungen an deutsche Streitkräfte im 21. Jahrhundert. Opladen: Barbara Budrich, 253–273.

Körber-Stiftung (2019): The Berlin Pulse 2019/2020: German Foreign Policy in Perspective. Hamburg: Körber-Stiftung.

Krasmann, Susanne/Kreissl, Reinhard/Kühne, Sylvia/Paul, Bettina/Schlepper, Christina (2014): Die gesellschaftliche Konstruktion von Sicherheit. Zur medialen Vermittlung und Wahrnehmung der Terrorismusbekämpfung. Berlin: Forschungsforum Öffentliche Sicherheit.

Lippert, Barbara/von Ondarza, Nicolai/Perthes, Volker (2019): Strategische Autonomie Europas: Akteure, Handlungsfelder, Zielkonflikte. SWP-Studie 2. Berlin: Stiftung Wissenschaft und Politik.

Mader, Matthias (2015): Grundhaltungen zur Außen- und Sicherheitspolitik in Deutschland. In: Biehl, Heiko/Schoen, Harald (Hrsg.): Sicherheitspolitik und Streitkräfte im Urteil der Bürger. Theorien, Methoden, Befunde. Wiesbaden: Springer VS, 69–96.

Mader, Matthias (2017): Öffentliche Meinung zu Auslandseinsätzen der Bundeswehr. Zwischen Antimilitarismus und transatlantischer Orientierung. Wiesbaden: Springer VS.

Mader, Matthias/Pötzschke, Jana (2014): National Identities and Mass Belief Systems on Foreign and Security Policy in Germany. In: German Politics 23: 1–2, 59–77.

Marktforschung.de (2020): Studie von Rogator. Diesen Institutionen vertrauen die Bürger während der Krisenzeit, 18.6.2020 <https://www.marktforschung.de/aktuelles/marktforschung/diesen-institutionen-vertrauen-die-buerger-waehrend-der-krisenzeit> [21.9.2020].

Masala, Carlo (2018): Chinas geopolitische Ambitionen. In: China – Perspektiven und Herausforderungen: Bericht zur 3. Sitzung des Netzwerks „Strategie und Vorausschau". Berlin: Bundesministerium der Verteidigung, 13–19.

Maslow, Abraham (1943): A Theory of Human Motivation. In: Psychological Review 50: 4, 370–396.

Meier, Ernst-Christoph/Nelte, Klaus-Michael/Huhn, Walter (Hrsg.) (2008): Wörterbuch zur Sicherheitspolitik. Deutschland in einem veränderten internationalen Umfeld. Hamburg et al.: Mittler & Sohn.

Meyer zum Felde, Rainer (2018): Erfolg und Desaster zugleich. Der NATO-Gipfel in Brüssel und seine Konsequenzen. In: Sirius 2: 4, 385–388.

Morgen, Sven (2019): Die NATO. Dossier Deutsche Verteidigungspolitik, 5.7.2019 <https://www.bpb.de/politik/grundfragen/deutsche-verteidigungspolitik/293297/nato> [7.9.2021].

NATO Public Diplomacy Division (2021): Defence Expenditure of NATO Countries (2014–2021). Pressemitteilung 11.6.2021. Brüssel.

Naumann, Klaus (2010): Einsatz ohne Ziel? Die Politikbedürftigkeit des Militärischen. Bonn: Bundeszentrale für politische Bildung.

Nellis, Ashley M. (2009): Gender Differences in Fear of Terrorism. In: Journal of Contemporary Criminal Justice 25: 3, 322–340.

Noll, Heinz-Herbert (1994): Zustand der öffentlichen Sicherheit beeinträchtigt Wohlbefinden der Bürger: Befunde zur subjektiven Wahrnehmung und Bewertung der öffentlichen Sicherheit. In: Informationsdienst Soziale Indikatoren 12, 5–8.

OHCHR – Office of the United Nations High Commissioner for Human Rights (2020): Office of the United Nations High Commissioner for Human Rights Report on the Human Rights Situation in Ukraine 16 November 2019 to 15 February 2020. 12.3.2020 <https://www.ohchr.org/Documents/Countries/UA/29thReportUkraine_EN.pdf> [21.10.2021].

Page, Benjamin I./Shapiro, Robert Y. (1983): Effects of Public Opinion on Policy. In: The American Political Science Review 77: 1, 175–190.

Page, Benjamin I./Shapiro, Robert Y. (1992): The Rational Public: Fifty Years of Trends in Americans' Policy Preferences. Chicago, IL: University of Chicago Press.

Patrick, Stewart M. (2017): Trump and World Order: The Return to Self-Help. In: Foreign Affairs 96: 2, 52–57.

Peffley, Mark/Hurwitz, Jon (1993): Models of Attitude Constraint in Foreign Affairs. In: Political Behavior 15: 1, 61–90.

Personalboard (2017): Question & Answer Paper. Berlin: Bundesministerium der Verteidigung.

Pew Research Center (2017): U.S. Image Suffers as Publics Around the World Question Trump's Leadership. Washington, DC: Pew Research Center.

Pfaffenzeller, Stephan (2010): Conscription and Democracy. The Mythology of Civil-Military Relations. In: Armed Forces & Society 36: 3, 481–504.

Pokorny, Sabine (2021): Gemeinsam oder allein? Deutschlands Sicherheit. Ergebnisse einer repräsentativen Umfrage zu Einstellungen zur Sicherheits- und Verteidigungspolitik 2021. Berlin: Konrad-Adenauer-Stiftung.

Pötzschke, Jana/Rattinger, Hans/Schoen, Harald (2015): Mehr als ein Thema für Spezialisten? Der Afghanistaneinsatz der Bundeswehr und das Wahlverhalten bei der Bundestagswahl 2009. In: Biehl, Heiko/Schoen, Harald (Hrsg.): Sicherheitspolitik und Streitkräfte im Urteil der Bürger. Theorien, Methoden, Befunde. Wiesbaden: Springer VS, 123–146.

Presseportal (2020): Mediengruppe RTL Deutschland. RTL/N-tv Trendbarometer. Forsa-Aktuell: Institutionen-Ranking: Ärzte und Polizei auf den ersten Plätzen – Vertrauen zu Ärzten in der Corona-Krise besonders stark gestiegen, 10.6.2020 <https://www.presseportal.de/pm/72183/4619512> [21.9.2020].

Prinz, Wolfgang/Rakowsky, Stefan/Lackinger, Stefan/Heisig, Stephan (2020): Covid-19. Sicherheits- und verteidigungspolitische Meinungsbilder in Zeiten der Pandemie. Trendradar 3/2020. Wien.

Puranen, Bi (2014): Allegiance Eroding: People's Dwindling Willingness to Fight in Wars. In: Dalton, Russell J./Welzel, Christian (Hrsg.), The Civic Culture Transformed. From Allegiant to Assertive Citizens. Cambridge et al.: Cambridge University Press, 261–281.

Rapoport, Anatol (1988): Risiko und Sicherheit in der heutigen Gesellschaft: Die subjektiven Aspekte des Risikobegriffs. In: Leviathan 16: 1, 123–136.

Rattinger, Hans (2007): Öffentliche Meinung. In: Schmidt, Siegmar/Hellmann, Gunther/Wolf, Reinhard (Hrsg.): Handbuch zur deutschen Außenpolitik. Wiesbaden: VS Verlag, 313–325

Rattinger, Hans/Holst, Christian (1998): Strukturen und Determinanten außen- und sicherheitspolitischer Einstellungen in der Bundesrepublik. Bamberg: Universität Bamberg.

Rattinger, Hans/Schoen, Harald/Endres, Fabian/Jungkunz, Sebastian/Mader, Matthias/Pötzschke, Jana (2016): Old Friends in Troubled Waters: Policy Principles, Elites, and U.S.-German Relations at the Citizen Level After the Cold War. Baden-Baden: Nomos.

Reuband, Karl-Heinz (2009): Kriminalitätsfurcht. In: Lange, Hans-Jürgen/Ohly, H. Peter/Reichertz, Jo (Hrsg.): Auf der Suche nach neuer Sicherheit: Fakten, Theorien und Folgen. Wiesbaden: VS Verlag für Sozialwissenschaften, 233–251.

Richter, Gregor (2016): Wie attraktiv ist die Bundeswehr als Arbeitgeber? Ergebnisse der Personalbefragung 2016. Forschungsbericht 113. Potsdam: Zentrum für Militärgeschichte und Sozialwissenschaften der Bundeswehr.

Richter, Gregor (2020): Wie attraktiv ist die Bundeswehr als Arbeitgeber? Ergebnisse der Personalbefragung 2020. Forschungsbericht 126. Potsdam: Zentrum für Militärgeschichte und Sozialwissenschaften der Bundeswehr.

Risse-Kappen, Thomas (1991): Public Opinion, Domestic Structure, and Foreign Policy in Liberal Democracies. In: World Politics 43: 4, 479–512.

Robotham, Cristopher/Röder, Sascha (2012): Die Bundeswehr in Afghanistan – Analysen an den Grenzen des Heimatdiskurses. In: Daxner, Michael/Neumann, Hannah (Hrsg.): Heimatdiskurs: Wie die Auslandseinsätze der Bundeswehr Deutschland verändern. Bielefeld: transcript Verlag, 201–242.

Rode, Florian (2020): Vortrag: So geht es der Bundeswehr und ihrer Reserve, 27.10.2020 <https://reservistenverband.de/magazin-die-reserve/284659/> [24.8.2021].

Rosenthal, Claudius (2000): Zur medialen Konstruktion von Bedrohung. In: Schatz, Heribert/Holtz-Bacha, Christina/Nieland, Jörg-Uwe (Hrsg.): Migranten und Medien. Wiesbaden: VS Verlag für Sozialwissenschaften, 196–206.

Rothbart, Chariklia (i.V.): Messfehler in interviewer-administrierten Befragungen zu politischen Einstellungen. Dissertation Universität Potsdam.

Rüland, Jürgen (2018): "Principled Multilateralism" versus "Diminished Multilateralism": Some General Reflections. In: Echle, Christian/Rüppel, Patrick/Sarmah, Megha/Hwee, Yeo Lay (Hrsg.): Multilateralism in a Changing World Order. Singapore: Konrad-Adenauer-Stiftung, 1–12.

Schnell, Rainer/Hill, Paul B./Esser, Elke (2018): Methoden der empirischen Sozialforschung. München/Wien: Oldenbourg.

Schoen, Harald (2008): Identity, Instrumental Self-Interest and Institutional Evaluations. Explaining Public Opinion on Common European Policies in Foreign Affairs and Defence. In: European Union Politics 9: 1, 5–29.

Schoen, Harald (2010): Ein Bericht von der Heimatfront. Bürger, Politiker und der Afghanistan-Einsatz der Bundeswehr. Politische Vierteljahresschrift 51: 3, 395–408.

Seiffert, Anja/Heß, Julius (2020): Leben nach Afghanistan: Die Soldaten und Veteranen der Generation Einsatz der Bundeswehr. Potsdam: Zentrum für Militärgeschichte und Sozialwissenschaften der Bundeswehr.

Shapiro, Robert Y./Page, Benjamin I. (1988): Foreign Policy and the Rational Public. In: Journal of Conflict Resolution 32: 2, 211–247.

SIPRI – Stockholm International Peace Research Institute (2018): SIPRI Military Expenditure Database 2018 <https://www.sipri.org/databases/milex> [12.7.2019].

SIPRI (2021): SIPRI Yearbook 2021: Armaments, Disarmament and International Security <https://www.sipri.org/yearbook/2021> [06.08.2021].

Skitka, Linda J./Bauman, Christopher W./Aramovich, Nicholas P./Morgan, G. Scott (2006): Confrontational and Preventative Policy Responses to Terrorism: Anger Wants a Fight and Fear Wants 'Them' to Go Away. In: Basic and Applied Social Psychology 28: 4, 375–384.

Sobel, Richard (2001): The Impact of Public Opinion on U.S. Foreign Policy Since Vietnam. New York: Oxford University Press.

Sönmez, Sevil F./Graefe, Alan R. (1998): Influence of Terrorism Risk on Foreign Tourism Decision. In: Analysis of Tourism Research 25: 1, 112–144.

Soroka, Stuart N. (2003): Media, Public Opinion, and Foreign Policy. In: The International Journal of Press/Politics 8: 1, 27–48.

Stanzel, Angela (2021): Konflikt und Kooperation. In: Internationale Politik Special, 3/2021, 32–35.

Steinbrecher, Markus (2017a): Attraktivität des Arbeitgebers Bundeswehr. In: Steinbrecher, Markus/Biehl, Heiko/Rothbart, Chariklia: Sicherheits- und verteidigungspolitisches Meinungsbild in der Bundesrepublik Deutschland. Ergebnisse und Analysen der Bevölkerungsbefragung 2017. Forschungsbericht 117. Potsdam: Zentrum für Militärgeschichte und Sozialwissenschaften der Bundeswehr, 99–128.

Steinbrecher, Markus (2017b): Einstellungen zur Höhe der Verteidigungsausgaben sowie zum Personalumfang der Bundeswehr. In: Steinbrecher, Markus/Biehl, Heiko/Rothbart, Chariklia: Sicherheits- und verteidigungspolitisches Meinungsbild in der Bundesrepublik Deutschland. Ergebnisse und Analysen der Bevölkerungsbefragung 2017. Forschungsbericht 117. Potsdam: Zentrum für Militärgeschichte und Sozialwissenschaften der Bundeswehr, 129–147.

Steinbrecher, Markus (2017c): Vorstellungen von den Aufgabenbereichen der Bundeswehr. In: Steinbrecher, Markus/Biehl, Heiko/Rothbart, Chariklia: Sicherheits- und verteidigungspolitisches Meinungsbild in der Bundesrepublik Deutschland. Ergebnisse und Analysen der Bevölkerungsbefragung 2017. Forschungsbericht 117. Potsdam: Zentrum für Militärgeschichte und Sozialwissenschaften der Bundeswehr, 148–165.

Steinbrecher, Markus (2017d): Wahrnehmung der Bundeswehr in der Öffentlichkeit. In: Steinbrecher, Markus/Biehl, Heiko/Rothbart, Chariklia: Sicherheits- und verteidigungspolitisches Meinungsbild in der Bundesrepublik Deutschland. Ergebnisse und Analysen der Bevölkerungsbefragung 2017. Forschungsbericht 117. Potsdam: Zentrum für Militärgeschichte und Sozialwissenschaften der Bundeswehr, 78–98.

Steinbrecher, Markus (2018a): Einstellungen zur Höhe der Verteidigungsausgaben sowie zum Personalumfang der Bundeswehr. In: Steinbrecher, Markus/Biehl, Heiko/Graf, Timo: Sicherheits- und verteidigungspolitisches Meinungsbild in der Bundesrepublik Deutschland. Ergebnisse und Analysen der Bevölkerungsbefragung 2018. Forschungsbericht 118. Potsdam: Zentrum für Militärgeschichte und Sozialwissenschaften der Bundeswehr, 139–157.

Steinbrecher, Markus (2018b): Vorstellungen von den Aufgabenbereichen der Bundeswehr. In: Steinbrecher, Markus/Biehl, Heiko/Graf, Timo: Sicherheits- und verteidigungspolitisches Meinungsbild in der Bundesrepublik Deutschland. Ergebnisse und Analysen der Bevölkerungsbefragung 2018. Forschungsbericht 118. Potsdam: Zentrum für Militärgeschichte und Sozialwissenschaften der Bundeswehr, 158–176.

Steinbrecher, Markus (2018c): Einigkeit macht stark! Erklärung von Einstellungen zur Gemeinsamen Sicherheits- und Verteidigungspolitik der EU. In: Steinbrecher, Markus/Biehl, Heiko/Bytzek, Evelyn/Rosar, Ulrich (Hrsg.): Freiheit oder Sicherheit? Ein Spannungsverhältnis aus Sicht der Bürgerinnen und Bürger. Wiesbaden: Springer VS, 217–251.

Steinbrecher, Markus (2018d): Attraktivität des Arbeitgebers Bundeswehr. In: Steinbrecher, Markus/Biehl, Heiko/Graf, Timo: Sicherheits- und verteidigungspolitisches Meinungsbild in der Bundesrepublik Deutschland. Ergebnisse und Analysen der Bevölkerungsbefragung 2018. Forschungsbericht 118. Potsdam: Zentrum für Militärgeschichte und Sozialwissenschaften der Bundeswehr, 119–138.

Steinbrecher, Markus (2019a): Einstellungen zur Höhe der Verteidigungsausgaben sowie zum Personalumfang der Bundeswehr. In: Steinbrecher, Markus/Graf, Timo/Biehl, Heiko: Sicherheits- und verteidigungspolitisches Meinungsbild in der Bundesrepublik Deutschland. Ergebnisse und Analysen der Bevölkerungsbefragung 2019. Forschungsbericht 122. Potsdam: Zentrum für Militärgeschichte und Sozialwissenschaften der Bundeswehr, 147–163.

Steinbrecher, Markus (2019b): Vorstellungen von den Aufgabenbereichen der Bundeswehr. In: Steinbrecher, Markus/Graf, Timo/Biehl, Heiko: Sicherheits- und verteidigungspolitisches Meinungsbild in der Bundesrepublik Deutschland. Ergebnisse und Analysen der Bevölkerungsbefragung 2019. Forschungsbericht 122. Potsdam: Zentrum für Militärgeschichte und Sozialwissenschaften der Bundeswehr, 164–174.

Steinbrecher, Markus (2019c): Attraktivität des Arbeitgebers Bundeswehr. In: Steinbrecher, Markus/Graf, Timo/Biehl, Heiko: Sicherheits- und verteidigungspolitisches Meinungsbild in der Bundesrepublik Deutschland. Ergebnisse und Analysen der Bevölkerungsbefragung 2019. Forschungsbericht 122. Potsdam: Zentrum für Militärgeschichte und Sozialwissenschaften der Bundeswehr, 126–147.

Steinbrecher, Markus (2020a): Einstellungen zur Höhe der Verteidigungsausgaben, zum Personalumfang der Bundeswehr und zu bewaffneten Drohnen. In: Steinbrecher, Markus/Graf, Timo/Biehl, Heiko/Irrgang, Christina: Sicherheits- und verteidigungspolitisches Meinungsbild in der Bundesrepublik Deutschland. Ergebnisse und Analysen der Bevölkerungsbefragung 2020. Forschungsbericht 128. Potsdam: Zentrum für Militärgeschichte und Sozialwissenschaften der Bundeswehr, 201–225.

Steinbrecher, Markus (2020b): Einstellungen zu den Aufgabenbereichen der Bundeswehr. In: Steinbrecher, Markus/Graf, Timo/Biehl, Heiko/Irrgang, Christina: Sicherheits- und verteidigungspolitisches Meinungsbild in der Bundesrepublik Deutschland. Ergebnisse und Analysen der Bevölkerungsbefragung 2020. Forschungsbericht 128. Potsdam: Zentrum für Militärgeschichte und Sozialwissenschaften der Bundeswehr, 226–261.

Steinbrecher, Markus/Biehl, Heiko (2017): Die Legende vom fehlenden Wissen. Verteidigungspolitische Kenntnisse in Deutschland. In: IF – Zeitschrift für Innere Führung 60: 4, 53–59.

Steinbrecher, Markus/Biehl, Heiko (2020a): Military Know-Nothings or (At Least) Military Know-Somethings? Knowledge of Defense Policy in Germany and Its Determinants. In: Armed Forces & Society 46: 2, 302–322.

Steinbrecher, Markus/Biehl, Heiko (2020b): The Other Civil-Military Gap: Researching Public Opinion on Security and Defence Policy. In: Deschaux-Dutard, Delphine (Hrsg.): Research Methods in Defence Studies. A Multidisciplinary Overview. London/New York: Routledge, 189–209.

Steinbrecher, Markus/Biehl, Heiko/Bytzek, Evelyn/Rosar, Ulrich (Hrsg.) (2018a): Freiheit oder Sicherheit? Ein Spannungsverhältnis aus Sicht der Bürgerinnen und Bürger. Wiesbaden: Springer VS.

Steinbrecher, Markus/Biehl, Heiko/Rothbart, Chariklia (2018b): Wachsamkeit als Preis von Sicherheit und Freiheit? Einstellungen der deutschen Bevölkerung zur Bündnisverteidigung. In: Steinbrecher Markus/Biehl, Heiko/Bytzek, Evelyn/ Rosar, Ulrich (Hrsg.): Freiheit oder Sicherheit? Ein Spannungsverhältnis aus Sicht der Bürgerinnen und Bürger. Wiesbaden: Springer VS, 177–216.

Steinbrecher, Markus/Höfig, Chariklia (2017): Aktiv, aber auch Attraktiv und Anders? Ausgewählte Einstellungen der deutschen Bevölkerung zur Attraktivität der Bundeswehr als Arbeitgeber. In: IF – Zeitschrift für Innere Führung 60: 1, 54–59.

Steinbrecher, Markus/Irrgang, Christina (2020a): Attraktivität des Arbeitgebers Bundeswehr. In: Steinbrecher, Markus/Graf, Timo/Biehl, Heiko/Irrgang, Christina: Sicherheits- und verteidigungspolitisches Meinungsbild in der Bundesrepublik Deutschland. Ergebnisse und Analysen der Bevölkerungsbefragung 2020. Forschungsbericht 128. Potsdam: Zentrum für Militärgeschichte und Sozialwissenschaften der Bundeswehr, 164–200.

Steinbrecher, Markus/Irrgang, Christina (2020b): Wahrnehmung der Bundeswehr in der Öffentlichkeit. In: Steinbrecher, Markus/Graf, Timo/Biehl, Heiko/Irrgang, Christina: Sicherheits- und verteidigungspolitisches Meinungsbild in der Bundesrepublik Deutschland. Ergebnisse und Analysen der Bevölkerungsbefragung 2020. Forschungsbericht 128. Potsdam: Zentrum für Militärgeschichte und Sozialwissenschaften der Bundeswehr, 150–163.

Steinbrecher, Markus/Wanner, Meike (2018): Dein Schützer, Freund und Helfer? Einstellungen der deutschen Bevölkerung zum Einsatz der Bundeswehr im Inneren. In: Steinbrecher, Markus/Biehl, Heiko/Bytzek, Evelyn/Rosar, Ulrich (Hrsg.): Freiheit oder Sicherheit? Ein Spannungsverhältnis aus Sicht der Bürgerinnen und Bürger. Wiesbaden: Springer VS, 141–176.

Steinbrecher, Markus/Wanner, Meike (2021): Alles eine Frage des Erfolgs? Einstellungen zum internationalen Engagement Deutschlands und zum Einsatz in Afghanistan. In: Maurer, Jochen/Rink, Martin (Hrsg.): Einsatz ohne Krieg? Die Bundeswehr nach 1990 zwischen politischem Auftrag und militärischer Wirklichkeit. Göttingen: Vandenhoeck & Ruprecht, 255–275.

Stevens, Daniel/Vaughn-Williams, Nick (2014): Citizens and Security Threats: Issues, Perceptions and Consequences Beyond the National Frame. In: British Journal of Political Science 46: 1, 149–175.

Stewart, Frances (2004): Development and Security. In: Conflict, Security & Development 4: 3, 261–288.

Stokes, Bruce (2017): NATO's Image Improves on Both Sides of Atlantic. Washington, DC: Pew Research Center.

Stöhr, Florian (2012): Politische und gesellschaftliche Rahmenbedingungen deutscher Auslandsmissionen am Beispiel Afghanistan. In: Bernhard, Chiari (Hrsg.): Auftrag Auslandseinsatz: Neueste Militärgeschichte an der Schnittstelle von Geschichtswissenschaft, Politik, Öffentlichkeit und Streitkräften. Freiburg i. Br.: Rombach Verlag, 215–223.

Transatlantic Trends (2021): Transatlantic Opinion on Global Challenges, 7.6.2021 <https://www.gmfus.org/news/transatlantic-trends-2021> [27.7.2021].

Trendence (2021): Arbeitgeberranking von Trendence. Die beliebtesten Arbeitgeber der Schüler <https://www.arbeitgeber-ranking.de/rankings/schueler> [13.9.2021].

Uppendahl, Herbert (1981): Responsive Demokratie. In: Thränhardt, Dietrich/Uppendahl, Herbert (Hrsg.): Alternativen lokaler Demokratie. Kommunalverfassung als politisches Problem. Königstein: Hain, 85–111.

Vereinte Nationen (1948): The Universal Declaration of Human Rights. New York.

Viehrig, Henrike (2010): Militärische Auslandseinsätze. Die Entscheidungen europäischer Staaten zwischen 2000 und 2006. Wiesbaden: VS Verlag.

Wanner, Meike (2019): Das Ansehen der Bundeswehr. Persönliche Einstellung versus Meinungsklimawahrnehmung. Baden-Baden: Nomos.

Walkenhorst, Peter (2021): Ein neuer kalter Krieg? In: Internationale Politik Special, 3/2021, 8–12.

Weller, Christoph (2000): Die öffentliche Meinung in der Außenpolitik. Wiesbaden: VS Verlag.

Weitzer, Ronald/Kubrin, Charis E. (2006): Breaking News: How Local TV News and Real-World Conditions Affect Fear of Crime. In: Justice Quarterly 21: 3, 497–520.

Wike, Richard/Poushter, Jacob/Silver, Laura/Fetterolf, Janell/Mordecai, Mara (2021): America's Image Abroad Rebounds with Transition from Trump to Biden, 10.6.2021 <https://www.pewresearch.org/global/2021/06/10/americas-image-abroad-rebounds-with-transition-from-trump-to-biden> [22.07.2021].

Wilcox, Pamela/Ozer, Murat M./Gunbeyi, Murat/Gundogdu, Tarkan (2009): Gender and Fear of Terrorism in Turkey. In: Journal of Contemporary Criminal Justice 25: 3, 341–357.

Windzio, Michael/Simonson, Julia/Pfeiffer, Christian/Kleimann, Matthias (2007): Kriminalitätswahrnehmung und Punitivität in der Bevölkerung. Welche Rolle spielen die Massenmedien? Ergebnisse der Befragungen zu Kriminalitätswahrnehmung und Strafeinstellungen 2004 und 2006. Hannover: Kriminologisches Forschungsinstitut Niedersachsen e.V.

Wittkopf, Eugene R. (1990): Faces of Internationalism: Public Opinion and American Foreign Policy. Durham: Duke University Press.

Wlezien, Christopher (1995): The Public as Thermostat: Dynamics of Preferences for Spending. In: American Journal of Political Science 39: 4, 981–1000.

Wolf, Christof/Best, Henning (Hrsg.) (2010): Handbuch der sozialwissenschaftlichen Datenanalyse. Wiesbaden: VS Verlag für Sozialwissenschaften.

Methodenanhang

Seit der ZMSBw-Bevölkerungsumfrage 2017 enthält der (ausführliche) Forschungsbericht umfassende Informationen zur methodischen Vorgehensweise, die in diesem Anhang zusammengefasst sind. Der Anhang richtet sich an Leserinnen und Leser, die sich umfassender mit Umfragedesign und Analysemethoden beschäftigen möchten. Abschnitt 3 des Haupttexts enthält im Gegensatz dazu einige Informationen, die für das grundlegende Verständnis der Analyseergebnisse in den Abschnitten 4 bis 14 hilfreich sind. Einige kleinere Dopplungen sind durch die verschiedene Zielrichtung von Abschnitt 3 und diesem Methodenanhang nicht zu vermeiden.

Der Methodenanhang gliedert sich in Unterabschnitt 1 zu Stichproben, Datenaufbereitung und Güte, Unterabschnitt 2 zu Messung und Datenmodifikation und Unterabschnitt 3 zu Methoden der Datenauswertung. Für weitergehende Informationen sei auf die Auswahlbibliografie am Ende des Methodenanhangs verwiesen.

1. Stichproben, Datenaufbereitung und Güte

1.1 Individual- und Aggregatdaten

Individualdaten

Daten, die Ausprägungen der Merkmale von Individuen oder Untersuchungseinheiten (Objekten) darstellen, nennt man Individualdaten. Sie werden in den Sozial- und Verhaltenswissenschaften – wie in der Bevölkerungsbefragung 2021 – typischerweise aus Befragungen, aber auch durch Experimente, Beobachtungen oder anderen Quellen gewonnen. In der Mehrebenenanalyse können Individualdaten (Mikroebene: Erklärung der abhängigen Variable durch Individual- und Kontextvariablen) mit Aggregatdaten (Makroebene: Merkmale des Kontextes) verbunden und die Interaktion dieser beiden Ebenen modelliert werden (Cross-Level-Interaktion). Oft dienen Individualdaten als Basis für Aggregatdaten (siehe Eintrag Aggregatdaten).

Aggregatdaten

Aggregatdaten sind nach bestimmten Regeln zusammengefasste Daten, d.h. aggregierte Einheiten für eine Gruppe von Merkmalsträgern. Aggregatdaten findet man typischerweise als Raten, Quoten, Anteilswerte oder als Mittelwerte. Durch die Verbreitung des Internets sind aggregierte Informationen zu wirtschaftlichen, politischen, sozialen Aspekten sowie Einstellungsstrukturen zunehmend sehr leicht verfügbar. Diese Daten werden durch Behörden, Forschungseinrichtungen, Organisationen oder Unternehmen bereitgestellt oder verbreitet. Mithilfe von Aggregatdaten werden oft Länder miteinander verglichen. Beachtet werden sollte dabei die oft eingeschränkte Vergleichbarkeit der Einheiten. So können unterschiedliche Berechnungen, verschiedene Erhebungsmethoden, aber auch divergierende Datenquellen mit spezifischen Forschungs- oder auch Täuschungsabsichten die Vergleichbarkeit einschränken (siehe 1.5 Vergleichbarkeit). Außerdem muss bei der Analyse mit Aggregatdaten auf Multikollinearität (hohe Korrelation von Variablen in einem Modell) sowie auf Validitäts- und Operationalisierungsprobleme (keine passenden Indikatoren bzw. keine direkte Messung der interessierenden Variablen für die Fragestellung) geachtet werden.

1.2 Grundgesamtheit

In den Sozial- und Verhaltenswissenschaften ist die Grundgesamtheit oder auch Population die Gesamtheit von Personen, die ein Merkmal oder Merkmalskombinationen aufweist und Ziel der empirischen Untersuchung ist. In der Bevölkerungsbefragung 2021 ist die Grundgesamtheit definiert als deutschsprachige Bevölkerung ab 16 Jahren in Privathaushalten in Deutschland. Über diese Gruppe sollen generalisierbare Aussagen getroffen werden, d.h. die Untersuchungsergebnisse sollen für sie gültig sein. Werden alle Elemente der definierten Grundgesamtheit untersucht, d.h. in einer Umfrage befragt, spricht man von einer Vollerhebung – ein Beispiel dafür wäre eine Volkszählung. Dementsprechend werden keine inferenzstatistischen Analysen benötigt. Ist es (bspw. aufgrund der hohen Zahl der Elemente der Grundgesamtheit) nicht möglich, alle Elemente zu erfassen, so wird eine Auswahl getroffen, also eine Stichprobe gezogen (siehe 1.3 Stichprobe). Um eine Auswahl treffen bzw. eine Stichprobe ziehen zu können, muss die Grundgesamtheit vorab exakt definiert werden.

1.3 Stichprobe

Eine Stichprobe ist eine Teilmenge bzw. eine Auswahl von Elementen einer definierten Grundgesamtheit nach bestimmten Regeln. Sie soll exakte Schätzungen über die Objekte oder die Merkmalsverteilungen (Parameter) in der Grundgesamtheit liefern. Die Stichprobe muss der Grundgesamtheit möglichst ähnlich sein, damit generalisierbare Aussagen bezüglich der relevanten Merkmale möglich sind und der dabei gemachte Fehler bestimmt werden kann (Stichprobenfehler). Es gibt verschiedene Möglichkeiten, nach denen die Auswahl der Elemente getroffen werden kann (siehe Eintrag Stichprobenziehung). Für die Bevölkerungsbefragung 2021 wurden 2.037 Befragte zufällig ausgewählt – zur genauen Vorgehensweise siehe Abschnitt 3 und die Einträge Stichprobenziehung, Zufallsstichprobe sowie Stichprobenfehler.

Stichprobenziehung

Es gibt verschiedene Möglichkeiten, nach denen die Auswahl oder Ziehung der Elemente der Grundgesamtheit getroffen werden kann: zufällig und nicht zufällig (willkürliche oder bewusste Auswahl nach bestimmten Kriterien entsprechend der Fragestellung). In der ZMSBw-Bevölkerungsbefragung 2021 wurde eine zufällige Stichprobe aus der zuvor definierten Grundgesamtheit gezogen (siehe Abschnitt 3).

Zufallsstichprobe

In einer Zufallsstichprobe haben alle Elemente der Grundgesamtheit eine Chance größer als null, in die Auswahl zu gelangen. Idealerweise sollte diese Wahrscheinlichkeit für alle Elemente der Grundgesamtheit identisch sein. Es gibt einstufige (einfache Zufalls- oder Klumpenstichprobe) und mehrstufige Auswahlverfahren (disproportional geschichtete versus proportional geschichtete Stichproben). Nur Zufallsstichproben erlauben inferenzstatistische Analysen bzw. Aussagen. In der Bevölkerungsbefragung 2021 wurden die Befragten daher in einem mehrstufig geschichteten Verfahren aus der Grundgesamtheit ausgewählt (siehe Abschnitt 3).

Stichprobenfehler

Da sowohl der Mittelwert eines interessierenden Merkmals als auch die Streuung des Mittelwertes in der Grundgesamtheit meist nicht bekannt sind, werden diese aus der bzw. durch die Stichprobe geschätzt. Den dabei gemachten Fehler nennt man Stichprobenfehler ($\sigma(\hat{\vartheta})$ oder auch $\hat{\sigma}_{\bar{x}}$). Dieser auch als Standardfehler bezeichnete Fehler ist die geschätzte Streuung der Stichprobenkennwerte (gemessene Merkmale/Antworten) um den wahren Wert in der Grundgesamtheit (Parameter ϑ). Er ist abhängig einerseits vom Stichprobenumfang (Fallzahl n) und andererseits von der tatsächlichen Streuung der Werte in der Grundgesamtheit. Demnach gilt: Je größer die Stichprobe und je kleiner die Streuung in der Grundgesamtheit ist, desto kleiner ist auch der Stichprobenfehler. Neben dem Standardfehler für den Mittelwert gibt es auch einen Standardfehler des Medians, der Standardabweichung und des Anteilswertes eines Merkmals (siehe Abschnitt 3 sowie Tabelle 3.2).

$$\hat{\sigma}_{\bar{x}} = \sqrt{\frac{\sigma^2}{n}} = \sqrt{\frac{\sum_{i=1}^{n}(x_i-\bar{x})^2}{n*(n-1)}}$$

Statistische Signifikanz

Da die empirische Sozialforschung in der Regel nur mit Stichproben arbeiten kann, ist es notwendig, Informationen darüber bereitzustellen, mit welcher Sicherheit man die aus der Stichprobe gewonnenen Informationen auf die Grundgesamtheit übertragen kann. Als statistisch signifikant wird das Ergebnis eines statistischen Tests bezeichnet, wenn die Stichprobendaten so stark von einer vorher festgelegten Annahme – der Nullhypothese – abweichen, dass diese Annahme nach einer vorher festgelegten Regel verworfen wird. Bei den Analysen zur Bevölkerungsbefragung 2021 ist die zu testende Annahme bzw. Hypothese in der Regel, dass es keinen Zusammenhang zwischen den Variablen (z.B. beim Chi^2-Unabhängigkeits-Test oder beim t-Test für Mittelwerte) bzw. keinen Effekt von einer unabhängigen auf eine abhängige Variable (z.B. bei Regressionsanalysen) gibt. Will man Befunde von der Stichprobe auf die Grundgesamtheit übertragen, kann es zu Fehlern kommen. Beim Fehler 1. Art wird eine richtige Nullhypothese, dass es keinen Zusammenhang zwischen zwei Merkmalen gibt, irrtümlicherweise verworfen. Man geht also auf Basis der Stichprobe fälschlicherweise davon aus, dass es z.B. einen Einfluss des Einkommens auf die Einstellung zur Bundeswehr gibt, obwohl dieser in der Grundgesamtheit nicht besteht. Die Wahrscheinlichkeit dieses Fehlers kann man mit dem Signifikanzniveau angeben. Der Fehler 2. Art tritt dann auf, wenn eine falsche Nullhypothese nicht verworfen wird. Eine Wahrscheinlichkeit für diesen Fehler kann in der Regel nicht ermittelt werden.

Für die Angabe des Signifikanzniveaus, d.h. der Sicherheit, mit der die Nullhypothese (kein Zusammenhang oder Effekt) verworfen werden kann, haben sich verschiedene Konventionen entwickelt. Diese werden in den Tabellen dieses Forschungsberichts mit ein bis drei Sternen dargestellt. Ein Stern steht für ein Signifikanzniveau kleiner als 5 Prozent, d.h. die Wahrscheinlichkeit dafür, dass man irrtümlich einen Zusammenhang oder einen Effekt feststellt, obwohl dieser in der Grundgesamtheit nicht existiert, ist kleiner als 5 Prozent. Zwei Sterne repräsentieren im vorliegenden Bericht ein Signifikanzniveau kleiner als 1 Prozent und drei Sterne eines kleiner als 0,1 Prozent. Dies bedeutet, dass die Ergebnisse von Tests oder Analysen, die eines dieser Signifikanzniveaus erreichen, mit einer größeren Wahrscheinlichkeit auf die Grundgesamtheit übertragen werden können.

Statistische Signifikanz von berichteten Ergebnissen bedeutet nicht automatisch, dass der berichtete Zusammenhang oder Effekt wirklich kausaler Natur ist oder praktische Relevanz hat. Um wirklich von einem kausalen Effekt ausgehen zu können, muss der festgestellte Zusammenhang oder Effekt auch bei Kontrolle durch andere Variablen bzw. Merkmale bestehen bleiben. Zudem muss eine plausible Beziehung zwischen den beiden Variablen bzw. Merkmalen theoretisch begründet werden können. Und beide müssen in einer Ursache-Wirkungs-Beziehung stehen, d.h. die unabhängige geht der abhängigen Variable zeitlich voraus. Die letztgenannte Bedingung ist mit den Daten der Bevölkerungsbefragung 2021 nicht zu erfüllen, da es sich um eine Querschnittsbefragung handelt, bei der unabhängige und abhängige Variablen gleichzeitig erhoben worden sind.

Die statistische Signifikanz ist von zwei Faktoren abhängig: der Größe der jeweiligen Stichprobe sowie der Stärke des Effekts. Bei einer großen Stichprobe ist eine wesentlich bessere Schätzung möglich, sodass selbst sehr schwache Effekte oder kleine Zusammenhänge den Schwellenwert zur statistischen Signifikanz überschreiten. Dies kann auch bedeuten, dass sich wie in Tabelle 13.2 die Unterstützung für die Übernahme der Aufgabe Landes- und Bündnisverteidigung durch die Bundeswehr zwischen Frauen und Männern statistisch signifikant um 0,03 Skalenpunkte unterscheidet. Große inhaltliche Relevanz hat dieser Unterschied aufgrund der kleinen Differenz allerdings nicht. Umgekehrt kann es bei kleinen Stichproben auch passieren, dass sehr große Unterschiede zwischen Gruppen gemessen werden, diese sich aber nicht auf die Grundgesamtheit übertragen lassen, also nicht statistisch signifikant sind.

1.4 Umfrage- und Datenqualität

Umfragequalität ist ein komplexes, multidimensionales Konzept. In der Literatur gibt es teilweise recht unterschiedliche Auffassungen darüber, was eine gute Umfrage ausmacht, und der Terminus Datenqualität wird teils sehr unterschiedlich definiert.

Klassische Gütekriterien

Allgemein klassische Gütekriterien für die Qualität von standardisierten Umfragen sind Objektivität (Unabhängigkeit der Ergebnisse von den Interviewern und Forschern), Reliabilität (Zuverlässigkeit der Messung, d.h. Messergebnisse müssen reproduzierbar sein; siehe 2.1 Reliabilität) und Validität (Gültigkeit der Messung). Bei der Validität wird zudem zwischen der inhaltlichen Validität (messen die Items tatsächlich die Eigenschaft bzw. Einstellung, die man messen möchte), der Kriteriumsvalidität (inwieweit hängt die Skala mit einem anderen, nicht gemessenen, objektiven Kriterium zusammen) und der Konstruktvalidität (wie gut hängen die einzelnen Items miteinander und mit der zu messenden Dimension zusammen) unterschieden.

Totaler Umfragefehler

Neben der Erfüllung der klassischen Gütekriterien determinieren andere methodische Aspekte die Qualität der in Umfragen gemessenen Daten. Diese sind im Konzept des totalen Umfragefehlers (Total Survey Error) systematisiert. Darin wird meist zwischen zwei Arten von Fehlern unterschieden: Fehlern aufgrund der Stichprobe (englisch: sampling error) und sogenannten Nicht-Stichprobenfehlern (englisch: non-sampling error). Manche Arbeiten unterscheiden auch zwischen Fehlern, welche die Repräsentativität beeinflussen, und Fehlern, welche die Messung beeinflussen. Unabhängig von der Systematisierung finden sich die gleichen Fehlerquellen und Fehlerarten: Rahmenfehler, Stichprobenfehler, Ausfallfehler, Validität, Messfehler und Prozessfehler. Messfehler sind dabei Fehler aufgrund von Eigenschaften des Befragten, des Interviewers, der Situation und des verwendeten Messinstruments. Zu Letzterem zählen unter anderem die verwendete Datenerhebungsmethode und der Datenerhebungsmodus sowie der verwendete Fragebogen (Fragen und Antworten). Messfehler beeinflussen die Qualität der Umfragedaten negativ, wenn sie dazu führen, dass die Messungen vom „wahren" Wert, also der tatsächlichen Einstellung der Befragten, abweichen. In der Umfrageforschung werden daher zur Überprüfung der Datenqualität häufig verschiedene Aspekte untersucht und berichtet wie bspw. die Anzahl der Wörter bei offenen Fragen, Antwortreaktionszeiten, fehlende Werte (Antwortverweigerungen und „Weiß nicht"-Antworten), Antwortraten bei sensiblen Fragen, Antwortmuster (Zustimmungstendenz, extremes Antworten, sozial erwünschtes Antworten usw.) sowie auch die Meinung der Befragten selbst zur durchgeführten Befragung. Von den angesprochenen Punkten werden im Rahmen dieses Berichts konsequent die sogenannten fehlenden Werte ausgewiesen.

1.5 Vergleichbarkeit von Umfragen

In standardisierten Umfragen wie der Bevölkerungsbefragung des ZMSBw erhalten die Befragten dieselben Fragen und Antwortmöglichkeiten. Durch diese Vereinheitlichung der Reize soll die Vergleichbarkeit der Antworten zwischen den Befragten erreicht werden. In der Folge sollen Differenzen im Antwortverhalten bzw. Unterschiede zwischen den Interviewten auf deren individuelle Merkmale zurückführbar sein. Wie die Umfrageforschung zeigt, verarbeiten die Befragten die unterschiedlichen Reize im Interview aber individuell und einzigartig. Die Vergleichbarkeit der Daten bzw. der Antworten der Befragten selbst innerhalb der gleichen Studie kann daher nicht allein durch die Konstanthaltung der Fragen und Antworten gewährleistet werden, sondern muss durch die Kontrolle (möglichst aller) Reize im Interview erhöht werden. Noch problematischer ist die Vergleichbarkeit von unterschiedlichen Studien.

Oft werden in und von den Medien Zahlen oder Prozentangaben verschiedener Studien zum gleichen Thema wiedergegeben, die sich mitunter widersprechen. Die Gründe hierfür sind vielfältig und basieren zumeist auf Aspekten des totalen Umfragefehlers (siehe 1.4 Umfrage- und Datenqualität). So können z.B. die Grundgesamtheiten in verschiedenen Studien unterschiedlich definiert worden sein. In der Folge beziehen sich die gemessenen Meinungen oder Merkmalsausprägungen mitunter auf unterschiedliche Bevölkerungsgruppen und weichen daher voneinander ab. Auch verschiedene Stichprobenverfahren und ungleiche Ausschöpfungsquoten bzw. Ausfallfehler können dazu führen, dass sich Umfrageergebnisse unterscheiden. Werden Ergebnisse von Studien mit verschiedenen Messzeitpunkten verglichen, so können die Differenzen das Resultat kurzzeitiger Veränderungen der Meinung durch bestimmte Ereignisse oder längerfristige Einstellungsänderungen über einen längeren Zeitraum sein. Auch unterschiedlich große Messfehler können dazu führen, dass Befragungsergebnisse verschiedener Studien voneinander abweichen.

Viele Untersuchungen zu Fragebögen haben gezeigt, dass Unterschiede bezüglich des Formates, der Formulierung, der Länge und Position einer Frage sowie die Anzahl, Reihenfolge und Formulierung von Antwortmöglichkeiten das Antwortverhalten der befragten Personen und damit die Untersuchungsergebnisse verändern. So können bspw. Antwortvorgaben zur Interpretation der Frage und als Vergleichskriterium verwendet werden. Bei Untersuchungen in unterschiedlichen Ländern kommen sprachliche und kulturelle Unterschiede hinzu, die die Vergleichbarkeit der Erhebungen beeinträchtigen können. Aus den genannten Gründen könnten die Forschungsergebnisse des ZMSBw zum sicherheits- und verteidigungspolitischen Meinungsbild in der Bundesrepublik Deutschland von den Ergebnissen anderer Studien zu ähnlichen Themen abweichen. Ein gutes Beispiel für die Effekte unterschiedlicher Frageformulierungen und Antwortskalen innerhalb derselben Studie bieten die Fragen zur Einstellung gegenüber Deutschlands internationalem Engagement in Abschnitt 5 (vgl. die Abbildungen 5.2).

1.6 Soziale Erwünschtheit

Sozial erwünschtes Antworten ist eine Form der inhaltsbezogenen Verzerrung. Gemeint ist dabei die Neigung eines Befragten im Interview, bei (sensiblen) Fragen nur vermeintlich akzeptierte Antworten zu geben und damit den „wahren" Wert (also die tatsächliche Meinung oder Merkmalsausprägung) zu verschleiern. Die Gründe für dieses Verhalten sind vielschichtig. Sozial erwünschtes Antworten kann als Befriedigungsversuch des Bedürfnisses nach sozialer Anerkennung vom Befragten und demnach als Persönlichkeitsmerkmal oder aber als situationsspezifische Reaktion auf die Datenerhebung und die damit verbundenen Folgen und Konsequenzen interpretiert werden. Unabhängig von den

Beweggründen werden von den Befragten demzufolge Angaben im Interview gemacht, von denen er oder sie annimmt, dass sie den sozialen Normen und Werten der Gesellschaft oder aber des Interviewers entsprechen. Dies kann im Interview eher unbewusst (Selbsttäuschung) oder bewusst (Fremdtäuschung) geschehen.

Zufällige Antwortfehler der Befragten sind für die Datenqualität eher unproblematisch, da sie in beide Richtungen um den „wahren“ Wert streuen. Antworten aber viele Befragte sozial erwünscht, also systematisch anders als der „wahre“ Wert, sind die erhobenen Daten in der Folge in eine Richtung verzerrt. Bei heiklen Fragen können daher bestimmte sozial unerwünschte Merkmale, Einstellungen oder Verhaltensweisen für die untersuchte Population systematisch unterschätzt werden. Wie die Umfrageforschung belegt, ist der Effekt der sozialen Erwünschtheit aufgrund der Anwesenheit des Interviewers in mündlichen und vor allem in persönlichen Interviews – wie in der Bevölkerungsbefragung 2021 – am stärksten.

1.7 Repräsentativität

Der Begriff der Repräsentativität einer Umfrage oder der repräsentativen Stichprobe wird zwar in fast allen empirischen Arbeiten verwendet, wird aber in der Umfrageforschung stark diskutiert. Bis heute gibt es keine allgemein akzeptierte Definition, da die Markt- und Meinungsforschung, wissenschaftliche Befragungen und amtliche Erhebungen meist unterschiedliche Ansprüche an die Messung und dementsprechend an die Verwendung des Begriffs haben. Allgemein gehört die Repräsentativität einer Umfrage oder Stichprobe neben Objektivität, Validität und Reliabilität der Messung bzw. des Messvorgangs zu den Gütekriterien der empirisch-quantitativen Forschung. Um Rückschlüsse aus einer Stichprobe auf die Grundgesamtheit ziehen zu können, muss die Stichprobe die Grundgesamtheit bezüglich bestimmter relevanter Merkmale möglichst gut widerspiegeln. Wenn die Stichprobe hinsichtlich dieser Merkmale möglichst ähnlich bzw. strukturgleich ist, können die interessierenden Merkmale (Parameter) – zumindest annähernd – unverzerrt geschätzt werden. Repräsentativität ist aber eher als Zielvorgabe zu verstehen, da es in der Praxis schwierig ist, ein exaktes Abbild der Grundgesamtheit in einer Stichprobe zu erhalten. In der Markt- und Meinungsforschung werden meist soziodemografische Merkmale wie Alter, Geschlecht und Bildung verwendet, um den Grad der Repräsentativität zu bestimmen, weil die Verteilung dieser Merkmale in der Grundgesamtheit (durch den Mikrozensus oder die Volkszählung) bekannt ist. Oft wird Repräsentativität als gegeben angesehen, wenn die Stichprobe die Grundgesamtheit bezüglich dieser festgelegten Merkmale exakt abbildet. Repräsentativ ist eine Stichprobe streng genommen aber immer nur hinsichtlich dieser Eigenschaften oder Zielvorgaben. Da die Daten der Bevölkerungsbefragung 2021 nach den Merkmalen Alter, Geschlecht, Bildung und Ortsgröße gewichtet wurden, ist die Stichprobe repräsentativ bezüglich dieser Merkmale (siehe 1.8 Gewichtung). Eigenschaften der Zielpersonen können auch nicht soziodemografische Aspekte wie bspw. Persönlichkeitseigenschaften, Einstellungen, Motive oder Ähnliches sein. Eine wissenschaftliche Definition des Begriffs muss aber mehr berücksichtigen, da die Repräsentativität einer Umfrage durch verschiedenste Aspekte bestimmt oder beeinflusst wird. Dazu zählen das Stichprobendesign (Stichprobenverfahren, Schätzmethode, Stichprobenumfang) sowie methodische Aspekte wie Teilnahmeverweigerungen ((Unit-) Nonresponse), Antwortausfälle (Item-Nonresponse) und Falschangaben.

1.8 Gewichtung

Die Auswahl einer Stichprobe von Befragten soll ein repräsentatives Bild der Grundgesamtheit darstellen. Das heißt, die Befragten sollen sich ebenso zusammensetzen wie die Gruppe aller potenziell zu Befragenden (siehe 1.2 Grundgesamtheit, 1.3 Stichprobe und 1.7 Repräsentativität). In der Praxis ist dies jedoch nicht immer passgenau der Fall. Manche Gruppen – etwa männliche und ältere Befragte oder solche mit höherem Bildungsniveau – sind typischerweise bei persönlichen Befragungen wie der Bevölkerungsbefragung mit höheren Anteilen in der Stichprobe vertreten als es ihrem Anteil in der Grundgesamtheit aller möglichen Befragten entspricht (für die vorliegende Untersuchung die deutschsprachige Bevölkerung Deutschlands ab 16 Jahren; vgl. aber Tabelle 3.3). Gewichtungen korrigieren diese Verzerrungen von Stichproben mit dem Ziel, dass sich die Stichprobe hinsichtlich ausgewählter Kriterien genauso zusammensetzt wie die Gesamtpopulation, aus der die Stichprobe gezogen wurde. Die Korrektur von Stichprobenfehlern konzentriert sich in der Praxis auf soziodemografische Variablen, da diese für die Gesamtpopulation exakt zu bestimmen sind (siehe 1.7 Repräsentativität).

In der vorliegenden Untersuchung wird die Stichprobe mittels Gewichtung unter Einbeziehung von Geschlecht, Alter, Bildung und Ortsgröße korrigiert (vgl. Abschnitt 3). Dazu gehen die Angaben jedes einzelnen Befragten entsprechend seiner sozialstrukturellen Merkmale mit einer spezifischen Gewichtungsgröße in die Analysen ein. Durch Gewichtungen soll vermieden werden, dass Unter- und Überrepräsentationen von sozialstrukturellen Gruppen unter den Befragten zu verzerrten Befragungsergebnissen führen.

Einschränkend ist zu berücksichtigen, dass die Verteilung der außen- und sicherheitspolitischen Einstellungen, die im Mittelpunkt der Bevölkerungsbefragung 2021 stehen, zumeist nicht bekannt ist und daher auch nicht durch Gewichtungen korrigiert werden kann. Dennoch beeinflusst der Einsatz von Gewichten auf der Basis von soziodemografischen Merkmalen die Verteilung der anderen, nicht in die Berechnung der Gewichtungsfaktoren eingehenden Variablen (etwa die Verteilung von Einstellungsvariablen).

2. Messung und Datenmodifikation

2.1 Reliabilität

Reliabilität ist ein Gütekriterium für Messverfahren in den Sozialwissenschaften. Reliabel sind wissenschaftliche Instrumente und Skalen, wenn ihre Messergebnisse reproduzierbar sind, d.h., sie zeigen bei wiederholten Messungen unter den gleichen Bedingungen dasselbe Ergebnis. Reliabilität ist ein zentrales Kriterium für die Zuverlässigkeit einer Messung. Eine in der Literatur übliche und in diesem Forschungsbericht wiederholt verwendete Kennzahl zur Bestimmung der Reliabilität ist Cronbachs alpha.

Cronbachs alpha

Cronbachs alpha ist ein in den Sozialwissenschaften üblicher Indikator, um die Reliabilität einer Skala auszuweisen. Cronbachs alpha bestimmt die interne Konsistenz einer Skala und berechnet, inwieweit die Variablen einer Skala miteinander zusammenhängen. Bei der Verwendung von Cronbachs alpha wird stets von einer eindimensionalen Struktur der Skala ausgegangen. Im Gegensatz hierzu bestimmen Faktorenanalysen (siehe 3.4 Eintrag Faktorenanalyse) empirisch, welche Dimensionalität eine Skala aufweist, d.h., es werden unter Umständen mehrere Dimensionen ermittelt. Cronbachs alpha kann Werte zwischen minus unendlich und 1 annehmen. In der Literatur hat sich als Konvention etabliert, dass ein Cronbachs alpha zwischen 0,6 oder 0,7 auf eine ausreichende Reliabilität einer Skala verweist. Werte größer als 0,8 zeigen eine hohe, Werte größer als 0,9 eine sehr hohe Reliabilität an. Skalen mit einem Cronbachs alpha kleiner als 0,6 gelten als wenig reliabel. Ihre Verwendung sollte nur bei theoretisch zwingenden Argumenten oder zu Vergleichszwecken mit anderen Erhebungen erfolgen. Bei der Einordnung von Cronbachs alpha ist zu berücksichtigen, dass diese Kennzahl abhängig von der Anzahl der berücksichtigten Variablen ist. Je mehr Variablen in eine Skala eingehen, desto höher ist – bei sonst gleichen Bedingungen – der Wert von Cronbachs alpha.

2.2 Kodierung

Unter Kodierung ist die Zuweisung von Angaben und Antworten der Befragten zu bestimmten Variablenwerten zu verstehen (siehe 3.1 Skalenniveau). In der Praxis werden qualitative Angaben, etwa das Geschlecht oder das Bildungsniveau der Befragten ebenso wie deren Haltungen und Einstellungen in quantitative Angaben überführt. Als Beispiele: Aus der Angabe des Geschlechts der Befragten wird im Datensatz die Variable *Geschlecht* mit den Ausprägungen *0 = Mann* und *1 = Frau.* In der ZMSBw-Bevölkerungsbefragung 2021 hat keiner der Teilnehmenden die Geschlechtskategorie „divers“ ausgewählt. Ebenso werden aus der persönlichen Haltung zur Bundeswehr, die auf einer sechsstufigen Skala von sehr positiv bis zu sehr negativ reichen kann, die Ausprägungen: 1 = sehr positiv, 2 = positiv, 3 = eher positiv, 4 = eher negativ, 5 = negativ und 6 = sehr negativ. Diese Angaben werden zur besseren statistischen Handhabung und zur weiteren Vereinheitlichung über verschiedene Variablen hinweg in folgende Werte rekodiert: 1 = sehr positiv, 0,8 = positiv, 0,6 = eher positiv, 0,4 = eher negativ, 0,2 = negativ und 0 = sehr negativ. Diese Transformationen von Inhalten zu Zahlen sind Voraussetzung, um statistische Auswertungen durchzuführen.

Für die Auswertungen in diesem Forschungsbericht sind vielfältige Kodierungen durchgeführt worden. In Kurzform finden sich Angaben zur Kodierung in der Regel in den Anmerkungen unter den jeweiligen Tabellen oder in Fußnoten. Im Forschungsbericht werden wiederholt Vergleiche zwischen den Haltungen verschiedener soziodemografischer Gruppen bzw. nach der Wahlabsicht der Befragten durchgeführt (etwa in den Tabellen 4.1 und 6.1). Die diesen Auswertungen zugrunde liegenden Kodierungen werden nachstehend detailliert dokumentiert:

Geschlecht: Frage: Welches Geschlecht haben Sie? 1: Männlich, 2: Weiblich, 3: Divers. Keiner der Teilnehmenden hat die Geschlechtskategorie „divers“ ausgewählt.

Rekodierung: 0: Männlich; 1: Weiblich.

Bildungsniveau: Frage: Welchen höchsten Bildungsabschluss haben Sie? 1: Hauptschulabschluss (Volksschulabschluss) oder Abschluss polytechnische Oberschule 8. oder 9. Klasse, 2: Mittlere Reife, Realschulabschluss, Fachschulreife oder Abschluss polytechnische Oberschule 10. Klasse, 3: Fachhochschulreife, Abschluss einer Fachoberschule, 4: Abitur (Intervieweranweisung: allgemeine oder fachgebundene Hochschulreife), 5: Hochschul- oder Fachhochschulabschluss, 6: Einen anderen Schulabschluss und zwar: *OFFEN, 7: noch Schüler, 97: keinen Abschluss, 98: Weiß nicht, 99: Keine Antwort.

Rekodierung: Hauptschulabschluss: Ausprägungen 1 und 97 zusammengefasst, Realschulabschluss: Ausprägung 2, Hochschul- bzw. Fachhochschulreife: Ausprägungen 3 bis 5 zusammengefasst, alle anderen Ausprägungen wurden als fehlende Werte definiert.

Alter: Frage: Bitte sagen Sie mir, wie alt Sie sind.

Rekodierung: 1: 16 bis 29 Jahre, 2: 30 bis 49 Jahre, 3: 50 bis 69 Jahre, 4: 70 Jahre und älter.

Haushaltsnettoeinkommen pro Monat: Frage: Wie hoch ist etwa das monatliche Netto-Einkommen, das Sie alle zusammen im Haushalt haben, nach Abzug von Steuern und der

Sozialversicherung? Alle Einnahmequellen zusammen genommen: In welche der folgenden Netto-Einkommensgruppen fällt dann Ihr Haushalt? 1: unter 500 Euro, 2: 501–1.000 Euro, 3: 1.001–2.000 Euro, 4: 2.001–3.000 Euro, 5: 3.001–4.000 Euro, 6: 4.001–5.000 Euro, 7: 5.001 oder mehr, 99: Keine Antwort.

Rekodierung: Bis 2.000 Euro: Ausprägungen 1 bis 3 zusammengefasst, 2.001 bis 4.000 Euro: Ausprägungen 4 und 5 zusammengefasst, 4.001 Euro und mehr: Ausprägungen 6 und 7 zusammengefasst, alle anderen Ausprägungen wurden als fehlende Werte definiert.

Wahlabsicht: Frage: Wenn am nächsten Sonntag Bundestagswahl wäre, welche der folgenden Parteien würden Sie dann wählen? 1: CDU/CSU, 2: SPD, 3: Bündnis 90/Die Grünen, 4: Die Linke, 5: FDP, 6: AfD, 7: Andere Partei und zwar, 8: Keine Partei, würde nicht wählen gehen, 97: Nicht wahlberechtigt, 98: Weiß nicht, 99: Keine Antwort.

Rekodierung: Keine Parteipräferenz, Nichtwähler: Ausprägungen 8 sowie 97 bis 99 zusammengefasst, die Ausprägungen für CDU/CSU, SPD, Bündnis 90/Die Grünen, Die Linke, FDP, AfD und andere Partei wurden beibehalten. Die Ausprägung „Andere Partei" wird in der Regel nicht separat in den Tabellen des Forschungsberichts ausgewiesen.

Region: Interviewerangabe zum Bundesland der Befragten: 1: Schleswig-Holstein, 2: Hamburg, 3: Niedersachsen, 4: Bremen, 5: Nordrhein-Westfalen, 6: Hessen, 7: Rheinland-Pfalz, 8: Baden-Württemberg, 9: Bayern, 10: Saarland, 11: Berlin, 12: Brandenburg, 13: Mecklenburg-Vorpommern, 14: Sachsen, 15: Sachsen-Anhalt, 16: Thüringen.

Rekodierung: Norddeutschland: Ausprägungen 1 bis 4 zusammengefasst, Ostdeutschland: Ausprägungen 11 bis 16 zusammengefasst, Süddeutschland: Ausprägungen 8 und 9 zusammengefasst, Westdeutschland: Ausprägungen 5 bis 7 sowie 10 zusammengefasst.

Migrationshintergrund: Frage S20: Sind Sie im Gebiet des heutigen Deutschland geboren? (Intervieweranweisung: ES IST DEUTSCHLAND IN DEN GRENZEN VOM 3. OKTOBER 1990 GEMEINT. IST JEMAND AUF EHEMALIGEM DEUTSCHEM GEBIET GEBOREN, Z.B. IN SCHLESIEN ODER OSTPREUSSEN, BEDEUTET DAS „NEIN, IM AUSLAND") 1: Ja, im Gebiet des heutigen Deutschland, 2: Nein, im Ausland, 98: Weiß nicht, 99: Keine Antwort.

Frage S21: **Filter: WENN S20 = 2 (wenn im Ausland). Bitte sagen Sie mir, wo Sie geboren wurden. 1: frühere deutsche Ostgebiete (z.B. Schlesien, Pommern, Ostpreußen), 2: Türkei, 3: Polen, 4: Italien, 5: Rumänien, 6: Griechenland, 7: Russland, Russische Föderation, ehemalige Sowjetunion (UdSSR), 8: Kroatien, Serbien, Bosnien und Herzegowina, Kosovo, ehemaliges Jugoslawien, 9: Österreich, 10: Schweiz, 11: Frankreich, 12: USA, 13: Anderes Land, und zwar _____, 98: Weiß nicht, 99: Keine Antwort.

Frage S22: Wurden Ihre Eltern im Gebiet des heutigen Deutschland geboren? (Intervieweranweisung: ES IST DEUTSCHLAND IN DEN GRENZEN VOM 3. OKTOBER 1990 GEMEINT. IST JEMAND AUF EHEMALIGEM DEUTSCHEM GEBIET GEBOREN, Z.B. IN SCHLESIEN ODER OSTPREUSSEN, BEDEUTET DAS „NEIN, IM AUSLAND".) 1: Ja, im Gebiet des heutigen Deutschland, 2: Nein, Mutter im Ausland geboren, 3: Nein, Vater im Ausland geboren, 4: Nein, Mutter und Vater im Ausland geboren, 98: Weiß nicht, 99: Keine Antwort.

Frage S23: **Filter: WENN S22 = 2, 4 (wenn im Ausland). Bitte sagen Sie mir, wo Ihre Mutter geboren wurde. Länderliste wie bei S21.

Frage S24: **Filter: WENN S22 = 3, 4 (wenn im Ausland). Bitte sagen Sie mir, wo Ihr Vater geboren wurde. Länderliste wie bei S21.

Rekodierung: Migrationshintergrund: 1: Wenn S20 gleich 2 und S21 ungleich 1 und S22 ungleich 1. Wenn S22 ungleich 1 und S23 ungleich 1. Wenn S22 ungleich 1 und S24 ungleich 1. 0: alle anderen Befragten. Das heißt, Befragte, die im Ausland (Ausnahme: deutsche Ostgebiete) geboren sind oder bei denen mindestens ein Elternteil im Ausland (Ausnahme: deutsche Ostgebiete) geboren ist, haben einen Migrationshintergrund.

3. Methoden der Datenauswertung

3.1 Skalenniveau

Das Skalenniveau ist eine Eigenschaft einer Variablen und beschreibt ihren Informationsgehalt. Bei einer Messung werden Zahlen zu Objekten auf der Grundlage von verschiedenen mathematischen Merkmalen zugeordnet. In der vorliegenden Befragung wurde bspw. die Variable Geschlecht mit den Ausprägungen „männlich", „weiblich" und „divers" gemessen. Allen befragten Männern wurde dabei die Zahl „0" zugeordnet, die befragten Frauen wurden mit „1" kodiert, Personen mit der Angabe „divers" gibt es keine im diesjährigen Datensatz. Die zugeordneten Zahlenwerte haben dabei keine empirische Bedeutung und dienen nur der Unterscheidung der Befragten in Gruppen. Je nach Skalenniveau der gemessenen Variablen sind unterschiedliche Rechenoperationen für die Messung und die Datenanalyse zulässig (siehe 3.2 univariate Maßzahlen, 3.3 bivariate Zusammenhangsmaße und Verfahren sowie 3.4 multivariate Verfahren).

Nominalskalen

Das niedrigste Messniveau haben nominale Daten. Beim Messen werden den Objekten (in der Bevölkerungsbefragung 2021: Befragte) Zahlen (im Interview: Merkmalsausprägungen) zugeordnet. Für die unterschiedlichen Merkmalsausprägungen werden dabei beliebige, voneinander verschiedene Zahlen verwendet. Teilt man die Befragten – wie im vorliegenden Bericht – nach ihrem Geschlecht auf, so erhalten alle Männer eine „0“, alle Frauen hingegen eine „1“. Diese numerischen Skalenwerte können nur nach Kategorien unterschieden (gleich/ungleich), nicht aber in eine bestimmte Rangfolge gebracht werden. Beispiele für nominalskalierte Merkmale, die in der Befragung erhoben wurden, sind Nationalität, Wohnort oder Parteipräferenz. Für diese Variablen können Häufigkeitsverteilungen berichtet werden. In der gewichteten Stichprobe dieser Umfrage sind z.B. 49 Prozent der Befragten männlich und 51 Prozent weiblich (vgl. Abschnitt 3, Tabelle 3.3).

Ordinalskalen

Im Vergleich zu nominalen Daten besitzen ordinale Daten ein höheres Skalenniveau. Wie bei der Nominalskala können Objekte kategorisiert werden. Zusätzlich können diese Kategorien oder Merkmalsausprägungen in einer Rangfolge geordnet werden. Die Abstände zwischen den Kategorien sind jedoch nicht gleich, daher kann man nur „Größer-kleiner“- bzw. „Besser-schlechter“-Aussagen über die Merkmalswerte treffen. Beispiele für Merkmale mit ordinalem Skalenniveau aus dem vorliegenden Bericht sind der Schulabschluss und das (klassiert abgefragte) Einkommen der Befragten. Streng genommen besitzen die meisten in dieser Umfrage gemessenen verteidigungs- und sicherheitspolitischen Einstellungen, wie z.B. das Sicherheitsempfinden, die Einstellung zum außen- und sicherheitspolitischen Engagement Deutschlands oder die Einstellung zur Bundeswehr ordinales Skalenniveau, da sie mit einer Antwortskala mit mehreren vollständig gelabelten Antwortmöglichkeiten gemessen wurden (sogenannte Likert-Skala). In der Forschungspraxis werden solche und andere ordinale Einstellungsvariablen allerdings meist als metrische oder quasi-metrische Merkmale verwendet. Dementsprechend können dann statistische Verfahren für dieses höhere Skalenniveau verwendet werden. So wurde bspw. für das Sicherheitsempfinden der Befragten das arithmetische Mittel gebildet, um mithilfe statistischer Tests (Mittelwerttest und Varianzanalyse) das Sicherheitsgefühl zwischen verschiedenen Gruppen vergleichen (vgl. Abschnitt 4, Tabelle 4.1) oder aber mit multivariaten Verfahren erklären zu können (vgl. Abschnitt 4, Tabelle 4.7).

Metrische Skalen

Metrische Daten haben das höchste Skalenniveau, wobei hier nach Verhältnis-, Intervall- und Absolutskala unterschieden wird. Bei Intervallskalen können Objekte, ebenso wie bei ordinalen Daten, kategorisiert und geordnet werden. Darüber hinaus sind die Abstände der Merkmalsausprägungen (Intervalle) gleich groß. Ein Beispiel für ein Intervallskalenniveau ist die Messung der Temperatur (in Grad Celsius). Im Kontrast dazu besitzt eine Verhältnisskala zusätzlich einen natürlichen Nullpunkt (gleichbedeutend mit der Abwesenheit des Merkmals), der es erlaubt, Aussagen über Größenverhältnisse bzw. Differenzen zu treffen. So kann der Umsatz eines Geschäfts beispielsweise doppelt so groß sein wie der Umsatz des Nachbarladens. Andere Beispiele einer Verhältnisskala sind Länge, Gewicht, Sehvermögen, Einkommen (nicht wie im vorliegenden Bericht in Klassen gemessen) oder das in der Befragung erfasste Alter der Befragten in Jahren. Haben die Merkmale zusätzlich eine natürliche Maßeinheit, wie beispielsweise die Anzahl von Kindern, so spricht man von einer Absolutskala.

3.2 Univariate Maßzahlen

Univariate Maßzahlen beziehen sich immer nur auf eine Variable bzw. ein Merkmal. Sie beschreiben die zentrale Lage (z.B. Mittelwert) oder die Streuung (z.B. Varianz bzw. Standardabweichung) einer Merkmalsverteilung in der Stichprobe. Neben dieser reinen Beschreibung der Daten (deskriptive Statistik) lassen andere univariate Kennzahlen wie der Standardfehler (Güte der Schätzung des Mittelwertes) und Konfidenzintervalle (Bereich von möglichen wahren Mittelwerten der Grundgesamtheit) zusätzlich Aussagen über die Grundgesamtheit zu (Inferenzstatistik).

Lage- und Streuungsmaße

Je nach Skalenniveau (siehe 3.1 Skalenniveau) der Daten können unterschiedliche Lage- und Streuungsmaße verwendet werden.

Modus

Der Modus oder Modalwert ist der häufigste Wert bzw. die am häufigsten vorkommende Ausprägung eines Merkmals in einer Stichprobe. Die Anwendung des Modus ist ab nominalem Skalenniveau, also für alle Arten von empirischen Variablen, möglich. Da der Modus nur die häufigste Merkmalsausprägung ist, wird er nicht von ungewöhnlichen Werten in der Stichprobe (Ausreißer oder Extremwerte) beeinflusst bzw. verzerrt. Der Diversitätsindex als Streuungsmaß für nominale Daten beschreibt, wie stark sich die Objekte (bei der Bevölkerungsbefragung 2021 die Befragten der Stichprobe) auf die Merkmalsausprägungen verteilen.

Median

Beim Median, auch Zentralwert genannt, werden die Daten der Rangfolge nach geordnet und die so erzeugte Datenreihe in der Mitte geteilt. 50 Prozent der Messwerte liegen dann über und 50 Prozent unter dem mittleren Messwert, dem Median. Bei einer geraden Anzahl von Objekten (Befragten) wird der Mittelwert aus den beiden Datenpunkten gebildet, die in der Mitte liegen. Durch diese Art der Berechnung ist der Median wenig von Ausreißern und Extremwerten beeinflusst. Er kann für Daten ab ordinalem Skalenniveau verwendet werden. Die Streuung von ordinalen Daten kann durch Ranginformationen, wie die Spannweite oder den Quartilsabstand, aufgezeigt werden. Der Quartilsabstand beschreibt die Differenz zwischen dem ersten Quartil (25 Prozent der Messwerte sind kleiner) und dem dritten Quartil (75 Prozent der Messwerte sind kleiner).

Arithmetisches Mittel/Mittelwert

Das arithmetische Mittel (meist einfach Mittelwert ($\bar{x}$) genannt) sollte streng genommen nur bei metrischem Skalenniveau berechnet werden. Dabei wird die Summe der beobachteten Ausprägungen eines Merkmals (x_i) durch die Anzahl der Beobachtungen (n) geteilt (umgangssprachlich: Durchschnitt). Da alle Messwerte in die Berechnung für das arithmetische Mittel einfließen, können Ausreißer und Extremwerte den Mittelwert verzerren. Daher ist es wichtig, neben dem Mittelwert auch die Streuung der Werte in der Stichprobe, also die Stichprobenverteilung, zu berücksichtigen (siehe Eintrag Standardabweichung).

Die Formel für die Berechnung des Mittelwerts lautet:

$$\bar{x} = \frac{1}{n}\sum_{i=1}^{n} x_i$$

Standardabweichung

Die üblichsten Maße, um die Streuung von metrischen Daten zu bestimmen, sind die Varianz und die Standardabweichung (s). Berechnet wird die Varianz, indem die Summe der quadrierten Abweichungen der beobachteten Werte (x_i) vom arithmetischen Mittel ($\bar{x}$) durch die Anzahl der Beobachtungen (n) dividiert wird. Da die Varianz nicht entsprechend der Maßeinheit des gemessenen Merkmals interpretiert werden kann, wird die Quadratwurzel aus ihr gezogen. Im Ergebnis erhält man die Standardabweichung, welche die Streuung der Werte in der tatsächlichen Maßeinheit beschreibt. Die Formel für die Berechnung der Standardabweichung lautet:

$$s = \sqrt{\frac{1}{n}\sum_{i=1}^{n}(x_i - \bar{x})^2}$$

3.3 Bivariate Zusammenhangsmaße und Verfahren

Bivariate Maße beschreiben bzw. testen den Zusammenhang zwischen zwei Merkmalen. Basierend auf theoretischen Annahmen kann bei bivariaten Koeffizienten kausal zwischen der abhängigen (AV) und unabhängigen Variable (UV) unterschieden werden. Angenommen wird dabei, dass die UV auf die AV wirkt.

Chi-Quadrat (χ^2)

Chi-Quadrat gehört zu den nominalskalierten Zusammenhangs- bzw. Assoziationsmaßen und bildet die Basis für andere nominalskalierte Maße. Mit dem Chi-Quadrat-Test nach Pearson wird die stochastische Unabhängigkeit von zwei nominalskalierten empirischen Merkmalen geprüft (Unabhängigkeits-Test). Dabei wird die Abweichung der beobachteten Zellhäufigkeiten (Merkmalskombinationen) in einer Kreuztabelle (Kontingenztafel) von den bei statistischer Unabhängigkeit der Merkmale zu erwartenden Zellhäufigkeiten verglichen. Chi-Quadrat testet die Annahme, dass es keinen Zusammenhang zwischen den beiden Merkmalen in der Grundgesamtheit gibt (Nullhypothese). Die Alternativhypothese geht davon aus, dass ein Zusammenhang besteht, d.h., dass Gruppenunterschiede oder Zusammenhänge in der Grundgesamtheit bestehen. Ist der Chi-Quadrat-

Wert statistisch signifikant, dann kann die Nullhypothese mit einer gewissen Irrtumswahrscheinlichkeit (meist 5%) verworfen werden. Chi-Quadrat ist allerdings stark abhängig von der Fallzahl (n) der Stichprobe und hat einen Wertebereich von [0; n]. Demnach kann statistisch nur ermittelt werden, ob ein Zusammenhang zweier Merkmale besteht, nicht aber, wie stark dieser ist. Darüber hinaus sind keine Aussagen über die Richtung des Zusammenhangs (positiv oder negativ) oder über die kausale Beziehung (UV, AV) der beiden untersuchten Merkmale möglich.

Korrelationskoeffizient r

Der Korrelationskoeffizient von Bravais-Pearson zeigt die Stärke eines linearen Zusammenhangs zwischen zwei metrischen Variablen. Er kann nur für metrische Variablen verwendet werden, die normalverteilt (Wahrscheinlichkeitsverteilung) sind. Der Wertebereich des Korrelationskoeffizienten liegt bei [-1; +1], wobei -1 eine perfekt negative lineare Korrelation und +1 eine perfekt positive lineare Korrelation zeigt. Bei einem positiven Zusammenhang gehen höhere Werte der einen Variable (X) mit höheren Werten der anderen Variable (Y) einher. Die Zusammenhänge zwischen zwei Variablen können allerdings auch nicht linear, beispielsweise exponentiell oder u-förmig sein. Daher bedeutet ein Korrelationskoeffizient um null nicht automatisch, dass kein Zusammenhang zwischen den beiden Merkmalen besteht. Darüber hinaus können Ausreißer und Extremwerte den Korrelationskoeffizienten beeinflussen. Daher sollte man immer auch das Streudiagramm, also die grafische Darstellung der Messwertepaare überprüfen. Der Korrelationskoeffizient erlaubt nur Aussagen über einen möglichen Zusammenhang der betrachteten Variablen, nicht aber über eine kausale Beziehung.

Mittelwerttest

In der Inferenzstatistik gibt es verschiedene Arten von Mittelwerttests. Der Einstichproben-t-Test untersucht, ob die Schätzung des Mittelwertes der Stichprobe mit einer bestimmten Irrtumswahrscheinlichkeit auch für die Grundgesamtheit gilt. Der Mittelwerttest für zwei Stichproben untersucht Unterschiede bzw. Beziehungen zwischen zwei unabhängigen (t-Test bei unabhängigen Stichproben) bzw. abhängigen (t-Test bei abhängigen Stichproben) Gruppen. Dabei wird getestet, ob sich die Mittelwerte zwischen unterschiedlichen Gruppen bzw. zwischen zwei unterschiedlichen Zeitpunkten (beispielsweise nach einem Ereignis oder einer Maßnahme) unterscheiden. Mittelwerttests können nur für metrische, normalverteilte Daten verwendet werden. Möchte man Mittelwerte zwischen mehr als zwei Gruppen vergleichen, kann man Varianzanalysen (siehe 3.4 Eintrag Varianzanalyse) durchführen. Im vorliegenden Bericht werden t-Tests bei unabhängigen Stichproben bzw. Varianzanalysen zum Beispiel verwendet, um Einstellungen oder Wahrnehmungen der Befragten nach soziodemografischen Gruppen vergleichen zu können.

3.4 Multivariate Verfahren

Varianzanalyse

Die Varianzanalyse ist im Grunde eine Erweiterung des Mittelwerttests (siehe 3.3 Eintrag Mittelwerttest). Im Gegensatz zum Mittelwerttest können hier die Mittelwerte von zwei und mehr Gruppen miteinander verglichen werden. Zudem kann der Einfluss nur einer Gruppenvariable (einfaktorielle Varianzanalyse) oder der gleichzeitige Effekt mehrerer Gruppenvariablen (mehrfaktorielle Varianzanalyse) untersucht werden. Für die Gruppenvariable genügt nominales Skalenniveau, für die Variable, deren Mittelwerte analysiert werden sollen, wird metrisches Skalenniveau vorausgesetzt. Die Nullhypothese der Varianzanalyse geht davon aus, dass es keine Mittelwertunterschiede zwischen den betrachteten Gruppen gibt. Kann die Nullhypothese verworfen werden, gibt es Mittelwertunterschiede zwischen einer und mindestens einer anderen Gruppe. Welche Gruppen sich genau in ihrem Mittelwert unterscheiden, kann erst mithilfe sogenannter Post-hoc-Vergleiche (z.B. einem Scheffé-Test) ermittelt werden. Mit diesem Verfahren werden die Mittelwerte aller Gruppen miteinander verglichen und getestet, ob sie sich unterscheiden. Ein Beispiel für die in diesem Forschungsbericht verwendeten einfaktoriellen Varianzanalysen findet sich in Tabelle 10.1. Die Stärke des Einflusses der Gruppenzugehörigkeit auf die Ausprägung der abhängigen Variablen mit den Maßen eta oder eta^2 wird bei den vorliegenden Analysen nicht betrachtet.

Lineare Regression

Die lineare Regression ist ein Verfahren zur Erklärung von Zusammenhängen zwischen einer (einfache oder bivariate Regression) oder mehreren unabhängigen Variablen (multivariate Regression) und einer abhängigen Variable. Für ihre Anwendung sollte man vorab theoretische Erwartungen zu kausalen Wirkungsmechanismen haben. Für die unabhängigen Variablen spielt das Skalenniveau keine Rolle, die abhängige Variable sollte metrisches Skalenniveau haben. Das Verfahren testet, inwiefern es einen linearen Einfluss der unabhängigen Variablen auf die abhängige Variable gibt. So werden beispielsweise in Tabelle 8.5 die Determinanten der Einstellung zur EU-Verteidigungszusammenarbeit analysiert.

Zentraler Bestandteil von Regressionsanalysen sind Regressionskoeffizienten für jede einzelne im Modell berücksichtigte unabhängige Variable. Diese Koeffizienten geben an, ob und wenn ja, wie stark und in welcher Weise sich ein Erklärungsfaktor auf die abhängige Variable auswirkt. Aufgrund des Tests von linearen Zusammenhängen kann man für den Einfluss der unabhängigen Variablen auf die abhängige Variable ab mindestens ordinalem Skalenniveau „Je-desto-Aussagen" aufstellen. Ergibt sich ein statistisch signifikanter negativer Effekt für eine unabhängige Variable, bedeutet dies, dass die abhängige Variable kleiner wird, wenn die unabhängige Variable zunimmt. In Tabelle 8.5 trifft dies etwa für die Zustimmung zum Parlamentsvorbehalt auf die Einstellung zur EU-Verteidigungszusammenarbeit als abhängige Variable zu: Je mehr jemand der parlamentarischen Kontrolle der Streitkräfte und dem Mitspracherecht des Bundestags bei der Entsendung von Bundeswehrsoldaten in Auslandseinsätze zustimmt, desto weniger stark stimmt er der Vertiefung der EU-Verteidigungszusammenarbeit zu. Fühlt sich jemand unsicherer, befürwortet er den Einsatz der Bundeswehr zur Landesverteidigung stärker. Im Falle eines statistisch signifikanten positiven Effekts einer unabhängigen Variablen gibt es einen gleichgerichteten Effekt, d.h. nimmt die unabhängige Variable zu, nimmt auch die abhängige Variable zu. In Tabelle 8.5 gilt dies beispielsweise für die Leistungsbewertung von bisherigen Bundeswehreinsätzen im Ausland: Bewertet jemand die Leistungen der Bundeswehr positiver, ist er auch stärker für die Vertiefung der EU-Verteidigungszusammenarbeit. Ist die unabhängige Variable nicht ordinal oder metrisch, sondern nominal, erfolgt in der Regel eine Dichotomisierung, d.h. es werden Variablen gebildet, die angeben, ob ein bestimmtes Merkmal bei einem Befragten vorliegt oder nicht, wie bei der Wahlabsicht für die AfD in Tabelle 8.5. So kann der Effekt des Vorliegens oder Nicht-Vorliegens eines Merkmals getestet werden. Der negative Koeffizient für Befragte mit einer Wahlabsicht für die AfD in Tabelle 8.5 bedeutet daher, dass Befragte dieser Gruppe die EU-Verteidigungszusammenarbeit weniger stark befürworten als Befragte mit einer anderen Wahlabsicht und Befragte ohne Parteipräferenz, die in diesen Analysen als Referenzgruppe dienen.

Neben der statistischen Signifikanz und der Richtung eines Zusammenhangs ist auch die Stärke eines Effekts von Bedeutung für die Interpretation. Bei linearen Regressionen wird zwischen nichtstandardisierten und standardisierten Effekten unterschieden. Beide geben an, um welchen Wert sich die abhängige Variable verändert, wenn man die unabhängige Variable um eine Einheit oder einen Skalenpunkt variiert bzw. das Merkmal vorliegt. Nichtstandardisierte Effekte können nicht zwischen den einzelnen unabhängigen Variablen verglichen werden, da sie in der Regel weder die gleiche Maßeinheit haben noch mit einem identischen Instrument erhoben wurden. Vergleichbar sind hingegen die standardisierten Koeffizienten, bei denen die Maßeinheit herausgerechnet und die unabhängigen Variablen durch eine Verrechnung mit dem jeweiligen Mittelwert und der Standardabweichung standardisiert werden. Aufgrund der Vergleichbarkeit über Variablen und Modelle hinweg werden bei den Analysen der Bevölkerungsbefragung 2021 vor allem standardisierte Koeffizienten berichtet und interpretiert (vgl. z.B. Tabelle 8.5).

Bezogen auf das gesamte Modell versucht die lineare Regression mithilfe der Streuung oder Variation der unabhängigen Variablen die Streuung der abhängigen Variablen (um den Mittelwert) zu erklären. Ein Maß für die Güte dieser Erklärungsleistung ist R^2. Dieses Maß nimmt einen Wertebereich zwischen 0 und 1 an. 0 bedeutet, dass die Streuung der abhängigen Variablen nicht durch die ins Modell aufgenommenen unabhängigen Variablen erklärt werden kann – es besteht kein (linearer) Zusammenhang. 1 bedeutet, dass die Streuung der abhängigen Variablen vollständig erklärt werden kann und somit ein perfekter linearer Zusammenhang besteht. Da R^2 von der Zahl der unabhängigen Variablen und vom Stichprobenumfang beeinflusst wird, werden diese beiden Aspekte bei multivariaten Regressionen berücksichtigt und korrigiert, daher wird in den Analysen dieses Berichts, z.B. in Tabelle 8.5, das korrigierte R^2 ausgewiesen.

Die lineare Regressionsanalyse ist sehr robust gegenüber Verletzungen der Anwendungsvoraussetzungen (Skalenniveau, Additivität, Linearität, Abwesenheit perfekter Multikollinearität und Zahl der unabhängigen Variablen sowie Struktur der Residuen), zum Beispiel beim Skalenniveau der unabhängigen wie abhängigen Variable(n). Daher werden in diesem Forschungsbericht alle Merkmale mit mindestens fünf Ausprägungen als quasimetrische Merkmale betrachtet und lineare Regressionsanalysen berechnet. Bei vier oder weniger Ausprägungen werden stattdessen logistische Regressionsanalysen verwendet.

Logistische Regression

Die logistische Regression ist ein Verfahren zur Erklärung von Zusammenhängen zwischen einer (einfache oder bivariate logistische Regression) oder mehreren unabhängigen Variablen (multivariate logistische Regression) und einer abhängigen Variable. Genauso wie bei der linearen Regression sind vor Anwendung des Verfahrens theoretische Erwartungen zu Wirkungsmechanismen zu formulieren. Die abhängige Variable in der logistischen Regression ist eine nominale Variable. Im Fall der binär-logistischen Regression, die für die Analysen der Bevölkerungsbefragung 2021 verwendet wird (vgl. z.B. Tabelle 11.6), ist die abhängige Variable dichotom, d.h. sie hat nur zwei Ausprägungen. In der Regel geht es bei dem Verfahren darum zu erklären, unter welchen Bedingungen eine Eigenschaft vorliegt bzw. ein Ereignis eintritt oder nicht (Beispiele: krank zu sein, sich an einer Wahl zu beteiligen oder die Bundeswehr als attraktiven Arbeitgeber zu bewerten, Letzteres vgl. Tabelle 11.6). Die unabhängigen Variablen können ein beliebiges Skalenniveau aufweisen.

Das Verfahren ist notwendig, weil bei nominalen abhängigen Variablen wesentliche Anwendungsvoraussetzungen der linearen Regressionsanalyse verletzt sind. Vereinfacht gesagt schätzt das Verfahren nach (logistischer) Transformation der unabhängigen und abhängigen Variablen die Wahrscheinlichkeit dafür, dass das in der abhängigen Variable definierte Ereignis eintritt bzw. das Merkmal vorliegt. Dabei wird nicht wie in der linearen Regression ein linearer Zusammenhang zwischen unabhängiger und abhängiger Variable unterstellt, sondern ein logistischer (s-förmiger) Zusammenhang. Wegen des s-förmigen Verlaufs der vorhergesagten Kurve ist der Effekt der unabhängigen Variable auf die abhängige Variable nicht mehr konstant, sondern hängt vom Ausgangspunkt der Betrachtung ab: Bei Werten an den Enden der Kurve gibt es geringere Wahrscheinlichkeitsveränderungen für das Auftreten der abhängigen Variable als im mittleren Bereich.

Wie für die lineare Regression berechnen Statistikprogramme unterschiedliche Ergebniskoeffizienten. Dies sind Logit-(b) und Effektkoeffizienten (Exp(b)). Die Logitkoeffizienten geben an, in welchem Ausmaß sich die Logits der abhängigen Variable verändern, wenn man die unabhängige Variable um eine Einheit verändert. Da bei diesen Koeffizienten lediglich das Vorzeichen sinnvoll interpretiert werden kann (positiver, negativer oder gar kein Einfluss), werden in diesem Forschungsbericht die Effektkoeffizienten verwendet. Diese basieren auf den sogenannten Odds. Odds geben ein Wahrscheinlichkeitsverhältnis zwischen der Wahrscheinlichkeit für das Eintreten des Ereignisses (p) und der entsprechenden Gegenwahrscheinlichkeit (1-p) an. Sie werden mit der Formel (p/(1-p)) berechnet. Effektkoeffizienten bzw. Odds bieten Informationen darüber, inwiefern sich die Chancenverhältnisse verändern, wenn sich die unabhängige Variable um eine Einheit verändert. Werte größer 1 geben an, dass die Wahrscheinlichkeit für das Eintreten des Ereignisses bzw. für das Auftreten des Merkmals zunimmt (z.B. der Effekt der Einstellung zur Bundeswehr in Tabelle 11.6, Modell V). Werte kleiner 1 zeigen, dass sich die Wahrscheinlichkeit entsprechend verringert (z.B. der Effekt der Wahlabsicht für Bündnis 90/Die Grünen in Tabelle 11.6, Modell V). Die entsprechenden Werte können als Wahrscheinlichkeitsveränderungen in Prozentpunkten interpretiert werden.

Wie bei linearen gibt es auch bei logistischen Regressionsanalysen Maße, die angeben, wie gut die unabhängigen Variablen die Ausprägungen der abhängigen Variablen insgesamt erklären, die sogenannten Pseudo-R^2-Maße. Da die abhängige Variable bei logistischen Regressionen 0/1-verteilt ist, können diese Maße nicht im Sinne einer Erklärung der Streuung der abhängigen Variablen interpretiert werden. Wohl aber gilt für die verschiedenen Pseudo-R^2-Maße ein identischer Wertebereich zwischen 0 und 1. Dabei bedeutet 0, dass die Variablen im Modell keine Erklärungskraft haben, während 1 dagegen eine vollständige Erklärungskraft bietet. Da die Formeln für die Berechnung unterschiedlicher Pseudo-R^2-Maße variieren, kann die Erklärungsleistung voneinander abweichen.

Das in diesem Forschungsbericht verwendete Nagelkerkes R^2 nimmt beispielsweise systematisch höhere Werte an.

Marginale Effekte/Durchschnittliche marginale Effekte

Der Begriff marginaler Effekt bezeichnet in multivariaten Verfahren wie der linearen oder der logistischen Regression (siehe die entsprechenden Einträge) den Effekt, den eine unabhängige Variable auf die abhängige Variable hat, wenn sie sich um eine Einheit ändert und die anderen Variablen im entsprechenden Modell konstant gehalten werden. Bei der linearen Regression sind die marginalen Effekte gleich den Regressionskoeffizienten und werden daher in der Regel nicht separat ausgewiesen.

Da in nicht linearen Regressionsmodellen wie der logistischen Regression die marginalen Effekte nicht konstant sind und von den Ausprägungen der jeweiligen Variablen abhängen, werden für solche Verfahren üblicherweise durchschnittliche marginale Effekte berechnet. Sie geben den durchschnittlichen Einfluss einer unabhängigen Variablen auf die Wahrscheinlichkeit des Auftretens der abhängigen Variable in einer einzigen Kennziffer wieder. Für die Analysen in Tabelle 11.8 wurde ein Mittelweg zwischen beiden Verfahren gewählt, indem eine Wahrscheinlichkeitsdifferenz gebildet wurde. Die Werte in Tabelle 11.8 geben an, um wie viele Prozentpunkte sich die Wahrscheinlichkeit für das Eintreten der abhängigen Variable ändert, wenn die jeweilige Variable zwischen Mittelwert minus 2 Standardabweichungen und Mittelwert plus 2 Standardabweichungen variiert wird (metrische Variablen) bzw. das Merkmal vorliegt oder nicht vorliegt (dichotome Variablen). Die anderen Variablen werden auf den Modus (dichotome Variablen) oder Mittelwert gesetzt.

Faktorenanalyse

In Datensätzen und der sozialwissenschaftlichen Praxis gilt häufig, dass es mehrere Indikatoren bzw. Variablen gibt, um ein und dasselbe theoretische Konstrukt zu messen. So enthält die Bevölkerungsbefragung 2021 zahlreiche Fragen, welche die Haltung der Befragten zur Bundeswehr abbilden. Dazu gehören beispielsweise das Ansehen der Bundeswehr, die Einstellung zu den Streitkräften und das Vertrauen in die Bundeswehr (vgl. Abschnitt 9). Mithilfe der Faktorenanalyse kann geprüft werden, ob die genannten Indikatoren wirklich separate oder aber sehr ähnliche Aspekte messen. Ist Letzteres der Fall, kann die Anzahl der unabhängigen Variablen in einer multivariaten Analyse reduziert und die Modelle einfacher gehalten werden.

Grundsätzlich sind bei der Faktorenanalyse eine exploratorische bzw. explorative und eine konfirmatorische Vorgehensweise zu unterscheiden. Während im Rahmen der exploratorischen Verfahren das Statistikprogramm nach Anwendervorgaben und bestimmten Kriterien berechnet, wie viele Faktoren in einer festgelegten Menge an Variablen zu finden sind, überprüft die konfirmatorische Faktorenanalyse, ob sich eine theoretisch begründete Struktur in den Daten identifizieren lässt. Im Rahmen dieses Forschungsberichts werden lediglich explorative Faktorenanalysen verwendet (vgl. z.B. Tabelle 5.2).

Ein Faktor ist dabei eine lineare Kombination der einzelnen Beobachtungsvariablen. Er basiert auf einer Reihe von bivariaten Korrelationen. Dabei sollen die beobachteten Variablen, die zu einem theoretischen Konzept bzw. einem Faktor gehören, möglichst stark miteinander zusammenhängen – man spricht hier auch von einer „hohen Ladung“ einer Variable auf einen Faktor. Mit anderen Faktoren bzw. Variablen, die stark mit anderen Faktoren korrelieren, sollte es möglichst gar keine Zusammenhänge geben. Synonyme für den Faktorbegriff sind „latentes Konstrukt“ bzw. „Dimension“. Was ein Konstrukt genau misst, ergibt sich aus dem kleinsten gemeinsamen Nenner der Inhalte der für den Faktor relevanten Variablen. Die Benennung liegt dabei in der Verantwortung des Anwenders.

Für die Festlegung, wie viele Faktoren zur Beschreibung einer Korrelationsmatrix herangezogen werden sollen, gibt es formale wie theoretische Kriterien. Das Kaiser-Kriterium zielt auf den sogenannten Eigenwert eines Faktors ab. Der Eigenwert ist die Summe seiner quadrierten Faktorladungen über alle Variablen. Wird ein Wert von 1 überschritten, ist eine Extraktion sinnvoll, weil er ein ausreichendes Maß an Streuung erklären kann. Bei einem Wert unter 1 kann man auf den entsprechenden Faktor verzichten, weil er weniger Varianz erklären kann als ein Faktor, der extrahiert wird, wenn die Messzahlen untereinander überhaupt nicht zusammenhängen. Aus theoretischen Erwägungen kann es aber auch sinnvoll sein, auf die Extraktion oder Verwendung eines Faktors zu verzichten, wenn die Ladungsstrukturen der einzelnen Variablen nicht sinnvoll interpretierbar sind.

Aus diesen kurzen Ausführungen wird deutlich, dass Anwender der Faktorenanalyse eine recht anspruchsvolle Aufgabe übernehmen, denn im Laufe der Methode sind diverse Entscheidungen zu treffen, die das Ergebnis des Verfahrens beeinflussen können. Es ist deshalb wichtig, alle Schritte im Entscheidungsprozess zu dokumentieren und zu begründen. Die Dimensionen, die mithilfe von Faktorenanalysen gebildet werden, werden normalerweise in weitergehenden Analysen verwendet, z.B. als abhängige oder unabhängige Variable(n) in Regressionsanalysen. Dabei ist zu entscheiden, ob man mit den berechneten Faktorwerten weiterarbeitet oder aber auf Basis der Ergebnisse Indizes bildet (vgl. Abschnitt 9).

Empfehlungen für weiterführende Literatur:

Baur, Nina/Blasius, Jörg (Hrsg.) (2014): Handbuch Methoden der empirischen Sozialforschung. Wiesbaden: Springer Fachmedien.

Diekmann, Andreas (2016): Empirische Sozialforschung. Grundlagen, Methoden, Anwendungen. Reinbek bei Hamburg: Rowohlt.

Schnell, Rainer/Hill, Paul B./Esser, Elke (2018): Methoden der empirischen Sozialforschung. München/Wien: Oldenbourg.

Wolf, Christof/Best, Henning (Hrsg.) (2010): Handbuch der sozialwissenschaftlichen Datenanalyse. Wiesbaden: VS Verlag für Sozialwissenschaften.